21世纪高职高专规划教材·公共基础系列

数学立体化教程　　总主编　谭杰锋

数　学

（适用于中职及五年制高职）

主　编　卢　强　任树联

副主编　谭杰锋　练　学　高　温　宋大谋
黄德忠　郑爱武　颜大宜　陈忠毅

清华大学出版社
北京交通大学出版社

·北京·

内容简介

本书是面向21世纪高职高专规划教材中的数学立体化系列教材之一，是五年制高职高专和中职学校数学的初等数学部分。全书内容按180学时设计，使用时可根据实际学时适当删减。

本书包括集合、不等式、函数、三角函数、反三角函数、数列、直线、二次曲线、立体几何、排列组合、向量与复数、概率初步等内容。每章前有本章学习要求，每节中编排有紧扣知识点的课堂练习题，每节末有习题，每章末有本章小结、测试题、阅读材料。书末附有习题答案。

本书可作为五年制高职高专、各类中职学校的数学教材，也可作为对口升学考试的教材或参考书。

图书在版编目（CIP）数据

数学/卢强，任树联主编. —北京：清华大学出版社；北京交通大学出版社，2005.12（2017.8重印）

（21世纪高职高专规划教材·公共基础系列）

（数学立体化教程/谭杰锋总主编）

ISBN 978-7-81082-675-4

Ⅰ. 数…　Ⅱ. ①卢…　②任…　Ⅲ. ①数学-高等学校：技术学校-教材　Ⅳ. ①O1

中国版本图书馆CIP数据核字（2005）第148216号

责任编辑：黎　丹

出版发行：清华大学出版社　邮编：100084　电话：010-62776969

北京交通大学出版社　邮编：100044　电话：010-51686414

印 刷 者：北京瑞达方舟印务有限公司

经　　销：全国新华书店

开　　本：185×230　印张：20　字数：448千字

版　　次：2006年1月第1版　2017年8月第8次印刷

书　　号：ISBN 978-7-81082-675-4/O·31

印　　数：19 501～21 000册　定价：26.00元

本书如有质量问题，请向北京交通大学出版社质监组反映。对您的意见和批评，我们表示欢迎和感谢。

投诉电话：010-51686043，51686008；传真：010-62225406；E-mail：press@bjtu.edu.cn。

出版说明

高职高专教育是我国高等教育的重要组成部分，它的根本任务是培养生产、建设、管理和服务第一线需要的德、智、体、美全面发展的高等技术应用型专门人才，所培养的学生在掌握必要的基础理论和专业知识的基础上，应重点掌握从事本专业领域实际工作的基本知识和职业技能，因而与其对应的教材也必须有自己的体系和特色。

为了适应我国高职高专教育发展及其对教学改革和教材建设的需要，在教育部的指导下，我们在全国范围内组织并成立了“21世纪高职高专教育教材研究与编审委员会”（以下简称“教材研究与编审委员会”）。“教材研究与编审委员会”的成员单位皆为教学改革成效较大、办学特色鲜明、办学实力强的高等专科学校、高等职业学校、成人高等学校及高等院校主办的二级职业技术学院，其中一些学校是国家重点建设的示范性职业技术学院。

为了保证规划教材的出版质量，“教材研究与编审委员会”在全国范围内选聘“21世纪高职高专规划教材编审委员会”（以下简称“教材编审委员会”）成员和征集教材，并要求“教材编审委员会”成员和规划教材的编著者必须是从事高职高专教学第一线的优秀教师或生产第一线的专家。“教材编审委员会”组织各专业的专家、教授对所征集的教材进行评选，对所列选教材进行审定。

目前，“教材研究与编审委员会”计划用2～3年的时间出版各类高职高专教材200种，范围覆盖计算机应用、电子电气、财会与管理、商务英语等专业的主要课程。此次规划教材全部按教育部制定的“高职高专教育基础课程教学基本要求”编写，其中部分教材是教育部《新世纪高职高专教育人才培养模式和教学内容体系改革与建设项目计划》的研究成果。此次规划教材按照突出应用性、实践性和针对性的原则编写并重组系列课程教材结构，力求反映高职高专课程和教学内容体系改革方向；反映当前教学的新内容，突出基础理论知识的应用和实践技能的培养；适应“实践的要求和岗位的需要”，不依照“学科”体系，即贴近岗位，淡化学科；在兼顾理论和实践内容的同时，避免“全”而“深”的面面俱到，基础理论以应用为目的，以必需、够用为度；尽量体现新知识、新技术、新工艺、新方法，以利于学生综合素质的形成和科学思维方式与创新能力的培养。

此外，为了使规划教材更具广泛性、科学性、先进性和代表性，我们希望全国从事高职高专教育的院校能够积极加入到“教材研究与编审委员会”中来，推荐“教材编审委员会”成员和有特色的、有创新的教材。同时，希望将教学实践中的意见与建议，及时反馈给我们，以便对已出版的教材不断修订、完善，不断提高教材质量，完善教材体系，为社会奉献更多更新的与高职高专教育配套的高质量教材。

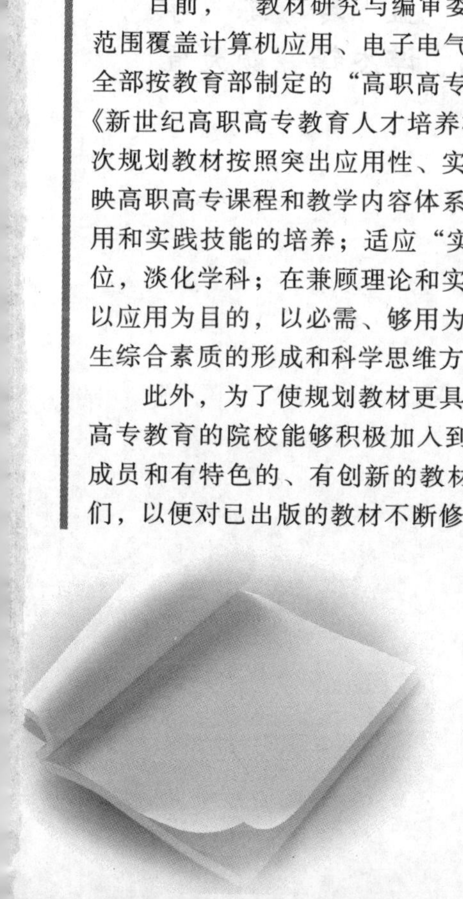

此次所有规划教材由全国重点大学出版社——清华大学出版社与北京交通大学出版社联合出版，适合于各类高等专科学校、高等职业学校、成人高等学校及高等院校主办的二级职业技术学院使用。

21世纪高职高专教育教材研究与编审委员会

2006年1月

编写人员名单

总 主 编　谭杰锋

主　　编　卢　强　任树联

副 主 编　谭杰锋　练　学　高　温　宋大谋

　　　　　黄德忠　郑爱武　李　斌　左志杰

编写人员（按姓氏笔画）：

卢　强　任树联　李　斌　宋大谋　张本荣

陈忠毅　郑爱武　孟凡华　孟　玲　练　学

高　温　黄德忠　望清凤　谭杰锋　颜大宜

总　序

社会经济的不断发展，科学技术的不断进步，对社会职业的要求和分工也不断地变化，因而决定了人才类型和规格的需求，同时也决定了教育的类型与层次结构的需求。《教育部关于加强高职高专教育人才培养工作的意见》指出：“高职高专教育是我国高等教育的重要组成部分，培养拥护党的基本路线，适应生产、建设、管理、服务第一线需要的，德、智、体、美等方面全面发展的高等技术应用性专门人才。”“要将素质教育贯穿于高职高专教育人才培养工作的始终”。它为高等职业教育人才培养目标进行了准确定位，明确指出了高等职业教育的发展方向。

根据高职高专的培养目标和定位，与之相适应的教材应该具有多样性、应用性、实践性、区域性的高职特色；教学内容要突出基础理论知识的应用和实践能力培养；基础理论教学以必需、够用为度。作者长期工作在高职数学教学第一线，经常有学生问：“数学是什么？这些定理对我们高职学生的职业有什么作用?”细细想来，要回答出令学生信服的答案还真不容易，它实际上是高职高专数学教学改革的重大课题。从高职学生的职业定位和实际数学基础来看，高职数学教学的任务包括两点：一是帮助学生掌握基本的数学基础知识，二是帮助学生在学习过程中接受数学文化的熏陶，特别是数学思想方法的熏陶，逐渐培养学生的数学素质。也许若干年后，定义、定理遗忘了，但在学习中获得的思维方法和能力对他们的职业生涯是大有裨益的。认真总结多年来的教学实践，我们认为，高职高专数学的教学理念应该是打好数学基础，提高数学修养，加强数学应用，重视学习过程，发挥素质教育功能。使学生的抽象思维能力、逻辑推理能力和自学读书能力得以提高，逐步提高高职学生的科学修养和综合素质；逐渐培养学生科学的思维方法和创新思维能力；并通过揭示数学中的美，结合教学内容讲解数学文化，对学生进行德育、智育、美育以及良好心理素质的教育。

正是基于上述理念，我们借鉴了近几年我校数学教学改革的一些实践成果，组织具有丰富教学经验的第一线教师，编写了这套“21 世纪高职高专规划教材——数学立体化教程”。本套教材包括《高等数学》、《数学》（适用于中职及五年制高职）、《应用数学基础》、《数学建模基础》、《数学实验基础》、《数学文化与欣赏——与高职学生谈数学》、《高等数学学习指导》等。

这套教材突出高等职业教育的特点，充分吸取近年来高职学校在培养应用型人才和教学改革方面取得的成功经验，强调建立知识、能力、素质协调发展的新的教学体系和内容。在尽可能保持数学学科特点的基础上，对教学内容进行了精简、更新、重组，删去与高职层次不符的内容，淡化理论性和系统性，加强针对性和实用性，体现适应、实用、简明的要求，重视学生实践能力的培养，最大限度的贴近学生实际、教学实际，满足高职高专多层次、多形式教育的需要。

在引进数学研究、教学改革成果和科技发展成果的过程中，突出高职教育的实用性，是这套教材的另一特色。在当今信息时代，将数学知识与计算机应用结合起来解决实际问题，应该是高职高专学生不可或缺的基本技能。作为探索和尝试，我们在系列教程中编写了适应高职学生学习的《数学建模基础》、《数学实验基础》。从高职高专学生实际知识水平和能力出发，我们不追求高深的数学模型，只是希望通过这种先进的教学形式，让学生了解数学建模的知识，培养应用数学解决问题的意识，在学会发现问题、提出问题、寻求解决问题方法的探究性学习中，给学生一些有益的帮助。同时，也可以满足高职高专学生参加大学生数学建模竞赛的培训教学需求。

高职高专数学立体化教材的编写，是高职高专数学教学改革中的探索，没有成熟的经验和方法可借鉴。欢迎广大读者给与批评和建议，便于我们在今后的修订中加以完善。

谭杰锋

2006 年 1 月

前　言

《数学》是面向21世纪高职高专规划教材中的数学立体化系列教材之一。

初等数学是“3+2”分段制和五年一贯制高职各专业必修的重要基础课。我们在编写本教材时，根据“3+2”分段制和五年一贯制高职高专培养目标的定位和学生的实际情况，突出以应用为目的、以必需够用为度的高职教学特色，兼顾专业后续课程教学对数学知识的要求，也充分考虑学生可持续发展的需要。本教材有以下特点。

(1) 在尽可能保持数学学科特点的基础上，对教学内容进行了精简、更新、重组，删去与高职层次不符的内容，淡化理论性和系统性，加强针对性和实用性，体现适应、实用、简明的要求，并注意根据共性及实际教学课时数精选内容。

(2) 在教学内容的编排上做到由易到难，循序渐进，强调数学概念与实际问题的联系，从具体例子抽象到概念，注意与初中课程的衔接。特别是考虑到学生的心理和思维特点，在每个重要知识点后，选编了紧扣课堂教学内容和例题的“练一练”习题，供边讲边练，让学生在课堂上能动脑动手，对所学内容及时理解，形成师生互动的课堂教学气氛。

(3) 在处理深度广度、习题选编、语言表述等问题时，充分考虑学生实际和教学实际。讲解基本概念和方法时力求通俗易懂，淡化逻辑证明，利用几何说明。每章前有学习要求，指出了重点、难点、教学目的，方便教师备课写教案；也可供学生学习时了解本章宏观结构。每章末的知识点归纳小结、自我测试题可以帮助学生梳理知识框架，掌握重点，自我检测。

(4) 结合每章内容，选编了阅读材料，包括数学发展历史和数学家介绍，目的是让学生接受数学文化的熏陶，提高学生的人文修养。

本书由谭杰锋策划构思，拟定总体结构。各章分别由陈忠毅、高温、郑爱武、黄德忠、谭杰锋、卢强、任树联、望清风、练学、李斌、颜大宜、孟凡华编写，小结、测试题、阅读材料分别由张本荣、宋大谋、黄德忠、孟玲编写。卢强、任树联、谭杰锋、练学、高温、黄德忠、宋大谋参与了统稿修改工作，特别是练学、高温做了大量工作。第1～5章由任树联统稿修改，第6～10章由卢强统稿修改，全书最后由谭杰锋审阅、修改、定稿。

本书可作为“3+2”分段制和五年一贯制高职及中等职业学校各专业的教材。

在本书的编写过程中，得到了有关院校和部门的大力支持，参考了同类教材及文献，在此一并表示衷心感谢。

由于编者水平有限，书中定有不当之处，恳请读者批评指正，以便修订时改进完善。

编　者

2006年1月

目　录

第 1 章　集合与不等式 …… 1

1.1　集合 …… 1

1.1.1　集合的基本概念 …… 1

1.1.2　集合的表示法 …… 3

习题 1-1 …… 4

1.2　集合之间的关系 …… 5

习题 1-2 …… 6

1.3　集合的运算 …… 7

1.3.1　交集 …… 7

1.3.2　并集 …… 8

1.3.3　全集与补集 …… 10

习题 1-3 …… 11

1.4　充要条件 …… 11

1.4.1　充分条件和必要条件 …… 11

1.4.2　充要条件 …… 12

习题 1-4 …… 13

1.5　不等式的性质 …… 13

习题 1-5 …… 16

1.6　一元二次不等式 …… 16

1.6.1　区间 …… 16

1.6.2　一元二次不等式的因式分解法 …… 17

1.6.3　可化为一元一次不等式组的分式不等式 …… 19

习题 1-6 …… 21

1.7　绝对值不等式 …… 21

习题 1-7 …… 23

本章小结 …… 23

自我测试题 …… 25

读一读 …… 26

第 2 章　函数 …… 28

2.1 函数的概念和性质 …… 28
2.1.1 函数的概念 …… 28
2.1.2 函数的图像 …… 30
2.1.3 函数的单调性与奇偶性 …… 31
习题 2-1 …… 33
2.2 反函数 …… 34
习题 2-2 …… 35
2.3 一元二次函数 …… 35
2.3.1 一元二次函数的图像与性质 …… 35
2.3.2 解一元二次不等式 …… 37
习题 2-3 …… 38
2.4 指数与对数 …… 39
2.4.1 指数 …… 39
2.4.2 对数 …… 40
习题 2-4 …… 42
2.5 幂函数 …… 43
2.5.1 幂函数的定义 …… 43
2.5.2 幂函数的图像及性质 …… 44
习题 2-5 …… 45
2.6 指数函数 …… 46
习题 2-6 …… 49
2.7 对数函数 …… 49
习题 2-7 …… 51
本章小结 …… 52
自我测试题 …… 55
读一读 …… 56
第 3 章 三角函数 …… 58
3.1 角的概念的推广 弧度制 …… 58
3.1.1 任意角 …… 58
3.1.2 弧度制 …… 60
习题 3-1 …… 62
3.2 三角函数的概念 …… 63
3.2.1 任意角的三角函数的定义 …… 63
3.2.2 任意角的三角函数值的符号 …… 65
习题 3-2 …… 68

3.3　同角三角函数间的关系 68
习题 3-3 71
3.4　三角函数的简化公式 71
3.4.1　角 $-\alpha$ 的三角函数简化公式 72
3.4.2　角的形式为 $2\pi-\alpha$ 的三角函数简化公式 73
3.4.3　角的形式为 $\pi\pm\alpha$ 的三角函数简化公式 73
习题 3-4 76
3.5　三角函数的图像和性质 77
3.5.1　正弦函数的图像 77
3.5.2　正弦函数的性质 79
3.5.3　余弦函数的图像 81
3.5.4　余弦函数的性质 82
3.5.5　正切函数的图像和余切函数的图像 83
3.5.6　正切函数和余切函数的性质 84
习题 3-5 85
3.6　正弦型曲线 86
习题 3-6 89
本章小结 90
自我测试题 92
读一读 93
第 4 章　两角和与差的三角函数 95
4.1　两角和与差的正弦、余弦和正切 95
4.1.1　两角和与差的正弦和余弦 95
4.1.2　两角和与差的正切 98
习题 4-1 99
4.2　二倍角的正弦、余弦和正切 100
习题 4-2 102
4.3　已知三角函数值求指定区间内的角 103
4.3.1　反正弦函数 103
4.3.2　反余弦函数和反正切函数 105
习题 4-3 109
4.4　解斜三角形 109
4.4.1　正弦定理 109
4.4.2　余弦定理 112
习题 4-4 114

本章小结……114
自我测试题……115
读一读……117
第5章 数列……119
5.1 数列的概念……119
习题5-1……121
5.2 等差数列……122
5.2.1 等差数列的定义……122
5.2.2 等差数列的通项公式……122
5.2.3 等差数列的前n项和……124
5.2.4 等差中项……126
习题5-2……127
5.3 等比数列……128
5.3.1 等比数列的定义……128
5.3.2 等比数列的通项公式……129
5.3.3 等比数列的前n项和……130
5.3.4 等比中项……132
习题5-3……133
本章小结……133
自我测试题……134
读一读……136
第6章 直线……137
6.1 两点间的距离公式、中点公式……137
6.1.1 两点间的距离公式……137
6.1.2 线段的中点公式……138
习题6-1……140
6.2 直线方程……140
6.2.1 直线方程的概念……140
6.2.2 直线的倾斜角和斜率……141
6.2.3 直线方程的几种形式……143
习题6-2……147
6.3 两条直线的位置关系……148
6.3.1 两条直线平行和垂直……148
6.3.2 两条直线相交……151
6.3.3 点到直线的距离……153

习题 6-3 …… 155
本章小结 …… 155
自我测试题 …… 157
读一读 …… 158
第 7 章 二次曲线 …… 160
7.1 圆 …… 160
7.1.1 圆的标准方程 …… 160
7.1.2 圆的一般方程 …… 162
7.1.3 圆与直线的位置关系 …… 163
习题 7-1 …… 165
7.2 椭圆 …… 165
7.2.1 椭圆的定义和标准方程 …… 165
7.2.2 椭圆的几何性质 …… 168
习题 7-2 …… 171
7.3 双曲线 …… 172
7.3.1 双曲线的定义和标准方程 …… 172
7.3.2 双曲线的几何性质 …… 174
习题 7-3 …… 178
7.4 抛物线 …… 178
7.4.1 抛物线的定义和标准方程 …… 178
7.4.2 抛物线的简单几何性质 …… 181
习题 7-4 …… 183
本章小结 …… 184
自我测试题 …… 185
读一读 …… 187
第 8 章 立体几何 …… 189
8.1 平面的基本性质 …… 189
8.1.1 平面表示法 …… 189
8.1.2 平面的基本性质 …… 190
习题 8-1 …… 191
8.2 空间直线 …… 191
8.2.1 平行直线 …… 192
8.2.2 异面直线 …… 193
习题 8-2 …… 194
8.3 直线与平面的位置关系 …… 195

8.3.1 直线与平面平行的判定与性质 …… 195
8.3.2 直线与平面相交 …… 197
习题 8-3 …… 200
8.4 平面与平面的位置关系 …… 201
8.4.1 平面与平面平行 …… 201
8.4.2 二面角 …… 203
习题 8-4 …… 205
*8.5 多面体简介 …… 206
8.5.1 多面体的概念 …… 206
8.5.2 多面体的表面积公式 …… 209
8.5.3 多面体体积公式 …… 211
习题 8-5 …… 213
*8.6 旋转体简介 …… 214
习题 8-6 …… 216
本章小结 …… 216
自我测试题 …… 219
读一读 …… 220
第 9 章 排列与组合 概率简介 …… 222
9.1 两个基本原理 …… 222
9.1.1 分类计数原理 …… 222
9.1.2 分步计数原理 …… 223
习题 9-1 …… 225
9.2 排列 …… 225
9.2.1 排列的定义 …… 225
9.2.2 排列数公式 …… 226
习题 9-2 …… 228
9.3 组合 …… 228
9.3.1 组合的定义 …… 228
9.3.2 组合数公式 …… 229
9.3.3 组合数的性质 …… 230
习题 9-3 …… 232
9.4 二项式定理 …… 233
9.4.1 二项式定理 …… 233
9.4.2 二项式系数的性质 …… 234
习题 9-4 …… 235

9.5　随机事件与概率 …… 236
9.5.1　随机事件 …… 236
9.5.2　随机事件的概率 …… 237
习题 9－5 …… 239
9.6　古典概率模型 …… 240
习题 9－6 …… 242
9.7　概率的加法与乘法公式 …… 242
9.7.1　概率的加法公式 …… 242
9.7.2　概率的乘法公式 …… 244
9.7.3　贝努里概率模型 …… 245
习题 9－7 …… 246
本章小结 …… 247
自我测试题 …… 249
读一读 …… 250
第 10 章　向量与复数 …… 251
10.1　向量的概念 …… 251
习题 10－1 …… 253
10.2　向量加减法、数乘向量 …… 253
10.2.1　向量的加法 …… 253
10.2.2　向量的减法 …… 255
10.2.3　数乘向量 …… 256
习题 10－2 …… 258
10.3　向量的坐标运算 …… 258
10.3.1　向量的坐标运算 …… 258
10.3.2　平面向量的坐标与点的坐标的关系 …… 260
习题 10－3 …… 260
*10.4　向量的数量积 …… 261
10.4.1　向量的数量积的定义 …… 261
10.4.2　用直角坐标计算向量的数量积 …… 263
习题 10－4 …… 264
*10.5　复数的概念 …… 265
10.5.1　复数的概念 …… 265
10.5.2　复数的几何表示 …… 267
习题 10－5 …… 269
*10.6　复数的四则运算 …… 269

10.6.1 复数的加法和减法 …… 269
10.6.2 复数的乘法和除法 …… 271
习题 10-6 …… 272
*10.7 复数的三角形式 …… 273
10.7.1 复数的三角形式 …… 273
10.7.2 复数三角形式的乘、除运算 …… 274
习题 10-7 …… 276
本章小结 …… 277
自我测试题 …… 279
读一读 …… 281

习题参考答案 …… 282
参考文献 …… 303

第 1 章　集合与不等式

学习要求

- 理解集合的基本概念及区间的概念.
- 了解集合的包含关系及充分条件、必要条件和充要条件；了解不等式的基本性质.
- 掌握集合的表示法；掌握用因式分解法解简单一元二次不等式及解简单的绝对值不等式.
- 会进行集合的交、并、补的运算.

集合是现代数学中最基本的概念之一，它广泛运用于数学的各个领域. 在日常生活、生产和学习中，常常也会遇到集合的问题. 本章学习集合的一些基本概念、常用符号、集合的表示法及简单运算，同时介绍不等式的性质和解法.

1.1　集　　合

1.1.1　集合的基本概念

在现实生活中，常常需要把一些对象作为一个整体来研究. 例如

(1) 某高等职业技术学院生物工程系的全体学生.

(2) 所有小于 6 的自然数.

(3) 所有的等腰三角形.

(4) 不等式 $3x-4<0$ 的所有解.

(5) 平面直角坐标系内所有的点.

从上述例子可以看出，这些对象分别是由学生、数、图形、解、点组成的.

一般地，把某些确定的对象看作一个整体，这个整体称为一个**集合**. 集合中的各个对象称为这个集合的**元素**.

(2)中，“所有小于 6 的自然数”组成一个集合，其中 0，1，2，3，4，5 都是这个集合的元素. (3)中，“所有等腰三角形”组成一个集合，其中任何一个等腰三角形都是这个集合的元素.

从以上例子还可以得出以下结论。

① 组成集合的元素都是确定的. 例如，(4)中，哪些实数是不等式的解，哪些不是，都是确定的.

② 每个元素不能重复出现. 例如，(1)中，该校生物工程系的一名学生，他的名字只能在该校生物工程系的名册上出现一次，而名册上的学生也是互不相同的.

③ 集合中的元素没有顺序之分. 例如，由 1，2，3 组成的集合与由 2，1，3 组成的集合是同一个集合.

以上三条说明了集合中的元素具有**确定性、互异性和无序性**.

习惯上，集合常用大写字母 A，B，C，…表示，集合中的元素常用小写字母 a，b，c，…表示. 如果 a 是集合 A 的元素，记为“$a\in A$”，读作“a 属于 A”；如果 a 不是集合 A 的元素，记为“$a\notin A$”，读作“a 不属于 A”，如表 1-1 所示.

表 1-1

集合与元素的关系	写 法	读 法
a 是集合 A 的元素	$a\in A$	a 属于 A
a 不是集合 A 的元素	$a\notin A$	a 不属于 A

例如，设 A 为所有小于 8 的自然数组成的集合，那么 $0\in A$，$1\in A$，$2\in A$，…，$7\in A$，但 $8\notin A$，$\frac{1}{2}\notin A$.

通常，把一些常用的数组成的集合称为**数集**. 常见的数集及其符号如表 1-2 所示.

表 1-2

数 集	记 号
自然数集(非负整数集)	$\mathbf{N}$
整数集	$\mathbf{Z}$
有理数集	$\mathbf{Q}$
实数集	$\mathbf{R}$

若数集中的元素都是正数，就在集合记号的右上角标“+”；若数集中的元素都是负数，就在集合记号的右上角标“−”. 例如，正整数集记作 $\mathbf{Z}^+$，负实数集记作 $\mathbf{R}^-$.

若一个集合的元素为有限多个，这样的集合称为**有限集**；若一个集合的元素为无限多个，这样的集合称为**无限集**. 例如，由 26 个英语字母组成的集合为有限集；自然数集为无限集.

只含有一个元素的集合称为**单元素集**. 例如，方程 $x+5=0$ 的解集就是**单元素集**. 不含任何元素的集合称为**空集**，记作$\varnothing$. 例如，方程 $x^2+1=0$ 的实数解的集合就是$\varnothing$.

练一练

1. 分别举出一个有限集、无限集、单元素集和空集的例子.
2. 用符号"∈"或"∉"填空.

-3 ________ $\mathbf{N}$，　15 ________ $\mathbf{N}$，　-5 ________ $\mathbf{Z}$，　0 ________ $\mathbf{Z}^+$，

-10.5 ________ $\mathbf{Q}$，　$\sqrt{2}$ ________ $\mathbf{Q}$，　$\sqrt{3}$ ________ $\mathbf{R}$，　$-\sqrt{7}$ ________ $\mathbf{R}^+$，

0 ________ $\varnothing$，　a ________ $\varnothing$.

1.1.2　集合的表示法

集合一般有两种表示法：列举法和描述法.

1. 列举法

把属于某个集合的元素一一列举出来，元素之间用逗号分开，写在大括号内，这种表示集合的方法称为**列举法**.

注意：用列举法表示集合时，每个元素只能写一次，可以不考虑顺序. 例如，由数 1，2，3，4 组成的集合，可以表示为 $A=\{1, 2, 3, 4\}$，也可以表示为 $\{2, 1, 3, 4\}$，它们表示的是同一个集合.

当集合中的元素很多或者是无限集时，可以按照某种规律，列举其中一些有代表性的元素，其他的用省略号表示. 例如，小于 100 的自然数集可表示为 $\{0, 1, 2, \cdots, 99\}$；正偶数集可表示为 $\{2, 4, \cdots, 2n, \cdots\}$.

2. 描述法

把集合中元素所具有的共同性质描述出来，写在大括号内，这种表示集合的方法称为**描述法**.

例如，不等式 $2x-1>0$ 的解集可以表示为 $\{x \mid 2x-1>0\}$，即 $\left\{x \mid x>\frac{1}{2}\right\}$. 其中，大括号内竖线左边的 x 是这个集合的代表元素，右边写的是该集合元素所具有的共同特性.

例 1.1　用描述法表示以下集合.

(1) 方程 $x^2-4=0$ 的所有实数根组成的集合；

(2) 数轴上所有坐标不小于 0，且不大于 2 的点组成的集合；

(3) 直角坐标平面内第一象限的所有点组成的集合.

解　(1) 方程 $x^2-4=0$ 的解集可表示为

$$\{x \mid x^2-4=0, x\in\mathbf{R}\}$$

如果所讨论的元素是实数，那么集合中竖线右边“$x\in\mathbf{R}$”可以略去不写，上述集合可以写为

$$\{x \mid x^2-4=0\}$$

(2) 数轴上所有坐标不小于 0，且不大于 2 的点组成的集合为(如图 1－1)

$$\{x \mid 0\leqslant x\leqslant 2\}$$

(3) 直角坐标平面内第一象限的所有点的集合为(如图 1－2)

$$\left\{(x,\ y)\ \middle|\ x>0,\ y>0\right\}$$

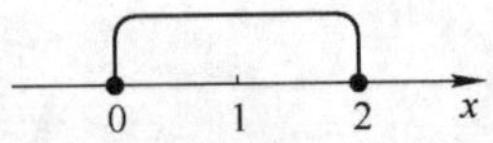

图 1－1

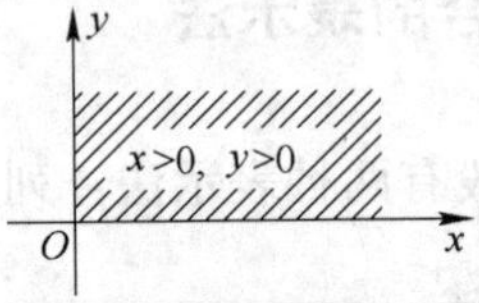

图 1－2

一般说来，集合的表示法可以采用列举法，也可以采用描述法．在表示集合时，要根据具体情况，灵活运用恰当的方法表示．例如，方程 $x^2-4x+3=0$ 解的集合用列举法表示为 $\{1,\ 3\}$，也可以用描述法表示为 $\{x \mid x^2-4x+3=0\}$．

练一练

用适当的方法表示以下集合．

(1) 长江，黄河，珠江，黑龙江；

(2) 9 的平方根；

(3) 奇数集；

(4) 大于 2 的实数；

(5) 方程 $x^2-5=0$ 的解组成的集合．

习题 1－1

1．指出下列各题中所指的对象是否能组成集合，并说明理由．

(1) 非常接近 0 的数；

(2) 大于－1 且小于 8 的自然数；

(3) 本班高个子的全体；

(4) 周长是 20 厘米的三角形；

(5) 一年中有 31 天的月份．

2. 写出下列集合中的所有元素.

(1) {平方等于 1 的实数}；

(2) $\{x \mid x^2=4, x\in \mathbf{R}\}$；

(3) {小于 7 的正偶数}；

(4) $\{x \mid x\leqslant 12, x=4n, n\in \mathbf{N}\}$.

3. 用符号"∈"或"∉"填空.

(1) 7 ________ $\mathbf{N}$，-4 ________ $\mathbf{Z}$，$\sqrt{5}$ ________ $\mathbf{Q}$，$1+\sqrt{2}$ ________ $\mathbf{R}$

(2) $A=\{x \mid 2x^2=1\}$，则 $\frac{\sqrt{2}}{2}$ ________ A

(3) 0 ________ $\varnothing$，0 ________ $\{0\}$，3 ________ $\varnothing$

(4) 设 $B=\{x \mid 3x-2>1\}$，则 -1 ________ B，0 ________ B，2 ________ B

4. 用适当的方法表示以下集合.

(1) 火药，指南针，造纸术，印刷术；

(2) 所有大于 0 且小于 4 的实数组成的集合；

(3) 相反数等于本身的数组成的集合；

(4) 坐标平面内的点组成的集合；

(5) 方程 $x^2+2x-3=0$ 的解组成的集合；

(6) 绝对值等于 7 的实数组成的集合；

(7) 能被 3 整除的自然数组成的集合；

(8) 所有奇数组成的集合.

1.2　集合之间的关系

观察下面两个集合

$$A=\{1, 3, 5, 7, 9\}, B=\{1, 5, 7\}$$

显然，集合 B 中任何一个元素都是集合 A 的元素.

一般地，设有集合 A 和集合 B，若集合 B 的每一个元素都是集合 A 的元素，那么就说集合 A 包含集合 B 或集合 B 包含于集合 A，集合 B 称为集合 A 的**子集**，记作

$$A\supseteq B \text{ 或 } B\subseteq A$$

读作"A 包含 B"或"B 包含于 A".

集合之间的包含关系可以用图形直观地表示出来，图 1-3 表示集合 B 是集合 A 的子集，即 $A\supseteq B$ 或 $B\subseteq A$.

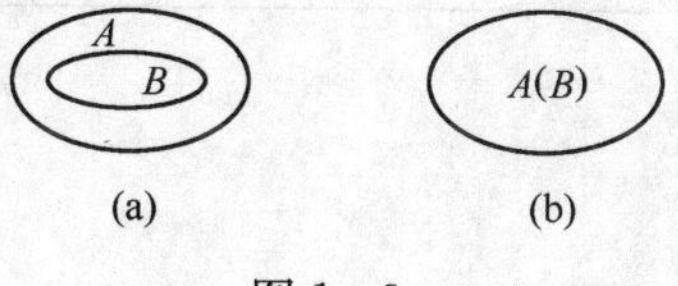

图 1-3

根据子集的定义可知，任何一个集合都是它本身的子集，即$A\subseteq A$. 此外，规定空集是任何集合的子集，即$\varnothing\subseteq A$.

例如，$A=\{$中华人民共和国公民$\}$，$B=\{$湖北省公民$\}$，那么$A\supseteq B$或$B\subseteq A$，即B是A的子集.

如果集合B是集合A的子集，并且集合A中至少有一个元素不属于集合B，那么集合B称为集合A的**真子集**，记作$A\supset B$或$B\subset A$，读作"A真包含B"或"B真包含于A". 例如，自然数集$\mathbf{N}$是整数$\mathbf{Z}$的真子集，可以表示为$\mathbf{N}\subset\mathbf{Z}$(或$\mathbf{Z}\supset\mathbf{N}$).

显然，空集是任何非空集合的真子集.

例 1.2 设集合$A=\{a, b, c\}$，试写出A的所有子集，并指出A的真子集.

解 集合$A=\{a, b, c\}$的所有子集是

$$\varnothing, \{a\}, \{b\}, \{c\}, \{a, b\}\{a, c\}\{b, c\}, \{a, b, c\}$$

集合A的子集共有8个，除$\{a, b, c\}$外，其余的都是集合A的真子集.

例 1.3 讨论集合$A=\{x \mid -3<x<3\}$与集合$B=\{x \mid -1<x<2\}$的包含关系.

解 由图1-4可以看出，集合B是集合A的真子集，即$A\supset B$或$B\subset A$.

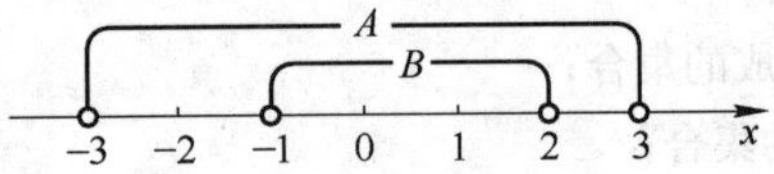

图 1-4

集合$A=\{x \mid x^2=1\}$，$B=\{-1, 1\}$，显然集合A与集合B的元素完全相同，只是表示的方法不同.

一般地，如果两个集合A与B的元素完全相同，则称集合A与集合B**相等**，记作$A=B$.

练一练

1. 设$A=\{1, 2, 3, 4\}$，$B=\{1, 3\}$，则______是______的子集，记作______$\subseteq$______.

2. 用适当的符号($\in$，$\notin$，$\subset$，$\supset$，$=$)填空.

(1) $\mathbf{N}$ ______ $\mathbf{Z}$，$\mathbf{Z}$ ______ $\mathbf{Q}$，$\mathbf{R}$ ______ $\mathbf{Q}$，$\mathbf{R}^+$ ______ $\mathbf{R}$，$\varnothing$ ______ $\mathbf{R}$

(2) $\{1, 5, 7\}$ ______ $\{1, 2, 3, 4, 5, 6, 7\}$，$\{x \mid |x|=2\}$ ______ $\{-2, 2\}$，$\{0\}$ ______ $\varnothing$，a ______ $\{a\}$

习题 1-2

1. 用适当的符号($\in$，$\notin$，$\subset$，$\supset$，$=$)填空.

(1) $\{2, 4, 6\}$______$\{1, 2, 3, 4, 5, 6\}$　(2) $\{x \mid x^2-9=0\}$______$\{-3, 3\}$

(3) $\{x \mid x=2n, n\in \mathbf{Z}\}$______$\{0, 2, 4, 6, \cdots\}$　(4) 7 ______$\{1, 7, 9\}$

(5) 5 ______$\{x \mid x+5=0\}$　(6) {三角形}______{等边三角形}

(7) $\mathbf{R}$________ $\mathbf{N}$，$\mathbf{N}$________ $\mathbf{R}$　(8) $\{x \mid |x|=-2\}$________$\varnothing$

2. 判断下列各题表示的关系是否正确.

(1) 空集就是$\{0\}$

(2) $2\subset\{x \mid x\leqslant 10\}$

(3) $\{2, 8\}=\{x \mid x^2-10x+16=0\}$

(4) $\{3\}\subset\{x \mid x\leqslant 8\}$

(5) $3\in\left\{x \mid \dfrac{(x-3)^2}{x-3}=0\right\}$

3. 设 $A=\{1, 3, 5, 7, 9\}$，写出 A 中符合以下条件的子集.

(1) 元素是 3 的倍数　(2) 元素是偶数

4. 设 $A=\{1, 2, 3\}$，写出 A 的所有子集，并指出哪些是真子集.

1.3　集合的运算

1.3.1　交集

设集合 $A=\{1, 2, 3, 4, 5\}$，集合 $B=\{1, 3, 4, 6\}$，由集合 A 和集合 B 中公共元素组成的集合 $C=\{1, 3, 4\}$ 称为集合 A 与集合 B 的交集.

一般地，设 A 和 B 是两个集合，把属于 A 且属于 B 的公共元素组成的集合称为 A 与 B 的**交集**，记作 $A\cap B$，读作“A 交 B”. 集合 A 与集合 B 的交集用描述法表示如下.

$$A\cap B=\{x \mid x\in A \text{ 且 } x\in B\}$$

集合 A 与集合 B 的交集可用图 1-5 中阴影部分表示.

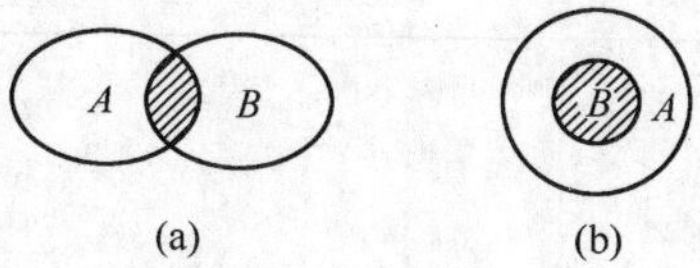

图 1-5

由交集的定义容易得出，对于任何集合 A 与 B，都有

$$A\cap B=B\cap A$$

$$A\cap A=A$$

$$A\cap\varnothing=\varnothing$$

例 1.4 设 $A=\{-3, -1, 1\}$，$B=\{-1, 0, 1\}$，$C=\{0, 1, 2\}$，求 $A\cap B$，$B\cap C$，$C\cap A$.

解 $A\cap B=\{-3, -1, 1\}\cap\{-1, 0, 1\}=\{-1, 1\}$

$B\cap C=\{-1, 0, 1\}\cap\{0, 1, 2\}=\{0, 1\}$

$C\cap A=\{0, 1, 2\}\cap\{-3, -1, 1\}=\{1\}$

例 1.5 设 $A=\{x \mid -2\leqslant x\leqslant 2\}$，$B=\{x \mid 0<x<3\}$，求 $A\cap B$.

解 由图 1-6 得

$$A\cap B=\{x \mid -2\leqslant x\leqslant 2\}\cap\{x \mid 0<x<3\}=\{x \mid 0<x\leqslant 2\}$$

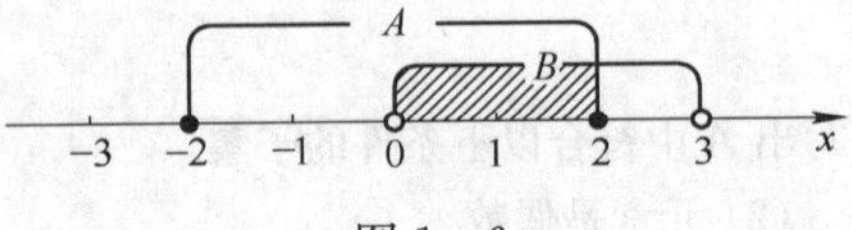

图 1-6

例 1.6 设 $A=\{(x, y) \mid x+y=2\}$，$B=\{(x, y) \mid x-y=1\}$，求 $A\cap B$.

解 $A\cap B=\{(x, y) \mid x+y=2 且 x-y=1\}$

$$=\left\{(x, y) \,\middle|\, \begin{cases} x+y=2 \\ x-y=1 \end{cases}\right\}$$

$$=\left\{\left(\frac{3}{2}, \frac{1}{2}\right)\right\}$$

练一练

在下面的空格上填入适当的集合.

(1) $\{6, 7, 8, 9\}\cap\{5, 6, 7\}=$______

(2) $\{a, b, c, d\}\cap\{c, d, e\}=$______

(3) $\mathbf{Q}\cap\mathbf{R}=$______

(4) $\{x \mid x=2m, m\in\mathbf{Z}\}\cap\{x \mid x=2m+1, m\in\mathbf{Z}\}=$______

1.3.2 并集

设集合 $A=\{1, 2, 3, 4, 5\}$，集合 $B=\{3, 4, 5, 6\}$，由集合 A 和集合 B 的所有元素合并在一起组成的集合 $C=\{1, 2, 3, 4, 5, 6\}$ 称为集合 A 与集合 B 的并集.

一般地，设 A 和 B 是两个集合，把 A 和 B 的所有元素合并在一起组成的集合，称为 A 与 B 的**并集**，记作 $A\cup B$，读作“A 并 B”. 集合 A 与集合 B 的并集用描述法表示如下.

$$A\cup B=\{x \mid x\in A 或 x\in B\}$$

集合 A 与集合 B 的并集可用图 1-7 中阴影部分表示.

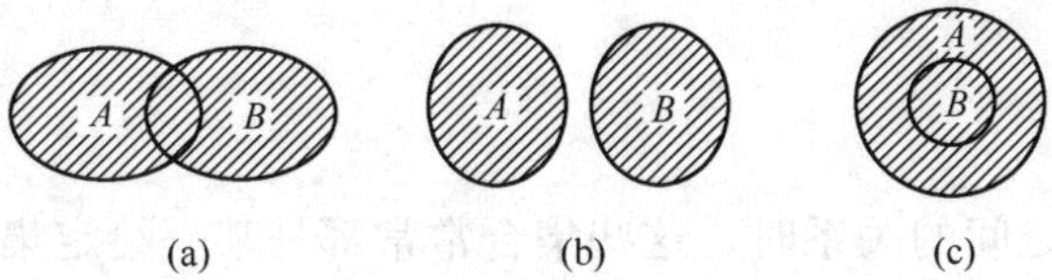

图 1-7

由并集的定义容易得出，对于任何集合 A 与集合 B，有

$$A\cup B=B\cup A$$

$$A\cup A=A$$

$$A\cup\varnothing=A$$

例 1.7　设 $A=\{-3, -1, 1\}$，$B=\{-1, 0, 1\}$，$C=\{0, 1, 2\}$，求 $A\cup B$，$(A\cap C)\cup B$.

解　$A\cup B=\{-3, -1, 1\}\cup\{-1, 0, 1\}=\{-3, -1, 0, 1\}$

因为

$$A\cap C=\{-3, -1, 1\}\cap\{0, 1, 2\}=\{1\}$$

所以

$$(A\cap C)\cup B=\{1\}\cup\{-1, 0, 1\}=\{-1, 0, 1\}$$

例 1.8　设 $A=\{x \mid 2(x+1)<x+3\}$，$B=\{x \mid 3x-2>4\}$，求 $A\cup B$，$A\cap B$.

解　由于不等式 $2(x+1)<x+3$ 的解为 $x<1$，则集合 $A=\{x \mid x<1\}$；不等式 $3x-2>4$ 的解为 $x>2$，则集合 $B=\{x \mid x>2\}$. 由图 1-8 得

$$A\cup B=\{x \mid x<1\}\cup\{x \mid x>2\}=\{x \mid x<1 \text{ 或 } x>2\}$$

$$A\cap B=\{x \mid x<1\}\cap\{x \mid x>2\}=\varnothing$$

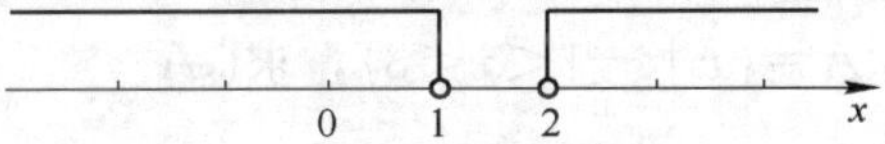

图 1-8

练一练

在下面的空格上填入适当的集合.

(1) $\{x, y, z\}\cup\{x, y\}=$________

(2) $\{x \mid x\geqslant 1\}\cap\{x \mid x<1\}=$________

(3) $\mathbf{Z}\cup\mathbf{Q}=$________

(4) $\{x \mid x=2m, m\in\mathbf{Z}\}\cup\{x \mid x=2m+1, m\in\mathbf{Z}\}=$________

1.3.3 全集与补集

在研究集合与集合之间的关系时，这些集合常常都是某一给定集合的子集，把这个给定的集合称为**全集**，通常用符号 S，U，I 来表示．例如，研究数集时，把实数集 $\mathbf{R}$ 看作全集，那么有理数集 $\mathbf{Q}$、整数集 $\mathbf{Z}$、自然数集 $\mathbf{N}$ 都是全集 $\mathbf{R}$ 的子集．

由于 $\mathbf{Q}\subset\mathbf{R}$，可将 $\mathbf{R}$ 中所有不属于 $\mathbf{Q}$ 的元素组成一个新的集合，即全体无理数集合，这个集合称为 $\mathbf{Q}$ 在 $\mathbf{R}$ 中的补集．

一般地，设 S 是全集，A 为 S 的子集，把 S 中所有不属于 A 的元素组成的集合称为集合 A 在 S 中的**补集**，记作 $\complement_S A$，读作“A 在 S 中的补集”．

设 S 是全集，子集 A 在 S 中的补集 $\complement_S A$ 可用图 1－9 中的阴影部分表示出来．

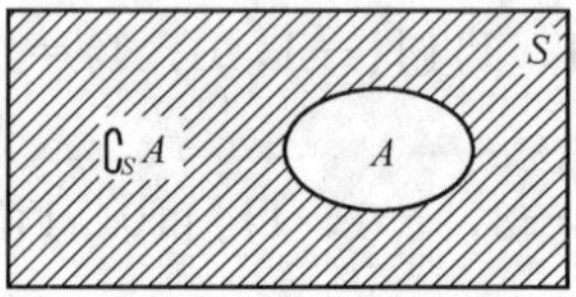

图 1－9

由补集的定义容易得出，对于全集 S 的任意子集 A，有

$$A\cap\complement_S A=\varnothing$$

$$A\cup\complement_S A=S$$

$$\complement_S(\complement_S A)=A$$

例 1.9 设全集 $S=\{1, 2, 3, 4, 5, 6\}$，$A=\{1, 3, 6\}$．求 $\complement_S A$，$\complement_S(\complement_S A)$．

解 $\complement_S A=\{2, 4, 5\}$，$\complement_S(\complement_S A)=\{1, 3, 6\}$

例 1.10 设全集 $S=\mathbf{R}$，$A=\{x \mid -1<x<3\}$，求 $\complement_S A$．

解 由图 1－10 得

$$\complement_S A=\{x \mid x\leqslant -1\}\cup\{x \mid x\geqslant 3\}=\{x \mid x\leqslant -1 \text{ 或 } x\geqslant 3\}$$

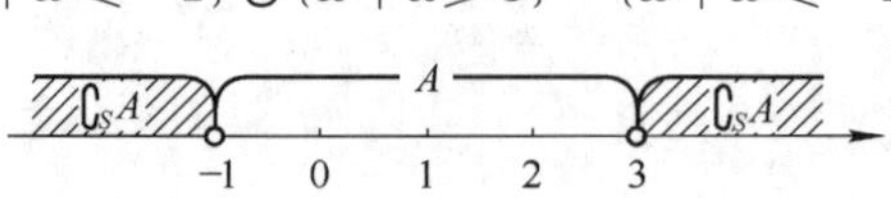

图 1－10

练一练

在下面的空格上填入适当的集合．

(1) 设 $S=\{1, 2, 3, 4, 5, 6, 7\}$，$A=\{2, 3, 4\}$，则 $\complement_S A=$__________，$\complement_S(\complement_S A)=$__________

(2) 设 $S=\mathbf{R}$，则 $\complement_S\mathbf{Q}=$__________

习题 1－3

1. 设 $A=\{1, 2, 3, \cdots, 10\}$，$B=\{1, 3, 5, 7, 9\}$，$C=\{2, 4, 6, 8, 10\}$，$D=\{2, 3, 5, 7\}$，求

(1) $A\cup B$，$B\cup C$，$C\cup D$　　(2) $A\cap B$，$B\cap C$，$C\cap D$

2. 已知两个集合 A 与 B，求 $A\cup B$，$A\cap B$.

(1) $A=\{x \mid -3\leqslant x\leqslant 3\}$，$B=\{x \mid x>0\}$

(2) $A=\{x \mid (x+1)(x-2)=0\}$，$B=\{x \mid x^2-2x-3=0\}$

3. 设 $S=\{x \mid -3<x\leqslant 10\}$，$A=\{x \mid -2<x<5\}$，求 $\complement_S A$.

4. 设 $S=\{x \mid x<9, x\in \mathbf{Z}^+\}$，$A=\{4, 2\}$，$B=\{3, 4, 5, 7\}$，求 $\complement_S A$，$\complement_S B$，$\complement_S(\complement_S, A)$，$\complement_S A\cap \complement_S B$，$A\cap B$.

1.4　充要条件

1.4.1　充分条件和必要条件

一个数学命题都有条件和结论两部分，如果把条件和结论分别用 P，Q 表示，那么命题可以写成“如果 P，那么 Q”. 例如，在命题“如果 m 为自然数，那么 m 为整数”中，条件 P 是“m 为自然数”；结论 Q 是“m 为整数”.

一般地，如果 P 成立，那么 Q 成立，记作 $P\Rightarrow Q$，读作“P 推出 Q”，则称条件 P 是 Q 成立的**充分条件**，Q 是 P 成立的**必要条件**.

上例中，“m 为自然数”是“m 为整数”的充分条件；“m 为整数”是“m 为自然数”的必要条件.

注意：充分条件和必要条件是在数学命题成立的前提下定义的，若命题不成立，则就没有充分条件和必要条件.

例 1.11　指出下列各组命题中，P 是 Q 成立的什么条件，Q 是 P 成立的什么条件.

(1) P：$a=b$，Q：$a^2=b^2$；

(2) P：两个角是对顶角，Q：这两个角相等.

解　(1) 由于 $a=b$ 成立时，$a^2=b^2$ 一定成立，即 $P\Rightarrow Q$，因而 P 是 Q 成立的充分条件，Q 是 P 成立的必要条件.

(2) 由于“两个角是对顶角”成立时，“这两个角相等”一定成立，即 $P\Rightarrow Q$，因而 P 是 Q 成立的充分条件，Q 是 P 成立的必要条件.

练一练

用“充分条件”或“必要条件”填空.

(1) $x>2$ 是 $x>10$ 的________；

(2) $x-2=0$ 是 $x^2-4=0$ 的________；

(3) 三角形全等是三角形面积相等的________.

1.4.2 充要条件

如果既有 $P\Rightarrow Q$，又有 $Q\Rightarrow P$，记作 $P\Leftrightarrow Q$，则 P 既是 Q 成立的充分条件，又是 Q 成立的必要条件，那么就说 P 是 Q 成立的**充分必要条件**，简称**充要条件**.

例如　两直线被第三条直线所截，“内错角相等$\Leftrightarrow$这两条直线平行”，由此可知“内错角相等”是“两直线平行”的充要条件.

例 1.12　指出下列各组命题中，P 是 Q 成立的什么条件.

(1) P：$|a|=3$，Q：$a=3$ 或 $a=-3$；

(2) P：一元二次方程 $ax^2+bx+c=0(a\neq 0)$ 有两个不相等的实数根，Q：判别式 $b^2-4ac>0$；

(3) P：x 为有理数，Q：x 为实数.

解　(1) 因为 $|a|=3\Leftrightarrow a=3$ 或 $a=-3$，所以 P 是 Q 成立的充要条件.

(2) 因为一元二次方程 $ax^2+bx+c=0(a\neq 0)$ 有两个不相等的实数根$\Leftrightarrow$判别式 $b^2-4ac>0$，所以 P 是 Q 成立的充要条件.

(3) 因为 x 为有理数$\Rightarrow x$ 为实数，所以 P 是 Q 成立的充分条件.

练一练

1. 从“$\Rightarrow$”“$\Leftrightarrow$”中选出适当的符号填空.

(1) $a=b$ ________ $a+c=b+c$；

(2) $x=-4$ ________ $x^2=16$；

(3) $\triangle ABC$ 为等腰三角形________$\triangle ABC$ 有两个内角相等.

2. 填空.

(1) $x-y=0$ 是 $x^2-y^2=0$ 的________条件；

(2) 四边相等的四边形是正方形的________条件；

(3) $x=0$ 且 $y=0$ 是 $x^2+y^2=0$ 的________条件.

习题 1－4

1. 用“充分条件”、“必要条件”或“充要条件”填空.

(1) $x=2$ 是 $x^2+x-6=0$ 的________；

(2) $a=0$ 是 $ab=0$ 的________；

(3) $a<20$ 是 $a<10$ 的________；

(4)“$\triangle ABC$ 为直角三角形，其中 AC 为斜边”是“$AB^2+BC^2=AC^2$”的________；

(5)“$a\in A\cap B$”是“$a\in A$ 且 $a\in B$”的________.

2. 选用“⇒”、“⇐”、“⇔”填空.

(1) $|x|>2$ ________ $x>2$；

(2) $x=-3$ ________ $x^2-x-12=0$；

(3) 若 $A\cup B=\varnothing$________ $A=\varnothing$ 且 $B=\varnothing$；

(4) $b=0$ ________直线 $y=kx+b$ 过原点；

(5) 陈明已满 18 岁________陈明是中华人民共和国有选举权的公民.

1.5　不等式的性质

在初中已经学过不等式的概念，知道数轴上右边的点表示的实数比左边的点表示的实数大. 例如，在图 1－11 中，点 A 表示实数 a，点 B 表示实数 b，点 A 在点 B 左边，那么 $a<b$，即 $a-b<0$.

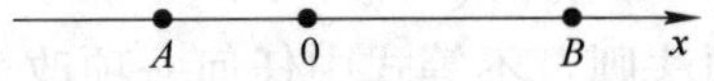

图 1－11

从表示两个实数 a，b 的点在数轴上的位置关系，可以得出 a，b 之间具有以下性质.

$$a>b\Leftrightarrow a-b>0$$

$$a=b\Leftrightarrow a-b=0$$

$$a<b\Leftrightarrow a-b<0$$

例 1.13　比较 $(x+2)(x-4)$ 与 $(x+3)(x-5)$ 的大小.

解　由于

$$(x+2)(x-4)-(x+3)(x-5)=(x^2-2x-8)-(x^2-2x-15)=7>0$$

所以

$$(x+2)(x-4)>(x+3)(x-5)$$

从以上实数的基本性质出发，可以得到不等式的一些重要性质.

性质 1.1 如果 $a>b$，且 $b>c$，则 $a>c$.

证明 因为

$$a>b\Rightarrow a-b>0$$
$$b>c\Rightarrow b-c>0$$

于是

$$a-c=(a-b)+(b-c)>0$$

因此 $a>c$.

性质 1.1 简称为**不等式的传递性**.

性质 1.2 如果 $a>b$，且 $c\in\mathbf{R}$，则 $a+c>b+c$.

证明 因为

$$a>b\Rightarrow a-b>0$$

于是

$$(a+c)-(b+c)=a-b>0$$

因此

$$a+c>b+c$$

性质 1.2 说明，不等式的两边同时加上(或同时减去)同一个实数，不等号的方向不变. 该性质通常简称为**不等式的加法性质**.

由性质 1.2 容易得出

$$a+b>c\Rightarrow a+b+(-b)>c+(-b)\Rightarrow a>c-b$$

于是可以得到不等式的移项法则：不等式中任何一项改变符号后，可以把它从不等号的一边移到另一边.

由性质 1.2 可以得到下面的推论.

推论 1.1 如果 $a>b$，$c>d$，则 $a+c>b+d$.

很明显，不等式的这个性质可以推广到任意有限个同向不等式的两边分别相加，即两个或几个同向不等式的两边分别相加，所得的不等式与原不等式同向.

例 1.14 用“>”或“<”填空.

(1) 如果 $a>b$，则 $a+2$ ________ $b+2$；

(2) 如果 $a>b$，则 $a-3$ ________ $b-3$；

(3) 如果 $x+4>7$，则 x ________ 3.

解 (1) 已知 $a>b$，两边同时加上 2，不等号与原不等式同向，即 $a+2>b+2$；

(2) 已知 $a>b$，两边同时加上 -3，不等号与原不等式同向，即 $a-3>b-3$；

(3) 已知 $x+4>7$，两边同时加上 -4，不等号与原不等式同向，即 $x+4-4>7-4$，得 $x>3$.

性质 1.3　如果 $a>b$，且 $c>0$，则 $ac>bc$；如果 $a>b$，且 $c<0$，则 $ac<bc$.

证明　由于

$$a>b \Rightarrow a-b>0$$

于是当 $c>0$ 时，有

$$ac-bc=(a-b)c>0 \Rightarrow ac>bc$$

而当 $c<0$ 时，有

$$ac-bc=(a-b)c<0 \Rightarrow ac<bc$$

性质 1.3 说明，不等式两边乘以同一个正数，不等号的方向不变；不等式两边乘以同一个负数，不等号反向. 该性质通常简称为**不等式的乘法性质**.

由性质 1.3 可以得到下面两个推论.

推论 1.2　$a>b>0$，$c>d>0 \Rightarrow ac>bd$.

推论 1.3　$a>b>0 \Rightarrow a^n>b^n$（$n\in\mathbf{N}$，且 $n>1$）.

推论 1.4　$a>b>0 \Rightarrow \sqrt[n]{a}>\sqrt[n]{b}$（$n\in\mathbf{N}$，且 $n>1$）

例 1.15　用“$>$”或“$<$”填空.

（1）如果 $x<0$，则 $4x$ __________ $3x$；

（2）如果 $a>0$，$x<y$，则 ax __________ ay；

（3）如果 $a<0$，$x>y$，则 $\frac{x}{a}$ __________ $\frac{y}{a}$.

解　（1）已知 $4>3$，两边同时乘以负数 x，不等号反向，即 $4x<3x$；

（2）已知 $x<y$，两边同时乘以正数 a，不等号方向不变，即 $ax<ay$；

（3）已知 $x>y$，两边同时除以负数 $a$$\left(\text{即乘以负数}\frac{1}{a}\right)$，不等号反向，即 $\frac{x}{a}<\frac{y}{a}$.

练一练

1. 判断题.

（1）若 $a>b$，则 $2a>a+b$.　（　　）

（2）若 $ac>bc$，则 $a>b$.　（　　）

2. 选择题.

（1）下面 4 个式子中，正确的是（　　）

A. $3a>2a$　　B. $3+a>2+a$

C. $3+a>3-a$　　D. $\frac{3}{a}>\frac{2}{a}$

（2）如果 $a>b>0$，则下列各式中正确的是（　　）

A. $ac<bc$　　B. $-a>-b$

C. $a-5>b+1$　　D. $a^3>b^3$

习题 1－5

1. 比较下列各式的大小.

(1) $(a+2)^2$ 和 $a(a+4)$；

(2) $(x-4)(x+2)$ 和 $(x+1)(x-3)$.

2. 用“>”、“=”或“<”填空.

(1) 若 $a<b$，则 $a+5$ __________ $b+5$；

(2) 若 $a>b$，则 $-5a$ __________ $-5b$；

(3) 若 $a<b$，则 $-\frac{a}{3}$ __________ $-\frac{b}{3}$；

(4) 若 $a<b<0$，则 $|a|$ __________ $|b|$；

(5) 若 a，$b\in\mathbf{R}$，且 $a<b<0$，则 b^2 __________ ab；

(6) 若 $a>b$，$c<d$，则 $a-c$ __________ $b-d$.

1.6 一元二次不等式

1.6.1 区间

介于两个实数之间的所有实数的集合称为**区间**，这两个实数称为**区间的端点**.

在初中已经学习了一元一次不等式(组)的解法，在表示不等式(组)的解时，还可以用区间来表示．例如，不等式 $2<x<3$ 可以写成 $(2, 3)$，称其为 2 到 3 的一个开区间，实数 2 和 3 是区间 $(2, 3)$ 的端点.

一般地，设 a，b 为任意两个实数，且 $a<b$，规定：

(1) 满足不等式 $a\leqslant x\leqslant b$ 的所有实数的集合 $\{x \mid a\leqslant x\leqslant b\}$ 称为**闭区间**，记作 $[a, b]$；

(2) 满足不等式 $a<x<b$ 的所有实数的集合 $\{x \mid a<x<b\}$ 称为**开区间**，记作 (a, b)；

(3) 满足不等式 $a<x\leqslant b$ 的所有实数的集合 $\{x \mid a<x\leqslant b\}$ 称为**左开区间**，记作 $(a, b]$；

(4) 满足不等式 $a\leqslant x<b$ 的所有实数的集合 $\{x \mid a\leqslant x<b\}$ 称为**右开区间**，记作 $[a, b)$.

左开区间和右开区间统称为**半开区间**．这些区间都可以在数轴上表示出来．上述 4 种区间在数轴上表示分别如图 1－12 所示.

区间的长为有限时，称为**有限区间**．以上 4 种区间都是有限区间．区间的长为无限时，称为**无限区间**．关于无限区间，有如下规定.

(1) 满足不等式 $x\geqslant a$ 的所有实数的集合 $\{x \mid x\geqslant a\}$，记作 $[a, +\infty)$；

(2) 满足不等式 $x\leqslant b$ 的所有实数的集合 $\{x \mid x\leqslant b\}$，记作 $(-\infty, b]$.

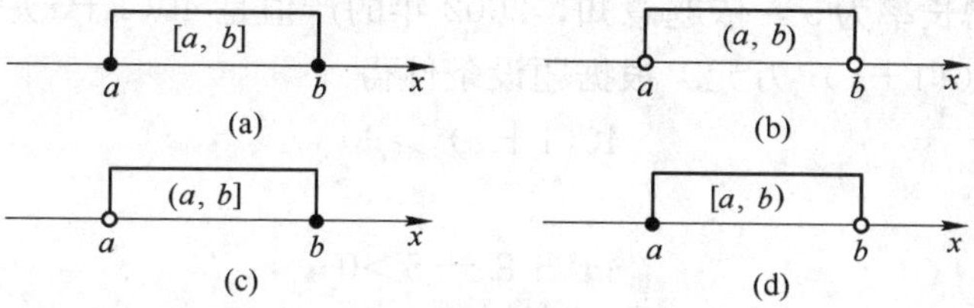

图 1-12

(3) 满足不等式 $x>a$ 的所有实数的集合 $\{x \mid x>a\}$，记作 $(a, +\infty)$；

(4) 满足不等式 $x<b$ 的所有实数的集合 $\{x \mid x<b\}$，记作 $(-\infty, b)$.

以上 4 种情形在数轴上表示如图 1-13 所示.

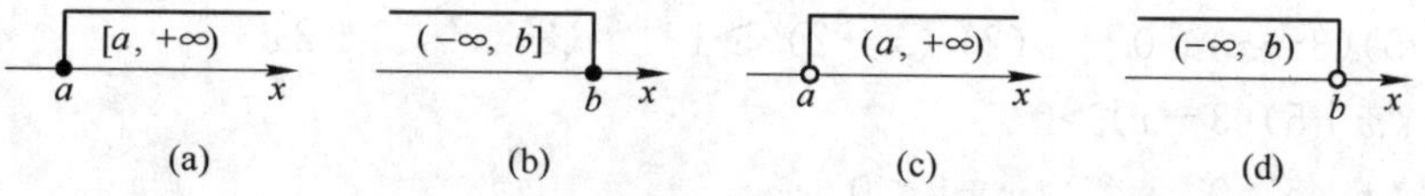

图 1-13

实数集 **R** 记作 $(-\infty, +\infty)$. 记号“∞”读作“无穷大”，但它不是一个具体的数，只是一个记号，前面的“+”和“−”号表示方向. 例如，“$+\infty$”表示数在数轴上向正方向无限变大.

练一练

1. 用区间表示下列不等式.

(1) $-3<x<6$；$-2\leqslant x\leqslant 5$；$0<x\leqslant \frac{1}{2}$

(2) $x>0$；$x<-1$；$x\geqslant 5$

2. 用区间表示下列不等式组的解集.

(1) $\begin{cases} x+3>0 \\ x<4 \end{cases}$ 的解集是________________

(2) $\begin{cases} x-5<0 \\ x+2>0 \end{cases}$ 的解集是________________

1.6.2　一元二次不等式的因式分解法

先看下面的例子.

引例　某企业 2001 年的总产值 40 万元，2003 年总产值超过了 90 万元，问年平均增长率是多少？

解 设年平均增长率为 x，依题意知，2002 年的产值是 $40(1+x)$万元，2003 年产值是 $40(1+x)(1+x)=40(1+x)^2$ 万元. 根据题设条件得

$$40(1+x)^2>90$$

整理得

$$4x^2+8x-5>0$$

这是一个关于 x 的整式不等式，它只含有一个未知数，并且未知数的最高次数是二次.

一般地，只含有一个未知数且未知数的最高次数是 2 的不等式，称为**一元二次不等式**. 它的一般形式是 $ax^2+bx+c>0$，其中 $a\neq0$，不等式中的“$>$”也可以换成“$<$”、“$\geqslant$”或“$\leqslant$”.

例 1.16 求下列不等式的解集.

(1) $(x+5)(3-x)>0$ (2) $(x-2)^2\geqslant1$ (3) $x^2<3+2x$

解 (1) $(x+5)(3-x)>0$

$$\Leftrightarrow\begin{cases}x+5>0\\3-x>0\end{cases}\text{或}\begin{cases}x+5<0\\3-x<0\end{cases}$$

$$\Leftrightarrow\begin{cases}x>-5\\x<3\end{cases}\text{或}\begin{cases}x<-5\\x>3\end{cases}$$

$$\Leftrightarrow-5<x<3$$

因此$(x+5)(3-x)>0$ 的解集是$(-5, 3)$.

(2) $(x-2)^2\geqslant1$

$$\Leftrightarrow(x-2)^2-1\geqslant0$$

$$\Leftrightarrow(x-2+1)(x-2-1)\geqslant0$$

$$\Leftrightarrow(x-1)(x-3)\geqslant0$$

$$\Leftrightarrow\begin{cases}x-1\geqslant0\\x-3\geqslant0\end{cases}\text{或}\begin{cases}x-1\leqslant0\\x-3\leqslant0\end{cases}$$

$$\Leftrightarrow\begin{cases}x\geqslant1\\x\geqslant3\end{cases}\text{或}\begin{cases}x\leqslant1\\x\leqslant3\end{cases}$$

$$\Leftrightarrow x\geqslant3\text{ 或 }x\leqslant1$$

因此$(x-2)^2\geqslant1$ 的解集是$(-\infty, 1]\cup[3, +\infty)$.

(3) $x^2<3+2x$

$$\Leftrightarrow x^2-2x-3<0$$

$$\Leftrightarrow(x+1)(x-3)<0$$

$$\Leftrightarrow\begin{cases}x+1>0\\x-3<0\end{cases}\text{或}\begin{cases}x+1<0\\x-3>0\end{cases}$$

$\Leftrightarrow -1<x<3$

因此 $x^2<3+2x$ 的解集是$(-1,\ 3)$.

从以上例题的解法中可得出用因式分解法解一元二次不等式的一般步骤：

(1) 移项使不等式的右端变成 0；

(2) 把左端分解因式；

(3) 根据同号两数相乘得正数，异号两数相乘得负数，化成两个一元一次不等式组；

(4) 求两个不等式组解集的并集，即得一元二次不等式的解.

练一练

填空.

(1) 不等式 $x^2\geqslant 4$ 的解集是__________

(2) 不等式 $x^2\leqslant 9$ 的解集是__________

(3) 不等式$(x+1)^2>25$ 的解集是__________

(4) 不等式 $x^2<-2x+15$ 的解集是__________

1.6.3　可化为一元一次不等式组的分式不等式

前面学习了一元二次不等式的解法，这些不等式中的代数式都是整式，但在实际问题中，还常常会遇到

$$\frac{x+2}{x-1}<0,\ \frac{2x-1}{x+3}\geqslant 0,\ \frac{2}{x+1}+\frac{1}{x+2}<\frac{3}{x+3}$$

等形式的不等式. 它们的共同特点是都含有分式，称这样的不等式为**分式不等式**.

解分式不等式的主要根据是：同号两数相除得正数，异号两数相除得负数；分母不能为 0.

例 1.17　解下列分式不等式.

(1) $\frac{x+2}{x-1}<0$　　(2) $\frac{2x-1}{x+3}\geqslant 0$　　(3) $\frac{x+2}{2x-3}<1$

解　(1) $\frac{x+2}{x-1}<0$

$$\Leftrightarrow \begin{cases} x+2>0 \\ x-1<0 \end{cases} \text{或} \begin{cases} x+2<0 \\ x-1>0 \end{cases}$$

$$\Leftrightarrow \begin{cases} x>-2 \\ x<1 \end{cases} \text{或} \begin{cases} x<-2 \\ x>1 \end{cases}$$

$$\Leftrightarrow -2<x<1$$

因此原不等式的解集是$(-2,\ 1)$.

(2) $\frac{2x-1}{x+3}\geqslant 0$

$\Leftrightarrow\begin{cases}2x-1\geqslant 0\\x+3>0\end{cases}$ 或 $\begin{cases}2x-1\leqslant 0\\x+3<0\end{cases}$

$\Leftrightarrow\begin{cases}x\geqslant\frac{1}{2}\\x>-3\end{cases}$ 或 $\begin{cases}x\leqslant\frac{1}{2}\\x<-3\end{cases}$

$\Leftrightarrow x\geqslant\frac{1}{2}$ 或 $x<-3$

因此原不等式的解集是$(-\infty,\ -3)\cup\left[\frac{1}{2},\ +\infty\right)$.

(3) $\frac{x+2}{2x-3}<1$

$\Leftrightarrow\frac{x+2}{2x-3}-1<0$

$\Leftrightarrow\frac{x-5}{2x-3}>0$

$\Leftrightarrow\begin{cases}x-5>0\\2x-3>0\end{cases}$ 或 $\begin{cases}x-5<0\\2x-3<0\end{cases}$

$\Leftrightarrow\begin{cases}x>5\\x>\frac{3}{2}\end{cases}$ 或 $\begin{cases}x<5\\x<\frac{3}{2}\end{cases}$

$\Leftrightarrow x>5$ 或 $x<\frac{3}{2}$

因此原不等式的解集是$\left(-\infty,\ \frac{3}{2}\right)\cup(5,\ +\infty)$.

练一练

填空.

(1) 不等式$\frac{x+5}{x-3}>0$ 的解集是__________

(2) 不等式$\frac{x-2}{x+3}<0$ 的解集是__________

(3) 不等式$\frac{x+3}{x}\geqslant 0$ 的解集是__________

(4) 不等式$\frac{x}{3x-1}\leqslant 0$ 的解集是__________

习题 1－6

1. 解下列各不等式和不等式组，并用区间表示它们的解集.

(1) $\frac{3}{2}x-1>\frac{2}{3}(x+1)$　　(2) $\begin{cases}2x-1>0\\x+8>3x+1\end{cases}$

(3) $\begin{cases}3-x>0\\2x+1<0\end{cases}$　　(4) $\begin{cases}x-2>0\\x+3<0\end{cases}$

(5) $\begin{cases}\frac{x}{2}-\frac{x}{3}>-1\\2(x-3)-3(x-2)<0\end{cases}$　　(6) $\begin{cases}\frac{x-14}{4}>\frac{x-11}{7}\\\frac{89-3x}{2}>\frac{x+44}{5}\end{cases}$

2. 解下列一元二次不等式，并用区间表示它们的解集.

(1) $x^2\leqslant 16$　　(2) $x^2>9$

(3) $x^2-5x+6\leqslant 0$　　(4) $x^2-5x+4>0$

(5) $x^2-7x+6\geqslant 0$　　(6) $(x-2)^2\leqslant 9$

(7) $3x^2>7x-2$　　(8) $x^2<x$

3. 解下列分式不等式，并用区间表示它们的解集.

(1) $\frac{3-x}{x}>0$　　(2) $\frac{x+5}{3-x}<0$

(3) $\frac{2x+4}{x-3}<0$　　(4) $\frac{5+3x}{2-4x}\geqslant 0$

(5) $\frac{x-1}{2x+3}<1$　　(6) $\frac{x+2}{x-2}\geqslant 0$

1.7　绝对值不等式

含有绝对值记号的不等式称为**绝对值不等式**.

1. 不等式 $|x|<a$ 或 $|x|>a(a>0)$ 的解集

由绝对值的意义可知，$|x|<a$ 表示在数轴上离开原点的距离小于 a 的所有 x 值，即不等式的解集为

$$-a<x<a$$

类似上面的讨论，可得到不等式 $|x|>a$ 的解集为

$$x<-a \text{ 或 } x>a$$

即当 $a>0$ 时，

$$|x|<a\Leftrightarrow -a<x<a \tag{1-1}$$

$$|x|>a \Leftrightarrow x<-a \text{ 或 } x>a \qquad (1-2)$$

如图 1-14 所示.

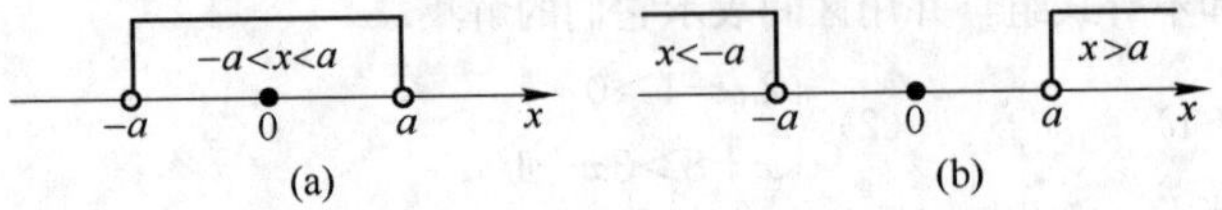

图 1-14

2. 不等式 $|ax+b|<c$ 或 $|ax+b|>c(c>0)$ 的解法

令 $ax+b=X$，则不等式变形为

$$|X|<c \text{ 或 } |X|>c(c>0)$$

利用公式(1-1)或公式(1-2)及不等式的性质求解.

例 1.18 解下列不等式.

(1) $|4x-3|<5$　(2) $|x-3|>1$　(3) $|3x-1|\leqslant 2$

解 (1) $|4x-3|<5$

$\Leftrightarrow -5<4x-3<5$

$\Leftrightarrow -\dfrac{1}{2}<x<2$

因此原不等式的解集为$\left(-\dfrac{1}{2},\ 2\right)$.

(2) $|x-3|>1$

$\Leftrightarrow x-3<-1$ 或 $x-3>1$

$\Leftrightarrow x<2$ 或 $x>4$

因此原不等式的解集为$(-\infty,\ 2)\cup(4,\ +\infty)$.

(3) $|3x-1|\leqslant 2$

$\Leftrightarrow -2\leqslant 3x-1\leqslant 2$

$\Leftrightarrow -\dfrac{1}{3}\leqslant x\leqslant 1$

因此原不等式的解集为$\left[-\dfrac{1}{3},\ 1\right]$.

练一练

填空.

(1) 不等式 $|x|<3$ 的解集是________

(2) 不等式 $|x|<-2$ 的解集是________

(3) 不等式 $|x|\geqslant 2$ 的解集是________

(4) 不等式 $|2x+5|<1$ 的解集是________

习题 1－7

1. 填空.

(1) 不等式 $|x|<5$ 的解集是________________;

(2) 不等式 $|x|\leqslant -1$ 的解集是________________;

(3) 不等式 $|x|\geqslant 3$ 的解集是________________;

(4) 不等式 $|2x|<1$ 的解集是________________.

2. 解下列绝对值不等式，并用区间表示它们的解集.

(1) $|x-3|<5$　　(2) $|2x+5|>7$

(3) $|2x-1|\geqslant 1$　　(4) $|2x-3|>1$

(5) $\left|x-\dfrac{2}{3}\right|<\dfrac{1}{3}$　　(6) $|2-x|\geqslant 3$

(7) $|2x-5|\leqslant 3$　　(8) $|4-3x|<5$

本章小结

本章主要是学习集合的概念、集合之间的包含关系、交集、并集、补集，以及充分必要条件、区间、一元二次不等式、含有绝对值的不等式等.

一、集合

(一) 集合及其表示法

集合是指由某些确定的对象组成的整体，而这些对象中的每一个称为这个集合的一个元素. 若 a 是集合 A 的元素，记为 $a\in A$；若 a 不是 A 的元素，则记为 $a\notin A$.

集合中的元素具有确定性、互异性、无序性.

不含任何元素的集合称为空集，用符号“$\varnothing$”表示.

表示集合的方法通常有以下两种.

1. 列举法. 把集合的元素全部写出来，放在大括号内.

2. 描述法. 把集合中元素所具有的共同性质描述出来，放在大括号内.

(二) 集合之间的关系

当集合 A 中的所有元素都属于集合 B 时，即 $A\subseteq B(B\supseteq A)$，称 A 是 B 的子集；若 B 中至少有一个元素不在 A 中，则称 A 是 B 的真子集.

规定 $\varnothing\subseteq A$，其中 A 是任意一个集合. 如果 $A\subseteq B$ 且 $B\subseteq A$，则称 A 与 B 相等，记作 $A=B$.

注意：有些集合之间没有包含关系. 例如，设 $A=\{1, 2, 3\}$，$B=\{2, 4\}$，则 $A\not\subseteq B$.

(三) 集合的运算

1. 交集：$A\cap B=\{x\mid x\in A, 且\ x\in B\}$

2. 并集：$A \cup B=\{x \mid x \in A$ 或 $x \in B\}$

设 S 是全集，A 是 S 的子集，则 A 在 S 中的补集为 $\complement_S A=\{x \mid x \in S$ 且 $x \notin A\}$.

二、充分必要条件

一般地，如果 P 成立，那么 Q 成立，记作 $P \Rightarrow Q$，读作“P 推出 Q”，则称条件 P 是 Q 成立的充分条件，Q 是 P 成立的必要条件.

如果 $P \Leftrightarrow Q$，则 P 既是 Q 成立的充分条件，又是 Q 成立的必要条件，就说 P 是 Q 成立的充分必要条件，简称充要条件.

三、不等式

1. 实数集的有序性：任意两个实数可以比较大小.

2. 比较实数大小的方法有：

$$a>b \Leftrightarrow a-b>0$$

$$a=b \Leftrightarrow a-b=0$$

$$a<b \Leftrightarrow a-b<0$$

数轴上的点从左到右，所表示的数从小到大.

3. 不等式的基本性质：

(1) 如果 $a>b$ 且 $b>c$，则 $a>c$；

(2) 如果 $a>b$ 且 $c \in \mathbf{R}$，则 $a+c>b+c$；

(3) 如果 $a>b$ 且 $c>0$，则 $ac>bc$；如果 $a>b$ 且 $c<0$，则 $ac<bc$.

4. 由不等式的基本性质，可以得出下述性质：

(1) 如果 $a>b$ 且 $c>d$，则 $a+c>b+d$；

(2) 如果 $a>b>0$ 且 $c>d>0$，则 $ac>bd$；

(3) 如果 $a>b>0$，则 $a^n>b^n(n \in \mathbf{N}, n>1)$.

四、不等式的解法

1. 区间. 常用区间有：开区间 (a, b)、闭区间 $[a, b]$、半开半闭区间 $[a, b)$ 或 $(a, b]$，以及无限区间 $(-\infty, a)$，$(-\infty, a]$，$(a, +\infty)$，$[a, +\infty]$，$(-\infty+\infty)$. 常常用区间来表示不等式的解集.

2. 一元二次不等式的解法. 首先通过移项把一元二次不等式右边变为 0，然后左边分解因式，再根据“同号相乘为正，异号相乘为负”，转化为两个一次不等式组来解.

3. 可化为一元一次不等式组的分式不等式的解法. 解法同上，也是转化为两个一次不等式组来解.

4. 含有绝对值的不等式的解法. 对于正数 a，有

$$|x|<a \Leftrightarrow -a<x<a$$

$$|x|>a \Leftrightarrow x<-a \text{ 或 } x>a$$

自我测试题

一、选择题

1. 已知集合 $M=\{1\}$，$S=\{1, 2\}$，$P=\{1, 2, 3\}$，则 $(M\cup S)\cap P$ 是（　　）

A. $\{1, 2, 3\}$　　B. $\{1, 2\}$　　C. $\{1\}$　　D. $\{3\}$

2. 已知集合 $A=\{d, e\}$，$B=\{b, c\}$，$C=\{a, c\}$，则 $A\cap(B\cup C)$ 是（　　）

A. $\{a, b, c\}$　　B. $\{a, b, c\}$　　C. $\{a, b\}$　　D. $\varnothing$

3. 设全集 $S=\{a, b, c, d, e\}$，$A=\{a, c, d\}$，$B=\{b, d, e\}$，则 $\complement_S A\cap\complement_S B=$（　　）

A. $\varnothing$　　B. $\{a, b, c, d\}$　　C. $\{a, c\}$　　D. $\{b, e\}$

4. 已知 $a>b$，则下列不等式中成立的是（　　）

A. $a^2>b^2$　　B. $\dfrac{a}{b}>1$　　C. $\dfrac{1}{a}<\dfrac{1}{b}$　　D. $a^3>b^3$

5. 不等式 $(x-1)(2-x)>0$ 的解集为（　　）

A. $\{x \mid 1<x<2\}$　　B. $\{x \mid x<1$ 或 $x>2\}$

C. 无解　　D. 一切实数

6. 不等式 $|2-x|\leqslant 1$ 的解集为（　　）

A. $\{x \mid 1\leqslant x\leqslant 3\}$　　B. $\{x \mid -1\leqslant x\leqslant 1\}$

C. $\{x \mid 1<x<3\}$　　D. $\{x \mid -3\leqslant x\leqslant -1\}$

7. $\dfrac{2}{x}>-1$ 的解集是（　　）

A. $\{x \mid x>0\}$　　B. $\{x \mid x<-2\}$

C. $\{x \mid -2<x<0\}$　　D. $\{x \mid x>0$ 或 $x<-2\}$

8. 若集合 $A=\{x \mid x^2-2x-3\leqslant 0\}$，集合 $B=\{x \mid x>1\}$，则集合 $A\cap B=$（　　）

A. $\{x \mid 1<x\leqslant 3\}$　　B. $\{x \mid x<0\}$

C. $\{x \mid 0<x<3\}$　　D. $\{x \mid -1\leqslant x\leqslant 3\}$

二、填空题

1. 填入适当的符号.

$\varnothing$______$\{a\}$，b______$\{b\}$，$\{a\}$______$\{a\}$，0.5______$\mathbf{Q}$，$\mathbf{R}$______$\mathbf{Q}$；$\mathbf{N}$______$\mathbf{Z}$，3______$\mathbf{Z}$

2. 若 $A=\{1, 3, 5, 7, 8\}$，$B=\{2, 4, 5, 8\}$，则 $A\cap B=$________，$A\cup B=$________.

3. 若 $A=\{x \mid x\geqslant -2\}$，$B=\{x \mid -1<x\leqslant 4\}$，则 $A\cap B=$________，$A\cup B=$________.

4. 若全集为 $\mathbf{R}$，且 $A=\{x \mid x>-1\}$，则 $\complement_R A=$________.

5. “$x^2-1=0$” 是 “$x-1=0$” 的__________条件.

6. 不等式 $x^2-5x+4>0$ 的解集是__________.

7. 不等式 $|2x-5|>7$ 的解集是__________.

8. 不等式$\dfrac{3x-9}{x+2}<0$ 的解集是__________.

三、解答题

1. 写出集合$\{0, 5, 9\}$的全部子集，并指出有多少个真子集.

2. 设全集 $S=\{2, 3, 5\}$，$A=\{2, |n-5|\}$，A 的补集为$\{5\}$，试求 n 的值.

3. 若 a，b 均为正数，试比较$\sqrt{2(a^2+b^2)}$与 $a+b$ 的大小.

4. 求不等式$-2x^2+x+6\geqslant 0$ 的解集.

5. 求不等式组$\begin{cases} x+3(5-x)>2 \\ x-3>\dfrac{x}{2}-\dfrac{1}{4} \end{cases}$的解集.

读 一 读

页码与铅字

问题 一本书的页码在印刷排版时要用 1 392 个铅字，这本书有多少页？在这些页码中，铅字“1”共出现多少次？

这是经常见到的问题，但要迅速、正确地做出回答，各人情况很不一样，也许一位细心、善于思考的学生其回答能令人满意，而粗心、思维紊乱的学生则可能令人失望。不信，请先自己试试看。它的正确答案是：本书共有 500 页，其中铅字“1”共出现 200 次。

不妨先用手边的一本书，一页一页地数下去，边数边想，你就会发现：最初的 9 页(1～9 页)共用铅字 9 个；紧接的 90 页(10～99 页)共用铅字 $90\times 2=180$(个)。余下的若干页，设为 x 页(x 为三位数)，用铅字 $3x$(个)，从而得方程

$$9+180+3x=1\,392$$

解得 $x=401$。故本书共有 $9+90+401=500$(页)。

注意 解题的关键是采用了分类思想——将本书的页码分为三类，在不同的集合里来考虑问题：

(1) 页码为一位数(1～9 页)；

(2) 页码为二位数(10～99 页)；

(3) 页码为三位数(100～500 页)。

在这 500 页的页码中，铅字“1”共出现多少次？为了正确、迅速地回答本问题，仍要采用分类思想：铅字“1”在页码的个位数出现的次数；铅字“1”在页码的十位数出现的次数；铅字“1”在页码的百位数出现的次数。

(1) 铅字“1”在页码的个位数出现的状况为

00［1］～49［1］

这说明铅字“1”在页码的个位数出现 50 次。

(2) 铅字“1”在页码的十位数出现的状况为

0［1］0～4［1］9

这说明铅字“1”在页码的十位数出现 50 次。

(3) 铅字“1”在页码的百位数出现的状况为

［1］00～［1］99

这说明铅字“1”在页码的百位数出现 100 次。

故铅字“1”共出现 50＋50＋100＝200(次)。

第2章　函　数

学习要求

- 理解函数的概念；理解指数、对数的基本概念，以及幂函数、指数函数、对数函数的定义.
- 了解反函数的定义及函数的单调性、奇偶性的概念.
- 掌握函数定义域的求法及一元二次不等式的解法；掌握指数与对数运算；掌握幂函数、指数函数、对数函数的性质和图像，并能比较数的大小及求含有指数的不等式的解.
- 会作简单函数的图像；会判断函数的奇偶性；会求函数的反函数.

现实世界中许多量之间存在着依赖关系，一个量往往随着另一个量的变化而变化. 函数便是研究各个量之间确定性依赖关系的重要数学概念，同时函数又是学习高等数学必不可少的基础. 本章首先介绍函数的基本概念及一些基础知识，然后重点讨论幂函数、指数函数及对数函数的性质与应用.

2.1　函数的概念和性质

2.1.1　函数的概念

1. 函数的定义

在生产活动中，经常会遇到各种不同的量，如长度、温度、体积、时间等，这些量可以分为两类：一类在考察过程中数值始终保持不变，称为常量；另一类在考察过程中可以取不同的数值，称为变量. 下面对两个变量间的依赖关系给出定义.

定义 2.1　设 D 是一个数集，如果对于数集 D 中的每一个数 x，按照某个对应法则 f，变量 y 都有唯一的值与它对应，则称 y 是定义在数集 D 上 x 的**函数**，记作

$$y=f(x)$$

其中，x 称为**自变量**，数集 D 称为函数的**定义域**，对应函数值的全体所组成的集合称为函

数的**值域**，值域一般用 M 表示.

2. 函数的表示法

例如，初中学过的一次函数 $y=kx+b$(k 为常数)，其两个变量间的关系是用一个等式来表达的，称这种表达函数的方法为**解析法**(或**公式法**)，这个等式称为该函数的**解析式**. 此外，表达函数的方法还有列表法及图像法. 本书中主要用解析法表示函数.

当自变量 x 在其定义域内取定某确定值 x_0 时，y 按所给函数关系 $y=f(x)$ 求出的对应值 y_0 称为当 $x=x_0$ 时的函数值，记作 $y|_{x=x_0}$ 或 $f(x_0)$.

注意：在函数的定义中，对应法则及定义域是确定函数的两个要素. 只有当两个函数的对应法则和定义域完全相同时，才能认为这两个函数是相同的函数. 至于用什么字母来表示自变量和函数，则是无关紧要的. 因此，函数 $y=f(x)$ ($x\in D$) 与函数 $g=f(t)$ ($t\in D$) 表示同一个函数；函数 $y=(\sqrt{x})^2$ 与 $y=x$ 的定义域不相同，所以它们是不同的函数.

例 2.1　已知 $y=\dfrac{1}{1+x}$，求 $f(0)$，$f(-2)$，$f\left(\dfrac{1}{x}\right)$，$f(x^2)$.

解　$f(0)=1$，$f(-2)=-1$，$f\left(\dfrac{1}{x}\right)=\dfrac{x}{1+x}$，$f(x^2)=\dfrac{1}{1+x^2}$

3. 函数定义域的求法

研究函数首先要确定其定义域. 对于用解析法表示的函数，其定义域就是使函数的解析式有意义的实数 x 的集合. 但在实际问题中，函数的定义域还必须结合问题的实际意义来确定. 例如，做匀速直线运动的物体，位移 s 与时间 t 的函数关系式为 $s=vt$，其定义域是 $[0, +\infty)$.

例 2.2　求下列函数的定义域.

(1) $f(x)=\dfrac{x}{x^2+2x}$　　　　(2) $f(x)=\sqrt{4-x}$

解　(1) 在分式 $\dfrac{x}{x^2+2x}$ 中，分母不能为零，所以 $x^2+2x\neq 0$，解得 $x\neq -2$ 且 $x\neq 0$，即定义域为 $(-\infty, -2)\cup(-2, 0)\cup(0, +\infty)$.

(2) 在偶次根式中，被开方式必须非负，所以 $4-x\geqslant 0$，解得 $x\leqslant 4$，即定义域为 $(-\infty, 4]$.

练一练

1. 设 $f(x)=\dfrac{x}{2-x}$，则 $f(3)=$ ________，$f\left(\dfrac{1}{x}\right)=$ ________，$f[f(x)]=$ ________

2. 求下列函数的定义域.

(1) $y=\sqrt{-x}+\sqrt{x}$ (2) $y=3x^2+2x-1$ (3) $y=\dfrac{2x-1}{3+x}$

2.1.2 函数的图像

函数的图像是函数的一种几何表达形式，它常被用来研究函数的性质. 函数图像的作法，一般采用**描点法**，即在函数的定义域内，自变量 x 取一些值，求出对应的 y 值，再以每一对 x，y 的值为坐标，在平面直角坐标系内画出对应的点 $P(x, y)$，然后用光滑的曲线连接这些点就得到函数的图像.

例如，我们已经学过，一次函数的图像是一条直线. 下面再介绍一些函数的图像.

例 2.3 作出下列函数的图像.

(1) $y=5x$，$x\in\{1, 2, 3, 4\}$ (2) $y=1$

(3) $y=x^3$ (4) $y=|x|$

解 (1) 函数 $y=5x$，$x\in\{1, 2, 3, 4\}$的图像是由 4 个点(1，5)，(2，10)，(3，15)，(4，20)组成的，如图 2-1 所示.

(2) 函数 $y=1$ 的图像是经过点 $P(0, 1)$且平行于 x 轴的一条直线，如图 2-2 所示.

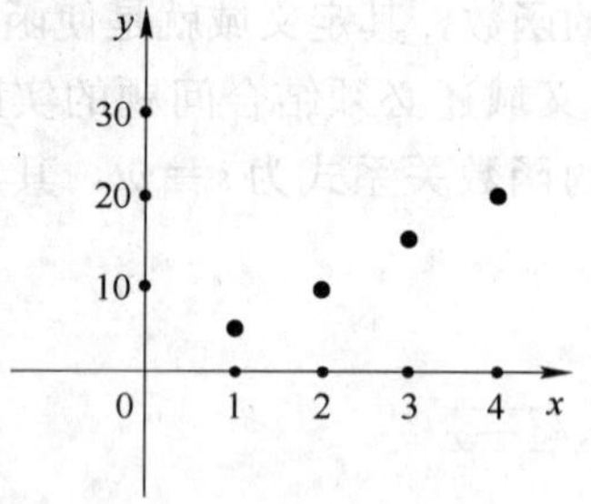

图 2-1

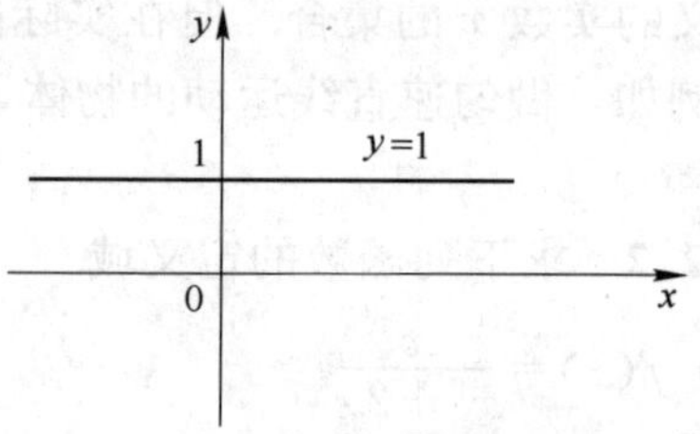

图 2-2

(3) 函数 $y=x^3$ 的定义域是 **R**，列表如下(表 2-1).

表 2-1

x	…	-2	-1	-0.5	0	0.5	1	2	…
$y=x^3$	…	-8	-1	-0.125	0	0.125	1	8	…

描出各点并用光滑曲线连接起来，它是一条关于原点对称的曲线，如图 2-3 所示.

(4) 由于当 $x\geqslant 0$ 时，$y=x$；当 $x<0$ 时，$y=-x$，因此它的图像由顶点在原点的两条射线组成，如图 2-4 所示.

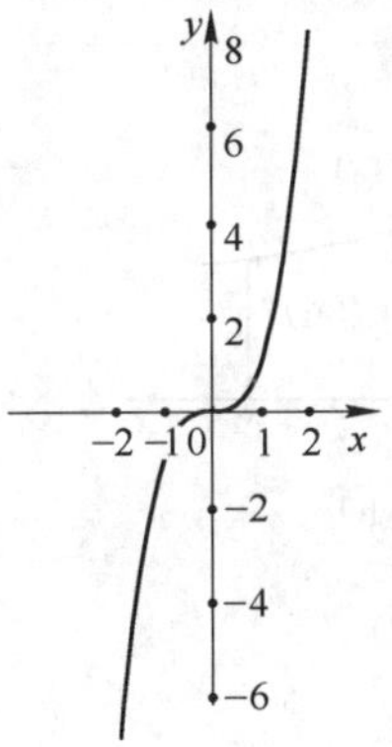

图 2-3

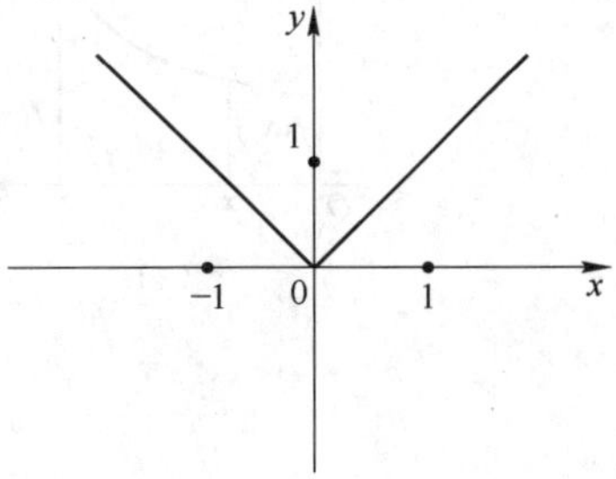

图 2-4

练一练

作出下列函数的图像.

(1) $y=3x-2$，$x\in\{-2, 0, 1, 2, 3\}$

(2) $y=x^2$

2.1.3　函数的单调性与奇偶性

1. 函数的单调性

从函数 $y=|x|$的图像中可以看到，在区间 $(0, +\infty)$ 上函数值 y 随着 x 的增大而增大；在区间$(-\infty, 0)$上函数值 y 随着 x 的增大而减小. 对于函数的这种增加或减少的特性给出如下定义.

定义 2.2　设函数 $y=f(x)$在区间(a, b)内有定义，如果对于任意的 x_1，$x_2\in(a, b)$，当 $x_1<x_2$ 时，都有 $f(x_1)<f(x_2)$，则称函数 $f(x)$在(a, b)上是单调**增函数**，称区间(a, b)是 $f(x)$的**单调递增区间**. 如果对于任意的 x_1，$x_2\in(a, b)$，当 $x_1<x_2$ 时，都有 $f(x_1)>f(x_2)$，则称函数 $f(x)$在(a, b)上是单调**减函数**，称区间(a, b)是 $f(x)$的**单调递减区间**.

函数在某个区间上递增或递减的性质统称为**函数的单调性**.

增函数的图像是沿 x 轴正向逐渐上升的，如图 2-5(a)所示；减函数的图像是沿 x 轴正向逐渐下降的，如图 2-5(b)所示.

例 2.4　判断函数 $y=x^2$ 在区间$(-\infty, 0)$的单调性.

解　在$(-\infty, 0)$内任取两点 x_1，x_2，假设 $x_1<x_2$，则有

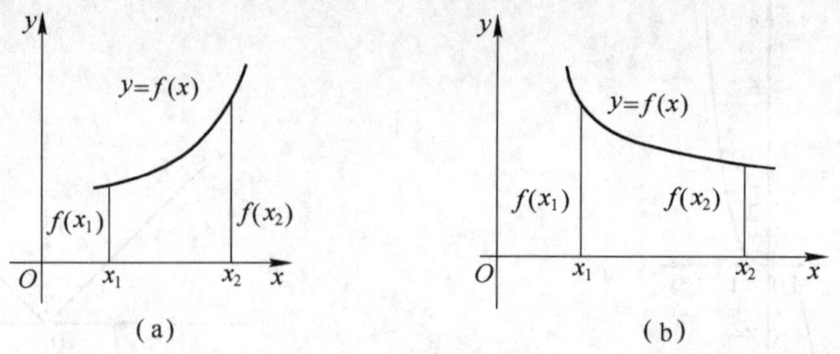

图 2-5

$$y_1=x_1^2，\ y_2=x_2^2$$

$$y_1-y_2=x_1^2-x_2^2=(x_1+x_2)(x_1-x_2)$$

因为 $x_1<0$，$x_2<0$，$x_1<x_2$，所以 $y_1-y_2>0$，即

$$y_1>y_2$$

根据单调性的定义可知，$y=x^2$ 在$(-\infty，0)$内单调递减.

2. 函数的奇偶性

在图 2-3 中，函数 $y=x^3$ 的图像是关于原点对称的；在图 2-4 中，函数 $y=|x|$ 的图像是关于 y 轴对称的. 对于函数图像的这种对称性质，给出下面的定义.

定义 2.3　设函数 $y=f(x)$的定义域是关于原点对称的区间 I，如果对于任意的 $x\in I$，都有$f(-x)=f(x)$成立，则称 $f(x)$在区间 I 上为**偶函数**；如果对于任意的 $x\in I$，都有$f(-x)=-f(x)$成立，则称 $f(x)$在区间 I 上为**奇函数**. 既不是偶函数也不是奇函数的函数称为**非奇非偶函数**.

由此可知，奇函数的图像对称于原点，如图 2-6(a)所示；偶函数的图像对称于 y 轴，如图 2-6(b)所示. **非奇非偶函数**的图像既不关于原点对称，也不关于 y 轴对称.

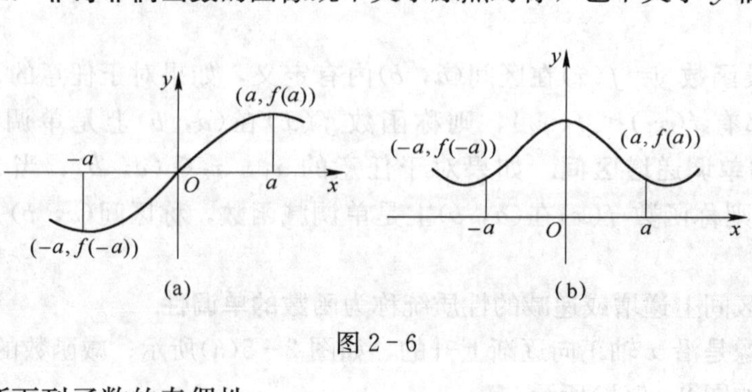

图 2-6

例 2.5　判断下列函数的奇偶性.

(1) $f(x)=\sqrt{1+x}+\sqrt{1-x}$　$(-1\leqslant x\leqslant 1)$

(2) $f(x)=x^2-2x+1$

(3) $f(x)=\frac{1}{x}$

解　(1) 因为在函数定义域$(-1, 1)$上，有 $f(-x)=\sqrt{1-x}+\sqrt{1+x}=f(x)$，所以函数是偶函数.

(2) 因为在函数定义域$(-\infty, +\infty)$上，有 $f(-x)=(-x)^2-2(-x)+1=x^2+2x+1$，故函数是非奇非偶函数.

(3) 因为在函数定义域$(-\infty, 0)\cup(0, +\infty)$上，有 $f(-x)=\frac{1}{-x}=-f(x)$，故函数是奇函数.

练一练

1. 判断函数 $f(x)=1-x^2$ 在$(0, +\infty)$内的单调性.
2. 判断下列函数的奇偶性.

(1) $f(x)=\sqrt{x}$　　(2) $f(x)=x^3-x$

习题 2-1

1. 已知函数 $f(x)=\frac{3x^2-1}{|1-x|}$，求 $f(2)$，$f(-1)$，$f\left(\frac{1}{a}\right)$，$f(x^2)$.

2. 判断下列各组函数是否相等.

(1) $f(x)=1$ 与 $f(x)=\frac{x}{x}$

(2) $f(x)=x$ 与 $f(x)=\sqrt{x^2}$

(3) $f(x)=x-2$ 与 $f(x)=\frac{x^2-4}{x+2}$

3. 求下列函数的定义域.

(1) $f(x)=\sqrt{3x-4}+x$　　(2) $f(x)=\frac{x^2+3x-5}{x(x-1)}$

(3) $f(x)=x^3-2x+5$　　(4) $f(x)=\sqrt[3]{2-x}$

(5) $f(x)=\sqrt{x}+\sqrt{3-x}$　　(6) $f(x)=\frac{\sqrt{2x-1}}{x-1}$

4. 判断下列函数的奇偶性.

(1) $f(x)=3x+x^3$　　(2) $f(x)=x^4-2x^2+1$

(3) $f(x)=\sqrt{3x+1}$　　(4) $f(x)=\frac{1}{x^3}$

5. 作出下列函数的图像.

(1) $f(x)=3x$，$x\in\{-2, -1, 0, 2, 3\}$　　(2) $f(x)=x^2+1$

(3) $f(x)=\sqrt{x}$　　　　(4) $f(x)=2$

6. 讨论函数 $f(x)=x^2+2x+1$ 的单调性.

2.2 反　函　数

在函数 $y=f(x)$ 的定义中有两个变量，一个是自变量 x，一个是函数 y. 但在一些具体问题中，哪个是自变量，哪个是函数，并不是绝对的，要视具体问题来决定.

例如，对于函数 $y=2x$，将其变形为 $x=\frac{1}{2}y$，则对每一个 y 值，变量 x 也有唯一的值与之对应，从而得到一个以 y 为自变量的新函数，将其称之为函数 $y=2x$ 的反函数.

定义 2.4 设函数 $y=f(x)$ 的定义域为数集 D，值域为数集 M. 如果对于 M 中每一个数 y，通过关系式 $y=f(x)$，D 中都有唯一的 x 与之对应，则 x 也是以 y 为自变量的函数，则称它为函数 $y=f(x)$ 的**反函数**，记作 $x=f^{-1}(y)$，其定义域为 M，值域为 D.

注意：函数的定义域是它的反函数的值域；函数的值域是它的反函数的定义域.

习惯上，将反函数 $x=f^{-1}(y)$ 改写成 $y=f^{-1}(x)$ 的形式.

显然，$y=f(x)$ 与 $y=f^{-1}(x)$ 互为反函数.

例 2.6 求 $y=\frac{x-1}{x+2}(x\neq-2)$ 的反函数.

解 **第一步** 解出 x. 由于

$$y(x+2)=x-1,\ (1-y)x=2y+1$$

从而解得

$$x=\frac{2y+1}{1-y}$$

第二步 将 x，y 分别交换为 y，x，得

$$y=\frac{2x+1}{1-x}\quad (x\neq1)$$

所以 $y=\frac{x-1}{x+2}(x\neq-2)$ 的反函数是

$$y=\frac{2x+1}{1-x}\quad (x\neq1)$$

一般地，求反函数的过程可以分为两步：第一步，从 $y=f(x)$ 中解出 $x=f^{-1}(y)$；第二步，交换字母 x 和 y.

注意：由函数 $y=f(x)$ 解出的 x 在定义域内必须单值，否则 $y=f(x)$ 的反函数不存在.

例如，$y=x^2$，$x\in(-\infty,+\infty)$，对于任意一个 $y\in[0,+\infty)$，通过 $y=x^2$ 不能唯一确定 x，所以 $y=x^2$ 在其定义域内没有反函数.

定理 2.1 函数 $y=f(x)$ 与其反函数 $y=f^{-1}(x)$ 的图像关于直线 $y=x$ 对称.

(证明略).

例如，函数 $y=x^3$ 与其反函数 $y=\sqrt[3]{x}$的图像关于直线 $y=x$ 对称，如图 2－7 所示.

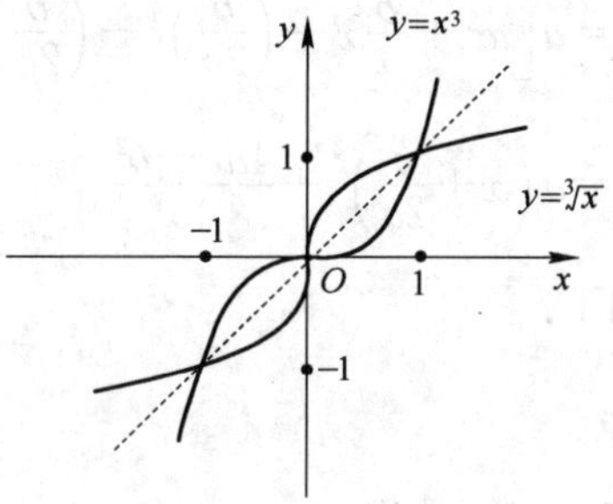

图 2－7

练一练

求下列函数的反函数.

(1) $y=3x-5$　　(2) $y=-\dfrac{1-x}{1+x}$　　(3) $y=x^3$

习题 2－2

1. 求下列函数的反函数.

(1) $y=-3x+2$　　(2) $y=\dfrac{1-x}{1+x}$

(3) $y=\dfrac{2}{x}$　　(4) $y=\sqrt{x}-1$

(5) $y=x^2$，$x\in(0,+\infty)$

2. 作出函数 $y=2x-3$ 及其反函数的图像.

2.3　一元二次函数

2.3.1　一元二次函数的图像与性质

一般地，函数 $y=ax^2+bx+c(a, b, c\in\mathbf{R}$ 且 $a\neq0)$ 称为**一元二次函数**，它的定义域为 **R**.

为了了解一元二次函数的性质，先把它的表达式配方

$$\begin{aligned}y&=ax^2+bx+c\\&=a\left[x^2+\frac{b}{a}x+\left(\frac{b}{2a}\right)^2-\left(\frac{b}{2a}\right)^2\right]+c\\&=a\left(x+\frac{b}{2a}\right)^2+\frac{4ac-b^2}{4a}\end{aligned}$$

从上式可以得出，其性质如下.

(1) 图像有对称轴 $x=-\dfrac{b}{2a}$；

(2) 图像的顶点坐标是$\left(-\dfrac{b}{2a},\ \dfrac{4ac-b^2}{4a}\right)$；

(3) 当 $a>0$ 时，图像的开口向上，如图 2-8 所示，函数在 $x=-\dfrac{b}{2a}$处达到最小值 $\dfrac{4ac-b^2}{4a}$；函数在区间$\left(-\dfrac{b}{2a},\ +\infty\right)$上是增函数，在区间$\left(-\infty,\ -\dfrac{b}{2a}\right)$上是减函数；

(4) 当 $a<0$ 时，图像的开口向下，如图 2-9 所示，函数在 $x=-\dfrac{b}{2a}$处达到最大值 $\dfrac{4ac-b^2}{4a}$；函数在区间$\left(-\dfrac{b}{2a},\ +\infty\right)$上是减函数，在区间$\left(-\infty,\ -\dfrac{b}{2a}\right)$上是增函数.

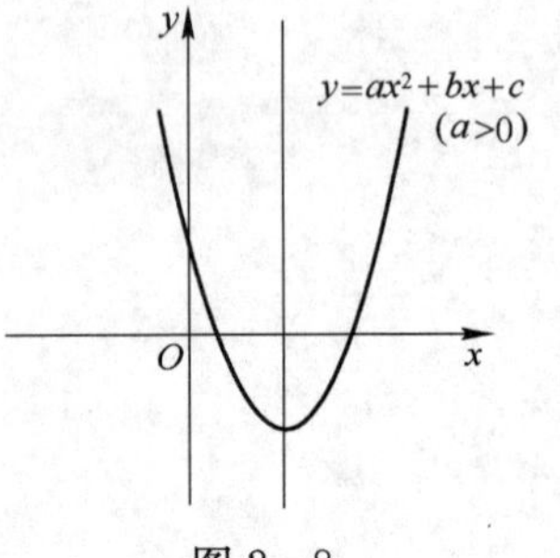

图 2-8

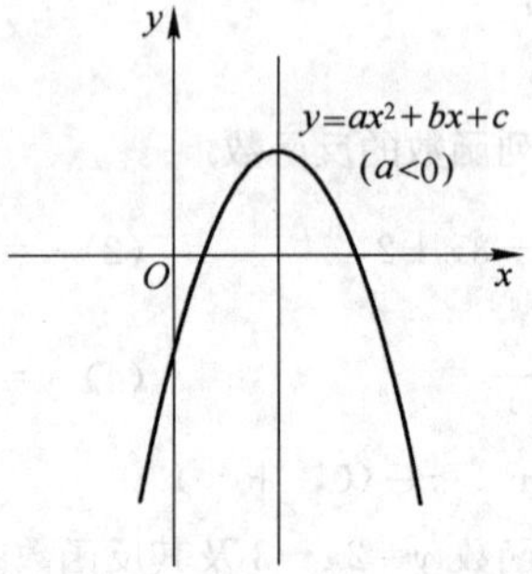

图 2-9

例 2.7 求下列函数的最大值及最小值.

(1) $y=2x^2-6x+5$ (2) $y=-x^2+2x+3$

解 (1) 因为 $a=2>0$，则函数有最小值为

$$\frac{4ac-b^2}{4a}=\frac{4\times2\times5-(-6)^2}{4\times2}=\frac{1}{2}$$

(2) 因为 $a=-1<0$，则函数有最大值为

$$\frac{4ac-b^2}{4a}=\frac{4\times(-1)\times3-(2)^2}{4\times(-1)}=4$$

练一练

1. 作出下列函数的图像.

(1) $y=-2x^2+x+3$　　(2) $y=x^2-2x+3$

2. 填空.

(1) 函数 $y=-2x^2-6x+3$ 的顶点坐标是________；最大值是________.

(2) 函数 $y=3x^2+2x+5$ 的顶点坐标是________；最小值是________.

2.3.2　解一元二次不等式

在上一章中，已经介绍了一元二次不等式的解法，下面将利用一元二次函数的图像及性质来求一元二次不等式的解.

一元二次不等式的解集与一元二次方程的根及一元二次函数的图像关系密切，如表2－2所示.

表 2－2

$\Delta=b^2-4ac$	$\Delta>0$	$\Delta=0$	$\Delta<0$
一元二次方程的解 $ax^2+bx+c=0(a>0)$	有两个不等的实数根 $x_{1,2}=\frac{-b\pm\sqrt{b^2-4ac}}{2a}$ (取 $x_1<x_2$)	有两个相等的实数根 $\left(x_1=x_2=-\frac{b}{2a}\right)$	没有实数根
二次函数的图像 $y=ax^2+bx+c(a>0)$	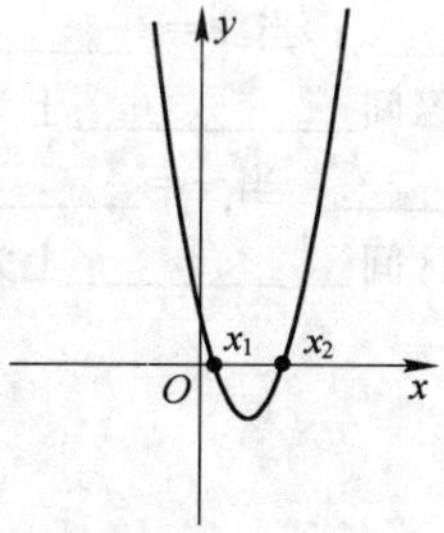	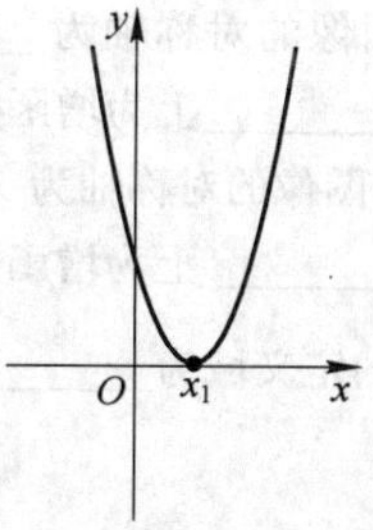	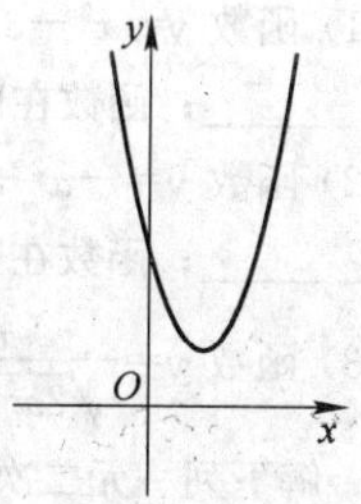
一元二次不等式的解集：$ax^2+bx+c>0$ $(a>0)$	$\{x\mid x<x_1\}\cup\{x\mid x>x_2\}$ $=\{x\mid x<x_1$ 或 $x>x_2\}$	$\left\{x\mid x\neq-\frac{b}{2a}，且\ x\in\mathbf{R}\right\}$	$\mathbf{R}$
一元二次不等式的解集：$ax^2+bx+c<0(a>0)$	$\{x\mid x_1<x<x_2\}$	$\varnothing$	$\varnothing$

注意：若 $a<0$，先将不等式两边同乘以 -1，化为 $a>0$ 后再求解.

例 2.8　解下列一元二次不等式.

(1) $x^2+4x+3\leqslant 0$　　(2) $-2x^2+4x-2>0$

(3) $2x^2-4x+3>0$　　(4) $x^2+6x+5\geqslant 0$

解　(1) 由于方程 $x^2+4x+3=0$ 的两个根为 $x_1=-3$，$x_2=-1$，函数 $y=x^2+4x+3$ 的图像开口向上，因此 $x^2+4x+3\leqslant 0$ 的解集为 $[-3, 1]$.

(2) 由于 $a<0$，原不等式可化为 $2x^2-4x+2<0$，方程 $2x^2-4x+2=0$ 的两个根为 $x_1=x_2=1$，函数 $y=2x^2-4x+2$ 的图像开口向上，因此 $2x^2-4x+2<0$ 的解集为 $\varnothing$.

(3) 由于方程 $2x^2-4x+3=0$ 的判别式 $\Delta=(-4)^2-4\times 2\times 3=-8<0$，函数 $y=2x^2-4x+3$ 的图像开口向上，因此不等式 $2x^2-4x+3>0$ 的解集为 $\mathbf{R}$.

(4) 由于方程 $x^2+6x+5=0$ 的两个根为 $x_1=-5$，$x_2=-1$，函数 $y=x^2+6x+5$ 的图像开口向上，因此不等式 $x^2+6x+5\geqslant 0$ 的解集为 $(-\infty, -5]\cup[-1, +\infty)$.

练一练

1. 解下列一元二次不等式.

(1) $x^2+4x+7\leqslant 0$　　(2) $-x^2+4x+5>0$

2. 函数 $y=4x+\sqrt{1-x^2}$ 的定义域为__________.

习题 2-3

1. 填空.

(1) 函数 $y=x^2-3x+2$ 的图像的对称轴为________；当 $x=$________时，函数的最小值为________；函数在区间________上为增函数，在区间________上为减函数.

(2) 函数 $y=-x^2+4x+4$ 的图像的对称轴为________；当 $x=$________时，函数的最大值为________；函数在区间________上为增函数，在区间________上为减函数.

(3) 函数 $y=\dfrac{x+5}{\sqrt{3x^2+2x-1}}$ 的定义域为________.

2. 解下列一元二次不等式.

(1) $x^2+4x+5\leqslant 0$　　(2) $-x^2+x+6>0$

(3) $\dfrac{1}{2}x^2-4x+6>0$　　(4) $x^2-x<x(2x-3)+2$

(5) $x^2-x+1<0$　　(6) $-x^2+3x+10\geqslant 0$

3. 作出下列函数的图像，写出它的顶点坐标.

(1) $y=-2x^2-4x+1$　　(2) $y=2x^2-6x+5$

4. 求函数 $y=-2x^2+3x$ 在区间 $[-2, 2]$ 上的最小值和最大值.

5. 方程 $x^2-(m+2)x-(m-6)=0$ 有两个不等的实根，求实数 m 的取值范围.

2.4　指数与对数

2.4.1　指数

在初中，已经学习了整数指数幂，下面复习一些基本概念.

正整数指数幂： $\underbrace{a\cdot a\cdot\cdots\cdot a}_{n个}=a^n\quad(n\in\mathbf{N}^+)$，$a^1=a$

零指数幂： $a^0=1\quad(a\neq0)$

负整数指数幂： $a^{-n}=\dfrac{1}{a^n}\quad(a\neq0，n\in\mathbf{N}^+)$

整数指数幂有下面的运算法则.

$$a^m\cdot a^n=a^{m+n}\quad(a\neq0，m，n\in\mathbf{Z})$$

$$(a^m)^n=a^{mn}\quad(a\neq0，m，n\in\mathbf{Z})$$

$$(ab)^m=a^mb^m\quad(a\neq0，b\neq0，m\in\mathbf{Z})$$

为了实际的需要，引入分数指数幂的概念.

若 $m，n\in\mathbf{N}^+$，当 $\sqrt[n]{a}$ 有意义时，有如下定义.

$$a^{\frac{1}{n}}=\sqrt[n]{a}$$

$$a^{\frac{m}{n}}=(a^{\frac{1}{n}})^m=(\sqrt[n]{a})^m=\sqrt[n]{a^m}$$

$$a^{-\frac{m}{n}}=\frac{1}{a^{\frac{m}{n}}}=\frac{1}{\sqrt[n]{a^m}}\quad(a\neq0)$$

指数还可以推广到实数范围.

只要运算法则中出现的每一个实数指数幂都有意义，可以证明：整数指数幂的运算法则对实数指数幂仍然成立.

例 2.9　计算下列各式.

(1) 2^{-3}　　(2) $\left(\dfrac{2}{5}\right)^{-2}$

(3) $125^{\frac{2}{3}}$　　(4) $16^{-\frac{3}{4}}$

(5) $a^{\frac{2}{3}}\cdot a^{\frac{1}{2}}\cdot a^{\frac{1}{6}}$　　(6) $[2a^{-4}b^2\div(4a^2b)]^{-3}\cdot(-3a^{-2}b^3)^2$

解　(1) $2^{-3}=\dfrac{1}{2^3}=\dfrac{1}{8}$

(2) $\left(\dfrac{2}{5}\right)^{-2}=\left(\dfrac{5}{2}\right)^2=\dfrac{25}{4}$

(3) $125^{\frac{2}{3}}=(5^3)^{\frac{2}{3}}=5^2=25$

(4) $16^{-\frac{3}{4}}=(2^4)^{-\frac{3}{4}}=2^{-3}=\frac{1}{8}$

(5) $a^{\frac{2}{3}}\cdot a^{\frac{1}{2}}\cdot a^{\frac{1}{6}}=a^{\frac{2}{3}+\frac{1}{2}+\frac{1}{6}}=a^{\frac{4}{3}}$

(6) $[2a^{-4}b^2\div(4a^2b)]^{-3}\cdot(-3a^{-2}b^3)^2=(2^{-1}a^{-6}b)^{-3}\cdot(9a^{-4}b^6)$

$=(2^3a^{18}b^{-3})\cdot(9a^{-4}b^6)$

$=72a^{14}b^3$

练一练

1. 填空.

(1) $3^{-4}=$________ (2) $64^{-\frac{1}{6}}=$________

(3) $\left(\frac{3}{2}\right)^{-2}=$________ (4) $0.01^{-3}=$________

2. 计算.

(1) $b^{\frac{1}{5}}\cdot b^{\frac{1}{3}}\cdot b^{\frac{1}{2}}$ (2) $(a^{\frac{2}{3}}b^{\frac{1}{2}}c)^{-6}$

2.4.2 对数

前面已经学习了指数的概念及运算法则，但有时会遇到另一类问题. 例如，前面已经学过10的2次方等于100，但10的多少次方等于32呢？为解决这一类问题，下面引入对数的有关概念.

1. 对数的定义

定义2.5 设$a>0$且$a\neq1$，对于$N\in\mathbf{R}^+$，如果实数b，使得$a^b=N$，则称b是以a为底N的对数，并且把b记成$\log_aN$，即

$$\log_aN=b$$

其中，N称为**真数**，a称为**底数**.

把$a^b=N$称为**指数式**，把$\log_aN=b$称为**对数式**.

例2.10 把下列指数式写成对数式.

(1) $2^3=8$ (2) $3^{-2}=\frac{1}{9}$ (3) $5^1=5$

解 (1) $\log_28=3$

(2) $\log_3\frac{1}{9}=-2$

(3) $\log_5 5=1$

例 2.11　把下列对数式写成指数式.

(1) $\log_3 27=3$　　(2) $\log_2 \frac{1}{16}=-4$　　(3) $\log_6 1=0$

解　(1) $3^3=27$

(2) $2^{-4}=\frac{1}{16}$

(3) $6^0=1$

2. 对数的性质

对数的性质有：

(1) 零与负数没有对数；

(2) 1 的对数等于 0，即 $\log_a 1=0$　($a>0$ 且 $a\neq1$)；

(3) 底的对数等于 1，即 $\log_a a=1$　($a>0$ 且 $a\neq1$)；

(4) $\log_a a^n=n$　($a>0$ 且 $a\neq1$).

根据对数的定义，可以得到对数恒等式，即

$$a^{\log_a N}=N \quad (a>0 \text{ 且 } a\neq1,\ N>0)$$

例 2.12　求下列各式的值.

(1) $\log_3 81$　　(2) $\log_2 \frac{1}{32}$　　(3) $5^{1+\log_5 6}$

解　(1) $\log_3 81=\log_3 3^4=4$

(2) $\log_2 \frac{1}{32}=\log_2 2^{-5}=-5$

(3) $5^{1+\log_5 6}=5\cdot 5^{\log_5 6}=5\cdot 6=30$

3. 对数的运算法则

当 $a>0$ 且 $a\neq1$，$M>0$，$N>0$ 时，有

(1) $\log_a(MN)=\log_a M+\log_a N$

(2) $\log_a \frac{M}{N}=\log_a M-\log_a N$

(3) $\log_a M^n=n\log_a M$

其中，法则(1)可推广到有限个正数的积的情形.

例 2.13　求下列各式的值.

(1) $\log_2(8\times32)$

(2) $\log_{10} 5+\log_{10} 20$

(3) $\log_3 24-\log_3 8+\log_2 1$

解　(1) $\log_2(8\times32)=\log_2 2^3+\log_2 2^5=3+5=8$

(2) $\log_{10}5+\log_{10}20=\log_{10}(5\times 20)=\log_{10}100=2$

(3) $\log_3 24-\log_3 8+\log_2 1=\log_3\frac{24}{8}+0=\log_3 3=1$

4. 自然对数与常用对数

将以无理数 e(e=2.71 828…)为底的对数 $\log_e N$ 称为**自然对数**，简记为 $\ln N$，将以 10 为底的对数 $\log_{10}N$ 称为**常用对数**，简记为 $\lg N$.

5. 对数的换底公式

当 $a>0$，$b>0$ 且 $a\neq 1$，$b\neq 1$，$N>0$ 时

$$\log_a N=\frac{\log_b N}{\log_b a}$$

例 2.14 计算 $\log_3 32\cdot\log_2 27$.

解 将 $\log_3 32$ 及 $\log_2 27$ 都换成以 10 为底的对数，得

$$\begin{aligned}\log_3 32\cdot\log_2 27&=\frac{\lg 32}{\lg 3}\cdot\frac{\lg 27}{\lg 2}\\&=\frac{\lg 2^5}{\lg 3}\cdot\frac{\lg 3^3}{\lg 2}\\&=\frac{5\lg 2}{\lg 3}\cdot\frac{3\lg 3}{\lg 2}=15\end{aligned}$$

练一练

1. 把下列指数式写成对数式.

(1) $3^2=9$　　(2) $2^{-3}=\frac{1}{8}$　　(3) $4^1=4$

2. 把下列对数式写成指数式.

(1) $\log_9 81=2$　　(2) $\log_2\frac{1}{64}=-6$　　(3) $\log_3 3=1$

3. 求下列各式的值.

(1) $\lg 0.01$　　(2) $\log_{\frac{1}{2}}16$

(3) $9^{1+\log_9 4}$　　(4) $\log_5 16\cdot\log_2 125$

习题 2-4

1. 填空.

(1) $\left(\frac{1}{2}\right)^{-4}=$________　　(2) $(0.81)^{-\frac{1}{2}}=$________

(3) $\log_{0.1}100=$__________　　(4) $\log_7 7^{0.4}=$__________

2. 计算下列各式.

(1) $(b^{\frac{1}{5}}\cdot b)^{-5}\cdot b^3$　　(2) $\left[-\frac{4}{9}+\left(\frac{3}{2}\right)^{-1}\right]^{-2}$

(3) $25^{\frac{1}{2}}\times\left(6\frac{1}{4}\right)^{\frac{3}{2}}$　　(4) $\log_{\frac{1}{3}}81+3\lg 1$

(5) $4\lg 2+3\lg 5-\lg\frac{1}{5}$　　(6) $2\log_5 25+3\log_2 64-8\log_5 1$

(7) $\lg 2\cdot\lg 2\,500+2(\lg 5)^2$　　(8) $\log_2 9\cdot\log_3 4\cdot\log_4 5\cdot\log_5 8$

3. 求下列各式中的 x.

(1) $\lg x=\lg 2-\lg 5$　　(2) $\log_2 x=-3$

4. x 取什么实数时，对数式 $\log_x(3-2x)$有意义?

5. 利用换底公式证明：$(\log_a b)\cdot(\log_b c)\cdot(\log_c a)=1$.

2.5 幂　函　数

2.5.1 幂函数的定义

前面已经学过了函数 $y=x$，$y=x^2$，$y=x^3$ 和 $y=x^{-1}$，$y=x^{-2}$. 对于这种底数是变量、指数是常量的函数，给出下面的定义.

定义 2.6　形式为 $y=x^\alpha$ 的函数称为**幂函数**. 其中，指数 α 为常数，且 $\alpha\in\mathbf{R}$.

幂函数的定义域随着 α 取值的不同而变化. 当 α 为正整数时，定义域为 $\mathbf{R}$；当 α 为负数或分数时，应把函数的负指数式变为分式或把函数的分数指数式变为根式后再求定义域.

例 2.15　求下列函数的定义域.

(1) $y=x^3$　　(2) $y=x^{-2}$

(3) $y=x^{\frac{1}{3}}$　　(4) $y=x^{-\frac{1}{2}}$

解　(1) $y=x^3$ 的定义域是$(-\infty,+\infty)$；

(2) $y=x^{-2}$改写成 $y=\frac{1}{x^2}$，因为是分式，所以其定义域是 $x\neq 0$，即$(-\infty,0)\cup(0,+\infty)$；

(3) $y=x^{\frac{1}{3}}$改写成 $y=\sqrt[3]{x}$，因为是奇次根式，所以其定义域是$(-\infty,+\infty)$；

(4) $y=x^{-\frac{1}{2}}$ 改写成 $y=\frac{1}{\sqrt{x}}$，因为是偶次根式且分母不能为 0，所以其定义域是$(0,+\infty)$.

例 2.16　求函数 $y=(2x-1)^{-2}+(x+1)^{-\frac{1}{2}}$的定义域.

解　把函数 $y=(2x-1)^{-2}+(x+1)^{-\frac{1}{2}}$改写成

$$y=\frac{1}{(2x-1)^2}+\frac{1}{\sqrt{x+1}}$$

要使函数有意义，必须

$$\begin{cases}2x-1\neq 0\\ x+1>0\end{cases}$$

即

$$\begin{cases}x\neq \dfrac{1}{2}\\ x>-1\end{cases}$$

所以函数的定义域为$\left(-1,\ \frac{1}{2}\right)\cup\left(\frac{1}{2},\ +\infty\right)$.

练一练

填空.

(1) 函数 $y=x^{-3}$ 的定义域为__________

(2) 函数 $y=x^{-\frac{3}{2}}$ 的定义域为__________

(3) 函数 $y=x^{\frac{2}{3}}$ 的定义域为__________

(4) 函数 $y=(2x-3)^{-\frac{1}{2}}+(x-2)^{-3}$ 的定义域为__________

2.5.2　幂函数的图像及性质

前面已经学过一些幂函数的图像，如 $y=x^2$，$y=x^3$，$y=x^{\frac{1}{2}}$ 和 $y=x^{-1}$，它们的图像如图 2 - 10 所示.

一般地，幂函数 $y=x^{\alpha}$ 有下列共同性质：

(1) 当 $\alpha>0$ 时，函数的图像都过原点和点(1，1)，函数在(0，$+\infty$)内是增函数；

(2) 当 $\alpha<0$ 时，函数的图像不过原点，但都过点(1，1)，函数在(0，$+\infty$)内是减函数.

例 2.17　比较下列各组数的大小.

(1) $1.3^{\frac{2}{3}}$ 和 $1.7^{\frac{2}{3}}$　　　　(2) $2.1^{-\frac{3}{2}}$ 和 $1.8^{-\frac{3}{2}}$

(3) $0.6^{1.5}$ 和 $0.3^{1.5}$　　　　(4) $0.21^{-0.4}$ 和 $0.32^{-0.4}$

解　(1) 因为函数 $y=x^{\frac{2}{3}}$ 在(0，$+\infty$)内是增函数，$1.3^{\frac{2}{3}}$ 和 $1.7^{\frac{2}{3}}$ 可以看作 $y=x^{\frac{2}{3}}$ 当 $x=1.3$ 和 $x=1.7$ 时的两个函数值，而 $1.3<1.7$，所以 $1.3^{\frac{2}{3}}<1.7^{\frac{2}{3}}$.

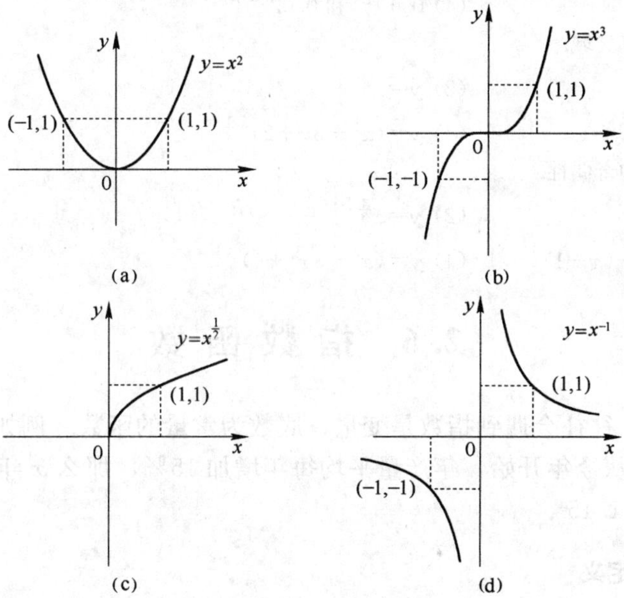

图 2 - 10

(2) 因为函数 $y=x^{-\frac{3}{2}}$ 在 $(0,\ +\infty)$ 内是减函数，$2.1^{-\frac{3}{2}}$ 和 $1.8^{-\frac{3}{2}}$ 可以看作 $y=x^{-\frac{3}{2}}$ 当 $x=2.1$ 和 $x=1.8$ 时的两个函数值，而 $1.8<2.1$，所以 $2.1^{-\frac{3}{2}}<1.8^{-\frac{3}{2}}$.

(3) 因为函数 $y=x^{1.5}$ 在 $(0,\ +\infty)$ 内是增函数，$0.3^{1.5}$ 和 $0.6^{1.5}$ 可以看作 $y=x^{1.5}$ 当 $x=0.3$ 和 $x=0.6$ 时的两个函数值，而 $0.3<0.6$，所以 $0.6^{1.5}>0.3^{1.5}$.

(4) 因为函数 $y=x^{-0.4}$ 在 $(0,\ +\infty)$ 内是减函数，$0.21^{-0.4}$ 和 $0.32^{-0.4}$ 可以看作 $y=x^{-0.4}$ 当 $x=0.21$ 和 $x=0.32$ 时的两个函数值，而 $0.21<0.32$，所以 $0.21^{-0.4}>0.32^{-0.4}$.

练一练

比较下列各组数的大小.

(1) $1.31^{\frac{3}{2}}$ 和 $1.07^{\frac{3}{2}}$　　(2) $3.1^{-\frac{3}{2}}$ 和 $2.8^{-\frac{3}{2}}$

(3) $0.6^{0.5}$ 和 $0.4^{0.5}$　　(4) $0.01^{-1.4}$ 和 $0.32^{-1.4}$

习题 2 - 5

1. 作出函数 $y=x^{-2}$ 的图像.
2. 比较下列各组数的大小.

(1) $1.41^{\frac{3}{4}}$ 和 $1.07^{\frac{3}{4}}$　　(2) $3.01^{-\frac{1}{2}}$ 和 $2.84^{-\frac{1}{2}}$

(3) $0.7^{0.3}$和$0.4^{0.3}$　　(4) $0.1^{-1.7}$和$0.02^{-1.7}$

3. 求下列函数的定义域.

(1) $y=x^{-\frac{1}{3}}$　　(2) $y=x^{\frac{3}{4}}$

(3) $y=(x^2-3x)^{-3}+1$　　(4) $y=(x^2-3x+2)^{-\frac{1}{2}}$

4. 判别下列函数的奇偶性.

(1) $y=x^{-\frac{1}{3}}+x^3$　　(2) $y=x^{\frac{4}{3}}$

(3) $y=(x-3)^{-3}+(x+1)^{\frac{1}{2}}$　　(4) $y=(x^4-3x^2+1)^{-\frac{1}{2}}$

2.6 指数函数

在实际问题中，往往会遇到指数是变量、底数为常量的函数. 例如，某工厂去年的年产量是10万吨，计划从今年开始，年产量平均每年增加15%，那么x年后的年产量y为$y=(1+15\%)^x$，即$y=1.15^x$.

1. 指数函数的定义

定义 2.7　形式为$y=a^x(a>0, a\neq1)$的函数称为**指数函数**.

指数函数的定义域是$(-\infty, +\infty)$，值域是$(0, +\infty)$. 例如，函数$y=2^x$及$y=\left(\frac{1}{3}\right)^x$都是指数函数，它们的定义域都是$(-\infty, +\infty)$.

注意：在幂函数$y=x^\alpha$中，自变量x是底数，指数α是常数；而在指数函数$y=a^x$中，自变量x是指数，底数a是常常数.

2. 指数函数的图像和性质

用描点法作出函数$y=2^x$及$y=\left(\frac{1}{2}\right)^x$的图像. 由于它们的定义域都是$(-\infty, +\infty)$，则列表2-3如下.

表 2-3

x	…	−3	−2	−1	−0.5	0	0.5	1	2	3	…
$y=2^x$	…	0.125	0.25	0.5	0.71	1	1.41	2	4	8	…
$y=\left(\frac{1}{2}\right)^x$	…	8	4	2	1.41	1	0.71	0.5	0.25	0.125	…

由此描点得到$y=2^x$和$y=\left(\frac{1}{2}\right)^x$图像，如图2-11所示. 从图中可以观察到函数图像主要有下列特点.

(1) 图像都在x轴上方，函数值都大于零；

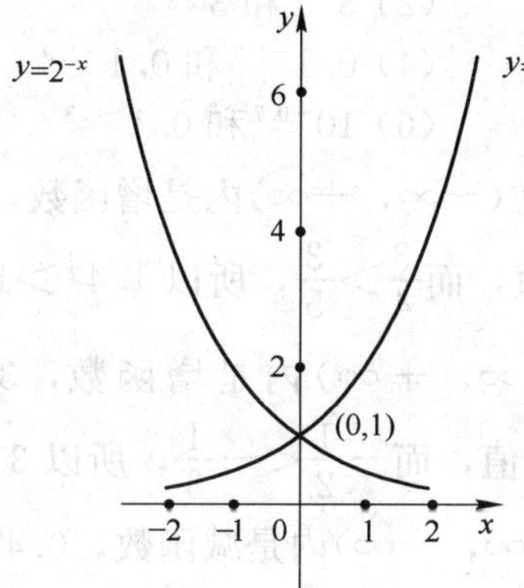

图 2 - 11

（2）图像都过点（0，1）；

（3）函数 $y=2^x$ 在（$-\infty$，$+\infty$）上是增函数，函数 $y=\left(\frac{1}{2}\right)^x$ 在（$-\infty$，$+\infty$）上是减函数.

一般地，指数函数 $y=a^x$ 的图像和性质如表 2 - 4 所示.

表 2 - 4

	$a>1$	$0<a<1$
图像	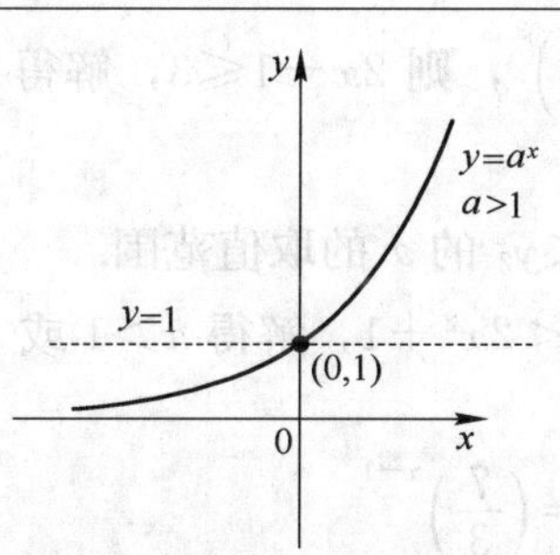	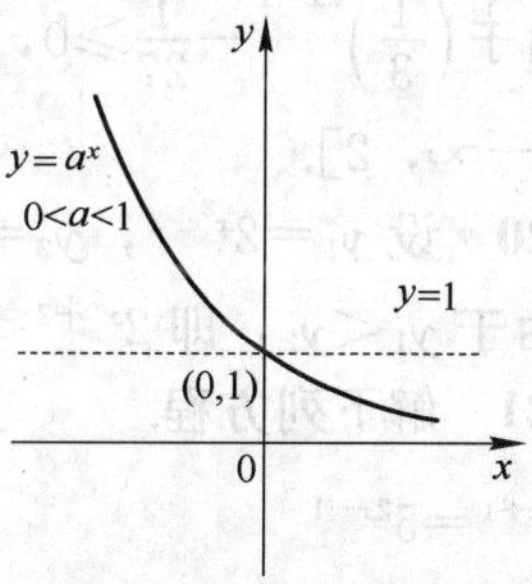
性质	（1）定义域：**R**	（1）定义域：**R**
	（2）值域：（0，$+\infty$）	（2）值域：（0，$+\infty$）
	（3）过点（0，1），即 当 $x=0$ 时，$y=1$ 当 $x>0$ 时，$y>1$ 当 $x<0$ 时，$0<y<1$	（3）过点（0，1），即 当 $x=0$ 时，$y=1$ 当 $x>0$ 时，$0<y<1$ 当 $x<0$ 时，$y>1$
	（4）在 **R** 上是增函数	（4）在 **R** 上是减函数

例 2.18　比较下列各组数的大小.

(1) $1.4^{\frac{3}{4}}$和$1.4^{\frac{3}{5}}$　　(2) $3^{-\frac{1}{2}}$和$3^{-\frac{1}{3}}$

(3) $0.4^{0.5}$和$0.4^{0.3}$　　(4) $0.1^{-1.7}$和$0.1^{-1.9}$

(5) $0.34^{0.5}$和1　　(6) $10^{-0.7}$和$0.1^{-0.3}$

解 (1) 因为函数$y=1.4^x$在$(-\infty, +\infty)$内是增函数，$1.4^{\frac{3}{4}}$和$1.4^{\frac{3}{5}}$可以看作$y=1.4^x$当$x=\frac{3}{4}$和$x=\frac{3}{5}$时的两个函数值，而$\frac{3}{4}>\frac{3}{5}$，所以$1.4^{\frac{3}{4}}>1.4^{\frac{3}{5}}$.

(2) 因为函数$y=3^x$在$(-\infty, +\infty)$内是增函数，$3^{-\frac{1}{2}}$和$3^{-\frac{1}{3}}$可以看作$y=3^x$当$x=-\frac{1}{2}$和$x=-\frac{1}{3}$时的两个函数值，而$-\frac{1}{2}<-\frac{1}{3}$，所以$3^{-\frac{1}{2}}<3^{-\frac{1}{3}}$.

(3) 因为函数$y=0.4^x$在$(-\infty, +\infty)$内是减函数，$0.4^{0.5}$和$0.4^{0.3}$可以看作$y=0.4^x$当$x=0.5$和$x=0.3$时的两个函数值，而$0.5>0.3$，所以$0.4^{0.5}<0.4^{0.3}$.

(4) 因为函数$y=0.1^x$在$(-\infty, +\infty)$内是减函数，$0.1^{-1.7}$和$0.1^{-1.9}$可以看作$y=0.1^x$当$x=-1.7$和$x=-1.9$时的两个函数值，而$-1.7>-1.9$，所以$0.1^{-1.7}<0.1^{-1.9}$.

(5) 考虑函数$y=0.34^x$，因为$0.5>0$，根据指数函数的性质，则$0.34^{0.5}<1$.

(6) 考虑函数$y=10^x$，因为$-0.7<0$，根据指数函数的性质，则$10^{-0.7}<1$；又考虑函数$y=0.1^x$，因为$-0.3<0$，根据指数函数的性质，则$0.1^{-0.3}>1$，则$10^{-0.7}<0.1^{-0.3}$.

例 2.19 求下列函数的定义域.

(1) $y=\sqrt{2^x-1}$　　(2) $y=\sqrt{\left(\frac{1}{3}\right)^{2x-1}-\frac{1}{27}}$

解 (1) 由于$2^x-1\geqslant 0$，即$2^x\geqslant 1$，则$x\geqslant 0$，故函数的定义域为$[0, +\infty)$.

(2) 由于$\left(\frac{1}{3}\right)^{2x-1}-\frac{1}{27}\geqslant 0$，即$\left(\frac{1}{3}\right)^{2x-1}\geqslant\left(\frac{1}{3}\right)^3$，则$2x-1\leqslant 3$，解得$x\leqslant 2$，故函数的定义域为$(-\infty, 2]$.

例 2.20 设$y_1=2^{x^2+2}$，$y_2=2^{2x^2+1}$，求使$y_1<y_2$的x的取值范围.

解 由于$y_1<y_2$，即$2^{x^2+2}<2^{2x^2+1}$，则$x^2+2<2x^2+1$，解得$x>1$或$x<-1$.

例 2.21 解下列方程.

(1) $5^{x+1}=5^{2x-1}$　　(2) $\left(\frac{3}{7}\right)^{3x+1}=\left(\frac{7}{3}\right)^{x-1}$

解 (1) 由于$5^{x+1}=5^{2x-1}$，则$x+1=2x-1$，即$x=2$.

(2) 由于$\left(\frac{3}{7}\right)^{3x+1}=\left(\frac{7}{3}\right)^{x-1}=\left(\frac{3}{7}\right)^{-(x-1)}$，则$3x+1=-(x-1)$，即$x=0$.

练一练

比较下列各组数的大小.

(1) $0.4^{\frac{1}{4}}$和$0.4^{\frac{1}{5}}$　　(2) $3^{-\frac{1}{3}}$和$3^{-\frac{1}{5}}$

(3) $2.4^{0.6}$和1　　(4) $3^{-0.5}$和$0.4^{-0.1}$

习题 2-6

1. 作出函数 $y=3^x$ 与 $y=\left(\frac{1}{3}\right)^x$ 的图像.

2. 比较下列各组数的大小.

(1) $1.2^{\frac{1}{2}}$ 和 $1.2^{\frac{1}{5}}$　　(2) $3^{-\frac{2}{3}}$ 和 $3^{-\frac{1}{3}}$

(3) $0.7^{0.5}$ 和 $0.7^{0.3}$　　(4) $0.2^{-1.5}$ 和 $0.2^{-1.9}$

(5) $10.4^{0.85}$ 和 1　　(6) $3^{-0.7}$ 和 $0.11^{-0.2}$

3. 求下列函数的定义域.

(1) $y=\sqrt{4^x-1}$　　(2) $y=\sqrt{\left(\frac{1}{5}\right)^{3x+1}-\frac{1}{125}}$

4. 设 $y_1=\left(\frac{2}{3}\right)^{3x^2+2}$，$y_2=\left(\frac{2}{3}\right)^{x^2+4}$，求使 $y_1<y_2$ 的 x 的取值范围.

5. 解下列方程.

(1) $3^{2x+1}=3^{x-1}$　　(2) $\left(\frac{3}{4}\right)^{2x+1}=\left(\frac{4}{3}\right)^{3x-4}$

2.7　对数函数

下面来讨论指数函数 $y=a^x(a>0,\ a\neq1)$的反函数. 由对数的定义可得 $y=a^x$ 的反函数为 $y=\log_a x(a>0,\ a\neq1)$. 下面给出定义.

1. 对数函数的定义

定义 2.8　形式为 $y=\log_a x(a>0,\ a\neq1)$的函数称为**对数函数**.

对数函数的定义域是$(0,\ +\infty)$，值域是$(-\infty,\ +\infty)$. 例如，函数 $y=\log_2 x$ 及 $y=\log_{\frac{1}{3}} x$ 都是对数函数，它们的定义域都是$(0,\ +\infty)$.

2. 对数函数的图像和性质

用描点法作出函数 $y=\log_2 x$ 及 $y=\log_{\frac{1}{2}} x$ 的图像，也可根据互为反函数的函数图像之间的关系作出，如图 2-12 所示.

对数函数 $y=\log_a x$ 和指数函数 $y=a^x$ 的图像关于直线 $y=x$ 对称.

从图中可以观察到对数函数图像主要有下列特点.

(1) 图像都在 y 轴右方，定义域为$(0,\ +\infty)$；

(2) 图像都过点$(1,\ 0)$；

(3) 函数 $y=\log_2 x$ 在$(0,\ +\infty)$上是增函数，函数 $y=\log_{\frac{1}{2}} x$ 在$(0,\ +\infty)$上是减函数.

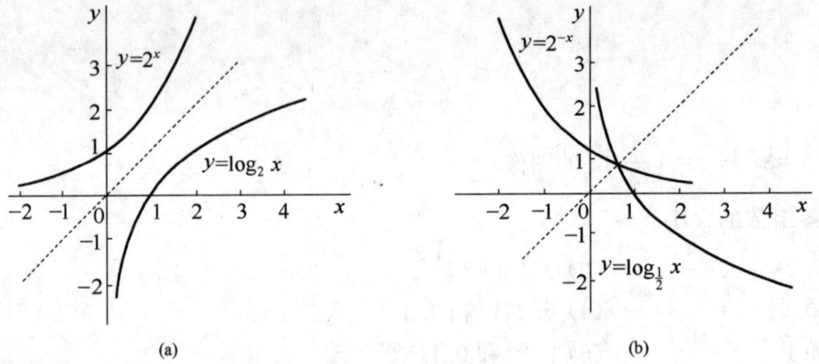

图 2-12

一般地，对数函数 $y=\log_a x(a>0,\ a\neq 1)$的图像和性质如表 2-5 所示.

表 2-5

	$a>1$	$0<a<1$
图像	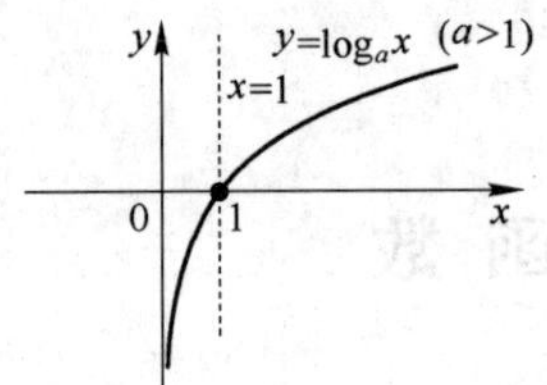	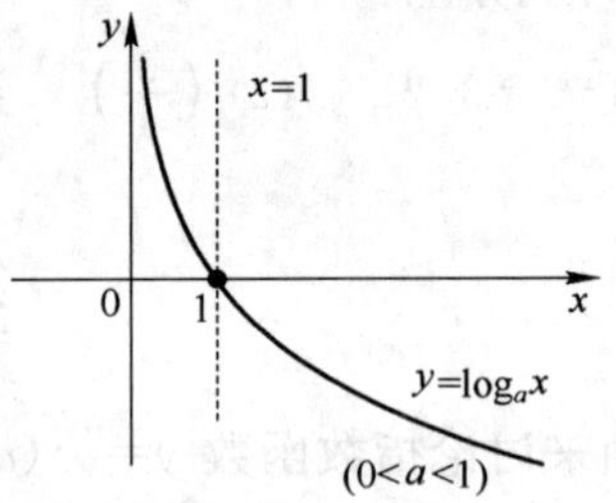
性质	(1) 定义域：$(0,\ +\infty)$	(1) 定义域：$(0,\ +\infty)$
	(2) 值域：$\mathbf{R}$	(2) 值域：$\mathbf{R}$
	(3) 过点(1，0)，即 当 $x=1$ 时，$y=0$ 当 $x>1$ 时，$y>0$ 当 $0<x<1$ 时，$y<0$	(3) 过点(1，0)，即 当 $x=1$ 时，$y=0$ 当 $x>1$ 时，$y<0$ 当 $0<x<1$ 时，$y>0$
	(4) 在$(0,\ +\infty)$上是增函数	(4) 在$(0,\ +\infty)$上是减函数

另外，以无理数 $e=2.718\,28\cdots$为底的对数函数 $y=\log_e x$(简记作 $y=\ln x$)，称为自然对数函数；以 10 为底的对数函数 $y=\log_{10} x$(简记为 $y=\lg x$)称为常用对数函数.

例 2.22 比较下列各组数的大小.

(1) $\log_2 3$ 和 $\log_2 5$　　(2) $\ln 0.3$ 和 $\ln 0.1$

(3) $\log_{\frac{1}{3}} 1.5$ 和 $\log_{\frac{1}{3}} 1.6$　　(4) $\log_3 0.7$ 和 0

(5) $\log_{\frac{1}{2}}\dfrac{1}{5}$ 和 0　　(6) $\log_2 2$ 和 $\log_5 5$

解 (1) 因为函数 $y=\log_2 x$ 在$(0, +\infty)$内是增函数，$\log_2 3$ 和 $\log_2 5$ 可以看作 $y=\log_2 x$ 当 $x=3$ 和 $x=5$ 时的两个函数值，而 $3<5$，所以 $\log_2 3<\log_2 5$.

(2) 因为函数 $y=\ln x$ 在$(0, +\infty)$内是增函数，$\ln 0.3$ 和 $\ln 0.1$ 可以看作 $y=\ln x$ 当 $x=0.3$和 $x=0.1$ 时的两个函数值，而 $0.3>0.1$，所以 $\ln 0.3>\ln 0.1$.

(3) 因为函数 $y=\log_{\frac{1}{3}} x$ 在$(0, +\infty)$内是减函数，$\log_{\frac{1}{3}} 1.5$ 和 $\log_{\frac{1}{3}} 1.6$ 可以看作 $y=\log_{\frac{1}{3}} x$当 $x=1.5$ 和 $x=1.6$ 时的两个函数值，而 $1.5<1.6$，所以 $\log_{\frac{1}{3}} 1.5>\log_{\frac{1}{3}} 1.6$.

(4) 考虑函数 $y=\log_3 x$，因为 $0<0.7<1$，根据对数函数的性质，所以 $\log_3 0.7<0$.

(5) 考虑函数 $y=\log_{\frac{1}{2}} x$，因为 $0<\dfrac{1}{5}<1$，根据对数函数的性质，则 $\log_{\frac{1}{2}}\dfrac{1}{5}>0$.

(6) 由于 $\log_2 2=1$ 和 $\log_5 5=1$，则 $\log_2 2=\log_5 5$.

例 2.23 求下列函数的定义域.

(1) $y=\log_a(4-x)$　　(2) $y=\log_3(9-x^2)$

解 (1) 因为 $4-x>0$，即 $x<4$，所以函数 $y=\log_a(4-x)$的定义域是$(-\infty, 4)$.

(2) 因为 $9-x^2>0$，即 $-3<x<3$，所以函数 $y=\log_3(9-x^2)$的定义域是$(-3, 3)$.

练一练

1. 比较下列各组数的大小.

(1) $\log_2 5$ 和 $\log_2 6$　　(2) $\log_{\frac{1}{2}} 2.5$ 和 $\log_{\frac{1}{2}} 1.9$

(3) $\log_{0.2} 0.8$ 和 0

2. 求下列函数的定义域.

(1) $y=\log_{0.3}(x-5)$　　(2) $y=\log_2(4-x^2)$

习题 2-7

1. 作出函数 $y=\log_3 x$ 与 $y=\log_{\frac{1}{3}} x$ 的图像.

2. 比较下列各组数的大小.

(1) $\log_2 2.3$ 和 $\log_2 2.4$　　(2) $\log_{\frac{1}{3}} 2$ 和 $\log_{\frac{1}{3}} 3$

(3) $\log_2 0.25$ 和 $\log_2 0.56$　　(4) $\log_{0.2} 1.35$ 和 $\log_{0.2} 1.36$

(5) $\log_{2.1} 0.15$ 和 0　　(6) $\log_3 4$ 和 $\log_4 3$

3. 求下列函数的定义域.

(1) $y=\log_3(2x-3)$　　(2) $y=\log_2(25-x^2)$

(3) $y=\log_5(3x+5)$　　(4) $y=\log_4(x^2-3x+2)$

(5) $y=\log_a(x-1)^2$　　(6) $y=\dfrac{1}{\ln x}$

本章小结

本章主要介绍了函数的概念、函数的性质与图像、反函数及几个常见的函数.

一、函数的概念

如果在某个变化过程中有两个变量 x，y，对于数集 D 中的每一个数 x，按照某个对应法则 f，变量 y 都有唯一的值与它对应，则称 y 是定义在数集 D 上 x 的函数，记作

$$y=f(x)$$

其中，x 称为自变量，数集 D 称为函数的定义域，对应函数值的全体所构成的集合称为函数的值域，值域一般用 M 表示.

确定函数关系的两个重要因素是定义域 D 和对应法则 f. 两个函数当且仅当这两者分别相同时才认为是同一个函数.

表示函数关系通常可用列表法、图像法、解析法(公式法).

在实际问题中，函数定义域由问题的实际意义所决定. 一般情况下，函数的定义域是指使函数的表达式有意义的 x 的取值范围. 例如，分式形式的函数是分母不为零的 x 的取值范围；含有偶次根式的函数是使被开方式不小于零的 x 的取值范围；整式形式的函数的定义域是 $\mathbf{R}$.

二、函数的性质

1. 函数的单调性. 设函数 $y=f(x)$在区间 (a, b) 内有定义，如果对于任意的 x_1，$x_2\in(a, b)$，当 $x_1<x_2$ 时，都有 $f(x_1)<f(x_2)$，则称函数 $f(x)$在(a, b)上是单调增函数，称区间(a, b)是 $f(x)$ 的单调递增区间. 如果对于任意的 x_1，$x_2\in(a, b)$，当 $x_1<x_2$ 时，都有 $f(x_1)>f(x_2)$，则称函数 $f(x)$在(a, b)上是单调减函数，称区间(a, b)是 $f(x)$的单调递减区间.

函数在某个区间上递增或递减的性质统称为函数的单调性.

增函数的图像是沿 x 轴正向逐渐上升的；减函数的图像是沿 x 轴正向逐渐下降的.

2. 函数的奇偶性. 设函数 $y=f(x)$的定义域是关于原点对称的区间 I，如果对于任意的 $x\in I$，都有 $f(-x)=f(x)$，则称 $f(x)$在区间 I 上为偶函数；如果对于任意的 $x\in I$，都有 $f(-x)=-f(x)$，则称 $f(x)$在区间 I 上为奇函数.

奇函数的图像对称于原点，偶函数的图像对称于 y 轴.

三、反函数

设函数 $y=f(x)$的定义域为数集 D，值域为数集 M. 如果对于 M 中每一个数 y，通过关系式 $y=f(x)$，D 中都有唯一的 x 与之对应，则 x 也是以 y 为自变量的函数，则称它为函数 $y=f(x)$的反函数，记作 $x=f^{-1}(y)$，其定义域为 M，值域为 D.

习惯上，将 $x=f^{-1}(y)$改写成 $y=f^{-1}(x)$的形式.

函数 $y=f(x)$如果有反函数，那么 $y=f(x)$的值域是反函数 $y=f^{-1}(x)$的定义域，$y=f(x)$的定义域是反函数 $y=f^{-1}(x)$的值域. $y=f(x)$与 $y=f^{-1}(x)$的图像关于直线 $y=x$ 对称.

四、一元二次函数及应用

1. 一元二次函数的图像和性质. 一元二次函数的图像是一条抛物线，它的对称轴是 $x=-\frac{b}{2a}$，顶点是 $\left(-\frac{b}{2a}, \frac{4ac-b^2}{4a}\right)$.

若 $a>0$，则抛物线的开口向上，函数在 $x=-\frac{b}{2a}$ 处达到最小值 $\frac{4ac-b^2}{4a}$；函数在区间 $\left(-\frac{b}{2a}, +\infty\right)$ 上是增函数，在区间 $\left(-\infty, -\frac{b}{2a}\right)$ 上是减函数；若 $a<0$，则抛物线的开口向下，函数在 $x=-\frac{b}{2a}$ 处达到最大值 $\frac{4ac-b^2}{4a}$；函数在区间 $\left(-\frac{b}{2a}, +\infty\right)$ 上是减函数，在区间 $\left(-\infty, -\frac{b}{2a}\right)$ 上是增函数.

2. 一元二次不等式的解法. 解一元二次不等式时，先将二次项的系数变为正，然后利用判别式 $\Delta=b^2-4ac$. 若 $\Delta\geqslant 0$，则求出相应的一元二次方程的实根，即抛物线与 x 轴的交点横坐标；若 $\Delta<0$，则抛物线与 x 轴没有交点. 最后根据抛物线的开口方向确定一元二次不等式的解集.

五、指数的概念和实数指数幂的运算法则

1. 指数概念的推广——分数指数幂. 若 $m, n\in\mathbf{N}^+$，当 $\sqrt[n]{a}$ 有意义时，则

$$a^{\frac{1}{n}}=\sqrt[n]{a}$$

$$a^{\frac{m}{n}}=(a^{\frac{1}{n}})^m=(\sqrt[n]{a})^m=\sqrt[n]{a^m}$$

$$a^{-\frac{m}{n}}=\frac{1}{a^{\frac{m}{n}}}=\frac{1}{\sqrt[n]{a^m}}(a\neq 0)$$

2. 实数指数幂的运算法则. 当 $a>0$ 且 $b>0$ 时，对于任意的 m, n，有

$$a^m\cdot a^n=a^{m+n}$$

$$(a^m)^n=a^{mn}$$

$$(ab)^m=a^m b^m$$

六、对数

1. 对数的概念. 设 $a>0$ 且 $a\neq 1$，对于正实数 N，如果实数 b 使得 $a^b=N$，那么 b 称为以 a 为底 N 的对数，记作 $\log_a N$，即 $\log_a N=b$，N 称为真数.

2. 对数的基本性质. 对数的基本性质如下：

(1) 零与负数没有对数；

(2) $\log_a 1=0\quad(a>0$ 且 $a\neq 1)$；

(3) $\log_a a=1\quad(a>0$ 且 $a\neq 1)$；

(4) $\log_a a^n=n\quad(a>0$ 且 $a\neq 1)$；

(5) $a^{\log_a N}=N\quad(a>0$ 且 $a\neq 1$，$N>0)$.

3. 对数的运算法则. 对数的运算法则如下.

(1) $\log_a(MN)=\log_a M+\log_a N$

(2) $\log_a \dfrac{M}{N}=\log_a M-\log_a N$

(3) $\log_a M^n=n\log_a M$

4. 换底公式. 当 $a>0$，$b>0$ 且 $a\neq1$，$b\neq1$，$N>0$ 时

$$\log_a N=\frac{\log_b N}{\log_b a}$$

七、几个常见的幂函数

函数	图　像	定义域	奇偶性	单调性
$y=x^3$	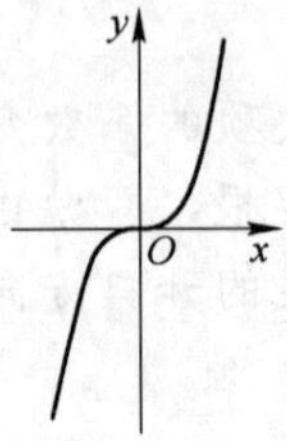	**R**	奇函数	在 **R** 上是增函数
$y=x^2$	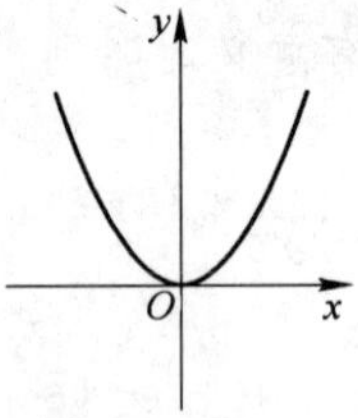	**R**	偶函数	在$(-\infty, 0)$上是减函数，在$(0, +\infty)$上是增函数
$y=x^{\frac{1}{2}}$	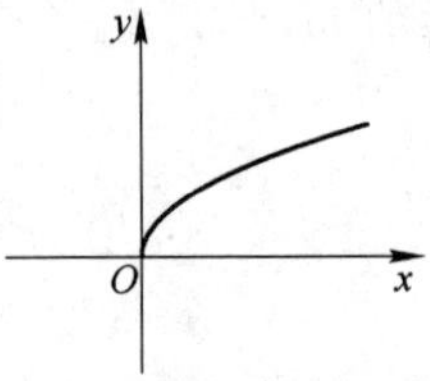	$\mathbf{R}^+$	非奇非偶函数	在$(0, +\infty)$上是增函数
$y=x^{-1}$	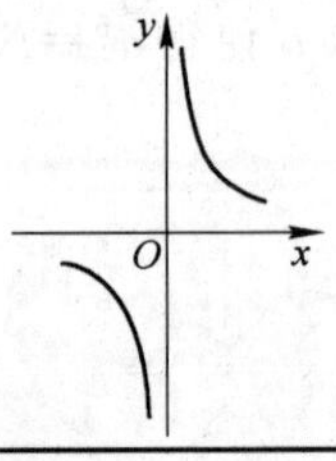	$(-\infty, 0)\cup(0, +\infty)$	奇函数	在$(-\infty, 0)$上是减函数，在$(0, +\infty)$上是减函数

八、指数函数和对数函数

1. 指数函数. 形如 $y=a^x(a>0, a\neq1)$的函数称为指数函数，它的定义域为 **R**，值域为 $\mathbf{R}^+$. 它的图像和性质见 2.6 节表 2-4.

2. 对数函数．形如 $y=\log_a x(a>0, a\neq 1)$ 的函数称为对数函数，它的定义域是 $\mathbf{R}^+$，值域是 $\mathbf{R}$. 它与指数函数互为反函数，它的图像和性质见2.7节表2-5.

自我测试题

一、选择题

1. 下列哪个函数的定义域为集合 $\{x \mid x>0\}$（　　）

A. $y=\dfrac{1}{x}$　　B. $y=x^{-\frac{3}{2}}$　　C. $y=\lg x^2$　　D. $y=\sqrt{3x+1}$

2. 函数 $y=\dfrac{\sqrt{1+x}}{x}$ 的定义域为（　　）

A. $\{x \mid x\leqslant -1\}$　　B. $\{x \mid x\geqslant -1\}$

C. $\{x \mid x\leqslant -1$ 且 $x\neq 0\}$　　D. $\{x \mid x\geqslant -1$ 且 $x\neq 0\}$

3. 已知函数 $y=-\dfrac{1}{x}$，当 $x\neq 0$ 时是（　　）

A. 单调递增的奇函数　　B. 单调递减的奇函数

C. 单调递增的偶函数　　D. 单调递减的偶函数

4. 已知 $\log_a \dfrac{1}{2}<0$，则 a 的取值范围是（　　）

A. $\left(0, \dfrac{1}{2}\right)$　　B. $[-1, 1]$　　C. $(1, +\infty)$　　D. $[0, 1]$

5. 下列图像中表示函数 $y=x^{-\frac{1}{3}}$ 的是（　　）

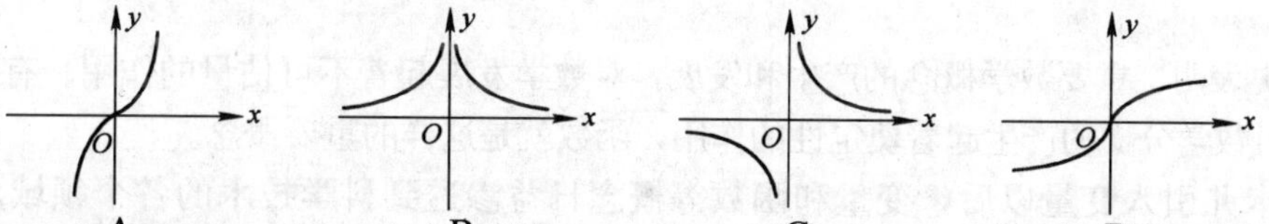

A.　　B.　　C.　　D.

6. 下列函数中奇函数是（　　）

A. $y=x+3$　　B. $y=-2x^2$　　C. $y=\lg 3^x$　　D. $y=-|x|$

7. 直角坐标系内，函数 $y=|x|$ 的图像是关于（　　）对称的.

A. 原点　　B. x 轴　　C. y 轴　　D. $y=x$

8. $\log_5 10$ 的倒数是（　　）

A. $\log_{\frac{1}{5}} 10$　　B. $\log_5 \dfrac{1}{10}$　　C. $\lg 5$　　D. $\log_{\frac{1}{5}} \dfrac{1}{10}$

二、填空题

1. 设 $f(x)=\dfrac{2}{x}$，则 $f(2-\sqrt{3})=$__________.

2. 函数 $y=\log_{\frac{1}{2}}(x^2-5x+6)$ 的定义域为____________.

3. 若 $f(x)=2^x$，则 $f(\log_2\sqrt{3})=$__________；若 $f(\lg x)=x$，则 $f(1)=$____________.

4. 确定实数 a 的取值范围.

(1) $\log_a 5<\log_a 4$ ____________　　(2) $a^{0.5}<a^{0.6}$ ____________

(3) $a^{\frac{3}{2}}<a^{\sqrt{2}}$ ____________

5. 若函数 $y=x^2-6x+11$，则函数的顶点坐标为____________，它有最____________值，为____________.

6. 已知函数 $f(x)$ 为偶函数，若 $f(-m)=-\sqrt{2}$，则 $f(m)=$____________.

7. $\log_3(\log_3 27)=$____________；$\log_2\dfrac{1}{25}\log_3\dfrac{1}{8}\log_5\dfrac{1}{9}=$____________.

8. $y=\dfrac{5x+1}{x-3}(x\neq 3)$ 的反函数是____________.

三、解答题

1. 求图像经过点(1，0)，(0，0)，(2，3)的二次函数解析式.

2. 求满足下列条件的 x.

(1) $2^{|x+1|}>8$　　(2) $2^{6x+3}\cdot 4^{3x+6}=8^{x^2}$

3. 求函数 $y=x^2-10x+26$ 在区间［0，5］上的最小值及最大值.

读 一 读

函数

数学史表明，重要数学概念的产生和发展，对数学发展起着不可估量的作用。有些重要的数学概念对数学分支的产生起着奠定性的作用，函数就是这样的重要概念。

在笛卡儿引入变量以后，变量和函数等概念日益渗透到科学技术的各个领域。纵览宇宙，运算天体，探索热的传导，揭示电磁秘密，这些都和函数概念息息相关。正是在这些实践过程中，人们对函数的概念不断深化。

回顾函数概念的发展史，对于刚接触函数的同学来说，虽然不可能有较深理解，但对加深理解课堂知识、激发学习兴趣是有益的。

最早提出函数(function)概念的，是 17 世纪德国数学家莱布尼茨。最初莱布尼茨用“函数”一词表示幂，如 x，x^2，x^3 都叫函数。以后，他又用函数表示在直角坐标系中曲线上一点的横坐标、纵坐标。

1718 年，莱布尼茨的学生、瑞士数学家伯努里把函数定义为：“由某个变量及任意的一个常数结合而成的数量。”意思是凡变量 x 和常量构成的式子都称为 x 的函数。伯努里所强调的是函数要用公式来表示。

后来，数学家们觉得不应该把函数概念局限在只能用公式来表达上，只要一些变量变化，另一些变量能随之变化的就可以称为函数。至于这两个变量的关系是否要用公式来表示，就不再作为判别函数的标准了。

1755年，瑞士数学家欧拉把函数定义为："如果某些变量以某一种方式依赖于另一些变量，即当后面这些变量变化时，前面这些变量也随着变化，就把前面的变量称为后面变量的函数。"在欧拉的定义中，就不强调函数要用公式表示了。由于函数不一定要用公式来表示，欧拉曾把画在坐标系的曲线也叫函数。他认为："函数是随意画出的一条曲线。"当时有些数学家对于不用公式来表示函数感到很不习惯，有的数学家甚至持怀疑态度，他们把能用公式表示的函数称为"真函数"，把不能用公式表示的函数称为"假函数"。

1821年，法国数学家柯西给出了类似现在课本中的函数定义："在某些变数间存在着一定的关系，当一经给定其中某一变数的值，其他变数的值可随着而确定时，则将最初的变数称为自变量，其他各变数称为函数。"

1834年，俄国数学家罗巴契夫斯基进一步提出函数的定义："x 的函数是这样的一个数，它对于每一个 x 都有确定的值并且随着 x 一起变化。函数值可以由解析式给出，也可以由一个条件给出，这个条件提供了一种寻求全部对应值的方法。函数的这种依赖关系可以存在，但仍然是未知的。"这个定义指出了对应关系(条件)的必要性，利用这个关系以求出每一个 x 的对应值。

1837年，德国数学家狄里克雷认为，怎样去建立 x 与 y 之间的对应关系是无关紧要的，所以他的定义是："如果对于 x 的每一个值，y 总有一个完全确定的值与之对应，则 y 是 x 的函数。"这个定义抓住了概念的本质属性，变量 y 称为 x 的函数，只需有一个法则存在，使得这个函数取值范围中的每一个值，有一个确定的 y 值和它对应就行了，不管这个法则是公式或图像或表格或其他形式。这个定义比前面的定义带有普遍性，为理论研究和实际应用提供了方便。因此，此定义曾被长期使用。

自从德国数学家康托尔的集合论被大家接受后，用集合对应关系来定义函数概念就是现在课本里使用的概念。

中文数学书上使用的"函数"一词是转译词，是我国清代数学家李善兰在翻译《代数学》(1895年)一书时，把"function"译成"函数"的。

中国古代"函"字与"含"字通用，都有着"包含"的意思。李善兰给出的定义是："凡式中含天，为天之函数。"中国古代用天、地、人、物4个字来表示4个不同的未知数或变量。这个定义的含义是："凡是公式中含有变量 x，则该式子就称为 x 的函数。"所以，"函数"是指公式里含有变量的意思。

可以预计到，关于函数的争论、研究、发展、拓广将不会完结，也正是这些影响着数学及其相邻学科的发展。

第3章　三角函数

学习要求

- 理解任意角、弧度制的概念及任意角的三角函数的定义.
- 掌握终边相同的角的表示法，三角函数值的符号，特殊角的三角函数值，以及正弦、余弦、正切函数的图像和性质；掌握正弦型函数的性质；熟练应用同角三角函数间的关系式、三角函数的简化公式进行三角函数式的计算与化简.
- 会进行度与弧度的换算；会画正弦型曲线的图像.

在初中，学习了锐角的三角函数，并且能够应用它们来解直角三角形和进行有关的计算. 但在科学技术和实际问题中，常常要用到任意大小的角，因此本章将先把角的概念进行推广，然后研究任意角的三角函数的定义、计算公式、图像与性质.

3.1　角的概念的推广、弧度制

3.1.1　任意角

我们知道，角可以看成是由一条射线绕着它的端点在平面内旋转而形成的图形，如图3-1所示. 一条射线由原来的位置 OA 旋转到另一个位置 OB，就形成了角 α. 射线旋转开始时的位置 OA 称为**角 α** 的始边，旋转终止时的位置 OB 称为**角 α 的终边**，射线的端点 O 称为**角 α 的顶点**.

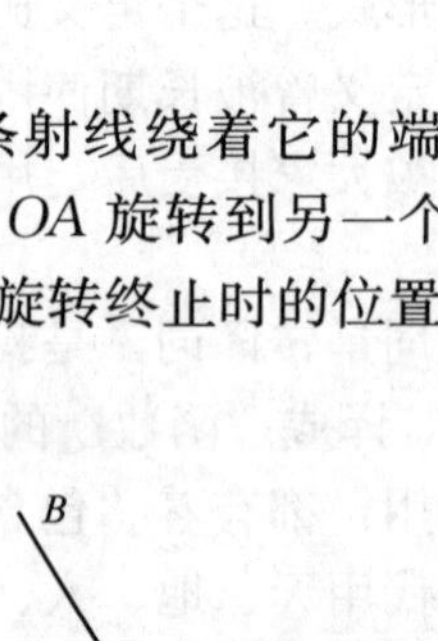

图 3-1

在平面内，一条射线绕着它的端点旋转可以是顺时针方向，也可以是逆时针方向，因此规定，射线按逆时针方向旋转而形成的角称为**正角**，射线按顺时针方向旋转而形成的角称为**负角**. 当射线没有任何旋转时，也认为形成了一个角，并把这个角称为**零角**.

过去所研究的角都是 0°到 360°之间的角，但是在日常生活、生产和科学研究中，还会常常遇到大于 360°或小于 0°的角. 例如，用活络扳手旋松螺母时是按逆时针方向旋转的，在扳手旋转第一周的过程中，就形成了 0°到 360°之间的各个角；若扳手继续旋转下去，就形成了大于 360°的正角；另一种情况是，如果要旋紧螺母，扳手按顺时针方向旋转，这时就形成了与上述方向相反的任意大小的负角.

这样，在平面内射线绕着端点旋转时，就可以形成任意大小的正角、负角和零角，统称为任意角，通常用 α，β，γ 等字母表示.

为了方便，今后常在直角坐标系内讨论角. 通常使角的顶点与坐标原点重合，角的始边与 x 轴的正半轴重合，它的终边落在第几象限，就称这个角为第几象限角. 如果角的终边落在坐标轴上，那么这个角就不属于任何象限.

如图 3－2 所示，终边为 OA 的角是第一象限角，终边为 OB 的角是第二象限角，终边为 OC 的角是第三象限角，终边为 OD 的角是第四象限角.

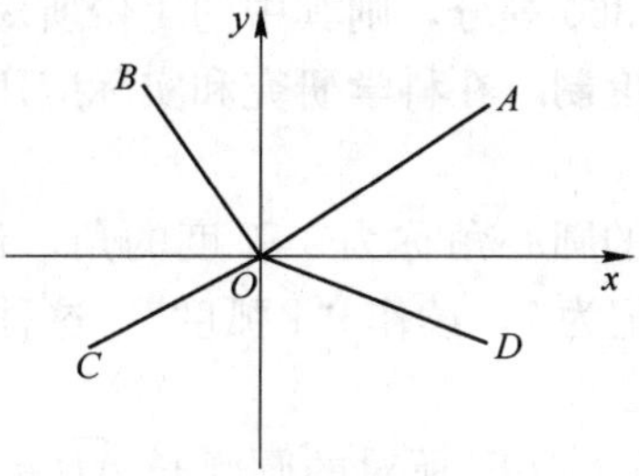

图 3－2

进一步观察，在直角坐标系中，大小不同的角可以有相同的终边，如图 3－3 所示.

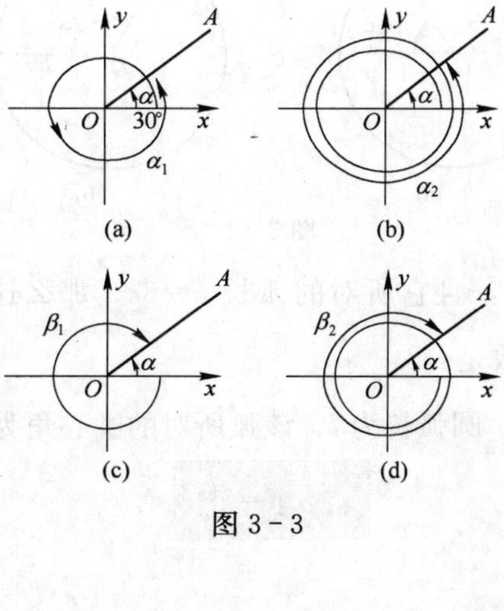

图 3－3

由图可以看出，终边为 OA 的角可以是

$$\alpha=30°$$

$$\alpha_1=360°+30°=390°$$

$$\alpha_2=2\times360°+30°=750°$$

$$\beta_1=-360°+30°=-330°$$

$$\beta_2=-2\times360°+30°=-690°$$

所有这些角都有相同的终边，并且与 30°的终边相同，它们的度数彼此相差 360°的整数倍. 不难推出，这样的角有无穷多个，它们可以表示为

$$k\cdot360°+30°\quad(k\in\mathbf{Z})$$

当 $k=0$，1，2，-1，-2 时，就得到在图 3-3 中的角 α，α_1，α_2，β_1，β_2.

3.1.2 弧度制

已经知道，把圆的周角分成 360 等分，则其中的 1 份所对应的角称为 **1 度的角**. 这种用度作单位来度量角的制度称为**角度制**. 在科学研究和实际应用中，还常采用另一种度量角的制度——**弧度制**.

把与半径等长的圆弧所对应的圆心角称为 1 弧度的角，记作 1rad 或 1 弧度，今后常把"rad"或"弧度"省略不写，简记为 1，读作"1 弧度". 这种用弧度作单位度量角的单位制称为**弧度制**.

如图 3-4 所示，如果圆心角 $\angle AOB$ 所对的圆弧长 $\overset{\frown}{AB}=r$，则 $\angle AOB=1$；如果圆心角 $\angle AOC$ 所对的圆弧长 $\overset{\frown}{AC}=2r$，则 $\angle AOC=2$.

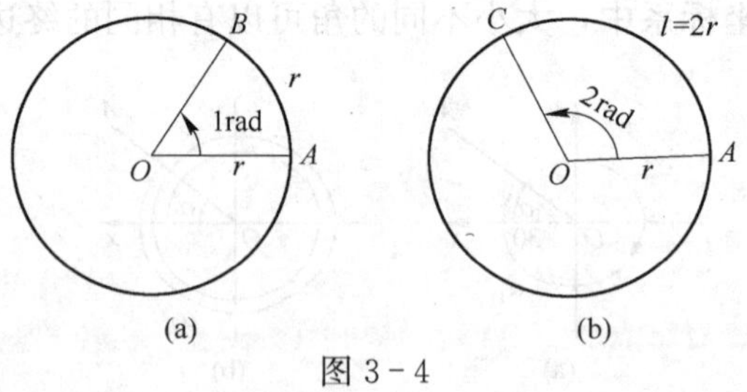

图 3-4

如果圆心角表示一个负角，且它所对的弧长 $l=3r$，那么这个角的弧度数的绝对值是 $\frac{l}{r}=\frac{3r}{r}=3$，而这个角的弧度数是 -3.

一般地，设圆的半径为 r，圆弧长为 l，该弧所对的圆心角为 α，则

$$|\alpha|=\frac{l}{r} \tag{3-1}$$

即圆心角的弧度数的绝对值等于该角所对的弧长与该圆半径的比．并且，正角的弧度数是一个正数，负角的弧度数是一个负数，零角的弧度数是零.

有了弧度制，正角可以用一个正实数表示，负角可以用一个负实数表示，零角可以用实数零表示；反过来，一个正实数表示一个正角，一个负实数表示一个负角，实数零表示零角．这样在角的集合与实数集之间就建立了一个一一对应的关系：每一个角都有一个实数与之对应；反之，每一个实数也都有一个角与之对应，如图 3－5 所示.

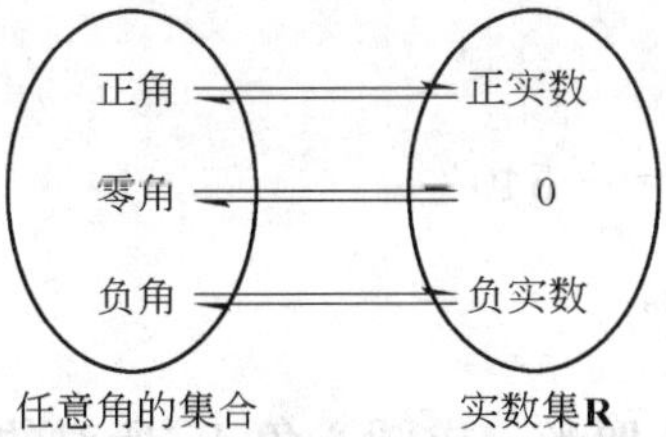

图 3－5

在实际应用中，有时需要把角的度数和弧度数进行互换．下面来说明它们的换算法则.

根据公式(3－1)，可以求得一个周角的弧度数是$\frac{2\pi r}{r}=2\pi$，所以 $360°=2\pi$，即

$$180°=\pi \tag{3-2}$$

由此推出

$$1°=\frac{\pi}{180}\approx 0.017\,45$$

$$1=\frac{180°}{\pi}\approx 57.3°=57°18'$$

由公式(3－2)可以得出常用特殊角的度数与弧度数的关系如表 3－1 所示.

表 3－1

$n°$	$0°$	$30°$	$45°$	$60°$	$90°$	$180°$	$270°$	$360°$
rad	0	$\frac{\pi}{6}$	$\frac{\pi}{4}$	$\frac{\pi}{3}$	$\frac{\pi}{2}$	π	$\frac{3\pi}{2}$	2π

例 3.1　把下列各角的度数化成弧度数.

(1) $40°$　(2) $67°30'$　(3) $150°$　(4) $210°$

解　(1) $40°=40\times\frac{\pi}{180}=\frac{2\pi}{9}$

(2) $67°30'=67.5°=67.5\times\frac{\pi}{180}=\frac{3\pi}{8}$

(3) $150°=150\times\frac{\pi}{180}=\frac{5\pi}{6}$

(4) $210°=210\times\frac{\pi}{180}=\frac{7\pi}{6}$

例 3.2 把下列各角的弧度数化成度数.

(1) $\frac{3\pi}{5}$ (2) 5 (3) -3π (4) $\frac{5\pi}{12}$

解 (1) $\frac{3\pi}{5}=\frac{3\pi}{5}\times\frac{180°}{\pi}=108°$

(2) $5=5\times\frac{180°}{\pi}=\frac{900°}{\pi}$

(3) $-3\pi=-3\pi\times\frac{180°}{\pi}=-540°$

(4) $\frac{5\pi}{12}=\frac{5\pi}{12}\times\frac{180°}{\pi}=75°$

例 3.3 已知圆的半径是 20 厘米，求圆心角 45°所对的圆弧长.

解 因为 $45°=\frac{\pi}{4}$，则所求的圆弧长为

$$l=20\times\frac{\pi}{4}=5\pi\text{（厘米）}$$

答：圆弧长为 5π 厘米.

练一练

1. 把下列各角的度数化成弧度数.

(1) 15° (2) 330° (3) 225° (4) 50°

2. 把下列各角的弧度数化成度数.

(1) $\frac{\pi}{5}$ (2) 2 (3) 5π (4) $\frac{7\pi}{12}$

3. 已知圆心角 $\alpha=30°$，半径 $r=10$ 厘米，该圆心角所对的弧长 $l=$________.

习题 3-1

1. 在直角坐标系里画出下列各角.

(1) 420° (2) −30° (3) $\frac{5\pi}{6}$ (4) -5π

2. 写出与下列各角终边相同的角的集合 S，以及 S 中 $-720°$ 到 $720°$ 间的角.

(1) 60° (2) −125°

3. (1)写出终边落在 x 轴上的角的集合；(2)写出终边落在 y 轴上的角的集合.

4. 把下列各角的度数化为弧度数.

(1) 18° (2) −75° (3) 135° (4) −315°

5. 把下列各角的弧度数化为度数.

(1) $\frac{4\pi}{5}$　　(2) 7π　　(3) $-\frac{4\pi}{3}$　　(4) 3

6. 若圆心角为 $\alpha=\frac{\pi}{4}$，该角所对的弧长为 $l=20$ cm，求该角所在圆的半径(精确到 1 cm).

3.2　三角函数的概念

3.2.1　任意角的三角函数的定义

在初中学过锐角的正弦、余弦、正切，现在把它们推广到任意角的情形，从而引出任意角的三角函数的概念.

如图 3－6 所示，设 α 是直角坐标系中从 Ox 到 OP 任意角，在终边上任取一个不重合于原点的点 $P(x，y)$，它与原点的距离是 $|OP|=r=\sqrt{x^2+y^2}>0$，那么角 α 的正弦、余弦、正切、余切、正割、余割的定义分别是

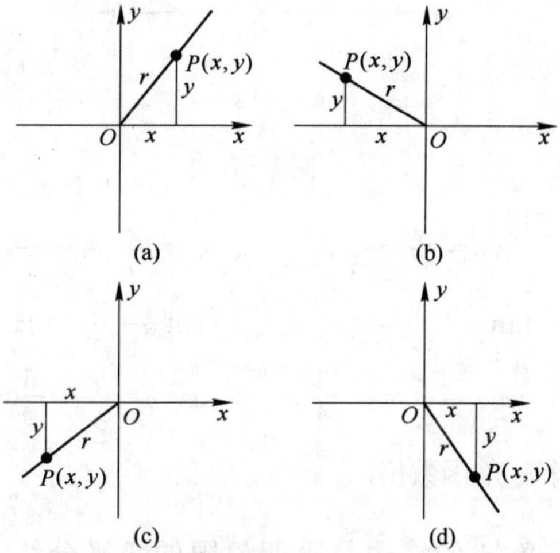

图 3－6

$$\sin\alpha=\frac{y}{r}，\cos\alpha=\frac{x}{r}$$

$$\tan\alpha=\frac{y}{x}，\cot\alpha=\frac{x}{y}$$

$$\sec\alpha=\frac{r}{x}，\csc\alpha=\frac{r}{y}$$

其中，当角 α 的终边落在 x 轴上，即 $\alpha=k\pi(k\in\mathbf{Z})$时，终边上任意点 P 的纵坐标 $y=0$，此时 $\cot\alpha=\frac{x}{y}$ 和 $\csc\alpha=\frac{r}{y}$ 没有意义；当角 α 的终边落在 y 轴上，即 $\alpha=k\pi+\frac{\pi}{2}(k\in\mathbf{Z})$时，终

边上任意点 P 的横坐标 $x=0$，此时 $\tan\alpha=\dfrac{y}{x}$ 和 $\sec\alpha=\dfrac{r}{x}$ 没有意义.

除上述无意义的情况外，对于角 α 的每一个确定的值，不管 P 点的位置怎样，上面的 6 个比值都分别有唯一确定的实数值与之对应. 因此，$\sin\alpha$，$\cos\alpha$，$\tan\alpha$，$\cot\alpha$，$\sec\alpha$，$\csc\alpha$ 都是以角 α 为自变量、以比值为函数值的函数，分别称为角 α 正弦函数、余弦函数、正切函数、余切函数、正割函数、余割函数，统称为**三角函数**.

由于正弦函数和余割函数、余弦函数和正割函数互为倒数关系，所以下面只讨论常用的正弦函数、余弦函数、正切函数、余切函数.

例 3.4 已知角 α 终边上一点 $P(-4, 3)$，求角 α 的 6 个三角函数值.

解 如图 3-7 所示，因为 $x=-4$，$y=3$，所以 $r=\sqrt{(-4)^2+3^2}=5$. 根据三角函数的定义，得

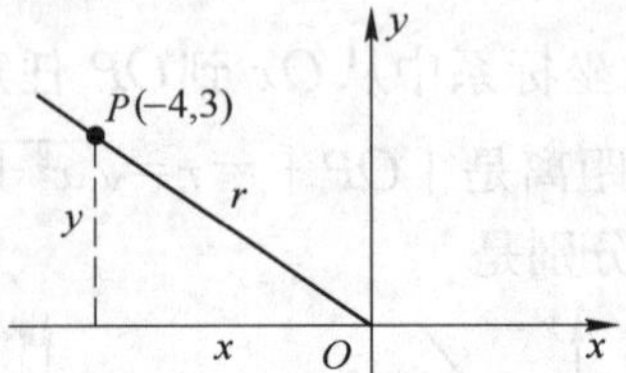

图 3-7

$$\sin\alpha=\frac{y}{r}=\frac{3}{5},\qquad \cos\alpha=\frac{x}{r}=-\frac{4}{5}$$

$$\tan\alpha=\frac{y}{x}=-\frac{3}{4},\qquad \cot\alpha=\frac{x}{y}=-\frac{4}{3}$$

$$\sec\alpha=\frac{r}{x}=-\frac{5}{4},\qquad \csc\alpha=\frac{r}{y}=\frac{5}{3}$$

例 3.5 求角 $\dfrac{7\pi}{4}$ 的各个三角函数值.

解 如图 3-8 所示，角 $\dfrac{7\pi}{4}$ 的终边是第四象限的角平分线，在角 $\dfrac{7\pi}{4}$ 的终边上取一点

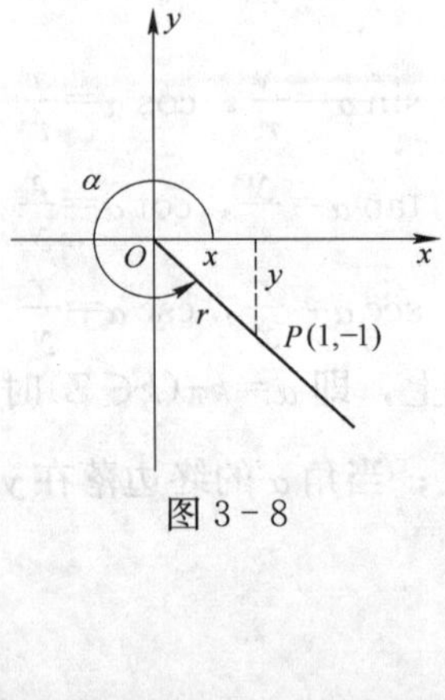

图 3-8

$P(1,\ -1)$，则 $x=1$，$y=-1$，$r=\sqrt{2}$. 根据三角函数的定义，得

$$\sin\alpha=\frac{y}{r}=-\frac{1}{\sqrt{2}}=-\frac{\sqrt{2}}{2},\qquad \cos\alpha=\frac{x}{r}=\frac{1}{\sqrt{2}}=\frac{\sqrt{2}}{2}$$

$$\tan\alpha=\frac{y}{x}=-1,\qquad \cot\alpha=\frac{x}{y}=-1$$

$$\sec\alpha=\frac{r}{x}=\sqrt{2},\qquad \csc\alpha=\frac{r}{y}=-\sqrt{2}$$

从任意角的三角函数的定义可以看到，所有终边相同的角的同一个三角函数值是相等的. 例如，$\frac{13\pi}{6}$和$\frac{\pi}{6}$的角的终边相同，因此

$$\sin\frac{13\pi}{6}=\sin\frac{\pi}{6},\qquad \cos\frac{13\pi}{6}=\cos\frac{\pi}{6}$$

一般地，终边相同的角 $2k\pi+\alpha(k\in\mathbf{Z})$与角 α 的同名三角函数值是相等的，即有公式

$$\left.\begin{aligned}\sin(2k\pi+\alpha)&=\sin\alpha\\ \cos(2k\pi+\alpha)&=\cos\alpha\\ \tan(2k\pi+\alpha)&=\tan\alpha\\ \cot(2k\pi+\alpha)&=\cot\alpha\end{aligned}\right\}\qquad(3-3)$$

其中，角 α 是使上述等式有意义的任意角，$k\in\mathbf{Z}$.

例 3.6　求下列各三角函数值.

(1) $\sin 405^\circ$　　(2) $\tan\left(-\frac{5\pi}{3}\right)$

解　(1) $\sin 405^\circ=\sin(360^\circ+45^\circ)=\sin 45^\circ=\frac{\sqrt{2}}{2}$

(2) $\tan\left(-\frac{5\pi}{3}\right)=\tan\left(-2\pi+\frac{\pi}{3}\right)=\tan\frac{\pi}{3}=\sqrt{3}$

练一练

1. 在直角坐标系里，任意角的三角函数是怎样定义的？
2. 已知角 α 终边上一点 $P(1,\ 1)$，则 $\sin\alpha=$________，$\cos\alpha=$________，$\tan\alpha=$________

3.2.2　任意角的三角函数值的符号

根据任意角的三角函数的定义可以看出，角 α 的终边所在的象限不同，终边上点 P 的

坐标 x 和 y 的符号也不同(r 总是正的)，因而角 α 的各个三角函数值的符号可以为正，也可以为负. 下面来讨论三角函数值的符号.

当角 α 的终边在第一象限时，$x>0$，$y>0$，因此

$$\sin\alpha=\frac{y}{r}>0,\ \cos\alpha=\frac{x}{r}>0,\ \tan\alpha=\frac{y}{x}>0$$

$$\cot\alpha=\frac{x}{y}>0,\ \sec\alpha=\frac{r}{x}>0,\ \csc\alpha=\frac{r}{y}>0$$

当角 α 的终边在第二象限时，$x<0$，$y>0$，因此

$$\sin\alpha=\frac{y}{r}>0,\ \cos\alpha=\frac{x}{r}<0,\ \tan\alpha=\frac{y}{x}<0$$

$$\cot\alpha=\frac{x}{y}<0,\ \sec\alpha=\frac{r}{x}<0,\ \csc\alpha=\frac{r}{y}>0$$

当角 α 的终边在第三象限时，$x<0$，$y<0$，因此

$$\sin\alpha=\frac{y}{r}<0,\ \cos\alpha=\frac{x}{r}<0,\ \tan\alpha=\frac{y}{x}>0$$

$$\cot\alpha=\frac{x}{y}>0,\ \sec\alpha=\frac{r}{x}<0,\ \csc\alpha=\frac{r}{y}<0$$

当角 α 的终边在第四象限时，$x>0$，$y<0$，因此

$$\sin\alpha=\frac{y}{r}<0,\ \cos\alpha=\frac{x}{r}>0,\ \tan\alpha=\frac{y}{x}<0$$

$$\cot\alpha=\frac{x}{y}<0,\ \sec\alpha=\frac{r}{x}>0,\ \csc\alpha=\frac{r}{y}<0$$

总之，三角函数值的符号由角 α 终边所在的象限决定，如表 3 - 2 所示。

表 3 - 2

	第一象限的角	第二象限的角	第三象限的角	第四象限的角
横坐标 x	+	−	−	+
纵坐标 y	+	+	−	−
$\sin\alpha$	+	+	−	−
$\cos\alpha$	+	−	−	+
$\tan\alpha$	+	−	+	−
$\cot\alpha$	+	−	+	−
$\sec\alpha$	+	−	−	+
$\csc\alpha$	+	+	−	−

为了便于记忆，可把三角函数值在各个象限的符号概括成图 3-9.

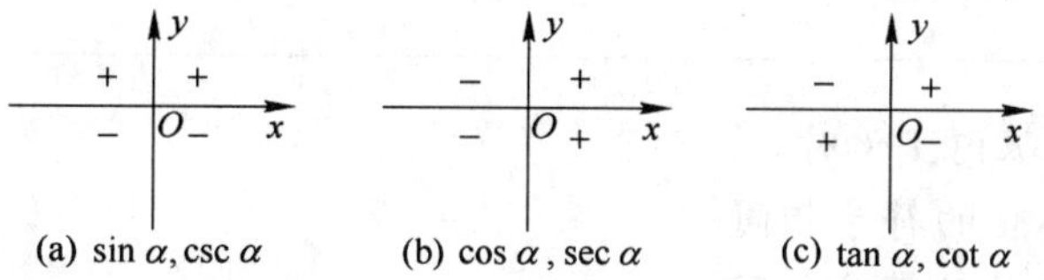

图 3-9

当角 α 的终边不是落在象限里而是落在坐标轴上时，可以得出特殊角 0，$\frac{\pi}{2}$，π，$\frac{3\pi}{2}$的各个三角函数值，如表 3-3 所示.

表 3-3

函数 \ α	0	$\frac{\pi}{2}$	π	$\frac{3\pi}{2}$
$\sin\alpha$	0	1	0	−1
$\cos\alpha$	1	0	−1	0
$\tan\alpha$	0	不存在	0	不存在
$\cot\alpha$	不存在	0	不存在	0
$\sec\alpha$	1	不存在	−1	不存在
$\csc\alpha$	不存在	1	不存在	−1

例 3.7 判断下列三角函数值的符号.

(1) $\cos 850°$ (2) $\tan\left(-\frac{\pi}{3}\right)$

解 (1) 因为 $850°=2\times360°+130°$，它是第二象限的角，所以 $\cos 850°<0$.

(2) 因为$-\frac{\pi}{3}$是第四象限的角，所以 $\tan\left(-\frac{\pi}{3}\right)<0$.

例 3.8 已知 $\sin\alpha>0$，$\tan\alpha<0$，试确定角 α 所在的象限.

解 因为 $\sin\alpha>0$，所以角 α 是第一象限或第二象限的角；又因为 $\tan\alpha<0$，所以角 α 是第二象限或第四象限的角. 所以同时符合 $\sin\alpha>0$，$\tan\alpha<0$ 的角 α 是第二象限的角.

例 3.9 求下列各式的值.

(1) $5\sin 90°+2\cos 0°-3\sin 270°+10\cos 180°$

(2) $\left(\sin\frac{3\pi}{2}\right)^2-2\cos\pi+3\tan\pi-4\cot\frac{\pi}{2}$

解 (1) 原式$=5\times1+2\times1-3\times(-1)+10\times(-1)=0$

(2) 原式$=(-1)^2-2\times(-1)+3\times0-0=3$

练一练

1. 角 α 在什么象限内变化时，

(1) $\sin\alpha$ 和 $\cos\alpha$ 值的符号相同；

(2) $\tan\alpha$ 和 $\csc\alpha$ 值的符号相同；

(3) $\sin\alpha$ 和 $\tan\alpha$ 值的符号相反；

(4) $\cos\alpha$ 和 $\cot\alpha$ 值的符号相反？

2. 如果角 α 是第四象限的角，那么 $\sin\alpha$，$\tan\alpha$ 取什么符号？

3. 用“>”或“<”填空.

$\sin\frac{\pi}{6}$________0，$\cos\frac{\pi}{6}$________0，$\tan\frac{\pi}{6}$________0

$\sin\frac{2\pi}{3}$________0，$\cos\frac{2\pi}{3}$________0，$\tan\frac{2\pi}{3}$________0

$\sin\frac{7\pi}{6}$________0，$\cos\frac{7\pi}{6}$________0，$\tan\frac{7\pi}{6}$________0

习题 3-2

1. 已知角 α 终边上一点 $P(3, 4)$，求角 α 的三角函数值.

2. 求下列三角函数值.

(1) $\cos 390°$　(2) $\cot\frac{9\pi}{4}$　(3) $\sin(-1\,050°)$　(4) $\tan\left(-\frac{11\pi}{6}\right)$

3. 确定下列各式的符号.

(1) $\sin 125°\cdot\cos 220°$　(2) $\sin 1\cdot\cos 2\cdot\tan 3$

4. 根据下列条件，确定 α 角所在的象限.

(1) $\sin\alpha$ 和 $\cos\alpha$ 同号　(2) $\csc\alpha$ 和 $\cot\alpha$ 异号

5. 求下列各式的值.

(1) $3\sin\frac{\pi}{2}+3\cos 0-4\cos\pi+\sin\frac{3\pi}{2}-5\cos 2\pi$

(2) $a^2\sin\frac{\pi}{2}-b^2\cos\pi+ab\sin\frac{3\pi}{2}-ab\cos 0$

(3) $a\sin 90°+b\cos 180°-m\tan 180°-n\csc 90°+\sqrt{2}\cot 270°$

3.3 同角三角函数间的关系

根据三角函数的定义，可以得到同角三角函数间的关系式.

倒数关系式

$$\sin\alpha\cdot\csc\alpha=1$$
$$\cos\alpha\cdot\sec\alpha=1$$
$$\tan\alpha\cdot\cot\alpha=1$$

商数关系式

$$\tan\alpha=\frac{\sin\alpha}{\cos\alpha}$$
$$\cot\alpha=\frac{\cos\alpha}{\sin\alpha}$$

平方关系式

$$\sin^2\alpha+\cos^2\alpha=1$$
$$1+\tan^2\alpha=\sec^2\alpha$$
$$1+\cot^2\alpha=\csc^2\alpha$$

上面这些关系式都是恒等式，即当 α 取使关系式两边都有意义的任意角时，关系式两边的值都相等. 这些等式也称为**三角函数的基本恒等式**.

利用这些关系式，可以根据一个角的某一个三角函数值，求出这个角的其他三角函数值，还可以化简三角函数式、证明三角恒等式等.

例 3.10　已知 $\sin\alpha=\frac{4}{5}$，并且角 α 是第二象限的角，求角 α 的其他三角函数值.

解　由 $\sin^2\alpha+\cos^2\alpha=1$，可得 $\cos\alpha=\pm\sqrt{1-\sin^2\alpha}$. 因为 α 是第二象限的角，$\cos\alpha$ 是负值，所以

$$\cos\alpha=-\sqrt{1-\left(\frac{4}{5}\right)^2}=-\frac{3}{5}$$

$$\tan\alpha=\frac{\sin\alpha}{\cos\alpha}=\frac{\frac{4}{5}}{-\frac{3}{5}}=-\frac{4}{3}$$

$$\cot\alpha=\frac{1}{\tan\alpha}=\frac{1}{-\frac{4}{3}}=-\frac{3}{4}$$

$$\sec\alpha=\frac{1}{\cos\alpha}=\frac{1}{-\frac{3}{5}}=-\frac{5}{3}$$

$$\csc\alpha=\frac{1}{\sin\alpha}=\frac{1}{\frac{4}{5}}=\frac{5}{4}$$

例 3.11　已知 $\cos\alpha=-\frac{8}{17}$，求 $\sin\alpha$，$\tan\alpha$ 的值.

解　因为 $\cos\alpha<0$ 且 $\cos\alpha\neq-1$，所以 α 是第二象限或第三象限的角. 当 α 是第二象限

的角时，$\sin\alpha>0$，从而

$$\sin\alpha=\sqrt{1-\cos^2\alpha}=\sqrt{1-\left(-\frac{8}{17}\right)^2}=\frac{15}{17}$$

$$\tan\alpha=\frac{\sin\alpha}{\cos\alpha}=\frac{15}{17}\times\left(-\frac{17}{8}\right)=-\frac{15}{8}$$

当α是第三象限的角时，$\sin\alpha<0$，从而

$$\sin\alpha=-\frac{15}{17}，\tan\alpha=\frac{15}{8}$$

例 3.12 化简下列各式.

(1) $\sqrt{1-\sin^2 440°}$

(2) $\sqrt{\csc^2 110°-1}$

(3) $\sin^2\alpha\sec^2\alpha+\sin^2\alpha+\cos^2\alpha$

解 (1) 原式$=\sqrt{1-\sin^2(360°+80°)}$

$=\sqrt{1-\sin^2 80°}$

$=\sqrt{\cos^2 80°}$

$=\cos 80°$

(2) $\sqrt{\csc^2 110°-1}=\sqrt{\cot^2 110°}=|\cot 110°|=-\cot 110°$

(3) 原式$=\sin^2\alpha\cdot\dfrac{1}{\cos^2\alpha}+1$

$=\tan^2\alpha+1$

$=\sec^2\alpha$

例 3.13 证明下列各恒等式.

(1) $\dfrac{\tan\theta-\cot\theta}{\sec\theta+\csc\theta}=\sin\theta-\cos\theta$

(2) $\cos^4\alpha-\sin^4\alpha=\cos^2\alpha(1-\tan\alpha)(1+\tan\alpha)$

解 (1) 左边$=\dfrac{\dfrac{\sin\theta}{\cos\theta}-\dfrac{\cos\theta}{\sin\theta}}{\dfrac{1}{\cos\theta}+\dfrac{1}{\sin\theta}}$

$=\dfrac{\sin^2\theta-\cos^2\theta}{\sin\theta+\cos\theta}$

$=\dfrac{(\sin\theta+\cos\theta)(\sin\theta-\cos\theta)}{\sin\theta+\cos\theta}$

$=\sin\theta-\cos\theta$

$=$右边

（2）左边$=(\sin^2\alpha+\cos^2\alpha)(\cos^2\alpha-\sin^2\alpha)=\cos^2\alpha-\sin^2\alpha$

右边$=\cos^2\alpha(1-\tan^2\alpha)$

$=\cos^2\alpha\left(1-\dfrac{\sin^2\alpha}{\cos^2\alpha}\right)$

$=\cos^2\alpha-\sin^2\alpha$

所以原式成立.

练一练

1. 已知 $\sin\alpha=\dfrac{1}{2}$，并且角 α 是第一象限的角，求角 α 的其他三角函数值.

2. 已知 $\cos\alpha=-\dfrac{4}{5}$，并且角 α 是第三象限的角，求角 α 的其他三角函数值.

3. 化简下列各式.

（1）$\cos\alpha\tan\alpha$　　（2）$\dfrac{2\cos^2\beta-1}{1-2\sin^2\beta}$　　（3）$\dfrac{1-\cos^2\theta}{1-\sin^2\theta}+1$

习题 3-3

1. 已知 $\sin\alpha=\dfrac{\sqrt{3}}{2}$，且 α 是第二象限角，求 α 的其他三角函数值.

2. 已知 $\cot\alpha=\dfrac{\sqrt{3}}{3}$，且 α 是第三象限角，求 α 的其他三角函数值.

3. 已知 $\tan\alpha=2$，求$\dfrac{\sin\alpha+\cos\alpha}{\sin\alpha-\cos\alpha}$的值.

4. 化简下列各式.

（1）$\cos\beta\cdot\tan\beta$　　（2）$\dfrac{1}{\sec^2\theta}+\dfrac{1}{\csc^2\theta}$　　（3）$\dfrac{\sin\alpha+\cos\alpha}{\sec\alpha+\csc\alpha}$

5. 证明下列恒等式.

（1）$\sin^4\alpha-\cos^4\alpha=\sin^2\alpha-\cos^2\alpha$

（2）$\sin^4\alpha+\sin^2\alpha\cos^2\alpha+\cos^2\alpha=1$

（3）$\sin^2\alpha\cdot\cos^2\alpha=\dfrac{1}{\sec^2\alpha+\csc^2\alpha}$

3.4　三角函数的简化公式

本节将介绍角$-\alpha$，$\pi\pm\alpha$，$2\pi-\alpha$ 与角 α 的三角函数之间的关系，即三角函数的简化公式.

3.4.1　角$-\alpha$的三角函数简化公式

如图3-10所示，设角α的终边为OP，角$-\alpha$的终边为OP'. 因为角α和角$-\alpha$是从x轴的正半轴开始，按相反方向绕原点作大小相同的旋转而成的，因此它们的终边OP和OP'关于x轴对称. 在OP上取一点$M(x, y)$，则点M在OP'上关于x轴的对称点M'的坐标是$(x, -y)$. $r=|OM|=|OM'|$，由三角函数的定义，有

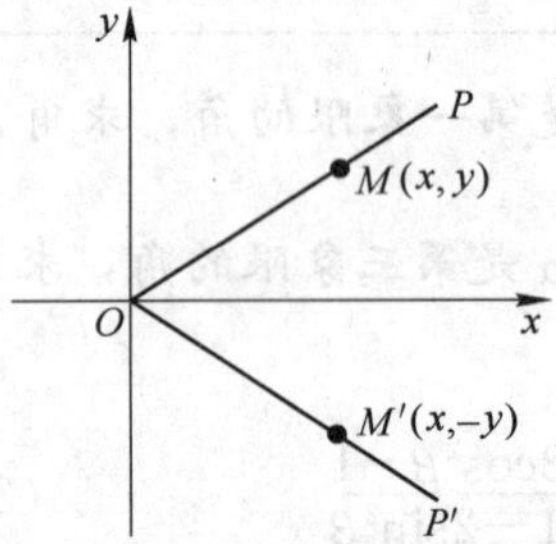

图3-10

$$\sin(-\alpha)=\frac{-y}{r}=-\sin\alpha$$

$$\cos(-\alpha)=\frac{x}{r}=\cos\alpha$$

$$\tan(-\alpha)=\frac{-y}{x}=-\tan\alpha$$

$$\cot(-\alpha)=\frac{x}{-y}=-\cot\alpha$$

即

$$\left.\begin{aligned}\sin(-\alpha)&=-\sin\alpha\\ \cos(-\alpha)&=\cos\alpha\\ \tan(-\alpha)&=-\tan\alpha\\ \cot(-\alpha)&=-\cot\alpha\end{aligned}\right\}\qquad(3-4)$$

公式(3-4)称为负角的三角函数简化公式. 公式中的α是使等式有意义的任意角. 利用这组公式可以把角$-\alpha$的三角函数化为角α的三角函数.

例3.14　求下列各三角函数值.

(1) $\sin\left(-\frac{\pi}{3}\right)$　　　　(2) $\tan(-405°)$

解　(1) $\sin\left(-\frac{\pi}{3}\right)=-\sin\frac{\pi}{3}=-\frac{\sqrt{3}}{2}$

(2) $\tan(-405°)=\tan(-360°-45°)=\tan(-45°)=-\tan 45°=-1$

练一练

求下列各三角函数值.

(1) $\sin\left(-\dfrac{\pi}{6}\right)$　(2) $\cos\left(-\dfrac{\pi}{4}\right)$　(3) $\cot(-390°)$

3.4.2 角的形式为 $2\pi-\alpha$ 的三角函数简化公式

由公式(3-3)和(3-4)可以推出角的形式为 $2\pi-\alpha$ 的三角函数简化公式.

$$\left.\begin{aligned}\sin(2\pi-\alpha)&=-\sin\alpha\\ \cos(2\pi-\alpha)&=\cos\alpha\\ \tan(2\pi-\alpha)&=-\tan\alpha\\ \cot(2\pi-\alpha)&=-\cot\alpha\end{aligned}\right\} \tag{3-5}$$

其中，角 α 是使上述等式有意义的任意角.

例 3.15　求下列各三角函数值.

(1) $\cos\dfrac{5\pi}{3}$　(2) $\tan\left(-\dfrac{11\pi}{6}\right)$

解　(1) $\cos\dfrac{5\pi}{3}=\cos\left(2\pi-\dfrac{\pi}{3}\right)=\cos\dfrac{\pi}{3}=\dfrac{1}{2}$

(2) $\tan\left(-\dfrac{11\pi}{6}\right)=-\tan\dfrac{11\pi}{6}=-\tan\left(2\pi-\dfrac{\pi}{6}\right)=\tan\dfrac{\pi}{6}=\dfrac{\sqrt{3}}{3}$

练一练

求下列各三角函数值.

(1) $\sin\left(-\dfrac{7\pi}{4}\right)$　(2) $\cos\left(-\dfrac{7\pi}{4}\right)$　(3) $\tan(-330°)$

3.4.3 角的形式为 $\pi\pm\alpha$ 的三角函数简化公式

如图 3-11 所示，设角 α 和 $\pi-\alpha$ 的终边分别为 OP，OP'. 无论角 α 的终边落在哪个象

限，OP 与 OP' 总是关于 y 轴对称. 在 OP 上任取一点 $M(x, y)$，则点 M 在 OP' 上关于 y 轴的对称点 M' 的坐标是 $(-x, y)$. $r=|OM|=|OM'|$，由三角函数的定义，有

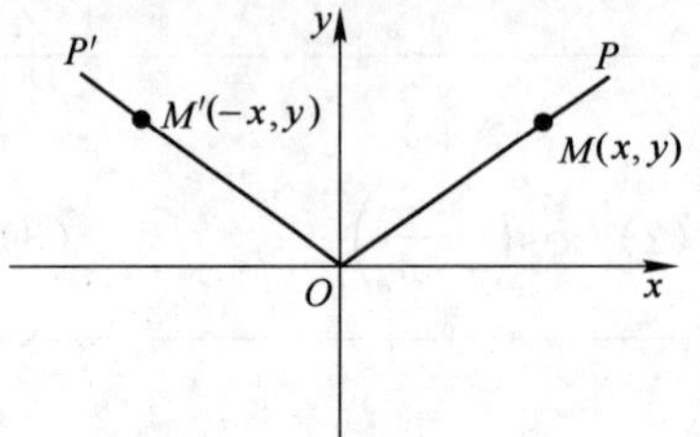

图 3 - 11

$$\sin(\pi-\alpha)=\frac{y}{r}=\sin\alpha$$

$$\cos(\pi-\alpha)=\frac{-x}{r}=-\cos\alpha$$

$$\tan(\pi-\alpha)=\frac{y}{-x}=-\tan\alpha$$

$$\cot(\pi-\alpha)=\frac{-x}{y}=-\cot\alpha$$

即

$$\left.\begin{aligned}\sin(\pi-\alpha)&=\sin\alpha\\ \cos(\pi-\alpha)&=-\cos\alpha\\ \tan(\pi-\alpha)&=-\tan\alpha\\ \cot(\pi-\alpha)&=-\cot\alpha\end{aligned}\right\}\qquad(3-6)$$

由式(3 - 4)和式(3 - 6)可以推出

$$\sin(\pi+\alpha)=\sin[\pi-(-\alpha)]=\sin(-\alpha)=-\sin\alpha$$

$$\cos(\pi+\alpha)=\cos[\pi-(-\alpha)]=-\cos(-\alpha)=-\cos\alpha$$

$$\tan(\pi+\alpha)=\tan[\pi-(-\alpha)]=-\tan(-\alpha)=\tan\alpha$$

$$\cot(\pi+\alpha)=\cot[\pi-(-\alpha)]=-\cot(-\alpha)=\cot\alpha$$

即

$$\left.\begin{aligned}\sin(\pi+\alpha)&=-\sin\alpha\\ \cos(\pi+\alpha)&=-\cos\alpha\\ \tan(\pi+\alpha)&=\tan\alpha\\ \cot(\pi+\alpha)&=\cot\alpha\end{aligned}\right\}\qquad(3-7)$$

例 3.16 求下列各三角函数值.

(1) $\tan\frac{3\pi}{4}$　　(2) $\sin\frac{2\pi}{3}$　　(3) $\cos\left(-\frac{7\pi}{6}\right)$

解 (1) $\tan\frac{3\pi}{4}=\tan\left(\pi-\frac{\pi}{4}\right)=-\tan\frac{\pi}{4}=-1$

(2) $\sin\frac{2\pi}{3}=\sin\left(\pi-\frac{\pi}{3}\right)=\sin\frac{\pi}{3}=\frac{\sqrt{3}}{2}$

(3) $\cos\left(-\frac{7\pi}{6}\right)=\cos\frac{7\pi}{6}=\cos\left(\pi+\frac{\pi}{6}\right)=-\cos\frac{\pi}{6}=-\frac{\sqrt{3}}{2}$

公式(3-4)、公式(3-5)、公式(3-6)、公式(3-7)称为**三角函数的简化公式**. 这组公式有以下几个特点.

(1) 公式左、右两端的三角函数的名称相同.

(2) 公式右端三角函数前的符号与左端的角(其中 α 假定为锐角)所在象限的三角函数值的符号相同.

利用三角函数的简化公式，可以将任意角的三角函数化为锐角的三角函数，其一般步骤如下. 首先，把负角的三角函数化为正角的三角函数；其次，把大于 2π 的角的三角函数化为 0 到 2π 之间的角的三角函数；最后，把 0 到 2π 之间的角的三角函数化为锐角的三角函数.

例 3.17 求下列各三角函数值.

(1) $\cos 225°$　　(2) $\sec\frac{11\pi}{6}$

解 (1) $\cos 225°=\cos(180°+45°)=-\cos 45°=-\frac{\sqrt{2}}{2}$

(2) $\sec\frac{11\pi}{6}=\frac{1}{\cos\frac{11\pi}{6}}=\frac{1}{\cos\left(2\pi-\frac{\pi}{6}\right)}=\frac{1}{\cos\frac{\pi}{6}}=\frac{1}{\frac{\sqrt{3}}{2}}=\frac{2\sqrt{3}}{3}$

例 3.18 化简下列各式.

(1) $\frac{\sin(180°-\alpha)\cdot\cos(360°+\alpha)}{\cot(180+\alpha)\cdot\sin(-\alpha-360°)}$　　(2) $\frac{\sin(2\pi+\alpha)\cdot\cos(\pi+\alpha)}{\cos(-\pi-\alpha)\cdot\tan(-\pi-\alpha)}$

解 (1) 原式$=\frac{\sin\alpha\cdot\cos\alpha}{\cot\alpha\cdot[-\sin(\alpha+360°)]}$

$=\frac{\sin\alpha\cdot\cos\alpha}{\frac{\cos\alpha}{\sin\alpha}\cdot(-\sin\alpha)}$

$=\frac{\sin\alpha\cdot\cos\alpha}{-\cos\alpha}$

$=-\sin\alpha$

(2) 原式$=\frac{\sin\alpha\cdot(-\cos\alpha)}{\cos[-(\pi+\alpha)]\cdot\tan[-(\pi+\alpha)]}$

$$=\frac{\sin\alpha\cdot(-\cos\alpha)}{\cos(\pi+\alpha)\cdot[-\tan(\pi+\alpha)]}$$

$$=\frac{\sin\alpha\cdot(-\cos\alpha)}{-\cos\alpha\cdot(-\tan\alpha)}$$

$$=\frac{\sin\alpha}{-\frac{\sin\alpha}{\cos\alpha}}$$

$$=-\cos\alpha$$

例 3.19 求证：

$$\frac{\sin(2\pi-\alpha)\cdot\tan(\pi+\alpha)\cdot\cot(-\pi-\alpha)}{(-\cos\alpha)\cdot\tan(\pi-\alpha)}=1$$

证明 左边 $=\frac{-\sin\alpha\cdot\tan\alpha\cdot[-\cot(\pi+\alpha)]}{(-\cos\alpha)\cdot(-\tan\alpha)}$

$$=\frac{\sin\alpha\cdot\cot\alpha}{\cos\alpha}$$

$$=\frac{\sin\alpha}{\cos\alpha}\cdot\frac{\cos\alpha}{\sin\alpha}$$

$=1=$ 右边

练一练

1. 求下列各三角函数值.

(1) $\sin 135^\circ$ (2) $\cos\frac{5\pi}{6}$ (3) $\tan\left(-\frac{2\pi}{3}\right)$

2. 计算下列各式.

(1) $\frac{\sin(-45^\circ)\cdot\cos(-45^\circ)}{\tan 135^\circ\cdot\cot(-120^\circ)}$ (2) $4\sin 120^\circ\cdot\tan 300^\circ$

3. 化简下列各式.

(1) $\sin(\pi+\alpha)\cdot\cos(-\alpha)\cdot\sin(-\pi-\alpha)$

(2) $\sin(-\alpha)\cdot\cos(2\pi+\alpha)\cdot\tan(-\pi-\alpha)$

习题 3-4

1. 求下列各三角函数值.

(1) $\sin 225^\circ$ (2) $\cot 315^\circ$ (3) $\tan\left(-\frac{17\pi}{4}\right)$ (4) $\csc 330^\circ$

2. 计算下列各式的值.

(1) $3\cos 240^\circ-2\tan 240^\circ$

(2) $8\sin\frac{\pi}{6}\cdot\cos\frac{\pi}{3}\cdot\tan\frac{4\pi}{3}\cdot\cot\frac{3\pi}{4}$

3. 化简下列各式.

(1) $\frac{\cot(-\pi-\alpha)\cdot\sin(\pi+\alpha)}{\cos(-\alpha)\cdot\tan(2\pi+\alpha)}$

(2) $1+\sin(\alpha-2\pi)\cdot\sin(\pi+\alpha)-2\cos^2(-\alpha)$

4. 求证：$\frac{\sin^2(\alpha-\pi)\cdot\cos(\pi+\alpha)\cdot\cot(\pi+\alpha)}{\tan(\pi-\alpha)\cdot\cos^3(\alpha-\pi)}=-1$

3.5　三角函数的图像和性质

根据函数的一般表达形式 $y=f(x)$，三角函数的自变量角 α 以弧度为单位，用 x 表示，函数用 y 表示，则正弦函数、余弦函数、正切函数、余切函数分别表示为

$$y=\sin x,\quad y=\cos x,\quad y=\tan x,\quad y=\cot x$$

以 (x, y) 为坐标，在平面直角坐标系中描点作图，就可以作出三角函数的图像.

3.5.1　正弦函数的图像

取自变量 x 从 0 到 2π 的一些值，求出函数 $y=\sin x$ 的对应值，如表 3－4 所示.

表 3－4

x	0	$\frac{\pi}{6}$	$\frac{\pi}{3}$	$\frac{\pi}{2}$	$\frac{2\pi}{3}$	$\frac{5\pi}{6}$	π	$\frac{7\pi}{6}$	$\frac{4\pi}{3}$	$\frac{3\pi}{2}$	$\frac{5\pi}{3}$	$\frac{11\pi}{6}$	2π
y	0	0.5	0.87	1	0.87	0.5	0	−0.5	−0.87	−1	−0.87	−0.5	0

以表中每组值为坐标，在平面直角坐标系上描出相应的点，并把它们依次连接成光滑的曲线，就得到正弦函数 $y=\sin x$ 在区间 $[0, 2\pi]$ 上的图像，如图 3－12 所示.

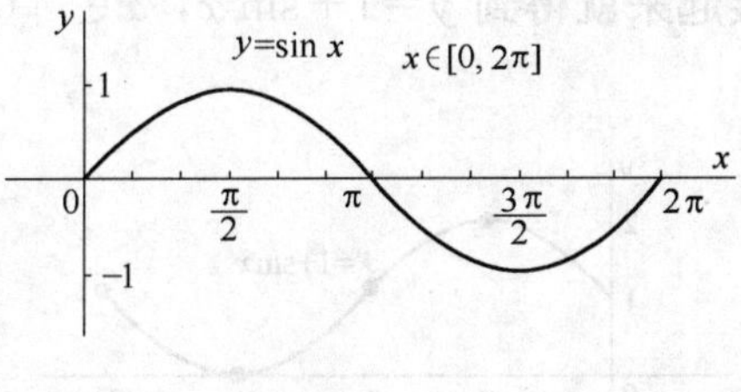

图 3－12

因为 $\sin(2k\pi+x)=\sin x$ $(k\in\mathbf{Z})$，即在以上 x 取值的基础上增加 2π 的整数倍，对应的

y 值都相同. 所以把 $y=\sin x$ 在区间 $[0, 2\pi]$ 上的图像分别向左、向右平移 2π，4π，6π，…就得到正弦函数 $y=\sin x$ 在 $x\in(-\infty, +\infty)$ 内的图像，如图 3-13 所示. 正弦函数的图像称为**正弦曲线**.

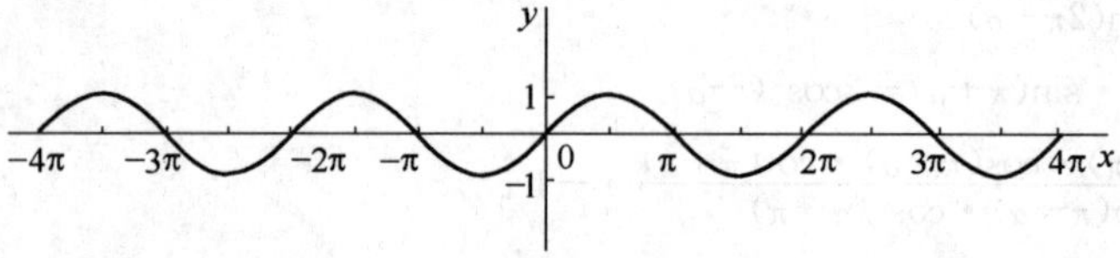

图 3-13

由图 3-12 可以看出，下面 5 个点在确定正弦函数的图像形成时起着关键的作用.

$$(0, 0), \left(\frac{\pi}{2}, 1\right), (\pi, 0), \left(\frac{3\pi}{2}, -1\right), (2\pi, 0)$$

这 5 点描出后，正弦函数 $y=\sin x$，$x\in[0, 2\pi]$ 的图像形状就基本确定了. 因此，在精确度要求不高时，常常先描出这 5 个点，然后用光滑曲线将它们连接起来，就得到在相应区间内正弦函数的简图. 这种描绘函数图像的方法称为“五点法”.

例 3.20 用“五点法”作下列函数的简图.

(1) $y=1+\sin x$，$x\in[0, 2\pi]$

(2) $y=1-\sin x$，$x\in[0, 2\pi]$

解 (1) 列表 3-5 如下.

表 3-5

x	0	$\frac{\pi}{2}$	π	$\frac{3\pi}{2}$	2π
$\sin x$	0	1	0	-1	0
$1+\sin x$	1	2	1	0	1

描点后用光滑的曲线连接起来就得到 $y=1+\sin x$，$x\in[0, 2\pi]$ 的简图，如图 3-14 所示.

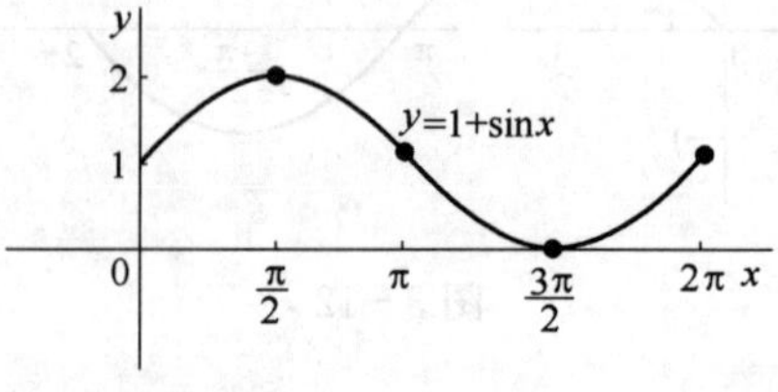

图 3-14

(2) 列表 3-6 如下.

表 3-6

x	0	$\frac{\pi}{2}$	π	$\frac{3\pi}{2}$	2π
$\sin x$	0	1	0	-1	0
$1-\sin x$	1	0	1	2	1

描点后用光滑的曲线连接起来就得到 $y=1-\sin x$，$x\in[0, 2\pi]$的简图，如图 3-15 所示.

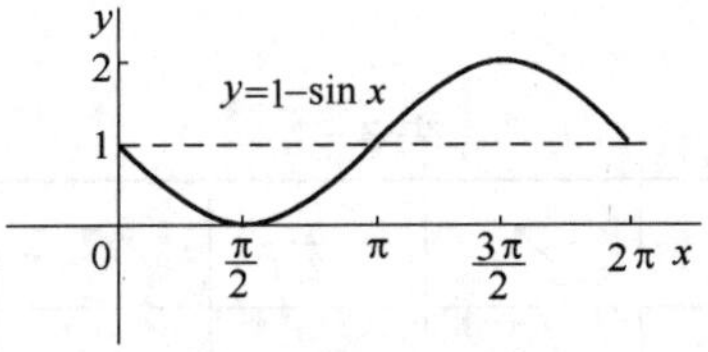

图 3-15

3.5.2 正弦函数的性质

由正弦函数的图像可知，正弦函数有如下性质.

(1) 定义域

函数 $y=\sin x$ 的定义域为$(-\infty, +\infty)$.

(2) 值域

函数 $y=\sin x$ 的值域为 $[-1, 1]$. 在 $x=\frac{\pi}{2}+2k\pi(k\in\mathbf{Z})$时，$y=\sin x$ 取得最大值 1；在 $x=-\frac{\pi}{2}+2k\pi(k\in\mathbf{Z})$时，$y=\sin x$ 取得最小值-1.

在定义域$(-\infty, +\infty)$内恒有 $|\sin x|\leqslant 1$，因而称正弦函数 $y=\sin x$ 是有界的.

(3) 周期性

一般地，对于函数 $y=f(x)$，如果存在一个不为零的常数 T，使得 x 取定义域内的每一个值时，$f(x+T)=f(x)$都成立，那么就把函数 $y=f(x)$称为**周期函数**，不为零的常数 T 称为这个函数的**周期**.

由简化公式 $\sin(x+2k\pi)=\sin x$ 知道，正弦函数 $y=\sin x(x\in\mathbf{R})$具有周期性，是**周期函数**. 其中，2π，4π，…，-2π，-4π，…都是它的周期.

对于一个周期函数来说，如果在所有的周期中存在着一个最小的正数，则把这个最小的正数称为**最小正周期**. 例如，2π 是正弦函数 $y=\sin x(x\in\mathbf{R})$所有周期中的最小正值，因此 2π 是 $y=\sin x$ 的最小正周期.

一般讲到三角函数的周期时，指的就是它的**最小正周期**. 因此，正弦函数 $y=\sin x(x\in\mathbf{R})$的周期是 2π.

(4) 奇偶性

由简化公式 $\sin(-x)=-\sin x$ 可知，正弦函数 $y=\sin x(x\in\mathbf{R})$是奇函数. 反映在图像上，正弦曲线关于坐标原点对称.

(5) 单调性

由正弦曲线可以看出，函数 $y=\sin x$ 在$\left[-\frac{\pi}{2}, \frac{\pi}{2}\right]$上，当 x 由$-\frac{\pi}{2}$增大到$\frac{\pi}{2}$时，曲线逐渐上升，y 由 -1 增加到 1；当 x 由$\frac{\pi}{2}$增大到$\frac{3\pi}{2}$时，曲线逐渐下降，y 由 1 减少到 -1，如表 3 - 7 所示.

表 3 - 7

x	$-\frac{\pi}{2}$	↗	0	↗	$\frac{\pi}{2}$	↗	π	↗	$\frac{3\pi}{2}$
$\sin x$	-1	↗	0	↗	1	↘	0	↘	-1

所以由正弦函数的周期性可知，正弦函数 $y=\sin x$ 在每一个闭区间$\left[-\frac{\pi}{2}+2k\pi, \frac{\pi}{2}+2k\pi\right](k\in\mathbf{Z})$上，都从 -1 增加到 1，是单调递增的；在每一个闭区间$\left[\frac{\pi}{2}+2k\pi, \frac{3\pi}{2}+2k\pi\right](k\in\mathbf{Z})$上，都从 1 减少到 -1，是单调递减的.

例 3.21 求使下列函数取得最大值的 x 的集合，并说出最大值是多少.

(1) $y=\sin x+1$　　　(2) $y=2\sin 2x$

解 (1) 因为 $y=\sin x$ 在 $x=\frac{\pi}{2}+2k\pi(k\in\mathbf{Z})$时取得最大值 1，所以 $y=\sin x+1$ 在 $x=\frac{\pi}{2}+2k\pi(k\in\mathbf{Z})$取得最大值 2.

(2) 因为 $y=2\sin 2x$ 在 $2x=\frac{\pi}{2}+2k\pi(k\in\mathbf{Z})$时取得最大值 2，所以 $y=2\sin 2x$ 在$x=\frac{\pi}{4}+k\pi(k\in\mathbf{Z})$时取得最大值 2.

练一练

1. 求使下列函数取得最小值的 x 的集合，并说出函数的最小值是多少.

(1) $y=2\sin x$　　　(2) $y=2-\sin x$

2. 作下列函数在区间 $[0, 2\pi]$ 上的简图.

(1) $y=2\sin x$　　　(2) $y=1+3\sin x$

3.5.3 余弦函数的图像

取自变量 x 从 0 到 2π 的一些值，求出函数 $y=\cos x$ 对应值，如表 3-8 所示.

表 3-8

x	0	$\frac{\pi}{6}$	$\frac{\pi}{3}$	$\frac{\pi}{2}$	$\frac{2\pi}{3}$	$\frac{5\pi}{6}$	π	$\frac{7\pi}{6}$	$\frac{4\pi}{3}$	$\frac{3\pi}{2}$	$\frac{5\pi}{3}$	$\frac{11\pi}{6}$	2π
y	1	0.87	0.5	0	−0.5	−0.87	−1	−0.87	−0.5	0	0.5	0.87	1

以表中每组值为坐标，在平面直角坐标系上画出相应的点，并把它们依次连接成光滑的曲线，就得到余弦函数 $y=\cos x$ 在区间 $[0, 2\pi]$ 上的图像，如图 3-16 所示.

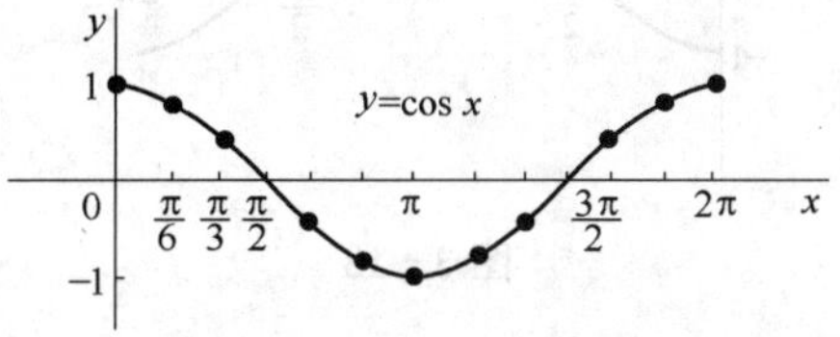

图 3-16

因为 $\cos(2k\pi+x)=\cos x(k\in\mathbf{Z})$，即在以上 x 取值的基础上增加 2π 的整数倍，对应的 y 值都相同. 所以把 $y=\cos x$ 在区间 $[0, 2\pi]$ 上的图像分别向左、向右平移 2π，4π，6π，… 就得到余弦函数 $y=\cos x$ 在 $x\in(-\infty, +\infty)$ 内的图像，如图 3-17 所示. 余弦函数的图像称为**余弦曲线**.

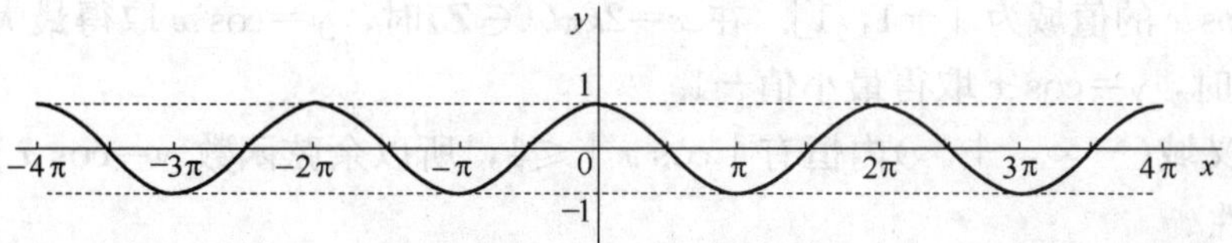

图 3-17

由图 3-16 可以看出，下面 5 个点在确定余弦函数图像形成时起着关键的作用.

$$(0, 1),\ \left(\frac{\pi}{2}, 0\right),\ (\pi, -1),\ \left(\frac{3\pi}{2}, 0\right),\ (2\pi, 1)$$

所以余弦函数 $y=\cos x$ 在 $[0, 2\pi]$ 上的图像也可采用"五点法"作出.

例 3.22 用"五点法"作函数 $y=-\cos x$，$x\in[0, 2\pi]$的简图.

解 列表 3-9 如下.

表 3-9

x	0	$\frac{\pi}{2}$	π	$\frac{3\pi}{2}$	2π
$\cos x$	1	0	-1	0	1
$y=-\cos x$	-1	0	1	0	-1

描点后用光滑的曲线连接就得到 $y=-\cos x$ 的图像，如图 3-18 所示.

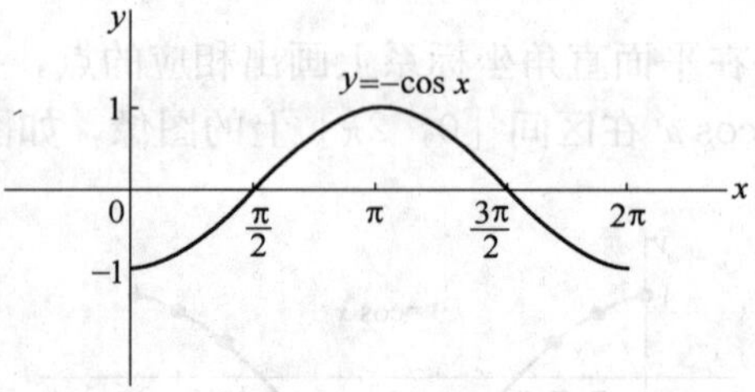

图 3-18

3.5.4 余弦函数的性质

(1) 定义域

函数 $y=\cos x$ 的定义域为$(-\infty, +\infty)$.

(2) 值域

函数 $y=\cos x$ 的值域为 $[-1, 1]$. 在 $x=2k\pi(k\in\mathbf{Z})$时，$y=\cos x$ 取得最大值 1；在 $x=\pi+2k\pi(k\in\mathbf{Z})$时，$y=\cos x$ 取得最小值-1.

因为在定义域$(-\infty, +\infty)$内恒有 $|\cos x|\leqslant 1$，所以余弦函数 $y=\cos x$ 是有界的.

(3) 周期性

因为 $\cos(x+2k\pi)=\cos x$，所以余弦函数具有周期性，是周期函数，周期是 2π.

(4) 奇偶性

由简化公式 $\cos(-x)=\cos x$ 可知，余弦函数 $y=\cos x(x\in\mathbf{R})$是偶函数. 反映在图像上，余弦曲线关于 y 轴对称.

(5) 单调性

由余弦曲线可以看出，函数 $y=\cos x$ 在 $[-\pi, \pi]$ 上，当 x 由 $-\pi$ 增大到 0 时，曲线逐渐上升，y 由 -1 增加到 1；当 x 由 0 增大到 π 时，曲线逐渐下降，y 由 1 减少到-1，如表 3-10 所示.

表 3 - 10

x	$-\pi$	↗	$-\frac{\pi}{2}$	↗	0	↗	$\frac{\pi}{2}$	↗	π
$\cos x$	-1	↗	0	↗	1	↘	0	↘	-1

所以由余弦函数的周期性可知，余弦函数 $y=\cos x$ 在每一个闭区间 $[2k\pi-\pi, 2k\pi]$ $(k\in\mathbf{Z})$上，都从-1增加到 1，是单调递增的；在每一个闭区间 $[2k\pi, 2k\pi+\pi]$ $(k\in\mathbf{Z})$上，都从 1 减少到-1，是单调递减的.

例 3.23　求使下列函数取得最大值的 x 的集合，并说出最大值是多少.

(1) $y=\cos x+1$　　　　(2) $y=-2\cos x$

解　(1) $y=\cos x$ 在 $x=2k\pi(k\in\mathbf{Z})$时取得最大值 1，所以函数 $y=\cos x+1$ 在 $x=2k\pi$ $(k\in\mathbf{Z})$时取得最大值 2.

(2) $y=-2\cos x$ 在 $x=\pi+2k\pi(k\in\mathbf{Z})$时取得最小值$-1$，所以 $y=-2\cos x$ 在 $x=\pi+2k\pi$取得最大值 2.

练一练

1. 求使下列函数取得最大值的 x 的集合，并说出函数的最大值是多少.

(1) $y=2\cos x$　　(2) $y=-3\cos x+1$

2. 作下列函数在区间 $[0, 2\pi]$ 上的简图.

(1) $y=-\cos x+1$　　(2) $y=3\cos x$

3.5.5　正切函数的图像和余切函数的图像

取自变量 x 从$-\frac{\pi}{2}$到$\frac{\pi}{2}$的一些值，求出函数 $y=\tan x$ 的对应值，如表 3 - 11 所示.

表 3 - 11

x	$-\frac{\pi}{3}$	$-\frac{\pi}{4}$	$-\frac{\pi}{6}$	0	$\frac{\pi}{6}$	$\frac{\pi}{4}$	$\frac{\pi}{3}$
$\tan x$	-1.7	-1	-0.58	0	0.58	1	1.7

以表中各组值在直角坐标系中描点连线，就得到 $y=\tan x$ 在$\left(-\frac{\pi}{2}, \frac{\pi}{2}\right)$内的图像，如图3 - 19 所示.

由简化公式 $\tan(x+\pi)=\tan x\left(x\neq k\pi+\frac{\pi}{2}, k\in\mathbf{Z}\right)$知道，正切函数是周期函数，其周期

是 π，因此其图像在每个周期内是相同的．所以可将 $y=\tan x$ 在 $\left(-\frac{\pi}{2},\frac{\pi}{2}\right)$ 内的图像延拓成整个数轴上的图像，如图 3－20 所示．正切函数的图像称为**正切曲线**.

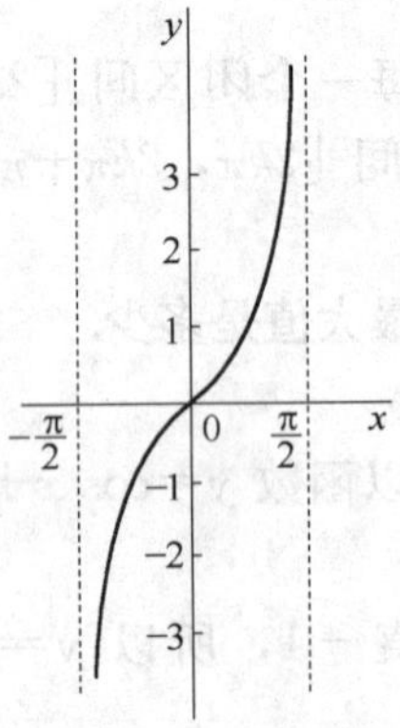

图 3－19

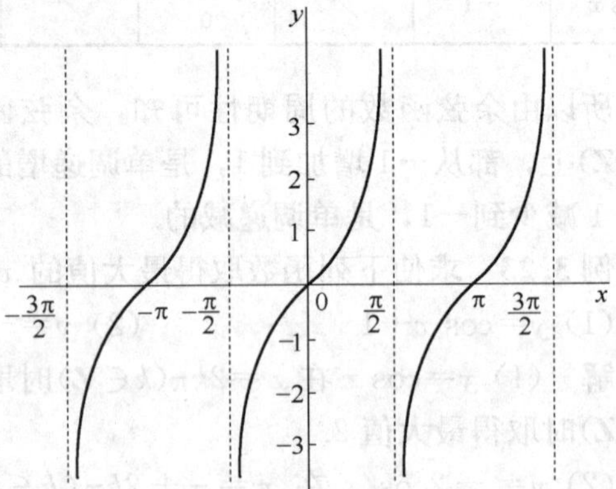

图 3－20

用类似的方法可作出余切函数 $y=\cot x$ 的图像，如图 3－21 所示.

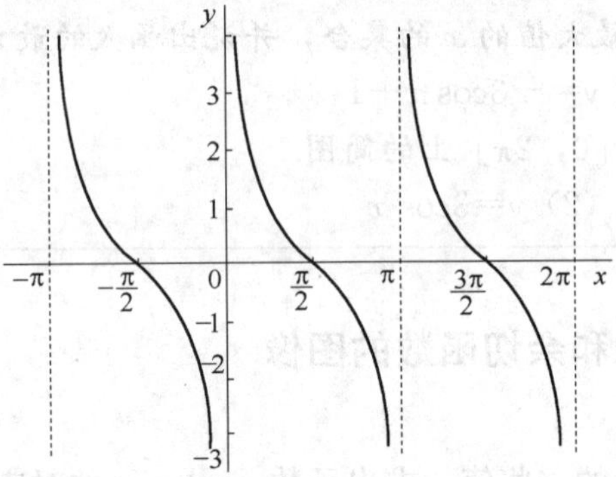

图 3－21

余切函数的图像称为**余切曲线**.

3.5.6 正切函数和余切函数的性质

1. 正切函数的性质

(1) 定义域

函数 $y=\tan x$ 的定义域为 $\left\{x \mid x\in\mathbf{R}\text{ 且 }x\neq k\pi+\frac{\pi}{2},\ k\in\mathbf{Z}\right\}$.

(2) 值域

函数 $y=\tan x$ 的值域为$(-\infty, +\infty)$，它是无界的，没有最大值与最小值.

(3) 周期性

正切函数是周期函数，周期是 π.

(4) 奇偶性

由简化公式 $\tan(-x)=-\tan x$ 可知，正切函数是奇函数. 反映在图像上，正切曲线关于坐标原点对称.

(5) 单调性

由正切曲线可以看出，函数 $y=\tan x$ 在每一个开区间$\left(-\frac{\pi}{2}+k\pi, \frac{\pi}{2}+k\pi\right)(k\in\mathbf{Z})$内都是单调递增的.

2. 余切函数的性质

(1) 定义域

函数 $y=\cot x$ 的定义域为$\{x \mid x\in\mathbf{R}$ 且 $x\neq k\pi, k\in\mathbf{Z}\}$.

(2) 值域

函数 $y=\cot x$ 的值域为$(-\infty, +\infty)$，它是无界的，没有最大值与最小值.

(3) 周期性

余切函数是周期函数，周期是 π.

(4) 奇偶性

由简化公式 $\cot(-x)=-\cot x$ 可知，余切函数是奇函数. 反映在图像上，正切曲线关于坐标原点对称.

(5) 单调性

由余切曲线可以看出，函数 $y=\cot x$ 在每一个开区间$(k\pi, k\pi+\pi)(k\in\mathbf{Z})$内都是单调递减的.

习题 3-5

1. 比较下列各组值的大小.

(1) $\sin\frac{4\pi}{7}$与$\sin\frac{5\pi}{7}$　　(2) $\sin\left(-\frac{3\pi}{5}\right)$与$\sin\left(-\frac{4\pi}{5}\right)$

(3) $\sin\frac{\pi}{7}$与$\sin\frac{\pi}{5}$　　(4) $\sin\left(-\frac{2\pi}{5}\right)$与$\sin\left(-\frac{2\pi}{7}\right)$

(5) $\cos\frac{4\pi}{7}$与$\cos\frac{5\pi}{7}$　　(6) $\cos\left(-\frac{3\pi}{5}\right)$与$\cos\left(-\frac{4\pi}{5}\right)$

(7) $\cos\frac{\pi}{7}$与$\cos\frac{\pi}{5}$　　(8) $\cos\left(-\frac{2\pi}{5}\right)$与$\cos\left(-\frac{2\pi}{7}\right)$

(9) $\tan\left(-\frac{9\pi}{8}\right)$与$\tan\left(-\frac{9\pi}{7}\right)$ (10) $\tan\left(\frac{11\pi}{5}\right)$与$\tan\left(\frac{12\pi}{5}\right)$

2. 求下列函数的最大值和最小值.

(1) $y=2-3\cos x$ (2) $y=3\sin 2x-1$

(3) $y=\cos\left(\frac{1}{2}x+\frac{1}{3}\pi\right)$ (4) $y=\cos\left(2x-\frac{1}{3}\pi\right)$

3. 用“五点法”作下列函数在$[0, 2\pi]$内的简图.

(1) $y=\frac{1}{2}+\sin x$ (2) $y=\frac{1}{2}+\cos x$

3.6 正弦型曲线

在物理和工程技术的许多问题中，都要遇到形如$y=A\sin(\omega x+\varphi)$的函数(其中$A$，$\omega$，$\varphi$都是常数). 例如，物体做简谐振动时位移与时间的关系、交流电中电流强度与时间的关系等，都用这类函数来表示.

形如$y=A\sin(\omega x+\varphi)$的函数称为**正弦型函数**，它的图像称为正弦型曲线. 本节主要讨论$y=A\sin(\omega x+\varphi)$的图像和性质.

1. 正弦型函数的图像

首先来作$y=3\sin\left(2x+\frac{\pi}{3}\right)$的图像.

(1) $y=3\sin\left(2x+\frac{\pi}{3}\right)$的定义域是$\mathbf{R}$.

(2) 把$y=3\sin\left(2x+\frac{\pi}{3}\right)$写成$f(x)=3\sin\left(2x+\frac{\pi}{3}\right)$，由简化公式得

$$3\sin\left(2x+\frac{\pi}{3}+2\pi\right)=3\sin\left(2x+\frac{\pi}{3}\right)\quad(x\in\mathbf{R})$$

即

$$3\sin\left[2(x+\pi)+\frac{\pi}{3}\right]=3\sin\left(2x+\frac{\pi}{3}\right)\quad(x\in\mathbf{R})$$

也就是

$$f(x+\pi)=f(x)\quad(x\in\mathbf{R})$$

因此π是$f(x)=3\sin\left(2x+\frac{\pi}{3}\right)$的一个周期.

(3) $y=3\sin\left(2x+\frac{\pi}{3}\right)$的最大值为3，最小值为$-3$.

(4) 利用作正弦曲线的“五点法”，作函数$y=3\sin\left(2x+\frac{\pi}{3}\right)$在长度为一个周期的区间

上的一段图像．分别令 $2x+\frac{\pi}{3}=0$，$\frac{\pi}{2}$，π，$\frac{3\pi}{2}$，2π，解出 x 和求出函数值 y，如表 3-12 所示.

表 3-12

$2x+\frac{\pi}{3}$	0	$\frac{\pi}{2}$	π	$\frac{3\pi}{2}$	2π
x	$-\frac{\pi}{6}$	$\frac{\pi}{12}$	$\frac{\pi}{3}$	$\frac{7\pi}{12}$	$\frac{5\pi}{6}$
$y=3\sin\left(2x+\frac{\pi}{3}\right)$	0	3	0	-3	0

（5）用上表中 x 与 y 的值作为坐标，描出对应的点，然后用光滑曲线连接，就可得到 $y=3\sin\left(2x+\frac{\pi}{3}\right)$ 在区间 $\left[-\frac{\pi}{6},\ \frac{5\pi}{6}\right]$ 上的一段图像，如图 3-22 所示.

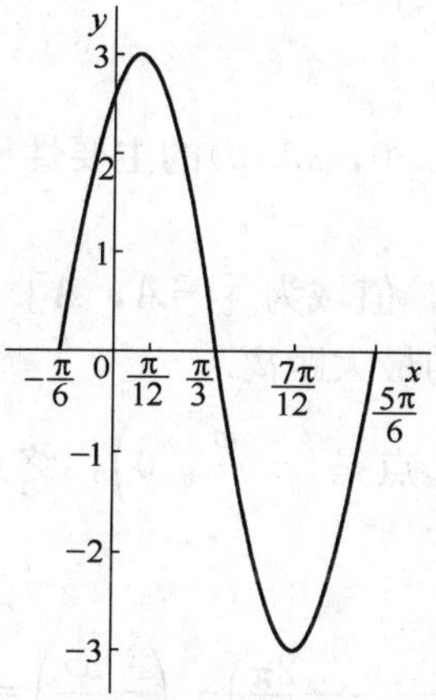

图 3-22

利用周期性，可以进一步作出 $y=3\sin\left(2x+\frac{\pi}{3}\right)$ 的整个图像，称其为**正弦型曲线**.

一般地，正弦型函数 $y=A\sin(\omega x+\varphi)(A>0,\ \omega>0)$ 的图像可以由“五点法”作出，列表 3-13 如下.

表 3-13

$\omega x+\varphi$	0	$\frac{\pi}{2}$	π	$\frac{3\pi}{2}$	2π
x	$-\frac{\varphi}{\omega}$	$-\frac{\varphi}{\omega}+\frac{\pi}{2\omega}$	$-\frac{\varphi}{\omega}+\frac{\pi}{\omega}$	$-\frac{\varphi}{\omega}+\frac{3\pi}{2\omega}$	$-\frac{\varphi}{\omega}+\frac{2\pi}{\omega}$
$y=A\sin(\omega x+\varphi)$	0	A	0	$-A$	0

利用表中 x 与 y 的值作为坐标描点作图，即得到正弦型函数 $y=A\sin(\omega x+\varphi)(A>0,$

$\omega>0$)在长度为一个周期的区间$\left(-\dfrac{\varphi}{\omega},\ -\dfrac{\varphi}{\omega}+\dfrac{2\pi}{\omega}\right)$上的图像，如图 3-23 所示.

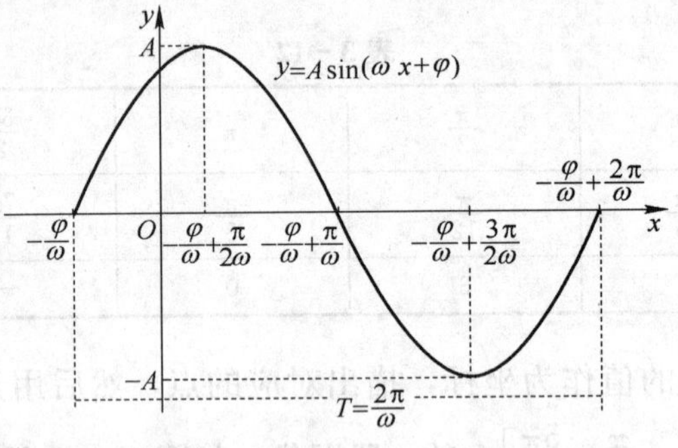

图 3-23

2. 正弦型函数的性质

正弦型函数 $y=A\sin(\omega x+\varphi)$($A>0$，$\omega>0$)的主要性质如下.

(1) 定义域为 **R**.

(2) 最大值为 A，最小值为 $-A$，值域为 $[-A,\ A]$. A 称为**函数的振幅**，它是正弦型曲线上的点离开平衡位置(即 x 轴)的最大距离.

(3) 正弦型曲线的一个周期的起点是$\left(-\dfrac{\varphi}{\omega},\ 0\right)$，终点是$\left(-\dfrac{\varphi}{\omega}+\dfrac{2\pi}{\omega},\ 0\right)$，所以函数的周期为

$$T=\left(-\frac{\varphi}{\omega}+\frac{2\pi}{\omega}\right)-\left(-\frac{\varphi}{\omega}\right)=\frac{2\pi}{\omega}$$

即正弦型函数 $y=A\sin(\omega x+\varphi)$($A>0$，$\omega>0$)的周期是$\dfrac{2\pi}{\omega}$.

对于正弦型曲线 $y=A\sin(\omega x+\varphi)$，$\omega x+\varphi$ 称为**相位**，φ 称为**初相**(即当 $x=0$ 时的相位).

由于正弦型曲线 $y=A\sin(\omega x+\varphi)$的振幅使得图像在正弦函数 $y=\sin x$ 图像的基础上纵坐标伸长($A>1$)或缩短($0<A<1$)，周期$\dfrac{2\pi}{\omega}$使得图像上横坐标伸长($0<\omega<1$)或缩短($\omega>1$)，相位 $\omega x+\varphi$ 改变了图像的起点位置，因此 $y=A\sin(\omega x+\varphi)$的图像可以看作是用下面的方法得到的：先把 $y=\sin x$ 图像上所有的点向左($\varphi>0$)或向右($\varphi<0$)平行移动 $|\varphi|$ 单位，再把所得各点的横坐标缩短($\omega>1$)或伸长($\omega<1$)到原来的$\dfrac{1}{\omega}$倍(纵坐标不变)，然后再把所得各点的纵坐标伸长($A>1$)或缩短($A<1$)到原来的 A 倍(横坐标不变).

因此，函数 $y=3\sin\left(2x+\frac{\pi}{3}\right)$ 的简图也可按上述方法作出：先把 $y=\sin x$ 图像上所有的点向左平行移动 $\frac{\pi}{3}$ 个单位，得到 $y=\sin\left(x+\frac{\pi}{3}\right)$ 的图像；再把 $y=\sin\left(x+\frac{\pi}{3}\right)$ 图像上所有点的横坐标缩短到原来的 $\frac{1}{2}$，纵坐标不变，得到 $y=\sin\left(2x+\frac{\pi}{3}\right)$ 的图像；再把 $y=\sin\left(2x+\frac{\pi}{3}\right)$ 图像上所有点的纵坐标伸长到原来的 3 倍，横坐标不变，从而得到 $y=3\sin\left(2x+\frac{\pi}{3}\right)$ 的图像．如图 3－24 所示．

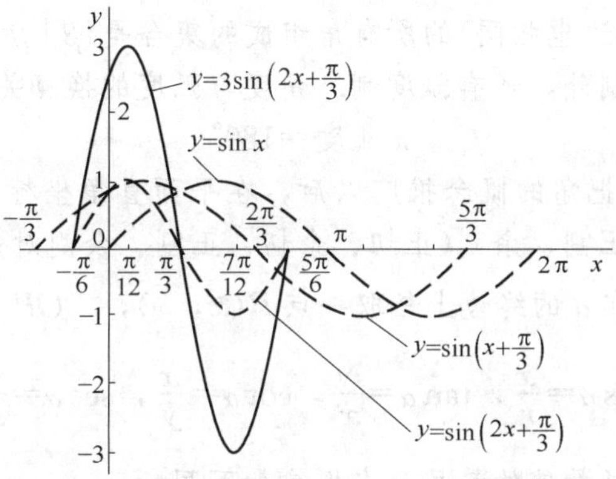

图 3－24

但在作正弦型函数 $y=A\sin(\omega x+\varphi)(A>0，\omega>0)$ 的简图时，仍常用“五点法”．

练一练

指出函数 $y=2\sin\left(2x+\frac{\pi}{4}\right)$ 的周期、振幅、相位、初相，并作出简图．

习题 3－6

1. 为了得到 $y=\sin\left(x-\frac{\pi}{3}\right)$ 的图像，应当把 $y=\sin x$ 的图像向左平移 $\frac{\pi}{3}$ 个单位，还是向右平移 $\frac{\pi}{3}$ 个单位?

2. 作出下列函数在长度为一个周期内的闭区间上的图像．

(1) $y=3\sin(4x-\pi)$　　(2) $y=2\sin\left(\frac{1}{2}x+\frac{\pi}{6}\right)$

3. 说出下列函数的最小正周期．

(1) $y=\sin 3x$　　(2) $y=\cos\left(2x+\frac{\pi}{6}\right)$

本章小结

本章主要介绍了三角函数的概念、同角三角函数间的关系、三角函数的简化公式、三角函数的图像及性质.

一、三角函数的定义

1. 角的概念及推广. 角可以看作是一条射线绕它的端点旋转而成的图形. 按逆时针方向旋转而成的角称为正角，按顺时针方向旋转而成的角称为负角，没有旋转时形成的角称为零角. 本章把初中所学的角的概念推广到了任意角.

与角 α 的终边相同(始边也相同)的所有角组成的集合是 $\{\beta \mid \beta=k\cdot 360^\circ+\alpha,\ k\in\mathbf{Z}\}$. 角的大小的度量除了用角度制外，还有弧度制. 角度与弧度的换算关系为

$$\pi\ 弧度=180^\circ$$

2. 三角函数的定义. 把角的概念推广以后，在平面直角坐标系中可以定义任意角的正弦、余弦、正切、余切、正割、余割(正切、余切、正割、余割对角有些限制)：把角 α 的始边置于 x 轴的正半轴上，在 α 的终边上任取一点 $P(x,\ y)$，$|OP|=\sqrt{x^2+y^2}=r$，则有

$$\sin\alpha=\frac{y}{r},\ \cos\alpha=\frac{x}{r},\ \tan\alpha=\frac{y}{x},\ \cot\alpha=\frac{x}{y},\ \sec\alpha=\frac{r}{x},\ \csc\alpha=\frac{r}{y}$$

不同象限的角的三角函数值的符号分布规律如下图所示.

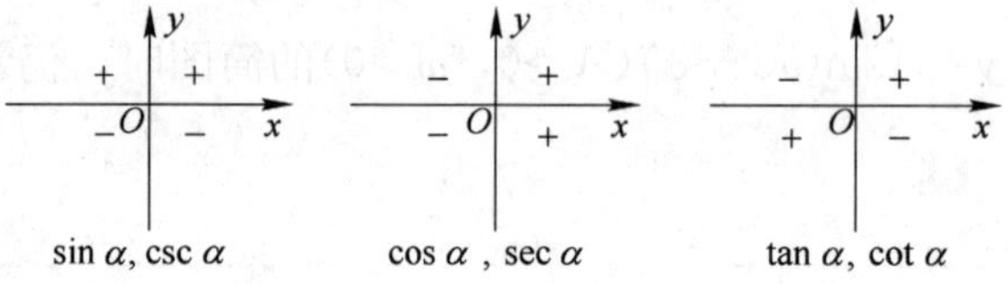

二、三角函数的运算

1. 同角三角函数间的关系式如下.

$$\sin\alpha\cdot\csc\alpha=1,\ \cos\alpha\cdot\sec\alpha=1,\ \tan\alpha\cdot\cot\alpha=1$$

$$\tan\alpha=\frac{\sin\alpha}{\cos\alpha},\ \cot\alpha=\frac{\cos\alpha}{\sin\alpha}$$

$$\sin^2\alpha+\cos^2\alpha=1,\ \tan^2\alpha+1=\sec^2\alpha,\ 1+\cot^2\alpha=\csc^2\alpha$$

2. 三角函数的简化公式(诱导公式). 利用三角函数的简化公式，可把任意一个角的三角函数转化为锐角的三角函数，再通过查表或者计算器求出其函数值. 简化公式如下.

$$\sin(-\alpha)=-\sin\alpha,\ \cos(-\alpha)=\cos\alpha,\ \tan(-\alpha)=-\tan\alpha$$

$$\cot(-\alpha)=-\cot\alpha,$$

$\sin(\pi\pm\alpha)=\mp\sin\alpha$，　　$\cos(\pi\pm\alpha)=-\cos\alpha$

$\tan(\pi\pm\alpha)=\pm\tan\alpha$，　　$\cot(\pi\pm\alpha)=\pm\cot\alpha$

$\sin(2\pi\pm\alpha)=\pm\sin\alpha$，　　$\cos(2\pi\pm\alpha)=\cos\alpha$

$\tan(2\pi\pm\alpha)=\pm\tan\alpha$，　　$\cot(2\pi\pm\alpha)=\pm\cot\alpha$

三、三角函数图像和性质

	$y=\sin x$	$y=\cos x$	$y=\tan x$
定义域	$\mathbf{R}$	$\mathbf{R}$	$\left\{x \mid x\neq\frac{\pi}{2}+2k\pi,\ k\in\mathbf{Z}\right\}$
值域	$[-1,1]$	$[-1,1]$	$\mathbf{R}$
周期	2π	2π	π
奇偶性	奇函数	偶函数	奇函数
单调性	在$\left[-\frac{\pi}{2}+2k\pi,\ \frac{\pi}{2}+2k\pi\right]$($k\in\mathbf{Z}$)上单调递增；$\left[\frac{\pi}{2}+2k\pi,\ \frac{3\pi}{2}+2k\pi\right]$($k\in\mathbf{Z}$)($k\in\mathbf{Z}$)上单调递减	在$[(2k-1)\pi,\ 2k\pi]$($k\in\mathbf{Z}$)上单调递增；$[2k\pi,\ (2k+1)\pi]$，$k\in\mathbf{Z}$上单调递减	在$\left(-\frac{\pi}{2}+k\pi,\ \frac{\pi}{2}+k\pi\right)$($k\in\mathbf{Z}$)上单调递增
最大(小)值	在$x=\frac{\pi}{2}+2k\pi$($k\in\mathbf{Z}$)处达到最大值 1，在$x=-\frac{\pi}{2}+2k\pi$($k\in\mathbf{Z}$)处达到最小值-1	在$x=2k\pi$($k\in\mathbf{Z}$)处达到最大值 1，在$x=(2k+1)\pi$($k\in\mathbf{Z}$)处达到最小值-1	没有最大值与最小值
图像（在一个周期内）	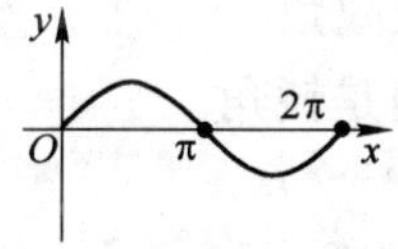	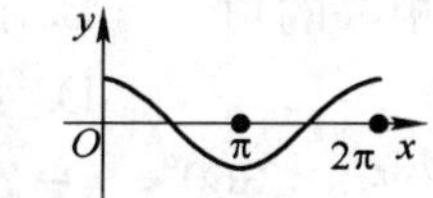	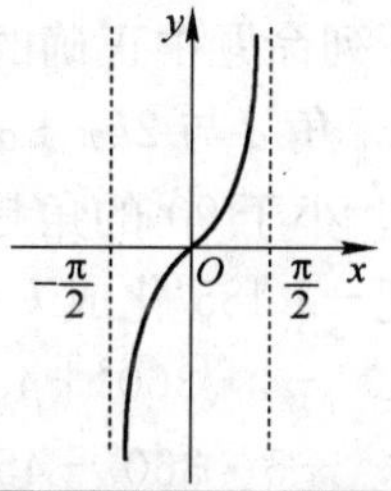

四、正弦型函数 $y=A\sin(\omega x+\varphi)$ $(A>0,\ \omega>0)$

1. 利用“五点法”可以作出正弦型函数 $y=A\sin(\omega x+\varphi)$ $(A>0,\ \omega>0)$ 在长度为一个周期的区间上的图像.

分别令 $\omega x+\varphi=0,\ \frac{\pi}{2},\ \pi,\ \frac{3\pi}{2},\ 2\pi$，解出 $x=-\frac{\varphi}{\omega},\ -\frac{\varphi}{\omega}+\frac{\pi}{2\omega},\ -\frac{\varphi}{\omega}+\frac{\pi}{\omega},\ -\frac{\varphi}{\omega}+\frac{3\pi}{2\omega},\ -\frac{\varphi}{\omega}+\frac{2\pi}{\omega}$，求出对应的函数值 0，$A$，0，$-A$，0，就得到图像的 5 个关键点的坐标，即

$$\left(-\frac{\varphi}{\omega},\ 0\right),\ \left(-\frac{\varphi}{\omega}+\frac{\pi}{2\omega},\ A\right),\ \left(-\frac{\varphi}{\omega}+\frac{\pi}{\omega},\ 0\right),\ \left(-\frac{\varphi}{\omega}+\frac{3\pi}{2\omega},\ -A\right),\ \left(-\frac{\varphi}{\omega}+\frac{2\pi}{\omega},\ 0\right)$$

2. 常数 A，ω，φ 对图像的影响. A 决定函数的值域 $[-A, A]$，振幅为 A；ω 决定函数的周期，周期 $T=\frac{2\pi}{\omega}$；φ 决定图像的起点，起点是 $\left(-\frac{\varphi}{\omega}, 0\right)$.

3. 函数的最大(小)值. 当 $x=-\frac{\varphi}{\omega}+\frac{\pi}{2\omega}$ 时，函数有最大值 A；当 $x=-\frac{\varphi}{\omega}+\frac{3\pi}{2\omega}$ 时，函数有最小值 $-A$.

自我测试题

一、选择题

1. 设 x 是第四象限角，则 $\frac{2\cot x}{\sqrt{\csc^2 x-1}}+\frac{1}{\cos x\sqrt{1+\tan^2 x}}=$(　　)

A. -1　　B. -3　　C. 1　　D. 3

2. 若 $\lg\tan\theta$ 有意义，且 $\sqrt{1-\sin^2\theta}=-\cos\theta$，则 θ 是(　　)

A. 第一象限角　　B. 第二象限角　　C. 第三象限角　　D. 第四象限角

3. 已知函数 $y=\sin\left(ax+\frac{\pi}{3}\right)$ 的最小正周期是 $\frac{2\pi}{3}$，则 a 等于(　　)

A. 3π　　B. $\frac{3}{2}$　　C. 3　　D. ± 3

4. 下列命题中正确的是(　　)

A. 角 α 与 $2k\pi+\alpha(k\in\mathbf{Z})$ 是相等的角　　B. 钝角是第二象限角

C. 小于 $90°$ 的角是锐角　　D. 第一象限的角是锐角

5. 把 $-1\,485°$ 化成 $k\cdot 360°+\alpha(0\leqslant\alpha<360°, k\in\mathbf{Z})$ 的形式是(　　)

A. $-4\cdot 360°+45°$　　B. $-4\cdot 360°-315°$

C. $-5\cdot 360°-45°$　　D. $-5\cdot 360°+315°$

6. 点 $P(-b, 4)$ 是角 α 终边上的一点，且 $\cos\alpha=-\frac{3}{5}$，则 b 的值是(　　)

A. 3　　B. -3　　C. ± 3　　D. 5

7. $y=1-\cos x$ 是(　　)

A. 偶函数　　B. 奇函数

C. 既是奇函数，又是偶函数　　D. 非奇非偶的函数

8. 若 $\cos(\pi-x)=\frac{\sqrt{3}}{2}$，且 $x\in(-\pi, \pi)$，则 x 的值为(　　)

A. $\frac{5}{6}\pi$，$\frac{7}{6}\pi$　　B. $\pm\frac{1}{6}\pi$　　C. $\pm\frac{5}{6}\pi$　　D. $\pm\frac{2}{3}\pi$

二、填空题

1. 与60°角终边相同的角的集合$A=$__________，其中-720°到720°之间的角有__________.

2. 已知$\sin\alpha=\frac{1}{4}$，α是第二象限角，则$\cos\alpha=$________，$\tan\alpha=$________.

3. $36^\circ=$________弧度，$\frac{3\pi}{5}=$________度.

4. 已知角α终边上一点的坐标为$P(-5,12)$，则$\sin\alpha=$________，$\cos\alpha=$________，$\tan\alpha=$________，$\cot\alpha=$________.

5. 若$\sin\alpha=-\frac{1}{2}$，且α的终边经过点$(1,y)$，则α是第________象限的角，$y=$________.

6. 函数$y=4-3\cos x$的最大值是________，最小值是________.

7. 函数$y=2\sin\left(\frac{\pi}{3}-2x\right)$的定义域是__________，最小正周期是________.

8. 比较大小：$\sin 1$ ________ $\sin 1^\circ$，$\cos 65^\circ-\cos 63^\circ$________ 0.

三、解答题

1. 已知角α的终边落在第一象限和第三象限的角平分线上，求α的6个三角函数值.

2. 已知$\sin\alpha-\cos\alpha=\frac{\sqrt{2}}{2}$，求

(1) $\sin^3\alpha-\cos^3\alpha$　　(2) $\sin^2\alpha-\cos^2\alpha$

3. 求值.

(1) $\cos\frac{8}{3}\pi-\tan\left(-\frac{23}{4}\pi\right)+\frac{3}{2}\tan^2\left(-\frac{19}{6}\pi\right)$

(2) $15\sin 450^\circ+3\cos(-1\,080^\circ)-\frac{1}{2}\tan 900^\circ$

读　一　读

三角函数符号

毛罗利科早于1558年已采用三角函数符号(Signs for Trigonometric Functions)，但当时并无函数概念，于是只称作三角线（Trigonometric Lines). 他以“sinus 1m arcus”表示正弦，以“sinus 2m arcus”表示余弦。而首次真正使用简化符号表示三角线的人是芬克。他于1583年创立了以“tangent”(正切)及“secant”(正割)表示相应的概念，其

后他分别以符号“sin.”，“tan.”，“sec.”，“sin. com”，“tan. com”，“sec. com”表示正弦、正切、正割、余弦、余切、余割，前3个符号与现在使用的符号相同。后来的符号多有变化，下表显示了它们的发展变化。

使用者	年代	正弦	余弦	正切	余切	正割	余割
罗格蒙格努斯	1622	S. R.		T.（Tang）	T. copl	Sec	Sec. Compl
吉拉尔	1626			tan		sec.	
杰克	1696	s.	cos.	t.	cot.	sec.	cosec.
欧拉	1753	sin.	cos.	tag(tg).	cot.	sec.	cosec
谢格内	1767	sin.	cos.	tan.	cot.		
巴洛	1814	sin	cos.	tan.	cot.	sec	cosec
施泰纳	1827			tg			
皮尔斯	1861	sin	cos.	tan.	cotall	sec	cosec
奥莱沃尔	1881	sin	cos	tan	cot	sec	csc
申弗利斯	1886			tg	ctg		
万特沃斯	1897	sin	cos	tan	cot	sec	csc
舍费尔斯	1921	sin	cos	tg	ctg	sec	csc

第 4 章　两角和与差的三角函数

学习要求

- 理解两角和与差的三角函数的概念和公式，以及二倍角的概念和公式.
- 了解正弦定理和余弦定理的概念及反三角函数的意义.
- 掌握两角和与差的三角函数公式和二倍角公式，熟练应用公式求两角和与差的三角函数值及化简三角函数式.
- 会根据条件应用正弦定理和余弦定理，以及求解简单的斜三角形应用问题；会用反三角函数式表示角.

4.1　两角和与差的正弦、余弦和正切

4.1.1　两角和与差的正弦和余弦

前面已经学过用角 α 的一个三角函数表示该角的其他三角函数，但是有时还会遇到用 α，β 的三角函数表示它们的和与差$(\alpha\pm\beta)$的三角函数的问题.

一般地，两角和与差的三角函数不等于两角的三角函数的和与差. 例如，

$$\sin(30°+60°)=\sin 90°=1$$

而

$$\sin 30°+\sin 60°=\frac{1+\sqrt{3}}{2}$$

即

$$\sin(\alpha+\beta)\neq\sin\alpha+\sin\beta$$

下面讨论 $\sin(\alpha\pm\beta)$和 $\cos(\alpha\pm\beta)$与 $\sin\alpha$，$\cos\alpha$，$\sin\beta$，$\cos\beta$之间的关系.

定理 4.1　设 α，β 是两个任意角，则

$$\boxed{\cos(\alpha+\beta)=\cos\alpha\cos\beta-\sin\alpha\sin\beta}\qquad(4-1)$$

公式(4－1)称为**两角和的余弦公式**. 这个公式对于任意角 α，β 都成立. 在公式中，用$-\beta$代替 β，就得到

$$\cos(\alpha-\beta)=\cos\alpha\cos\beta+\sin\alpha\sin\beta \tag{4-2}$$

公式(4－2)称为**两角差的余弦公式**.

例 4.1 不用计算器，求 $\cos 75°$ 和 $\cos 15°$ 的值.

解

$$\cos 75°=\cos(30°+45°)=\cos 30°\cos 45°-\sin 30°\sin 45°$$
$$=\frac{\sqrt{3}}{2}\times\frac{\sqrt{2}}{2}-\frac{1}{2}\times\frac{\sqrt{2}}{2}=\frac{\sqrt{6}-\sqrt{2}}{4}$$
$$\cos 15°=\cos(45°-30°)=\cos 45°\cos 30°+\sin 45°\sin 30°$$
$$=\frac{\sqrt{2}}{2}\times\frac{\sqrt{3}}{2}+\frac{\sqrt{2}}{2}\times\frac{1}{2}=\frac{\sqrt{6}+\sqrt{2}}{4}$$

例 4.2 已知 $\sin\alpha=\frac{3}{5}$，$\alpha\in\left(\frac{\pi}{2},\ \pi\right)$，$\cos\beta=-\frac{1}{3}$，$\beta\in\left(\pi,\ \frac{3\pi}{2}\right)$，求 $\cos(\alpha-\beta)$ 的值.

解 因为

$$\sin\alpha=\frac{3}{5},\ \alpha\in\left(\frac{\pi}{2},\ \pi\right)$$
$$\cos\beta=-\frac{1}{3},\ \beta\in\left(\pi,\ \frac{3\pi}{2}\right)$$

所以

$$\cos\alpha=-\sqrt{1-\sin^2\alpha}=-\sqrt{1-\left(\frac{3}{5}\right)^2}=-\frac{4}{5}$$
$$\sin\beta=-\sqrt{1-\cos^2\beta}=-\sqrt{1-\left(\frac{1}{3}\right)^2}=-\frac{2\sqrt{2}}{3}$$

故

$$\cos(\alpha-\beta)=\cos\alpha\cos\beta+\sin\alpha\sin\beta=\left(-\frac{4}{5}\right)\times\left(-\frac{1}{3}\right)+\frac{3}{5}\times\left(-\frac{2\sqrt{2}}{3}\right)=\frac{4-6\sqrt{2}}{15}$$

例 4.3 证明：对任意角 α 有

$$\cos\left(\frac{\pi}{2}-\alpha\right)=\sin\alpha,\ \sin\left(\frac{\pi}{2}-\alpha\right)=\cos\alpha$$

证明 因为

$$\cos\left(\frac{\pi}{2}-\alpha\right)=\cos\frac{\pi}{2}\cos\alpha+\sin\frac{\pi}{2}\sin\alpha=0\cdot\cos\alpha+1\cdot\sin\alpha=\sin\alpha$$

将上式中的 α 换成 $\left(\frac{\pi}{2}-\alpha\right)$，则 $\cos\alpha=\sin\left(\frac{\pi}{2}-\alpha\right)$，即

$$\sin\left(\frac{\pi}{2}-\alpha\right)=\cos\alpha$$

根据公式(4－1)和例 4.3 的结果，可以得出

$$\sin(\alpha+\beta)=\cos\left[\frac{\pi}{2}-(\alpha+\beta)\right]$$
$$=\cos\left[\left(\frac{\pi}{2}-\alpha\right)-\beta\right]$$

$$=\cos\left(\frac{\pi}{2}-\alpha\right)\cos\beta+\sin\left(\frac{\pi}{2}-\alpha\right)\sin\beta$$
$$=\sin\alpha\cos\beta+\cos\alpha\sin\beta$$

即对任意角 α，β，有

$$\sin(\alpha+\beta)=\sin\alpha\cos\beta+\cos\alpha\sin\beta \tag{4-3}$$

将公式(4-3)中的 β 用 $-\beta$ 代替，得

$$\sin(\alpha-\beta)=\sin\alpha\cos(-\beta)+\cos\alpha\sin(-\beta)=\sin\alpha\cos\beta-\cos\alpha\sin\beta$$

即对任意角 α，β，有

$$\sin(\alpha-\beta)=\sin\alpha\cos\beta-\cos\alpha\sin\beta \tag{4-4}$$

公式(4-3)和公式(4-4)分别称为**两角和(差)的正弦公式**.

例 4.4　不用计算器，求 $\sin 105°$ 和 $\sin 15°$ 的值.

解
$$\sin 105°=\sin(60°+45°)=\sin 60°\cos 45°+\cos 60°\sin 45°$$
$$=\frac{\sqrt{3}}{2}\times\frac{\sqrt{2}}{2}+\frac{1}{2}\times\frac{\sqrt{2}}{2}=\frac{\sqrt{6}+\sqrt{2}}{4}$$
$$\sin 15°=\sin(45°-30°)=\sin 45°\cos 30°-\cos 45°\sin 30°$$
$$=\frac{\sqrt{2}}{2}\times\frac{\sqrt{3}}{2}-\frac{\sqrt{2}}{2}\times\frac{1}{2}=\frac{\sqrt{6}-\sqrt{2}}{4}$$

例 4.5　化简下列各式.

(1) $\sin 21°\cos 81°-\sin 69°\cos 9°$

(2) $\dfrac{\cos\left(\frac{\pi}{4}+\alpha\right)\cos\left(\frac{\pi}{4}-\alpha\right)-\sin\left(\frac{\pi}{4}+\alpha\right)\sin\left(\frac{\pi}{4}-\alpha\right)}{\sin(\alpha+\beta)\cos(2\alpha+\beta)-\cos(\alpha+\beta)\sin(2\alpha+\beta)}$

解　(1) $\sin 21°\cos 81°-\sin 69°\cos 9°$
$$=\sin 21°\cos 81°-\sin(90°-21°)\cos(90°-81°)$$
$$=\sin 21°\cos 81°-\cos 21°\sin 81°$$
$$=\sin(21°-81°)=-\sin 60°=-\frac{\sqrt{3}}{2}$$

(2) $\dfrac{\cos\left(\frac{\pi}{4}+\alpha\right)\cos\left(\frac{\pi}{4}-\alpha\right)-\sin\left(\frac{\pi}{4}+\alpha\right)\sin\left(\frac{\pi}{4}-\alpha\right)}{\sin(\alpha+\beta)\cos(2\alpha+\beta)-\cos(\alpha+\beta)\sin(2\alpha+\beta)}$

$$=\frac{\cos\left[\left(\frac{\pi}{4}+\alpha\right)+\left(\frac{\pi}{4}-\alpha\right)\right]}{\sin[(\alpha+\beta)-(2\alpha+\beta)]}=\frac{\cos\frac{\pi}{2}}{-\sin\alpha}=0$$

例 4.6　用两角和或差的三角函数表示下列函数.

(1) $\frac{1}{2}\cos x+\frac{\sqrt{3}}{2}\sin x$　　　　(2) $\frac{\sqrt{2}}{2}(\cos x-\sin x)$

解 (1) $\frac{1}{2}\cos x+\frac{\sqrt{3}}{2}\sin x=\sin\frac{\pi}{6}\cos x+\cos\frac{\pi}{6}\sin x$

$$=\sin\left(\frac{\pi}{6}+x\right)$$

(2) $\frac{\sqrt{2}}{2}(\cos x-\sin x)=\frac{\sqrt{2}}{2}\cos x-\frac{\sqrt{2}}{2}\sin x$

$$=\cos\frac{\pi}{4}\cos x-\sin\frac{\pi}{4}\sin x=\cos\left(\frac{\pi}{4}+x\right)$$

此题也可解为

$$\frac{\sqrt{2}}{2}(\cos x-\sin x)=\frac{\sqrt{2}}{2}\cos x-\frac{\sqrt{2}}{2}\sin x$$

$$=\sin\frac{\pi}{4}\cos x-\cos\frac{\pi}{4}\sin x=\sin\left(\frac{\pi}{4}-x\right)$$

例 4.7 求证：$\sin(\alpha+\beta)\sin(\alpha-\beta)=\sin^2\alpha-\sin^2\beta$

证明 左边 $=(\sin\alpha\cos\beta+\cos\alpha\sin\beta)(\sin\alpha\cos\beta-\cos\alpha\sin\beta)$

$=\sin^2\alpha\cos^2\beta-\cos^2\alpha\sin^2\beta$

$=\sin^2\alpha(1-\sin^2\beta)-(1-\sin^2\alpha)\sin^2\beta$

$=\sin^2\alpha-\sin^2\alpha\sin^2\beta-\sin^2\beta+\sin^2\alpha\sin^2\beta$

$=\sin^2\alpha-\sin^2\beta=$ 右边

练一练

在括号中用“√”、“×”表示下列各题的正误；若有错误，请将改正后的正确答案写在横线上.

(　　) $\cos(\alpha+\beta)\neq\cos\alpha+\cos\beta$ ________

(　　) $\sin(\alpha+\beta)=\cos\alpha\cos\beta+\sin\alpha\sin\beta$ ________

(　　) $\cos(\alpha+\beta)=\sin\alpha\sin\beta+\cos\alpha\cos\beta$ ________

(　　) $\sin(\alpha-\beta)=\sin\alpha\sin\beta-\cos\alpha\cos\beta$ ________

(　　) $\cos(\alpha-\beta)=\cos\alpha\cos\beta-\sin\alpha\sin\beta$ ________

(　　) $\sin x+\cos x=\sqrt{2}\sin\left(x+\frac{\pi}{4}\right)$ ________

4.1.2 两角和与差的正切

根据两角和与差的正弦公式和余弦公式，可以推导出两角和与差的正切公式.

设 α，β，$\alpha+\beta$，$\alpha-\beta$ 都属于正切函数的定义域，则

$$\tan(\alpha+\beta)=\frac{\sin(\alpha+\beta)}{\cos(\alpha+\beta)}=\frac{\sin\alpha\cos\beta+\cos\alpha\sin\beta}{\cos\alpha\cos\beta-\sin\alpha\sin\beta}$$

$$=\frac{\dfrac{\sin\alpha}{\cos\alpha}+\dfrac{\sin\beta}{\cos\beta}}{1-\dfrac{\sin\alpha}{\cos\alpha}\cdot\dfrac{\sin\beta}{\cos\beta}}=\frac{\tan\alpha+\tan\beta}{1-\tan\alpha\tan\beta}$$

即

$$\tan(\alpha+\beta)=\frac{\tan\alpha+\tan\beta}{1-\tan\alpha\tan\beta} \tag{4-5}$$

将公式(4－5)中的β用$-\beta$代替，得

$$\tan(\alpha-\beta)=\frac{\tan\alpha-\tan\beta}{1+\tan\alpha\tan\beta} \tag{4-6}$$

公式(4－5)和公式(4－6)分别称为**两角和(差)的正切公式**.

例 4.8　不用计算器，计算下列各题.

(1) $\tan 105°$　　(2) $\dfrac{1+\tan 15°}{1-\tan 15°}$

解　(1) $\tan 105°=\tan(60°+45°)=\dfrac{\tan 60°+\tan 45°}{1-\tan 60°\tan 45°}=\dfrac{1+\sqrt{3}}{1-\sqrt{3}}$

$$=\frac{(1+\sqrt{3})^2}{1-(\sqrt{3})^2}=\frac{1+2\sqrt{3}+3}{-2}=-2-\sqrt{3}$$

(2) $\dfrac{1+\tan 15°}{1-\tan 15°}=\dfrac{\tan 45°+\tan 15°}{1-\tan 45°\tan 15°}=\tan(45°+15°)=\tan 60°=\sqrt{3}$

例 4.9　求证：

$$\frac{\tan(75°+\alpha)-\tan(30°+\alpha)}{1+\tan(75°+\alpha)\tan(30°+\alpha)}=\sin(60°-\alpha)\cos(30°+\alpha)+\cos(60°-\alpha)\sin(30°+\alpha)$$

证明　左边$=\tan[(75°+\alpha)-(30°+\alpha)]=\tan 45°=1$

右边$=\sin[(60°-\alpha)+(30°+\alpha)]=\sin 90°=1$

所以原等式成立.

习题 4－1

1. 利用 30°，45°，60°的三角函数值，计算 $\sin 165°$，$\cos 105°$，$\tan 15°$的值.

2. 计算下列各式的值.

(1) $\sin 13°\cos 17°+\cos 13°\sin 17°$　　(2) $\cos 80°\cos 20°+\sin 80°\sin 20°$

(3) $\sin 70°\cos 25°-\sin 20°\sin 25°$　　(4) $\sin 68°\sin 22°+\cos 112°\sin 428°$

(5) $\dfrac{\tan 12°+\tan 33°}{1-\tan 12°\tan 33°}$　　(6) $\dfrac{1+\tan 75°}{1-\tan 75°}$

3. 已知 $\sin\alpha=\dfrac{2}{3}$，$\alpha\in\left(\dfrac{\pi}{2},\ \pi\right)$，$\cos\beta=-\dfrac{3}{4}$，$\beta\in\left(\pi,\ \dfrac{3\pi}{2}\right)$，求 $\cos(\alpha-\beta)$的值.

4. 已知 $\sin\alpha=\frac{3}{5}$，$\sin\beta=\frac{5}{13}$，其中 $0<\alpha<\frac{\pi}{2}$，$\frac{\pi}{2}<\beta<\pi$，求 $\sin(\alpha+\beta)$ 和 $\cos(\alpha+\beta)$ 的值.

5. 化简下列各式.

(1) $\sin(30°+\alpha)+\cos(60°+\alpha)$

(2) $\dfrac{\cos(\alpha+\beta)+\cos(\alpha-\beta)}{\sin(\alpha+\beta)+\sin(\alpha-\beta)}$

(3) $\cos x+\cos(120°-x)+\cos(120°+x)$

6. 证明下列恒等式.

(1) $\sin(\alpha+\beta)-\sin(\alpha-\beta)=2\cos\alpha\sin\beta$

(2) $\dfrac{\sin(2\alpha+\beta)}{\sin\alpha}-2\cos(\alpha+\beta)=\dfrac{\sin\beta}{\sin\alpha}$

(3) $\frac{\sqrt{3}}{2}\sin\alpha-\frac{1}{2}\cos\alpha=\sin\left(\alpha-\frac{\pi}{6}\right)$

(4) $\cos\theta-\sin\theta=\sqrt{2}\cos\left(\frac{\pi}{4}+\theta\right)$

4.2 二倍角的正弦、余弦和正切

正如 $\sin(\alpha+\beta)\neq\sin\alpha+\sin\beta$ 一样，一般来说，$\sin 2\alpha\neq 2\sin\alpha$. 在两角和与差的正弦、余弦、正切公式中，若 $\beta=\alpha$，可推导出用角 α 的三角函数表示角 2α 的三角函数公式.

在公式 $\sin(\alpha+\beta)=\sin\alpha\cos\beta+\cos\alpha\sin\beta$ 中，设 $\beta=\alpha$，则

$$\sin(\alpha+\alpha)=\sin\alpha\cos\alpha+\cos\alpha\sin\alpha$$

即

$$\sin 2\alpha=2\sin\alpha\cos\alpha \tag{4-7}$$

同理可得

$$\cos 2\alpha=\cos^2\alpha-\sin^2\alpha \tag{4-8}$$

$$\tan 2\alpha=\frac{2\tan\alpha}{1-\tan^2\alpha} \tag{4-9}$$

因为 $\sin^2\alpha+\cos^2\alpha=1$，所以由公式(4-8)还可以得出

$$\cos 2\alpha=2\cos^2\alpha-1 \tag{4-10}$$

$$\cos 2\alpha=1-2\sin^2\alpha \tag{4-11}$$

以上公式统称为**二倍角公式**. 其中，正弦、余弦公式对任意角 α 都成立，正切公式要求角 α，2α 都属于正切函数的定义域.

例 4.10 已知 $\sin\alpha=\frac{4}{5}$，$\alpha\in\left(\frac{\pi}{2},\pi\right)$，求 $\sin 2\alpha$，$\cos 2\alpha$，$\tan 2\alpha$ 的值.

解 因为 $\sin\alpha=\frac{4}{5}$，$\alpha\in\left(\frac{\pi}{2},\pi\right)$，所以

$$\cos\alpha=-\sqrt{1-\sin^2\alpha}=-\sqrt{1-\left(\frac{4}{5}\right)^2}=-\frac{3}{5},\quad \tan\alpha=\frac{\sin\alpha}{\cos\alpha}=-\frac{4}{3}$$

从而得出

$$\sin 2\alpha=2\sin\alpha\cos\alpha=2\times\frac{4}{5}\times\left(-\frac{3}{5}\right)=-\frac{24}{25}$$

$$\cos 2\alpha=\cos^2\alpha-\sin^2\alpha=\left(-\frac{3}{5}\right)^2-\left(\frac{4}{5}\right)^2=-\frac{7}{25}$$

$$\tan 2\alpha=\frac{2\tan\alpha}{1-\tan^2\alpha}=\frac{2\times\left(-\frac{4}{3}\right)}{1-\left(-\frac{4}{3}\right)^2}=\frac{24}{7}$$

也可解为

$$\tan 2\alpha=\frac{\sin 2\alpha}{\cos 2\alpha}=\left(-\frac{24}{25}\right)\div\left(-\frac{7}{25}\right)=\frac{24}{7}$$

例 4.11　不用计算器，求下列各式的值.

(1) $2\sin\frac{\pi}{8}\cos\frac{\pi}{8}$　　(2) $1-2\sin^2\frac{\pi}{12}$　　(3) $\frac{2\tan 75°}{1-\tan^2 75°}$

解　(1) $2\sin\frac{\pi}{8}\cos\frac{\pi}{8}=\sin\left(2\cdot\frac{\pi}{8}\right)=\sin\frac{\pi}{4}=\frac{\sqrt{2}}{2}$

(2) $1-2\sin^2\frac{\pi}{12}=\cos\left(2\cdot\frac{\pi}{12}\right)=\cos\frac{\pi}{6}=\frac{\sqrt{3}}{2}$

(3) $\frac{2\tan 75°}{1-\tan^2 75°}=\tan(2\cdot 75°)=\tan 150°=-\tan 30°=-\frac{\sqrt{3}}{3}$

二倍角的正弦、余弦、正切公式表示了一个角的三角函数和它的二倍角的三角函数间的关系，即除了用角 α 的三角函数表示角 2α 的三角函数外，也可用角$\frac{\alpha}{2}$，2α，$\frac{\alpha}{4}$的三角函数分别表示它们的二倍角 α，4α，$\frac{\alpha}{2}$的三角函数. 例如，

$$\sin\alpha=2\sin\frac{\alpha}{2}\cos\frac{\alpha}{2},\quad \cos 4\alpha=\cos^2 2\alpha-\sin^2 2\alpha,\quad \tan\frac{\alpha}{2}=\frac{2\tan\frac{\alpha}{4}}{1-\tan^2\frac{\alpha}{4}}$$

因此，在使用二倍角公式时，应根据具体情况灵活运用.

例 4.12　化简式子$\dfrac{\sin\frac{A}{2}\cos\frac{A}{2}}{\cos^2\frac{A}{2}-\sin^2\frac{A}{2}}$

解　原式$=\dfrac{2\sin\frac{A}{2}\cos\frac{A}{2}}{2\left(\cos^2\frac{A}{2}-\sin^2\frac{A}{2}\right)}=\dfrac{\sin A}{2\cos A}=\dfrac{1}{2}\tan A$

由二倍角的三角函数关系式 $\cos\alpha=2\cos^2\frac{\alpha}{2}-1=1-2\sin^2\frac{\alpha}{2}$ 还可以推出

$$\sin^2\frac{\alpha}{2}=\frac{1-\cos\alpha}{2} \tag{4-12}$$

$$\cos^2\frac{\alpha}{2}=\frac{1+\cos\alpha}{2} \tag{4-13}$$

将以上两式的左边、右边分别相除，即得

$$\tan^2\frac{\alpha}{2}=\frac{1-\cos\alpha}{1+\cos\alpha} \tag{4-14}$$

以上 3 个式子是三角函数中常用的公式.

练一练

你能迅速得出下列式子的正确答案吗?

(1) $2\sin\frac{\pi}{12}\cos\frac{\pi}{12}=$________

(2) $\cos^2 15°-\sin^2 15°=$________

(3) $\cos^4\varphi-\sin^4\varphi=$________

(4) $1+2\cos^2\theta-\cos 2\theta=$________

(5) $(\cos\theta-\sin\theta)^2=$________

习题 4-2

1. 求下列各式的值.

(1) $\sin 15°\cos 15°$

(2) $2\sin\frac{3\pi}{8}\cos\frac{3\pi}{8}$

(3) $\cos^2\frac{\pi}{8}-\sin^2\frac{\pi}{8}$

(4) $\cos^2\frac{\pi}{12}-\frac{1}{2}$

(5) $1-2\sin^2\frac{5\pi}{8}$

(6) $\frac{\tan 22.5°}{1-\tan^2 22.5°}$

(7) $\frac{1-\tan^2 150°}{\tan 150°}$

2. 已知 $\cos\alpha=-\frac{3}{5}$，$\alpha\in\left(\frac{\pi}{2},\pi\right)$，求 $\sin 2\alpha$，$\cos 2\alpha$，$\tan 2\alpha$.

3. 已知 $\tan\alpha=3$，求 $\tan 2\alpha$ 的值.

4. 化简下列各式.

(1) $\left(\sin\frac{\alpha}{2}+\cos\frac{\alpha}{2}\right)^2$

(2) $\frac{1}{1-\tan\alpha}-\frac{1}{1+\tan\alpha}$

(3) $\dfrac{\cos\alpha}{\sin\dfrac{\alpha}{2}\cos\dfrac{\alpha}{2}}$　　(4) $\sin 4\alpha\cot 2\alpha-1$

(5) $\cos^2\left(\dfrac{\pi}{4}+x\right)-\sin^2\left(\dfrac{\pi}{4}+x\right)$　　(6) $\dfrac{\sin 2\theta}{1-\cos 2\theta}$

5. 证明下列恒等式.

(1) $\cos^4\dfrac{x}{2}-\sin^4\dfrac{x}{2}=\cos x$

(2) $1+2\cos^2\theta-\cos 2\theta=2$

(3) $2\cos^2\left(\dfrac{\pi}{4}-\dfrac{\alpha}{2}\right)=1+\sin\alpha$

(4) $\sin\alpha(1+\cos 2\alpha)=\sin 2\alpha\cos\alpha$

4.3　已知三角函数值求指定区间内的角

已知任意一个角，根据三角函数值的定义，可以求出它的三角函数值；反过来，如果已知一个角的三角函数值，也可以求出指定区间内与它相对应的角.

4.3.1　反正弦函数

观察函数 $y=\sin x$ 在 $[-\pi,\ \pi]$ 上的图像(图 4 - 1)：在区间 $[-\pi,\ \pi]$ 上，满足 $\sin x=\dfrac{1}{2}$ 的 x 有多少个值？在区间 $\left[-\dfrac{\pi}{2},\ \dfrac{\pi}{2}\right]$ 上，满足 $\sin x=\dfrac{1}{2}$ 的 x 有多少个值？

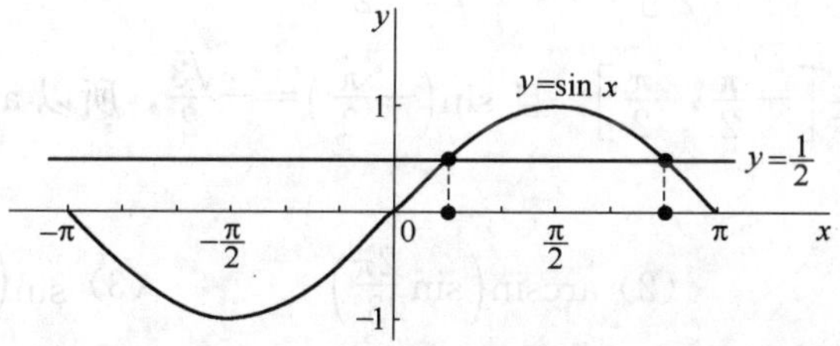

图 4 - 1

从图 4 - 1 可以看出，在区间 $[-\pi,\ \pi]$ 上，满足 $\sin x=\dfrac{1}{2}$ 的角 x 有两个，它们分别是 $\dfrac{\pi}{6}$ 和 $\dfrac{5\pi}{6}$；在区间 $\left[-\dfrac{\pi}{2},\ \dfrac{\pi}{2}\right]$ 上，满足 $\sin x=\dfrac{1}{2}$ 的角 x 只有一个，它是 $\dfrac{\pi}{6}$.

一般地，对于 $y=\sin x$，为了使符合条件 $\sin x=a(-1\leqslant a\leqslant 1)$ 的角 x 有且只有一个，可以选择在含有锐角的闭区间 $\left[-\dfrac{\pi}{2},\ \dfrac{\pi}{2}\right]$ 上定义其反函数，记作 $y=\arcsin x$，称为**反正弦函数**.

反正弦函数 $y=\arcsin x$ 的定义域是 $x\in[-1, 1]$，值域是 $y\in\left[-\frac{\pi}{2}, \frac{\pi}{2}\right]$.

注意： 反正弦函数的自变量 x 表示正弦函数值，而函数 y 表示相应的角.

根据反函数图像的性质，可由正弦函数 $y=\sin x$ 在 $\left[-\frac{\pi}{2}, \frac{\pi}{2}\right]$ 上的图像，得出反正弦函数 $y=\arcsin x$ 的图像(图 4-2).

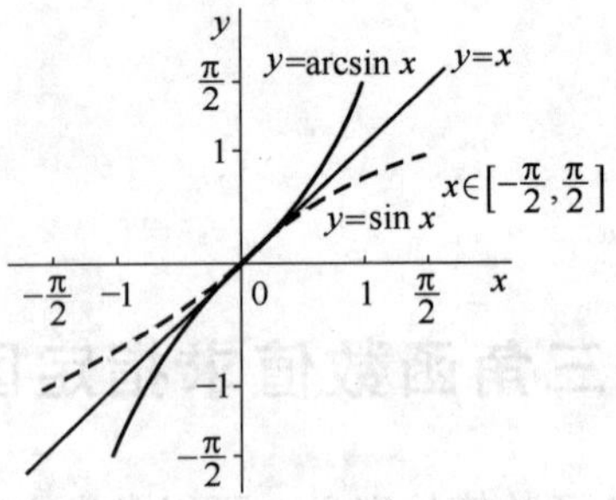

图 4-2

从图像中可以看出，$y=\arcsin x$ 在定义域内是增函数；图像关于原点对称，是奇函数，即有

$$\arcsin(-x)=-\arcsin x,\ x\in[-1, 1]$$

例 4.13 求值：(1) $\arcsin\frac{\sqrt{2}}{2}$　　(2) $\arcsin\left(-\frac{\sqrt{3}}{2}\right)$

解 (1) 因为 $\frac{\pi}{4}\in\left[-\frac{\pi}{2}, \frac{\pi}{2}\right]$，且 $\sin\frac{\pi}{4}=\frac{\sqrt{2}}{2}$，所以 $\arcsin\frac{\sqrt{2}}{2}=\frac{\pi}{4}$.

(2) 因为 $-\frac{\pi}{3}\in\left[-\frac{\pi}{2}, \frac{\pi}{2}\right]$，且 $\sin\left(-\frac{\pi}{3}\right)=-\frac{\sqrt{3}}{2}$，所以 $\arcsin\left(-\frac{\sqrt{3}}{2}\right)=-\frac{\pi}{3}$.

例 4.14 求值.

(1) $\arcsin\left(\sin\frac{\pi}{3}\right)$　　(2) $\arcsin\left(\sin\frac{2\pi}{3}\right)$　　(3) $\sin\left(\arcsin\frac{\sqrt{2}}{2}\right)$

解 (1) $\arcsin\left(\sin\frac{\pi}{3}\right)=\arcsin\frac{\sqrt{3}}{2}=\frac{\pi}{3}$

(2) $\arcsin\left(\sin\frac{2\pi}{3}\right)=\arcsin\frac{\sqrt{3}}{2}=\frac{\pi}{3}$

(3) 由例 4.13 可知，$\arcsin\frac{\sqrt{2}}{2}=\frac{\pi}{4}$，所以

$$\sin\left(\arcsin\frac{\sqrt{2}}{2}\right)=\sin\frac{\pi}{4}=\frac{\sqrt{2}}{2}$$

可以得知，$\sin(\arcsin x)=x$，$x\in[-1, 1]$

练一练

1. $\arcsin\sqrt{2}$有意义吗？请说出理由.

2. 用反正弦函数形式表示下面的角 x，$x\in\left[-\frac{\pi}{2}, \frac{\pi}{2}\right]$.

(1) $\sin x=\frac{3}{4}$　　(2) $\sin x=-\frac{1}{3}$　　(3) $\sin x=0$

3. 你能根据反正弦函数的定义及例 4.14 的结果，分别得出 $\sin(\arcsin x)$和 $\arcsin(\sin x)$的结果吗？

4.3.2　反余弦函数和反正切函数

1. 反余弦函数

与定义反正弦函数 $y=\arcsin x$ 的情况类似，对于余弦函数 $y=\cos x$，为了使符合条件 $\cos x=a(-1\leqslant a\leqslant 1)$的角 x 有且只有一个，可以选择在含有锐角的闭区间 $[0, \pi]$ 上定义其反函数，记作 $y=\arccos x$，称为**反余弦函数**.

反余弦函数的定义域是 $x\in[-1, 1]$，值域是 $y\in[0, \pi]$. 同样应该注意的是，反余弦函数的自变量 x 表示余弦函数值，而函数 y 表示相应的角.

根据反函数图像的性质，由余弦函数 $y=\cos x$ 在 $[0, \pi]$ 上的图像，可以得出反余弦函数 $y=\arccos x$ 的图像(图 4-3).

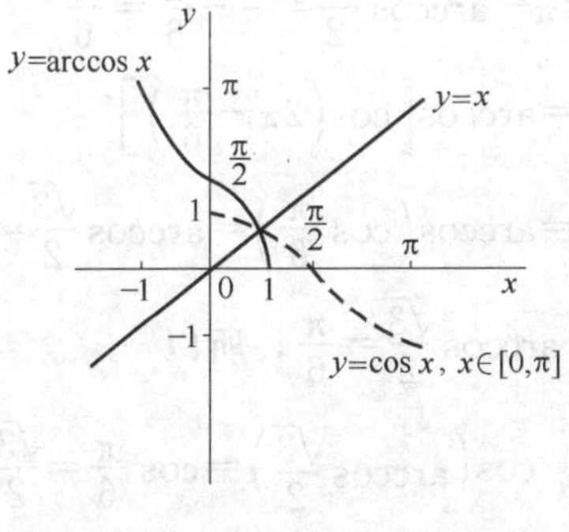

图 4-3

从图像中可以看出：$y=\arccos x$ 在定义域内是减函数，且它既不是奇函数也不是偶函数.

例 4.15 求值：（1）$\arccos\frac{\sqrt{3}}{2}$ （2）$\arccos\left(-\frac{\sqrt{2}}{2}\right)$

解 （1）因为 $\cos\frac{\pi}{6}=\frac{\sqrt{3}}{2}$，且 $\frac{\pi}{6}\in[0,\pi]$，所以 $\arccos\frac{\sqrt{3}}{2}=\frac{\pi}{6}$.

（2）因为

$$\cos\frac{3\pi}{4}=\cos\left(\pi-\frac{\pi}{4}\right)=-\cos\frac{\pi}{4}=-\frac{\sqrt{2}}{2},\ \frac{3\pi}{4}\in[0,\pi]$$

所以

$$\arccos\left(-\frac{\sqrt{2}}{2}\right)=\frac{3\pi}{4}，或\ \arccos\left(-\frac{\sqrt{2}}{2}\right)=\pi-\frac{\pi}{4}$$

如果把上式中的 $\frac{\pi}{4}$ 用 $\arccos\frac{\sqrt{2}}{2}$ 来表示，则有

$$\arccos\left(-\frac{\sqrt{2}}{2}\right)=\pi-\arccos\frac{\sqrt{2}}{2}$$

一般地，如果 $x\in[-1,1]$，则有

$$\arccos(-x)=\pi-\arccos x$$
$$\cos(\arccos x)=x$$

例 4.16 求值.

（1）$\arccos\left(\cos\frac{5\pi}{6}\right)$ （2）$\arccos\left(\cos\frac{11\pi}{6}\right)$ （3）$\cos\left(\arccos\frac{\sqrt{3}}{2}\right)$

解 （1）$\arccos\left(\cos\frac{5\pi}{6}\right)=\arccos\left[\cos\left(\pi-\frac{\pi}{6}\right)\right]$

$$=\arccos\left(-\cos\frac{\pi}{6}\right)=\arccos\left(-\frac{\sqrt{3}}{2}\right)$$

$$=\pi-\arccos\frac{\sqrt{3}}{2}=\pi-\frac{\pi}{6}=\frac{5\pi}{6}$$

（2）$\arccos\left(\cos\frac{11\pi}{6}\right)=\arccos\left[\cos\left(2\pi-\frac{\pi}{6}\right)\right]$

$$=\arccos\left(\cos\frac{\pi}{6}\right)=\arccos\frac{\sqrt{3}}{2}=\frac{\pi}{6}$$

（3）由例 4.15 可知，$\arccos\frac{\sqrt{3}}{2}=\frac{\pi}{6}$，所以

$$\cos\left(\arccos\frac{\sqrt{3}}{2}\right)=\cos\frac{\pi}{6}=\frac{\sqrt{3}}{2}$$

2. 反正切函数

对于正切函数 $y=\tan x$，为了使符合条件 $\tan x=a(-\infty<a<+\infty)$ 的角 x 有且只有一个，可以选择在开区间 $\left(-\frac{\pi}{2},\frac{\pi}{2}\right)$ 上定义其反函数，记作 $y=\arctan x$，称为**反正切函数**.

反正切函数的定义域是 $x\in(-\infty, +\infty)$，值域是 $y\in\left(-\frac{\pi}{2}, \frac{\pi}{2}\right)$. 同理，反正切函数的自变量 x 表示正切函数值，而函数 y 表示相应的角.

根据反函数图像的性质，由正切函数 $y=\tan x$ 在$\left(-\frac{\pi}{2}, \frac{\pi}{2}\right)$上的图像，可以得出反正切函数 $y=\arctan x$ 的图像(图 4－4).

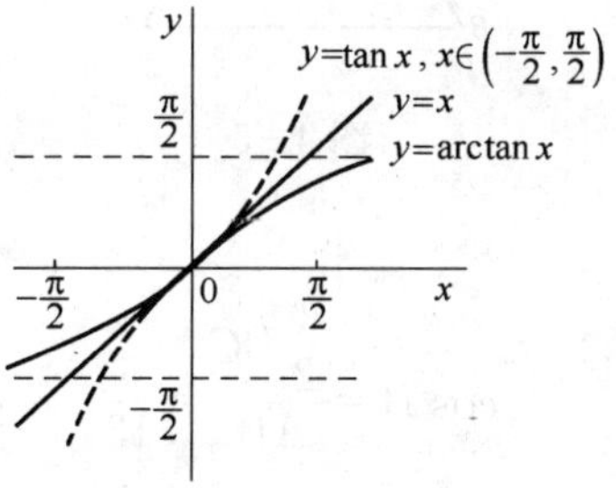

图 4－4

从图像中可以看出：$y=\arctan x$ 在 **R** 上是增函数；图像关于原点对称，是奇函数，即有

$$\arctan(-x)=-\arctan x,\ x\in\mathbf{R}$$

例 4.17　求值：(1) $\arctan 0$　(2) $\arctan(-1)$

解　(1) 因为 $\tan 0=0$，且 $0\in\left(-\frac{\pi}{2}, \frac{\pi}{2}\right)$，所以 $\arctan 0=0$.

(2) 因为 $\tan\left(-\frac{\pi}{4}\right)=-\tan\frac{\pi}{4}=-1$，且$-\frac{\pi}{4}\in\left(-\frac{\pi}{2}, \frac{\pi}{2}\right)$，所以 $\arctan(-1)=-\frac{\pi}{4}$.

例 4.18　求值.

(1) $\arctan\left(\tan\frac{\pi}{4}\right)$　　(2) $\arctan\left(\tan\frac{5\pi}{4}\right)$　　(3) $\tan(\arctan 1)$

解　(1) $\arctan\left(\tan\frac{\pi}{4}\right)=\arctan 1=\frac{\pi}{4}$

(2) $\arctan\left(\tan\frac{5\pi}{4}\right)=\arctan\left[\tan\left(\pi+\frac{\pi}{4}\right)\right]$

$=\arctan 1=\frac{\pi}{4}$

(3) 由于 $\arctan 1=\frac{\pi}{4}$，所以 $\tan(\arctan 1)=\tan\frac{\pi}{4}=1$

例 4.19　已知等腰$\triangle ABC$ 的两腰 $AB=AC=13$，底 $BC=10$，试用反三角函数表示各

内角，如图 4-5 所示.

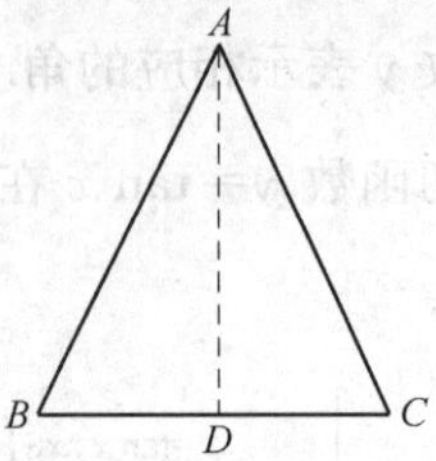

图 4-5

解 已知

$$\cos B=\frac{\frac{1}{2}BC}{AB}=\frac{5}{13}$$

则

$$B=C=\arccos\frac{5}{13}，A=\pi-2\arccos\frac{5}{13}$$

例 4.20 在$\triangle ABC$中，已知$\sin A=\frac{35}{48}$，试用反三角函数表示角A.

解 若A是锐角，则$A=\arcsin\frac{35}{48}$，$A\in\left[0,\frac{\pi}{2}\right]$；若$A$是钝角，则$A=\pi-\arcsin\frac{35}{48}$，$A\in\left[\frac{\pi}{2},\pi\right]$.

练一练

1. 你认为 arccos 1.2 和 arctan 1.2 有意义吗？请说出理由.
2. 用反余弦函数形式表示下面的角x，$x\in[0,\pi]$.

(1) $\cos x=\frac{\sqrt{3}}{3}$　　(2) $\cos x=-\frac{1}{6}$

3. 用反正切函数形式表示下面的角x，$x\in\left(-\frac{\pi}{2},\frac{\pi}{2}\right)$.

(1) $2\tan x-\sqrt{5}=0$　　(2) $3\tan x+1=0$

4. 请你根据定义和例题，讨论得出$\cos(\arccos x)$，$\arccos(\cos x)$及$\tan(\arctan x)$，$\arctan(\tan x)$的结果.

习题 4－3

1. 求下列各式的值.

(1) $\arcsin\frac{1}{2}$　　(2) $\arcsin\left(-\frac{1}{2}\right)$

(3) $\arcsin\frac{\sqrt{3}}{2}$　　(4) $\arccos\frac{1}{2}$

(5) $\arccos\left(-\frac{1}{2}\right)$　　(6) $\arccos 0$

(7) $\arctan\sqrt{3}$　　(8) $\arctan\left(-\frac{\sqrt{3}}{3}\right)$

2. 求下列各式的值.

(1) $\sin\left[\arcsin\left(-\frac{\sqrt{2}}{2}\right)\right]$　　(2) $\arcsin\left(\sin\frac{5\pi}{6}\right)$

(3) $\cos\left[\arccos\left(-\frac{1}{2}\right)\right]$　　(4) $\arccos\left[\cos\left(-\frac{\pi}{6}\right)\right]$

(5) $\tan[\arctan(-\sqrt{3})]$　　(6) $\arctan\left(\tan\frac{3\pi}{4}\right)$

3. 写出下列函数的定义域和值域.

(1) $y=\arcsin 2x$　　(2) $y=\frac{1}{2}\arcsin(1-x)$

(3) $y=2\arccos\frac{x}{4}$　　(4) $y=\frac{1}{3}\arccos(2-3x)$

4.4　解斜三角形

一个三角形有三条边和三个角，称为三角形的 6 个元素．只要知道了其中的 3 个元素(至少有 1 个元素是边)，就可以求出其余的 3 个元素．由三角形的已知的角和边，求未知的角和边的过程，称为**解三角形**.

在初中，已经会解直角三角形，本节讨论如何解**斜三角形**(锐角三角形或钝角三角形). 下面介绍解斜三角形的两个重要定理.

4.4.1　正弦定理

1. 正弦定理

如图 4－6 所示，$\triangle ABC$ 是一个斜三角形，其中 C 是钝角．从点 C 作 $CD\perp AB$，垂足为 D，记 $|CD|$ 为 d．由直角三角形 $\triangle ADC$ 和 $\triangle CDB$ 可得

$$\sin A=\frac{d}{b}，\sin B=\frac{d}{a}$$

从而有

$$\frac{a}{\sin A}=\frac{b}{\sin B}$$

从点 B 作 AC 的垂线，垂足与 AC 的延长线交于点 E，记 $|BE|$ 为 e. 由直角三角形 $\triangle AEB$ 与 $\triangle CEB$ 可得

$$\sin A=\frac{e}{c}，\sin\angle ECB=\sin(\pi-C)=\sin C=\frac{e}{a}$$

从而有

$$\frac{a}{\sin A}=\frac{c}{\sin C}$$

综合以上式子可得

$$\frac{a}{\sin A}=\frac{b}{\sin B}=\frac{c}{\sin C} \tag{4-15}$$

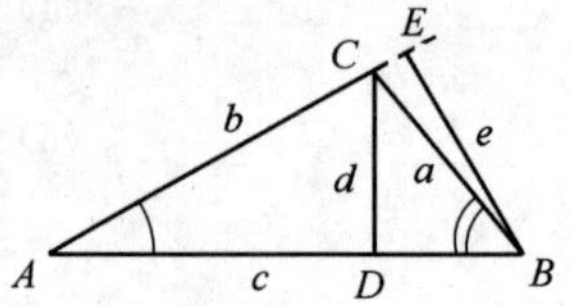

图 4-6

当 $\triangle ABC$ 为锐角三角形时，也可同理得出式(4-15).

式(4-15)表明：**在任意一个三角形中，各边和它所对的角的正弦的比值相等**. 此结论称为**正弦定理**.

利用正弦定理，可以解下面两类斜三角形问题：一类是已知两角与一边，求其余两边与第三个角；另一类是已知两边与其中一边的对角，求其余两角与第三边.

例 4.21 在 $\triangle ABC$ 中，已知 $A=60°$，$B=75°$，$c=3$，求 C，a，b.

解 $C=180°-(A+B)=180°-(60°+75°)=45°$

$$a=\frac{c\sin A}{\sin C}=\frac{3\sin 60°}{\sin 45°}=\frac{3\times\frac{\sqrt{3}}{2}}{\frac{\sqrt{2}}{2}}=\frac{3\sqrt{6}}{2}$$

$$b=\frac{c\sin B}{\sin C}=\frac{3\sin 75°}{\sin 45°}=\frac{3\sin(30°+45°)}{\sin 45°}=\frac{3(\sin 30°\cos 45°+\cos 30°\sin 45°)}{\sin 45°}$$

$$=\frac{3\left(\frac{1}{2}\times\frac{\sqrt{2}}{2}+\frac{\sqrt{3}}{2}\times\frac{\sqrt{2}}{2}\right)}{\frac{\sqrt{2}}{2}}=\frac{3(1+\sqrt{3})}{2}$$

例 4.22　在$\triangle ABC$中，已知$a=2(\sqrt{6}-\sqrt{2})$，$b=4$，$A=30°$，求B，C，c.

解

$$\sin B=\frac{b\sin A}{a}=\frac{4\sin 30°}{2(\sqrt{6}-\sqrt{2})}=\frac{4\times\frac{1}{2}\times(\sqrt{6}+\sqrt{2})}{2(\sqrt{6}-\sqrt{2})(\sqrt{6}+\sqrt{2})}=\frac{\sqrt{6}+\sqrt{2}}{6-2}=\frac{\sqrt{6}+\sqrt{2}}{4}$$

因为

$$\sin 75°=\frac{\sqrt{6}+\sqrt{2}}{4}，\ \sin(180°-75°)=\sin 105°=\sin 75°$$

所以$B=75°$或$B=105°$. 当$B=75°$时，$C=180°-(30°+75°)=75°$，则$c=b=4$. 当$B=105°$时，$C=180°-(30°+105°)=45°$，则

$$c=\frac{a\sin C}{\sin A}=\frac{2(\sqrt{6}-\sqrt{2})\cdot\sin 45°}{\sin 30°}=\frac{2(\sqrt{6}-\sqrt{2})\times\frac{\sqrt{2}}{2}}{\frac{1}{2}}=4(\sqrt{3}-1)$$

综上所述，本题有两组解：一组是$B=75°$，$C=75°$，$c=4$；另一组是$B=105°$，$C=45°$，$c=4(\sqrt{3}-1)$.

例 4.23　一艘轮船在大海中航行到达A处时，望见北偏东45°方向的灯塔B，此时船和灯塔相距40海里. 然后船沿北偏东30°的方向航行到达C处，望见灯塔B在船的正东方向，如图4-7所示. 求船在C处时与灯塔B之间的距离(精确到0.1海里).

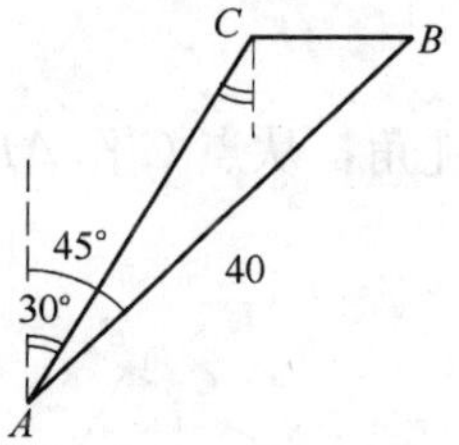

图 4-7

解　因为$\angle BAC=45°-30°=15°$，$\angle BCA=90°+30°=120°$，所以在$\triangle ABC$中根据正弦定理得

$$|BC|=\frac{|AB|\sin\angle BAC}{\sin\angle BCA}=\frac{40\cdot\sin 15°}{\sin 120°}=\frac{40\times\frac{\sqrt{6}-\sqrt{2}}{4}}{\frac{\sqrt{3}}{2}}\approx 12(\text{海里})$$

答：船在C处时与灯塔B之间的距离约为12海里.

2. 三角形面积定理

从正弦定理的推导过程中可以得出(见图 4-6)，$\triangle ABC$的面积S为

$$S=\frac{1}{2}cd=\frac{1}{2}cb\sin A=\frac{1}{2}ca\sin B，S=\frac{1}{2}be=\frac{1}{2}ba\sin C$$

即

$$\boxed{S=\frac{1}{2}bc\sin A=\frac{1}{2}ca\sin B=\frac{1}{2}ab\sin C} \qquad (4-16)$$

也就是，**任意三角形的面积等于它的两条边长及其夹角正弦的乘积的一半.**

例 4.24　在$\triangle ABC$中，已知$a=10$，$c=8$，$B=60°$，求$\triangle ABC$的面积S.

解　由题意，$\triangle ABC$的面积为

$$S=\frac{1}{2}ac\sin B=\frac{1}{2}\times 10\times 8\times \sin 60°=20\sqrt{3}$$

例 4.25　在$\triangle ABC$中，$a=6$，$B=45°$，$C=75°$，求$\triangle ABC$的面积S.

解　因为

$$A=180°-45°-75°=60°，b=\frac{a\sin B}{\sin A}=\frac{6\cdot\sin 45°}{\sin 60°}=\frac{6\times\frac{\sqrt{2}}{2}}{\frac{\sqrt{3}}{2}}=2\sqrt{6}$$

所以

$$S=\frac{1}{2}ab\sin C=\frac{1}{2}\times 6\times 2\sqrt{6}\times \sin 75°=6\sqrt{6}\times\frac{\sqrt{6}+\sqrt{2}}{4}=3(3+\sqrt{3})$$

4.4.2　余弦定理

如图 4-8 所示，$\triangle ABC$中C是钝角，从点C作AB的垂线，垂足为D，记$|CD|$为d，$|AD|$为c_1.

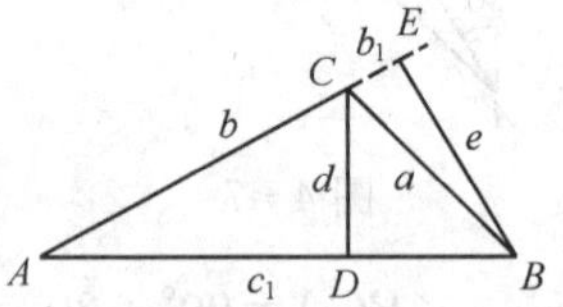

图 4-8

在直角三角形$\triangle CDB$和$\triangle ADC$中，由勾股定理和锐角的余弦定义得

$$a^2=d^2+(c-c_1)^2，b^2=d^2+c_1^2，c_1=b\cos A$$

由此得出

$$\boxed{a^2=b^2+c^2-2bc\cos A} \qquad (4-17)$$

类似可以得出

$$\boxed{b^2=c^2+a^2-2ca\cos B} \qquad (4-18)$$

从点 B 作 AC 的垂线，与 AC 的延长线交于点 E，记 $|BE|$ 为 e，$|CE|$ 为 b_1，在直角三角形 $\triangle BEA$ 和 $\triangle BEC$ 中，有

$$\begin{aligned} c^2 &= e^2+(b+b_1)^2=e^2+b^2+2bb_1+b_1^2 \\ &= a^2+b^2+2ba\cos(\pi-C)=a^2+b^2-2ab\cos C \end{aligned}$$

即

$$c^2=a^2+b^2-2ab\cos C \tag{4-19}$$

当 $\triangle ABC$ 为锐角三角形时，也可同理得出式(4－17)、式(4－18)、式(4－19).

式(4－17)、式(4－18)、式(4－19)表明：**在任意一个三角形中，三角形任一边长的平方等于其他两边长的平方和减去这两边长与它们夹角余弦的乘积的两倍**. 此结论称为**余弦定理**.

余弦定理也经常写成另一种形式，即

$$\cos A=\frac{b^2+c^2-a^2}{2bc} \tag{4-20}$$

$$\cos B=\frac{a^2+c^2-b^2}{2ac} \tag{4-21}$$

$$\cos C=\frac{a^2+b^2-c^2}{2ab} \tag{4-22}$$

特别地，在余弦定理中，当 $C=90°$时，$c^2=a^2+b^2$，这就是勾股定理. 由此可知，勾股定理是余弦定理的特例.

利用余弦定理，可以解下面两类斜三角形问题：一类是已知两边及其夹角，求第三边及其余两角；另一类是已知三条边，求三个角.

例 4.26　在 $\triangle ABC$ 中，已知 $b=8$，$c=6$，$A=60°$，求 a，B.

解　因为

$$a^2=b^2+c^2-2bc\cos A=8^2+6^2-2\times8\times6\times\cos 60°=52$$

从而得 $a=\sqrt{52}=2\sqrt{13}$. 故

$$\cos B=\frac{a^2+c^2-b^2}{2ac}=\frac{52+36-64}{2\times2\sqrt{13}\times6}=\frac{\sqrt{13}}{13}$$

进而得 $B=\arccos\dfrac{\sqrt{13}}{13}\approx73°54'$

例 4.27　在 $\triangle ABC$ 中，已知 $a=7$，$b=10$，$c=6$，求 A，B，C.

解　因为

$$\cos A=\frac{b^2+c^2-a^2}{2bc}=\frac{10^2+6^2-7^2}{2\times10\times6}=\frac{29}{40}$$

从而得

$$A=\arccos\frac{29}{40}\approx44°$$

因为

$$\cos C=\frac{a^2+b^2-c^2}{2ab}=\frac{7^2+10^2-6^2}{2\times7\times10}=\frac{113}{140}$$

从而得

$$C=\arccos\frac{113}{140}\approx36°$$

由三角形的三内角和得

$$B=180°-(44°+36°)=100°$$

例 4.28 在△ABC 中，$a=12$，$b=15$，$c=10$，那么△ABC 是锐角三角形、直角三角形还是钝角三角形?

解 求出△ABC 中最大的角即可判断，而最大角是最长边 b 所对的角 B. 又因为

$$\cos B=\frac{a^2+c^2-b^2}{2ac}=\frac{12^2+10^2-15^2}{2\times12\times10}=\frac{19}{240}$$

从而可知 B 是第一象限的锐角，所以△ABC 是锐角三角形.

习题 4-4

1. 求下列三角形的面积.

(1) $a=3$，$b=4$，$C=60°$ (2) $c=10$，$A=45°$，$C=30°$

2. 在△ABC 中，$a=6$，$B=45°$，$C=75°$，求 b.

3. 在△ABC 中，$a=4\sqrt{3}$，$c=4\sqrt{2}$，$C=45°$，求 A，B.

4. 在△ABC 中，$a=4$，$b=3$，$C=120°$，求 c.

5. 在△ABC 中，$a=10$，$c=8$，$B=60°$，求 b，C.

6. 判断△ABC 是直角三角形、锐角三角形还是钝角三角形?

(1) $a=6$，$b=5$，$c=8$ (2) $a=15$，$b=17$，$c=8$

7. 一艘轮船在海上 A 处测得灯塔 B 在北偏西 30°方向上，以后该船沿北偏西 75°方向以每小时 20 海里的速度航行，1 小时后到达 C 处，望见灯塔 B 在正北方向. 求 C 处到灯塔 B 的距离(精确到 0.1 海里).

本 章 小 结

本章主要介绍了两角和与差的三角函数公式、二倍角的三角函数公式、反三角函数，以及如何通过正弦定理及余弦定理解斜三角形.

一、两角和与差的三角函数公式

$$\sin(\alpha\pm\beta)=\sin\alpha\cos\beta\pm\cos\alpha\sin\beta$$

$$\cos(\alpha\pm\beta)=\cos\alpha\cos\beta\mp\sin\alpha\sin\beta$$

$$\tan(\alpha\pm\beta)=\frac{\tan\alpha\pm\tan\beta}{1\mp\tan\alpha\tan\beta}$$

二、二倍角的三角函数公式

在两角和的公式中令 $\alpha=\beta$，则有二倍角公式如下.

$$\sin 2\alpha=2\sin\alpha\cos\alpha$$

$$\cos 2\alpha=\cos^2\alpha-\sin^2\alpha=2\cos^2\alpha-1=1-2\sin^2\alpha$$

$$\tan 2\alpha=\frac{2\tan\alpha}{1-\tan^2\alpha}$$

三、反三角函数

名　称	$y=\arcsin x$	$y=\arccos x$	$y=\arctan x$
定义域	$[-1,1]$	$[-1,1]$	$\mathbf{R}$
值　域	$\left[-\frac{\pi}{2},\frac{\pi}{2}\right]$	$[0,\pi]$	$\left(-\frac{\pi}{2},\frac{\pi}{2}\right)$
奇偶性	奇函数	非奇非偶函数	奇函数
单调性	增函数	减函数	增函数
计算公式	$\arcsin(-x)=-\arcsin x$ $\sin(\arcsin x)=x$	$\arccos(-x)=\pi-\arccos x$ $\cos(\arccos x)=x$	$\arctan(-x)=-\arctan x$ $\tan(\arctan x)=x$

四、解斜三角形

(1) 正弦定理

$$\frac{a}{\sin A}=\frac{b}{\sin B}=\frac{c}{\sin C}$$

(2) 余弦定理

$$a^2=b^2+c^2-2bc\cos A$$

$$b^2=a^2+c^2-2ac\cos B$$

$$c^2=a^2+b^2-2ab\cos C$$

(3) 三角形的面积公式

$$S=\frac{1}{2}ab\sin C=\frac{1}{2}bc\sin A=\frac{1}{2}ca\sin B$$

解斜三角形在测量、航海、几何、物理等许多实际问题中都有应用.

自 我 测 试 题

一、选择题

1. 化简式子 $\sqrt{1-2\sin 50^\circ\cos 50^\circ}$ 的结果为(　　)

A. $\cos 50^\circ-\sin 50^\circ$　　B. $\sin 50^\circ-\cos 50^\circ$

C. $\cos 50-\sin 50$　　D. $\sin 50-\cos 50$

2. $\cos 75^\circ\cos 15^\circ-\sin 255^\circ\sin 165^\circ$的值是(　　)

A. 0　　B. $\frac{1}{2}$　　C. $\frac{\sqrt{3}}{2}$　　D. $-\frac{1}{2}$

3. 已知$\cos\alpha=-\frac{1}{2}$，$\alpha\in\left(\frac{\pi}{2},\ \pi\right)$，$\sin\beta=-\frac{\sqrt{3}}{2}$，$\beta\in\left(\frac{3}{2}\pi,\ 2\pi\right)$，则$\sin(\alpha+\beta)$的值是(　　)

A. $\frac{\sqrt{3}}{2}$　　B. -1　　C. $-\frac{\sqrt{3}}{2}$　　D. $-\frac{1}{2}$

4. $\cos\alpha+\sqrt{3}\sin\alpha$ 化简的结果是(　　)

A. $\frac{1}{2}\sin\left(\frac{\pi}{6}+\alpha\right)$　　B. $2\sin\left(\frac{\pi}{3}+\alpha\right)$

C. $2\sin\left(\frac{\pi}{6}+\alpha\right)$　　D. $\frac{1}{2}\sin\left(\frac{\pi}{3}+\alpha\right)$

5. 若$\alpha=\frac{\pi}{12}$，则$\cos^4\alpha-\sin^4\alpha$ 的值是(　　)

A. 0　　B. $\frac{1}{2}$　　C. $\frac{\sqrt{2}}{2}$　　D. $\frac{\sqrt{3}}{2}$

6. 根式$\sqrt{\frac{1+\cos 200^\circ}{2}}$的值是(　　)

A. $\cos 100^\circ$　　B. $\sin 100^\circ$　　C. $\sin 10^\circ$　　D. $\cos 10^\circ$

7. $\tan\frac{\pi}{8}-\cot\frac{\pi}{8}$的值为(　　)

A. -2　　B. -1　　C. 2　　D. 0

8. 若$\tan\alpha=\sqrt{3}\left(\pi<\alpha<\frac{3}{2}\pi\right)$，则$\sin\alpha-\cos\alpha$ 的值是(　　)

A. $\frac{-1-\sqrt{3}}{2}$　　B. $\frac{-1+\sqrt{3}}{2}$　　C. $\frac{1+\sqrt{3}}{2}$　　D. $\frac{1-\sqrt{3}}{2}$

二、填空题

1. $\sin\frac{\pi}{12}\cos\frac{\pi}{12}=$________；$\cos^2 22.5^\circ-\sin^2 22.5^\circ=$________.

2. 已知$\cos\theta=-\frac{3}{5}$，且$\pi<\theta<\frac{3\pi}{2}$，则$\sin\left(\theta-\frac{\pi}{4}\right)=$________.

3. 已知$\cos\alpha=\frac{12}{13}$，且$\frac{3}{2}\pi<\alpha<2\pi$，则$\cos 2\alpha=$________.

4. $\cos 20^\circ\cos 40^\circ\cos 80^\circ=$________.

5. 若$\sin\alpha+\cos\alpha=\frac{1-\sqrt{3}}{2}$，则$\sin 2\alpha=$________.

6. 若 $\tan\alpha+\cot\alpha=4$，则 $\sin\alpha\cos\alpha=$________，$\tan^2\alpha+\cot^2\alpha=$________.

7. $\cos(31°-x)\sin(29°+x)+\sin(31°-x)\cos(29°+x)=$________________.

8. 已知 $\cos x+\cos y=\frac{1}{2}$，且 $\sin x+\sin y=-\frac{1}{3}$，则 $\cos(x-y)=$________.

三、解答题

1. 化简.

(1) $\dfrac{2\tan\frac{3\pi}{8}}{1-\tan^2\frac{3\pi}{8}}$　　(2) $\cos 85°\sin 50°+\sin 85°\sin 40°$

2. 在$\triangle ABC$中，$\sin A=\frac{5}{13}$，$\cos B=\frac{3}{5}$，求 $\cos C$ 的值.

四、证明题

(1) $2-2\sin^2\alpha-\cos 2\alpha=1$　　(2) $\cos^4 x-\sin^4 x=\cos 2x$

读 一 读

同频率正弦电流相加，频率不变

在物理学习中，遇到过正弦电流

$$i=5\sin 100\pi t\text{A},\ t\in[0,\ +\infty)$$

其中，A 是电流的单位，100π rad/s 为这一正弦电流的频率。

那么，两个频率相同的正弦电流相加，其结果是否仍为正弦电流呢？如果是，它的频率是什么呢？

为此，先观察一个特例。设

$$i_1=\sqrt{3}\sin\left(100\pi t+\frac{\pi}{3}\right)$$

$$i_2=\sin\left(100\pi t-\frac{\pi}{6}\right)$$

是两个频率为 100π rad/s 的正弦电流，将它们相加，则可以写成

$$i=i_1+i_2=\sqrt{3}\sin\left(100\pi t+\frac{\pi}{3}\right)+\sin\left(100\pi t-\frac{\pi}{6}\right)$$

利用正弦的和角公式，可得

$$i=\sqrt{3}\left(\sin 100\pi t\cos\frac{\pi}{3}+\cos 100\pi t\sin\frac{\pi}{3}\right)+\sin 100\pi t\cos\frac{\pi}{6}-\cos 100\pi t\sin\frac{\pi}{6}$$

整理得

$$i=\sqrt{3}\sin 100\pi t+\cos 100\pi t$$

此式可以写成

$$\begin{aligned} i&=2\left(\frac{\sqrt{3}}{2}\sin 100\pi t+\frac{1}{2}\cos 100\pi t\right)\\ &=2\left(\sin 100\pi t\cos\frac{\pi}{6}+\cos 100\pi t\sin\frac{\pi}{6}\right)\\ &=2\sin\left(100\pi t+\frac{\pi}{6}\right)\end{aligned}$$

这就得到了一个频率仍为 100π rad/s 的正弦电流

一般地，设有两个同频率的正弦电流

$$i_1=i_{1m}\sin(\omega t+\varphi_1),\quad i_2=i_{2m}\sin(\omega t+\varphi_2)$$

把它们合成，得

$$\begin{aligned} i&=i_1+i_2=i_{1m}\sin(\omega t+\varphi_1)+i_{2m}\sin(\omega t+\varphi_2)\\ &=i_{1m}(\sin\omega t\cos\varphi_1+\cos\omega t\sin\varphi_1)+i_{2m}(\sin\omega t\cos\varphi_2+\cos\omega t\sin\varphi_2)\\ &=\sin\omega t(i_{1m}\cos\varphi_1+i_{2m}\cos\varphi_2)+\cos\omega t(i_{1m}\sin\varphi_1+i_{2m}\sin\varphi_2)\end{aligned}$$

令 $P=i_{1m}\cos\varphi_1+i_{2m}\cos\varphi_2$，$Q=i_{1m}\sin\varphi_1+i_{2m}\sin\varphi_2$ 则

$$i=P\sin\omega t+Q\cos\omega t=\sqrt{P^2+Q^2}\left(\frac{P}{\sqrt{P^2+Q^2}}\sin\omega t+\frac{Q}{\sqrt{P^2+Q^2}}\cos\omega t\right)$$

因为

$$|P|\leqslant\sqrt{P^2+Q^2},\quad |Q|\leqslant\sqrt{P^2+Q^2}$$

即

$$\frac{|P|}{\sqrt{P^2+Q^2}}\leqslant 1,\ \frac{|Q|}{\sqrt{P^2+Q^2}}\leqslant 1$$

所以可设 $\dfrac{P}{\sqrt{P^2+Q^2}}=\cos\theta$，这时必有

$$\sin\theta=\pm\sqrt{1-\cos^2\theta}=\pm\sqrt{\frac{(P^2+Q^2)-P^2}{P^2+Q^2}}=\pm\frac{Q}{\sqrt{P^2+Q^2}}$$

取 $\dfrac{P}{\sqrt{P^2+Q^2}}=\sin\theta$，并取 θ 为 0 到 2π 间的一个值，于是可得

$$i=\sqrt{P^2+Q^2}(\sin\omega t\cos\theta-\cos\omega t\sin\theta)=\sqrt{P^2+Q^2}\sin(\omega t+\theta)$$

这就说明，将两个同频率的正弦电流相加，可以得到一个同频率的正弦电流。这种方法在声波与光波的合成中也要用到。

第5章 数 列

学习要求

- ➤ 理解数列、等差数列和等比数列的概念.
- ➤ 了解数列的分类.
- ➤ 掌握等差数列和等比数列的通项公式、中项公式与前 n 项和的公式.
- ➤ 会写出简单数列的通项公式.

在自然界和日常生活中，经常会遇到按照一定次序排成的一列数，称它为数列. 本章将学习数列的概念及两类特殊的数列，并用它们来解决一些简单的实际问题.

5.1 数列的概念

首先来看下面的例子.

(1) 工厂把生产的圆形钢管堆放成如图 5-1 的形状，最上一层是 5 根，往下每一层多一根，共 8 层，各层钢管的根数依次排列，得到一列数

$$5，6，7，8，9，10，11，12$$

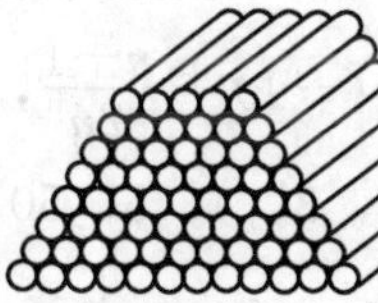

图 5-1

(2) 正整数的倒数按照从大到小的顺序依次排列，得到一列数

$$1，\frac{1}{2}，\frac{1}{3}，\frac{1}{4}，\frac{1}{5}，\cdots$$

(3) -1 的正整数次幂依次排列，得到一列数

$$-1，1，-1，1，-1，1，\cdots$$

(4) 无穷多个 1 排成一列数

$$1，1，1，1，1，1，\cdots$$

(5) 无理数 π 精确到 0.1，0.01，0.001，…，得到一列数

$$3.1,\ 3.14,\ 3.141,\ 3.1415,\ 3.14159,\ \cdots$$

上述 5 个例子中的各列数都是按一定顺序排列的. 由此给出如下定义.

定义 5.1 按一定顺序排列的一列数 a_1，a_2，…，a_n，…称为**数列**，记作 $\{a_n\}$.

数列 $\{a_n\}$ 中的每一个数称为数列的**项**，各项依次称为第一项，第二项，…，第 n 项，…. 第一项又称**首项**.

由数列的定义可以看到，数列的各项是与它所在位置的项数相对应的，所以数列也可以看作是以正整数为自变量的函数，并按正整数顺序列出的函数值的全体.

如果一个数列的项数是有限的，那么这个数列称为**有穷数列**；如果一个数列的项数是无限的，那么这个数列称为**无穷数列**. 例如，在上述数列中，数列(1)是有穷数列，数列(2)、(3)、(4)、(5)都是无穷数列.

如果数列的第 n 项 a_n 能用项数 n 的解析式表示，那么这个解析式就称为数列的**通项公式**. 例如，数列(1)、(2)、(3)、(4)的通项公式分别为

$$a_n=n+4;\ a_n=\frac{1}{n};\ a_n=(-1)^n,\ n\in\mathbf{N}^+;\ a_n=2n-(2n-1)$$

各项都等于同一个常数 a 的数列称为**常数列**，记作 $\{a\}$，其通项公式为 $a_n=a$.

注意 关于数列的通项公式：

(1) 不是每一个数列都能写出其通项公式，如数列(5)；

(2) 数列的通项公式不是唯一的，如数列(3)的通项公式可写成

$$a_n=(-1)^n$$

$$a_n=\begin{cases}-1, & n=2k-1,\ k\in\mathbf{N}^+\\ 1, & n=2k,\ k\in\mathbf{N}^+\end{cases}$$

(3) 已知通项公式可写出数列的任一项，因此通项公式十分重要.

例 5.1 已知数列的通项公式为 $a_n=(-1)^{n+1}\dfrac{n+1}{2n}$，求出它的前 5 项和第 50 项.

解 在通项公式中，依次将 $n=1$，2，3，4，5，50 代入即可得

$$a_1=1,\ a_2=-\frac{3}{4},\ a_3=\frac{2}{3},\ a_4=-\frac{5}{8},\ a_5=\frac{3}{5},\ a_{50}=-\frac{51}{100}$$

例 5.2 观察下列数列的变化规律，写出它们的通项公式.

(1) $1,\ \frac{1}{2},\ \frac{1}{4},\ \frac{1}{8},\ \frac{1}{16},\ \frac{1}{32},\ \frac{1}{64},\ \frac{1}{128}$　　(2) $-1,\ \frac{1}{3},\ -\frac{1}{5},\ \frac{1}{7},\ -\frac{1}{9},\ \frac{1}{11},\ \cdots$

(3) 0.9，0.99，0.999，0.9999，…　　(4) $\frac{1}{2},\ \frac{4}{5},\ \frac{9}{10},\ \frac{16}{17},\ \frac{25}{26},\ \cdots$

(5) $2\frac{1}{3},\ 4\frac{1}{9},\ 6\frac{1}{27},\ 8\frac{1}{81},\ \cdots$

解 (1) 所给数列的每一项都是 $\frac{1}{2}$ 的项数减 1 次方，并且共有 8 项，所以它的通项公

式为

$$a_n=\left(\frac{1}{2}\right)^{n-1}\quad(n\in\mathbf{N},\ 1\leqslant n\leqslant 8)$$

（2）所给数列每一项的绝对值的分子都是 1，分母都是项数的 2 倍减 1，而奇数项数值为负，偶数项数值为正，所以它的通项公式为

$$a_n=(-1)^n\frac{1}{2n-1}\quad(n\in\mathbf{N}^+)$$

（3）所给数列的各项可变为 $1-\frac{1}{10}$，$1-\frac{1}{10^2}$，$1-\frac{1}{10^3}$，$1-\frac{1}{10^4}$，…，所以它的通项公式为

$$a_n=1-\frac{1}{10^n}\quad(n\in\mathbf{N}^+)$$

（4）所给数列的每一项的分子比分母小 1，而分子恰为项数的平方，所以它的通项公式为

$$a_n=\frac{n^2}{n^2+1}\quad(n\in\mathbf{N}^+)$$

（5）所给数列的各项可变为 $2+\frac{1}{3}$，$4+\frac{1}{9}$，$6+\frac{1}{27}$，$8+\frac{1}{81}$，…，所以它的通项公式为

$$a_n=2n+\frac{1}{3^n}\quad(n\in\mathbf{N}^+)$$

练一练

1. 根据下面数列 $\{a_n\}$ 的通项公式，写出它的前 4 项.

（1）$a_n=-2n+5$　　（2）$a_n=(-1)^n\frac{1}{3^n}$

2. 观察下列数列的变化规律，写出它们的通项公式.

（1）2，4，6，8，…　　（2）$-\frac{1}{2}$，$\frac{1}{4}$，$-\frac{1}{8}$，$\frac{1}{16}$，…

（3）1，$\frac{1}{8}$，$\frac{1}{27}$，$\frac{1}{64}$，…　　（4）$1-\frac{1}{2}$，$\frac{1}{2}-\frac{1}{3}$，$\frac{1}{3}-\frac{1}{4}$，$\frac{1}{4}-\frac{1}{5}$，…

习题 5－1

1. 根据下面数列 $\{a_n\}$ 的通项公式，写出它的前 5 项.

（1）$a_n=n^2$　　（2）$a_n=\frac{2n+1}{n^2+1}$

（3）$a_n=(-1)^{n+1}\frac{n+1}{3n+2}$　　（4）$a_n=\frac{2\sqrt{3}}{n}\sin\frac{2n\pi}{3}$

2. 观察下列数列的变化规律，写出它们的通项公式.

(1) 1，0，1，0，1，0，… (2) $-\frac{2}{3}$，$\frac{3}{8}$，$-\frac{4}{15}$，$\frac{5}{24}$，$-\frac{6}{35}$，…

(3) 9，99，999，… (4) −1，7，−13，19，−25，31，…

3. 已知数列 $\{a_n\}$ 的通项公式为 $a_n=n^2+2n-1$，问 194 是这个数列的第几项？

4. 已知无穷数列 1×2，2×3，3×4，…，$n(n+1)$，….

(1) 求数列的第 10 项，第 31 项，第 48 项；

(2) 420 是不是这个数列中的项？如果是，是第几项？

5.2 等差数列

5.2.1 等差数列的定义

观察以下数列.

(1) 4，5，6，7，8，9，10，…

(2) 3，0，−3，−6，…

(3) $\frac{1}{10}$，$\frac{2}{10}$，$\frac{3}{10}$，$\frac{4}{10}$，…

这 3 个数列有一个共同的特点是：从第 2 项起，每一项与它的前一项的差是常数，即“等差”.

在数列(1)中，这个常数是 $5-4=6-5=\cdots=1$；

在数列(2)中，这个常数是 $0-3=-3-0=-6-(-3)=\cdots=-3$；

在数列(3)中，这个常数是$\frac{2}{10}-\frac{1}{10}=\frac{3}{10}-\frac{2}{10}=\cdots=\frac{1}{10}$.

定义 5.2 如果数列 $\{a_n\}$ 从第 2 项起，每一项减去它的前一项的差等于同一个常数 d，即

$$d=a_2-a_1=a_3-a_2=\cdots=a_n-a_{n-1}=\cdots$$

那么称这个数列为**等差数列**，常数 d 称为等差数列 $\{a_n\}$ 的**公差**.

上例中，数列(1)、(2)、(3)都是等差数列，公差分别为 1，−3，$\frac{1}{10}$.

显然，常数列的公差是零.

5.2.2 等差数列的通项公式

由等差数列的定义可知

$$a_2=a_1+d$$
$$a_3=a_2+d=(a_1+d)+d=a_1+2d$$
$$a_4=a_3+d=(a_1+2d)+d=a_1+3d$$
$$\vdots$$

由此归纳出

$$a_n=a_1+(n-1)d \tag{5-1}$$

其中，n 为项数，a_1 为首项，a_n 为第 n 项，d 为公差.

公式(5-1)就是等差数列的**通项公式**. 它给出了等差数列的 n，a_1，a_n，d 这 4 个量之间的关系，只要知道了其中任意 3 个量，就可以求出另外一个量.

例 5.3　求等差数列-6，-1，4，…的通项公式与第 20 项.

解　因为 $a_1=-6$，$d=-1-(-6)=5$，所以这个等差数列的通项公式为

$$a_n=-6+(n-1)\times 5$$

即 $a_n=5n-11$. 从而

$$a_{20}=5\times 20-11=89$$

例 5.4　已知等差数列 $\{a_n\}$，其中 $a_1=-5$，$d=-4$，$a_n=-401$，求 n.

解　将 $a_1=-5$，$d=-4$，$a_n=-401$ 代入公式(5-1)，得

$$-401=-5+(n-1)\cdot(-4)$$

解得 $n=100$.

例 5.5　已知一个等差数列的第 4 项是 7，第 9 项是 22，求它的首项和公差.

解　由已知，$a_4=7$，$a_9=22$，根据通项公式得

$$\begin{cases}a_1+(4-1)d=7\\a_1+(9-1)d=22\end{cases}$$

解此方程组得 $a_1=-2$，$d=3$.

例 5.6　已知数列 $\{a_n\}$ 为等差数列，l，m，n，k 都为正整数，且 $l+m=n+k$. 求证：$a_l+a_m=a_n+a_k$.

证明　由等差数列的通项公式得

$$a_l=a_1+(l-1)d$$
$$a_m=a_1+(m-1)d$$
$$a_n=a_1+(n-1)d$$
$$a_k=a_1+(k-1)d$$

以上 4 式分别相加得

$$a_l+a_m=2a_1+(l+m-2)d$$
$$a_n+a_k=2a_1+(n+k-2)d$$

因为 $l+m=n+k$，所以 $a_l+a_m=a_n+a_k$.

练一练

1. 求满足下列条件的等差数列的通项公式.

(1) $d=\frac{2}{3}$，$a_{10}=2$

(2) $a_1=1$，$a_8=48$

(3) $a_8=-1$，$a_{15}=-22$

2. -20 是不是等差数列 0，$-3\frac{1}{2}$，-7，…的项？如果是，是第几项？

5.2.3 等差数列的前 *n* 项和

著名的数学家高斯(德国，1777—1855 年)10 岁时，小学老师出了一道算术难题："计算 $1+2+3+\cdots+100=?$"这可难为初学算术的学生，但是高斯却在几秒后将答案解了出来. 他把数目一对对的凑在一起：$1+100$，$2+99$，$3+98$，…，$50+51$，而这样的组合有 50 组，所以答案很快可以求出是：$101\times50=5\,050$.

这个问题归结为：

(1) 这是求等差数列 1，2，3，…，n，…的前 100 项的和；

(2) 高斯的解法是，前 100 项的和 $S_{100}=\frac{100\times(1+100)}{2}$.

一般地，把等差数列 $\{a_n\}$ 的前 n 项和记为 S_n，则有

$$S_n=\frac{n(a_1+a_n)}{2}$$

证明

$$S_n=a_1+a_2+a_3+\cdots+a_{n-1}+a_n$$

$$S_n=a_n+a_{n-1}+a_{n-2}+\cdots+a_2+a_1$$

以上两式相加得

$$2S_n=(a_1+a_n)+(a_2+a_{n-1})+(a_3+a_{n-2})+\cdots+(a_n+a_n)$$

因为

$$a_1+a_n=a_2+a_{n-1}=a_3+a_{n-2}=\cdots$$

所以

$$2S_n=n(a_1+a_n)$$

由此得

$$S_n=\frac{n(a_1+a_n)}{2} \qquad (5-2)$$

这就是**等差数列的前 n 项和的公式**，即等差数列的前 n 项和等于首项与第 n 项和的一半与项数的乘积.

由于 $a_n=a_1+(n-1)d$，代入公式(5-2)便得公式的另一种形式，即

$$S_n=na_1+\frac{n(n-1)d}{2} \tag{5-3}$$

如果知道首项 a_1 和第 n 项 a_n 或公差 d，则可以利用公式(5-2)或公式(5-3)计算等差数列的前 n 项的和.

例 5.7 已知一个等差数列的首项为-12，第 30 项为 18，求它的前 30 项的和.

解
$$S_{30}=\frac{30\times(-12+18)}{2}=90$$

例 5.8 已知一个等差数列的首项 $a_1=-5$，公差 $d=3$，求它的前 20 项的和.

解
$$S_{20}=20\times(-5)+\frac{20\times(20-1)}{2}\times 3=470$$

例 5.9 等差数列 25，50，75，…前几项的和为 20 500?

解 将 $a_1=25$，$d=50-25=25$，$S_n=20\,500$ 代入公式(5-3)得

$$20\,500=n\times 25+\frac{n(n-1)}{2}\times 25$$

化简后，得 $n^2+n-1\,640=0$，解此方程得 $n=40$，$n=-41$(不合题意，舍去).

例 5.10 在等差数列 $\{a_n\}$ 中，$a_5=-6$，$a_{12}=-15$，求 S_{60}.

解 因为 $a_5=-6$，$a_{12}=15$，根据通项公式得

$$\begin{cases}a_1+(5-1)d=-6\\a_1+(12-1)d=15\end{cases}$$

解得 $a_1=-18$，$d=3$. 所以

$$S_{60}=60\times(-18)+\frac{60\times(60-1)}{2}\times 3=4\,230$$

例 5.11 已知一个等差数列的前 10 项和是 310，前 20 项和是 1 220，由此可以确定其前 n 项和的公式吗?

解 由 $S_{10}=310$，$S_{20}=1\,220$ 得

$$\begin{cases}10a_1+45d=310\\20a_1+190d=1\,220\end{cases}$$

解得 $a_1=4$，$d=6$. 所以

$$S_n=4n+\frac{n(n-1)}{2}\cdot 6=3n^2+n$$

练一练

1. 设数列 $\{a_n\}$ 为等差数列.

(1) 已知 $a_1=5$，$a_{10}=95$，求 S_{10}；

(2) 已知 $a_1=100$，$d=-2$，求 S_{50}.

2. (1)求前 500 个正整数的和；(2)求前 100 个正偶数的和.

3. 等差数列 5，4，3，2，…前多少项的和是 130？

5.2.4 等差中项

定义 5.3 如果 a，A，b 三个数成等差数列，那么 A 称为 a 与 b 的**等差中项**.

由等差数列的定义得 $A-a=b-a$，所以

$$A=\frac{a+b}{2} \tag{5-4}$$

在一个等差数列 $\{a_n\}$ 中，任取连续的三项，这三项当然成等差数列，因此中间那项就是它的前一项与后一项的等差中项.

如果 3 个数成等差数列，则通常设等差中项为 a，公差为 d，从而这 3 个数分别为

$$a-d,\ a,\ a+d$$

例 5.12 如果直角三角形 3 个内角的度数成等差数列，求它的两个锐角各为多少度？

解 设直角三角形 3 个内角的度数分别为 $a-d$，a，$a+d$，则

$$(a-d)+a+(a+d)=180°$$

解得 $a=60°$. 因此，一个锐角为 $60°$，从而另一个锐角为 $90°-60°=30°$.

例 5.13 已知 3 个数成等差数列，它们的和为 21，积为 168，求这 3 个数.

解 设这 3 个数分别为 $a-d$，a，$a+d$，则

$$\begin{cases}(a-d)+a+(a+d)=21\\(a-d)\cdot a\cdot(a+d)=168\end{cases}$$

整理得

$$\begin{cases}3a=21\\a(a^2-d^2)=168\end{cases}$$

解得 $a=7$，$d=\pm5$，因此所求的 3 个数为 2，7，12 或 12，7，2.

例 5.14 在 -1 与 7 之间顺次插入 3 个数 a，b，c，使这 5 个数成等差数列，求此数列.

解法一 在等差数列 -1，a，b，c，7 中，b 是 -1 与 7 的等差中项所以

$$b=\frac{-1+7}{2}=3$$

a 又是 -1 与 3 的等差中项，所以

$$a=\frac{-1+3}{2}=1$$

c 又是 1 与 7 的等差中项，所以

$$c=\frac{3+7}{2}=5$$

所求的数列为 -1，1，3，5，7.

解法二　设 $a_1=-1$，$a_5=7$ 所以

$$7=-1+(5-1)d\Rightarrow d=2$$

得通项公式

$$a_n=-1+2(n-1)$$

所以

$$a_2=-1+2\times1=1,\ a_3=-1+2\times2=3,\ a_4=-1+3\times2=5$$

所求的数列为 -1，1，3，5，7.

练一练

求下列各题中两个数的等差中项.

(1) -2 与 6　(2) -23 与 15　(3) $\frac{1-\sqrt{5}}{2}$ 与 $\frac{1+\sqrt{5}}{2}$　(4) $-12\frac{1}{3}$ 与 $24\frac{3}{5}$

习题 5－2

1. 求下面各等差数列的公差、通项公式、第 10 项及前 10 项的和.

(1) 1，3，5，7，…　(2) 7，4，1，-2，…

(3) 1，$\frac{1}{2}$，0，$-\frac{1}{2}$，…　(4) -5，-3，-1，1，…

2. 等差数列

$$1,\ 5,\ 9,\ 13,\ \cdots$$

中有没有一项是 249？如果有，它是第几项？

3. 已知等差数列 $\{a_n\}$ 的第 7 项是 8，第 11 项是 -20，求它的第 15 项.

4. 在 3 和 18 之间插入两个数，使这 4 个数成等差数列.

5. 已知 3 个数成等差数列，它们的和为 12，积为 -132，求这 3 个数.

6. 设数列 $\{a_n\}$ 为等差数列，

(1) 已知 $a_6+a_9+a_{12}+a_{15}=20$，求 S_{20}；

(2) 已知 $S_{15}=90$，求 a_8.

7. 设数列 $\{a_n\}$ 为等差数列，

(1) 已知通项公式为 $a_n=3n-2$，求它的前 n 项和的公式.

(2) 已知前 n 项和公式为 $S_n=5n^2+3n$，求它的通项公式.

8. 某工厂打算逐年加大技术改造的资金投入，从当年起第一年投入 30 万元，以后每年比前一年增加投入 6 万元，问 10 年共投入多少万元?

5.3 等比数列

5.3.1 等比数列的定义

观察以下数列.

(1) 1，2，4，8，16，…

(2) 1，$\frac{1}{2}$，$\frac{1}{4}$，$\frac{1}{8}$，$\frac{1}{16}$…

(3) 1，$-\frac{1}{3}$，$\frac{1}{9}$，$-\frac{1}{27}$，$\frac{1}{81}$，…

这 3 个数列有一个共同的特点，即从第 2 项起，每一项与它的前一项的比是同一个常数.

在数列(1)中，这个常数是$\frac{2}{1}=\frac{4}{2}=\cdots=2$；

在数列(2)中，这个常数是$\frac{\frac{1}{2}}{1}=\frac{\frac{1}{4}}{\frac{1}{2}}=\cdots=\frac{1}{2}$；

在数列(3)中，这个常数是$\frac{-\frac{1}{3}}{1}=\frac{\frac{1}{9}}{-\frac{1}{3}}=\cdots=-\frac{1}{3}$.

一般地，有如下定义.

定义 5.4 如果数列 $\{a_n\}$ 从第 2 项起，每一项与它前一项的比都等于同一个常数 q，即

$$q=\frac{a_2}{a_1}=\frac{a_3}{a_2}=\cdots=\frac{a_n}{a_{n-1}}=\cdots$$

那么把这个数列称为**等比数列**，常数 q 称为等比数列 $\{a_n\}$ 的**公比**.

上例中，数列(1)、(2)、(3)都是等比数列，它们的公比分别为 2，$\frac{1}{2}$，$-\frac{1}{3}$.

注意：(1)“从第 2 项起的每一项”与它“前一项”之比为常数 q；

(2) 定义中根据比的意义，任一项 $a_n\neq0$，从而 $q\neq0$；

(3) 当 $q=1$ 时，$\{a_n\}$ 为非零的常数列.

5.3.2　等比数列的通项公式

由等比数列的定义可知

$$a_2=a_1q$$
$$a_3=a_2q=a_1q^2$$
$$a_4=a_3q=a_1q^3$$
$$\vdots$$

由此归纳出

$$a_n=a_1q^{n-1} \tag{5-5}$$

其中，n 是项数，a_1 是首项，a_n 是第 n 项，q 是公比.

公式(5－5)就是等比数列的通项公式，它给出了 n，a_1，a_n 和 q 这 4 个量之间的关系. 只要知道其中的三个量，就可以求出另外一个量.

例 5.15　求等比数列 $\frac{2}{3}$，$-\frac{1}{2}$，$\frac{3}{8}$，…的第 7 项.

解　因为

$$a_1=\frac{2}{3}，\ q=\frac{a_2}{a_1}=\frac{-\frac{1}{2}}{\frac{2}{3}}=-\frac{3}{4}$$

所以这个等比数列的第 7 项为

$$a_7=a_1q^6=\frac{2}{3}\times\left(-\frac{3}{4}\right)^6=\frac{243}{2\,048}$$

例 5.16　求满足下列条件的各等比数列的通项公式.

(1) $a_1=-2$，$a_3=-8$；

(2) $a_1=5$，且 $2a_{n+1}=3a_n$.

解　(1) 因为 $a_3=a_1q^2$，即 $-8=-2q^2$，从而 $q=\pm2$. 所以

$$a_n=(-2)\times2^{n-1}=-2^n，\text{或 } a_n=(-2)\times(-2)^{n-1}=(-2)^n$$

(2) 因为

$$q=\frac{a_{n+1}}{a_n}=-\frac{3}{2}$$

又因为 $a_1=5$，所以

$$a_n=5\times\left(-\frac{3}{2}\right)^{n-1}$$

例 5.17　在等比数列 $\{a_n\}$ 中，$a_3=12$，$a_4=18$，求 a_2.

解 因为 $a_3=12$，$a_4=18$，那么

$$\begin{cases}a_1q^2=12\\a_1q^3=18\end{cases}$$

解得

$$q=\frac{3}{2},\ a_1=\frac{16}{3}$$

因此

$$a_2=a_1q=\frac{16}{3}\times\frac{3}{2}=8$$

练一练

1. 求下列等比数列的第 5 项.

(1) 5，−15，45，… (2) $\frac{2}{3}$，$\frac{1}{2}$，$\frac{3}{8}$，…

2. 在等比数列 $\{a_n\}$ 中，$a_1=3$，$q=2$. 试问：第几项是 48?

3. 一个等比数列的第 2 项是 10，第 3 项是 20，求它的第 4 项.

5.3.3 等比数列的前 n 项和

设等比数列的前 n 项和为

$$S_n=a_1+a_2+a_3+\cdots+a_{n-1}+a_n$$

上式两边同乘以公比 q，得

$$qS_n=a_1q+a_2q+a_3q+\cdots+a_{n-1}q+a_nq=a_2+a_3+a_4+\cdots+a_n+a_{n+1}$$

以上两式左右两边相减得

$$(1-q)S_n=a_1-a_{n+1}$$

由于 $a_{n+1}=a_1q^n$，因此

$$(1-q)S_n=a_1-a_1q^n$$

当公比 $q\neq1$ 时，得

$$S_n=\frac{a_1-a_1q^n}{1-q}=\frac{a_1(1-q^n)}{1-q}\quad(q\neq1) \tag{5-6}$$

这就是公比不等于 1 的**等比数列的前 n 项和公式**.

将公式(5-5)代入公式(5-6)，即得公式的另一种形式

$$S_n=\frac{a_1-a_nq}{1-q}\quad(q\neq1) \tag{5-7}$$

当公比 $q=1$ 时，$S_n=na_1$.

注意：(1) 两个公式的各自 4 个量 a_1，q，n，S_n 和 a_1，a_n，q，S_n 中，已知三个可求第四个；

(2) 注意求和公式中是 q^n，通项公式中是 q^{n-1}，不要混淆；

(3) 应用求和公式时应注意 $q\neq 1$，必要时应讨论 $q=1$ 的情况.

例 5.18　求等比数列 $1，\frac{1}{2}，\frac{1}{4}，\frac{1}{8}，\cdots$的前 10 项和.

解　因为 $a_1=1$，$q=\frac{1}{2}$，所以

$$S_{10}=\frac{1\times\left[1-\left(\frac{1}{2}\right)^{10}\right]}{1-\frac{1}{2}}=2-2^{-9}=\frac{2^{10}-1}{2^9}=\frac{1\,023}{512}$$

例 5.19　已知一个等比数列的首项 $a_1=\frac{9}{8}$，第 n 项 $a_n=\frac{1}{3}$，前 n 项和 $S_n=\frac{65}{24}$，求公比 q.

解　因为

$$a_1=\frac{9}{8}，a_n=\frac{1}{3}，S_n=\frac{65}{24}$$

所以

$$\frac{\frac{9}{8}-\frac{1}{3}q}{1-q}=\frac{65}{24}$$

解此方程得 $q=\frac{2}{3}$.

例 5.20　某企业 2001 年的生产利润为 5 万元，计划技术革新以后，预计在今后的 5 年内使生产利润每年比上一年增长 20%. 如果这一计划得以实现，那么该企业从 2001 年至 2006 年的总利润是多少万元(精确到 0.01)?

解　因为生产利润每一年比上一年增长 20%，所以 2001 年至 2006 年每年的生产利润组成等比数列，即

$$5，5\times 1.2，5\times 1.2^2，5\times 1.2^3，5\times 1.2^4，5\times 1.2^5$$

它的首项是 5，公比是 1.2，从而该企业 2001 年至 2006 年的生产总利润是这个数列的前 6 项和，即

$$S_6=\frac{5(1-1.2^6)}{1-1.2}=\frac{5(1.2^6-1)}{0.2}\approx 49.65$$

即总利润约为 49.65 万元.

练一练

1. 已知数列 $\{a_n\}$ 为等比数列，求 S_n.

(1) $a_1=3$，$q=2$，$n=6$　　(2) $a_1=-2.7$，$q=-\frac{1}{3}$，$a_n=\frac{1}{90}$

2. 已知一个等比数列的前 6 项的和是$\frac{63}{32}$，公比是$-\frac{1}{2}$，求它的首项.

5.3.4 等比中项

定义 5.5 如果 a，G，b 三个数成等比数列，那么称 G 为 a 与 b 的**等比中项**.

由等比数列的定义得

$$\frac{G}{a}=\frac{b}{G}$$

所以

$$G=\pm\sqrt{ab}\quad (ab>0) \tag{5-8}$$

在一个等比数列 $\{a_n\}$ 中，任取连续的 3 项，这 3 项当然成等比数列，因此中间那项就是它的前一项与后一项的等比中项.

如果 3 个数成等比数列，则通常设等比中项为 a，公比为 q，从而这 3 个数分别为

$$\frac{a}{q},\ a,\ aq$$

例 5.21 求 2 与 8 的等比中项.

解 设 2 与 8 的等比中项为 G，那么 $G^2=16$，从而 $G=\pm4$.

例 5.22 已知 3 个数成等比数列，它们的和为 14，积为 -216，求这 3 个数.

解 设这 3 个数为$\frac{a}{q}$，a，aq，那么

$$\begin{cases}\frac{a}{q}+a+aq=14\\ \frac{a}{q}\cdot a\cdot aq=-216\end{cases}$$

由第一个方程得 $a^3=-216$，所以 $a=-6$. 代入第二个方程得

$$-6\left(\frac{1}{q}+1+q\right)=14$$

整理得

$$3q^2+10q+3=0$$

解得

$$q=-\frac{1}{3}\text{或}q=-3$$

从而所求的 3 个数为 18，-6，2 或 2，-6，18.

练一练

1. 求下列各组数的等比中项.

(1) -4 与 -7　　(2) $7+3\sqrt{5}$ 与 $7-3\sqrt{5}$

2. 已知 b 是 a 与 c 的等比中项，且 $abc=27$，求 b.

习题 5－3

1. 求下列等比数列的通项公式及第 6 项.

(1) 1，$-\frac{1}{2}$，$\frac{1}{4}$，$-\frac{1}{8}$，…　　(2) 27，-9，3，-1，…

(3) $\frac{25}{8}$，$\frac{5}{4}$，$\frac{1}{2}$，$\frac{1}{5}$，…　　(4) $\sqrt{2}+1$，1，$\sqrt{2}-1$，…

2. 数列 $\{a_n\}$ 为等比数列，

(1) 已知 $a_7=6$，$q=-\frac{\sqrt{2}}{2}$，求 a_1；

(2) 已知 $a_2=3$，$a_4=\frac{1}{9}$，求 a_1 和 a_3；

(3) 已知 $a_1=1.5$，$a_4=96$，求 q 与 S_4；

(4) 已知 $a_1=2$，$S_3=26$，求 q 与 a_3.

3. 一个等比数列的第 5 项是 15，第 6 项是 5，求它的第 4 项与第 7 项.

4. 在 3 和 -24 之间插入两个数，使这 4 个数成等比数列.

5. 求等比数列 1，-2，4，-8，…从第 4 项到第 10 项的和.

6. 已知 3 个数成等比数列，它们的和等于 14，它们的积等于 64，求这 3 个数.

7. 某工厂今年计划生产一种产品 5 万台，如果平均每年增长 21%，大约几年(包括今年)的总产量可以达到50 万台？

本章小结

本章介绍了数列的概念，研究了两类重要的数列：等差数列与等比数列，分别求出了它们的通项公式及前 n 项和的公式，并且举例说明了这两类数列的实际应用.

一、数列

按照一定次序排成的一列数称为数列.

如果一个数列的第 n 项 $a_n(n\in\mathbf{N}^+)$ 能用 n 的一个表达式来表示，那么这个公式称为这个数列的通项公式.

二、等差数列

如果一个数列从第 2 项起，每一项减去它的前一项所得的差都等于同一个常数，则称这个数列为等差数列. 这个常数称为公差，用 d 表示.

等差数列的通项公式为

$$a_n=a_1+(n-1)d$$

等差数列的前 n 项和的公式为

$$S_n=\frac{n(a_1+a_n)}{2}$$

或

$$S_n=na_1+\frac{n(n-1)}{2}d$$

如果 a，A，b 成等差数列，则称 A 是 a 与 b 的等差中项，即

$$A=\frac{a+b}{2}$$

三、等比数列

如果一个数列从第 2 项起，每一项与它的前一项的比都等于同一个非零常数，则称这个数列为等比数列. 这个常数称为公比，用 q 表示.

等比数列的通项公式为

$$a_n=a_1q^{n-1}$$

等比数列的前 n 项和的公式为

$$S_n=\frac{a_1(1-q^n)}{1-q}$$

或

$$S_n=\frac{a_1-a_nq}{1-q}$$

如果 a，G，b 成等比数列，则称 G 是 a 与 b 的等比中项，即

$$G=\pm\sqrt{ab}\quad(ab>0)$$

自我测试题

一、选择题

1. 在等比数列中，已知首项为 $\frac{9}{8}$，末项为 $\frac{1}{3}$，公比为 $\frac{2}{3}$，则项数为(　　)

A. 3　　B. 4　　C. 5　　D. 6

2. 数列 1，−1，1，−1，…的通项公式为(　　)

A. $(-1)^{n-2}$　　B. $(-1)^{n+1}$　　C. $(-1)^{n}$　　D. $(-1)^{n+2}$

3. 所有两位自然数的和为(　　)

A. 4 905　　B. 5 950　　C. 4 900　　D. 4 950

4. 如果两个数的等差中项为 6，等比中项为 10，则以这两个数为根的一元二次方程为(　　)

A. $x^2-12x+10=0$　　B. $x^2-12x+100=0$

C. $x^2+6x+10=0$　　D. $x^2-6x+100=0$

5. 已知等差数列 $\{a_n\}$，$a_6+a_{15}=15$，则 S_{20} 等于(　　)

A. 150　　B. 140　　C. 120　　D. 100

6. 不相等的三个实数 a，b，c 成等差数列，而 a，c，b 成等比数列，则 $a:b:c$ 等于(　　)

A. 1∶2∶3　　B. 3∶1∶2　　C. 4∶1∶2　　D. 4∶1∶(−2)

7. 三个数成等比数列，其和为 21，其积为 64，这三个数为(　　)

A. 1，4，16　　B. 16，4，1

C. 1，4，16 或 16，4，1　　D. 以上都不对

8. 一种细菌在培养过程中，每 20 分钟分裂一次(一个分裂成两个)，经过 3 小时这种细菌由一个可变成为(　　)

A. 511 个　　B. 512 个　　C. 1 023 个　　D. 1 024 个

二、填空题

1. 数列 1，3，5，7，…的通项公式为________；数列 $\frac{2^2-1}{2}$，$\frac{3^2-1}{3}$，$\frac{4^2-1}{4}$，…的通项公式为________.

2. 数列 $\{a_n\}$ 成等差数列，若 $d=-\frac{1}{3}$，$a_7=8$，则 $a_1=$________.

3. 数列 $\{a_n\}$ 成等比数列，若 $a_2=5$，$a_4=25$，则公比 $q=$________.

4. 设 4，x，9 成等比数列，则 $x=$________，若 7，y，15 成等差数列，则 $y=$________.

5. 在△ABC 中，三个内角 A，B，C 成等差数列，则 $B=$________.

6. 在等差数列 $\{a_n\}$ 中，$a_4=10$，$a_7=19$，则 $a_1=$________，$d=$________.

7. 在等比数列 $\{a_n\}$ 中，已知 $a_1=1$，$q=3$，$n=5$，则 $a_n=$________，$S_n=$________.

8. 在等差数列 $\{a_n\}$ 中，$a_2+a_5=8$，$a_3+a_7=14$，则 $a_1=$________，$d=$________.

三、解答题

1. 物品原价 50 元，两次降价后为 40.5 元，而每次降价的百分率相同，求这个百分率.

2. 已知两数 19 和 89，求中间插入多少个数时，能使它们与这两个数成等差数列，且这个数列各项之和为 1 350.

3. 已知三个数成等差数列，它们的和为 15，各数的平方和为 83，求这三个数.

读 一 读

历史小故事

相传，古印度的舍罕王打算重赏国际象棋的发明者——宰相西萨·班·达依尔。于是，这位宰相跪在国王面前说："陛下，请您在这张棋盘的第一个小格内，赏给我一粒麦子；在第二个小格内给两粒，第三格内给四粒，照这样下去，每一小格都比前一小格加一倍。陛下啊，把这样摆满棋盘上所有 64 格的麦粒都赏给您的仆人吧！"国王慷慨地答应了宰相的要求，他下令将一袋麦子拿到宝座前。

计数麦粒的工作开始了。第一格内放一粒，第二格两粒，第三格四粒，……还没到第二十格，袋子已经空了。一袋又一袋的麦子被扛到国王面前来，但是，麦粒数一格接一格地增长得那么迅速，很快就可以看出，即使拿来全印度的小麦，国王也无法兑现他对宰相许下的诺言！

这位聪明的宰相到底要求的是多少麦粒呢？稍微算一下就可以得出

$$1+2^2+2^3+2^4+\cdots+2^{63}=2^{64}-1$$

直接写出数字来就是 18 446 744 073 709 551 615 粒。

这位宰相所要求的，竟是全世界在两千年内所产的小麦的总和！

正当国王一筹莫展之际，王太子的数学教师知道了这件事，他笑着对国王说："陛下，这个问题很简单啊，就像"1+1=2"一样容易，您怎么会被它难倒？"国王大怒："难道你要我把全世界两千年产的小麦都给他？"年轻的教师说："没有必要啊，陛下，其实您只要让宰相大人到粮仓去，自己数出那些麦子就可以了。假如宰相大人一秒钟数一粒，数完 18 446 744 073 709 551 615 粒麦子所需要的时间大约是 5 800 亿年(大家可以自己用计算器计算)。就算宰相大人日夜不停地数，数到他自己魂归极乐，也只是数出了那些麦粒中极小的一部分。这样的话，就不是陛下无法支付赏赐，而是宰相大人自己没有能力取走赏赐。"国王恍然大悟，当下就召来宰相，将教师的方法告诉了他。

西萨·班·达依尔沉思片刻后笑道："陛下啊，您的智慧超过了我，那些赏赐我也只好不要了！"当然，宰相最后还是获得了很多赏赐。

第 6 章 直 线

学习要求

- 理解直线的斜率的概念、直线方程的几种形式及两条直线平行和垂直的充要条件.
- 掌握两点间的距离公式和线段的中点公式及点到直线的距离公式.
- 会求两直线的夹角和交点及点到直线的距离，能利用直线方程讨论两直线的位置关系.

在本章和下一章中，将在平面直角坐标系的基础上，用坐标表示点，用方程表示平面直线或曲线，用代数方法来研究直线和曲线的几何问题. 本章主要讨论两点间的距离公式、直线的斜率、直线的方程、点与直线间的位置关系等内容.

6.1 两点间的距离公式、中点公式

6.1.1 两点间的距离公式

我们知道，在平面直角坐标系内可以用一对有序实数来表示平面上的一点，这一对有序实数就称为这个点的坐标.

在平面直角坐标系中，已知两点 $P_1(x_1, y_1)$，$P_2(x_2, y_2)$，如图 6－1 所示，利用勾股定理可以得到 P_1，P_2 这两点之间的距离为

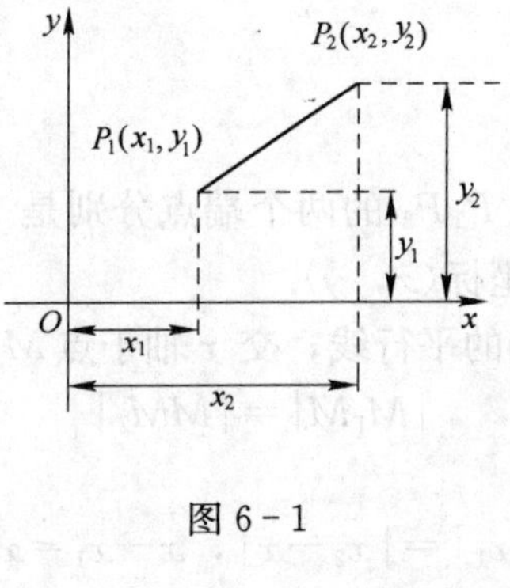

图 6－1

$$|P_1P_2|=\sqrt{(x_2-x_1)^2+(y_2-y_1)^2} \qquad (6-1)$$

式(6－1)对于平面内任意两点 P_1，P_2 都成立，称为**平面两点间的距离公式.**

特别地，如果点 P_1 和点 P_2 在 x 轴上或在平行于 x 轴的直线上，因为 $y_1=y_2$，所以由公式(6－1)变为

$$|P_1P_2|=|x_2-x_1|$$

如果点 P_1 和点 P_2 在 y 轴上或在平行于 y 轴的直线上，因为 $x_1=x_2$，所以由公式(6－1)变为

$$|P_1P_2|=|y_2-y_1|$$

例 6.1 求平面上两点 $P_1(7,4)$ 和 $P_2(3,1)$ 之间的距离.

解 由两点间的距离公式，得

$$|P_1P_2|=\sqrt{(3-7)^2+(1-4)^2}=5$$

例 6.2 证明：以 $A(2,1)$，$B(3,5)$，$C(-6,3)$ 为顶点的三角形是直角三角形.

证明 由两点间的距离公式，得

$$|AB|^2=(3-2)^2+(5-1)^2=17,\ |AC|^2=(-6-2)^2+(3-1)^2=68$$

$$|BC|^2=(-6-3)^2+(3-5)^2=85$$

因为

$$|AB|^2+|AC|^2=|BC|^2$$

所以由勾股定理的逆定理知 $\triangle ABC$ 是直角三角形.

练一练

求下列两点间的距离.

(1) $P_1(-5,0)$ 和 $P_2(3,0)$　(2) $A(0,3)$ 和 $B(0,-6)$　(3) $C(1,-2)$ 和 $D(3,5)$

6.1.2 线段的中点公式

如图 6－2 所示，设已知线段 P_1P_2 的两个端点分别是 $P_1(x_1,y_1)$，$P_2(x_2,y_2)$，点 P 为线段 P_1P_2 的中点，求点 P 的坐标 (x,y).

经点 P_1，P，P_2 分别作 y 轴的平行线，交 x 轴于点 M_1，M，M_2，由图 6－2 可知

$$|M_1M|=|MM_2|$$

即

$$|x-x_1|=|x_2-x|,\ x-x_1=x_2-x$$

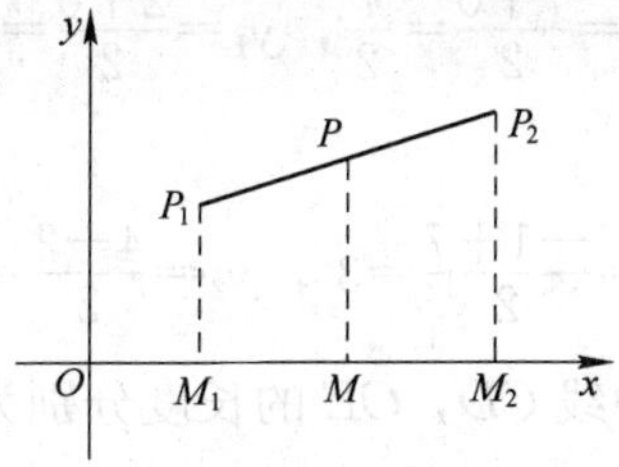

图 6-2

所以

$$x=\frac{x_1+x_2}{2}$$

类似地有

$$y=\frac{y_1+y_2}{2}$$

从而得到**线段 P_1P_2 的中点公式为**

$$x=\frac{x_1+x_2}{2},\ y=\frac{y_1+y_2}{2} \tag{6-2}$$

公式(6-2)对于在平面内任意位置的两点 P_1，P_2 都是成立的.

例 6.3　有一线段 AB，它的中点坐标是(5，3)，端点 B 的坐标是(−1，2)，求另一端点 A 的坐标.

解　设端点 A 的坐标为$(x，y)$，由中点公式可知

$$5=\frac{-1+x}{2},\ 3=\frac{2+y}{2}$$

解得 $x=11$，$y=4$. 所以端点 A 的坐标为(11，4).

例 6.4　已知三角形的顶点是 $O(0，0)$，$B(7，2)$，$C(-1，4)$，求此三角形两条中线 CD 和 OE 的长度(图 6-3).

解　设 OB，BC 的中点为 $D(x_1，y_1)$和 $E(x_2，y_2)$. 由中点公式可得中点 D 的坐标为

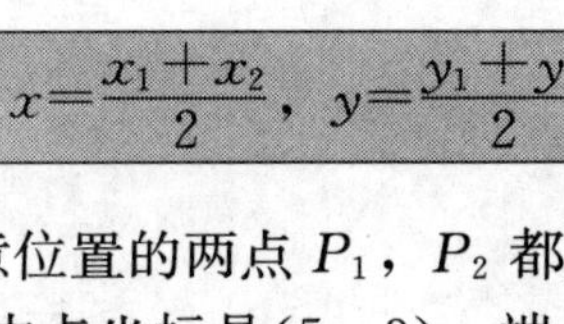

图 6-3

$$x_1=\frac{7+0}{2}=\frac{7}{2}，y_1=\frac{2+0}{2}=1$$

中点 E 的坐标为

$$x_2=\frac{-1+7}{2}=3，y_2=\frac{4+2}{2}=3$$

再由两点间的距离公式求得两条中线 CD，OE 的长度分别为

$$|CD|=\sqrt{\left[\frac{7}{2}-(-1)\right]^2+(1-4)^2}=\frac{3\sqrt{13}}{2}$$

$$|OE|=\sqrt{(3-0)^2+(3-0)^2}=3\sqrt{2}$$

练一练

点 $P_1(3，1)$和点 $P_2(2，-7)$所确定的线段的中点坐标是________________.

习题 6-1

1. 求下列两点间的距离.

(1) $P_1(-4，0)$和 $P_2(0，3)$；

(2) $A(-2，3)$和 $B(2，1)$；

(3) $C(2+\sqrt{3}，3-\sqrt{2})$和 $D(2-\sqrt{3}，-3-\sqrt{2})$.

2. 在 x 轴上有一点 P，它和定点 $Q(-6，4)$的距离为 5，求点 P 的坐标.

3. 求下列两点所确定的线段中点的坐标.

(1) $M(5，2)$和 $N(3，2)$　　(2) $A(6，-4)$和 $B(-3，-2)$

4. 连结两点 $P_1(2，y)$和 $P_2(x，-6)$所得线段的中点为 $P(4，3)$，求 x 和 y.

5. 三角形的 3 个顶点是 $A(2，1)$，$B(-2，3)$，$C(0，-1)$，求三角形三条中线的长度.

6.2 直线方程

6.2.1 直线方程的概念

我们知道，一次函数 $y=kx+b$ 的图像是一条直线，并且它们之间有如下的关系：若一次函数 $y=kx+b$ 的图像是直线 l，则以满足函数 $y=kx+b$ 的每一组 x，y 的值为坐标的点都在直线 l 上；而在直线 l 上的每一点，它们的坐标也都满足函数 $y=kx+b$.

例如，函数 $y=3x+1$，其图像为直线 l(图 6-4)，则以满足函数 $y=3x+1$ 的每一组 x，

y 的值为坐标的点都在直线 l 上，如 $x=0$，$y=1$ 满足 $y=3x+1$，则在直线 l 上一定能找到坐标为(0，1)的点，即点 A；而在直线 l 上的任何点，它们的坐标都满足函数 $y=3x+1$，如点 B 在直线 l 上，则点 B 的坐标(1，4)满足 $y=3x+1$.

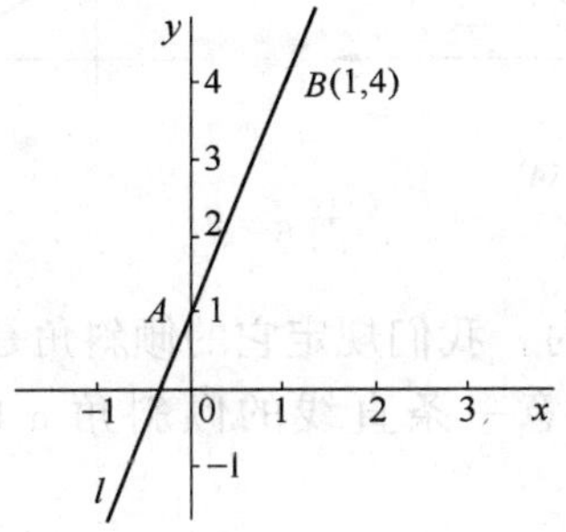

图 6 - 4

由于函数 $y=kx+b$ 可以看成是含有 x，y 的二元一次方程 $kx-y+b=0$，所以满足函数 $y=kx+b$ 的每一组 x，y 的值也满足方程 $kx-y+b=0$(或说成是方程 $kx-y+b=0$ 的一组解).

一般地，若方程 $kx-y+b=0$ 与直线 l 之间具有下列对应关系：

(1) 以方程 $kx-y+b=0$ 的每一组解 x，y 为坐标的点(x，y)都在直线 l 上；

(2) 在直线 l 上的每一点的坐标(x，y)都是方程 $kx-y+b=0$ 的解，则把方程 $kx-y+b=0$ 称为**直线 l 的方程**，直线 l 称为这个**方程的图像**.

例 6.5　已知直线 l 的方程为 $2x-3y+1=0$，判断点 $A(4，3)$和点 $B(1，-2)$是否在直线 l 上.

解　将点 A 的坐标，即 $x=4$，$y=3$ 代入直线方程 $2x-3y+1=0$ 左边，得

$$2\times4-3\times3+1=0$$

因为点 A 的坐标满足方程，所以点 A 在直线上.

将点 B 的坐标，即 $x=1$，$y=-2$ 代入直线方程左边，得

$$2\times1-3\times(-2)+1\neq0$$

因为点 B 的坐标不满足方程，所以点 B 不在直线上.

6.2.2　直线的倾斜角和斜率

1. 直线的倾斜角

本书规定，直线 l 的向上方向与 x 轴的正向所成的最小正角称为**直线 l 的倾斜角**. 这个角就是 x 轴的正向绕直线 l 与 x 轴的交点沿逆时针方向转到与直线第一次重合时所成的角.

如图 6-5 中的角 α.

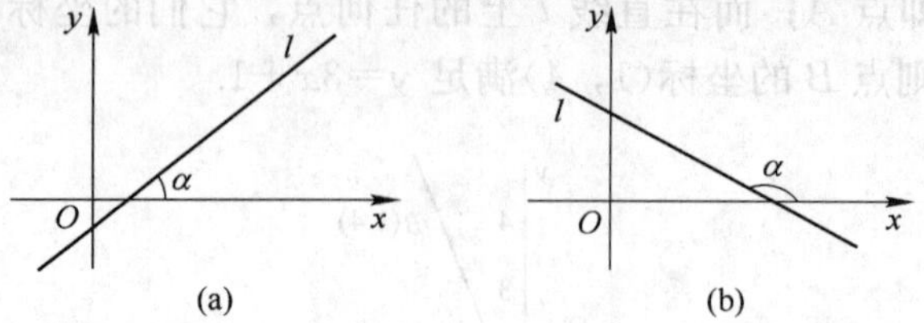

图 6-5

当直线 l 与 x 轴平行或重合时，我们规定它的倾斜角是 $0°$；当直线 l 与 y 轴平行或重合时，显然它的倾斜角为 $90°$. 任意一条直线的倾斜角 α 的取值范围为 $0°\leqslant\alpha<180°$，或是 $0\leqslant\alpha<\pi$.

2. 直线的斜率

直线倾斜角 α 的正切称为**直线的斜率**，记为 k，即

$$k=\tan\alpha\quad(0\leqslant\alpha<180°,\ \alpha\neq 90°)$$

根据直线的倾斜角的取值范围，直线的斜率可分为以下 4 种情形：

(1) 当 $\alpha=0°$ 时，$k=0$；

(2) 当 $0°<\alpha<90°$ 时，$k>0$；

(3) 当 $90°<\alpha<180°$ 时，$k<0$；

(4) 当 $\alpha=90°$ 时，k 不存在.

两点确定一条直线，若直线 l 经过两个已知点 $P_1(x_1,\ y_1)$，$P_2(x_2,\ y_2)$，且直线的倾斜角不等于 $90°$，则可以通过以下方法求出直线的斜率 k.

如图 6-6 所示，从点 P_1，P_2 向 x 轴作垂线，垂足为 M_1，M_2；再作 $P_1Q\perp P_2M_2$ 于 Q. 设直线 P_1，P_2 的倾斜角为 α. 由图 6-6 可知，当 α 是锐角时，

$$k=\tan\alpha=\tan\angle P_2P_1Q$$
$$=\frac{|QP_2|}{|P_1Q|}=\frac{y_2-y_1}{x_2-x_1}$$

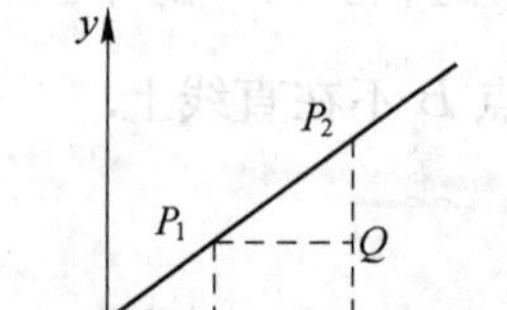

图 6-6

可以证明(略)，不论 α 是锐角还是钝角，经过点 $P_1(x_1,\ y_1)$，$P_2(x_2,\ y_2)$ 两点的直线

的斜率都为

$$k=\frac{y_2-y_1}{x_2-x_1}\quad (x_2\neq x_1) \tag{6-3}$$

若 $x_2=x_1$，则直线垂直于 x 轴，它的斜率不存在.

例 6.6 已知直线的倾斜角，求出直线的斜率.

(1) $\alpha=30°$ (2) $\alpha=\frac{2\pi}{3}$

解 (1) 直线斜率为

$$k=\tan\alpha=\tan 30°=\frac{\sqrt{3}}{3}$$

(2) 直线斜率为

$$k=\tan\frac{2\pi}{3}=\tan\left(\pi-\frac{\pi}{3}\right)=\tan\frac{\pi}{3}=\sqrt{3}$$

例 6.7 求经过点 $Q_1(-5, -2)$，$Q_2(1, 4)$两点的直线的斜率和倾斜角.

解 由斜率公式(6-3)得

$$k=\frac{4-(-2)}{1-(-5)}=1$$

即 $\tan\alpha=1$，于是 $\alpha=\frac{\pi}{4}$. 所以该直线的斜率是 1，倾斜角是$\frac{\pi}{4}$.

例 6.8 证明：$A(1, 1)$，$B(5, 4)$，$C(9, 7)$三点在同一直线上.

证明 由公式(6-3)得

$$k_{AB}=\frac{4-1}{5-1}=\frac{3}{4},\ k_{AC}=\frac{7-1}{9-1}=\frac{3}{4}$$

因为 $k_{AB}=k_{AC}$，所以直线 AB 与 AC 的倾斜角相等，又因为它们经过同一点 A，所以这两条直线重合，从而 A，B，C 三点在同一条直线上.

练一练

1. 已知 $P(-2, 0)$，$Q(-5, 3)$是直线 l 上的两点，求直线 l 的斜率和倾斜角.
2. 判断下列各题中所给三点是否在同一直线上.

(1) $A(2, 3)$，$B(1, -3)$，$C(3, 9)$

(2) $A(2, 1)$，$B(3, -2)$，$C(-4, -1)$

6.2.3 直线方程的几种形式

由平面几何知识知道，过平面上两个已知点可以确定一条直线；若已知平面上一点和过这点的直线的方向，也可以确定一条直线. 总之，要确定一条直线，必须具备两个独立的几何条件，下面根据不同的已知条件来建立直线的方程.

1. 点斜式方程

已知直线 l 经过点 $P_0(x_0, y_0)$，如图 6－7 所示，斜率为 k，求直线 l 的方程.

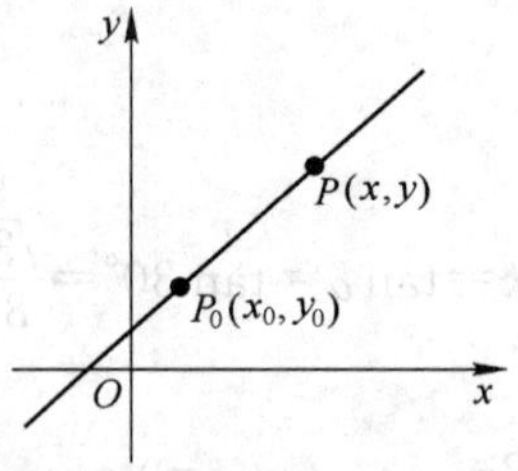

图 6－7

设 $P(x, y)$是直线 l 上任意一个不与 P_0 重合的点，由公式(6－3)得

$$\frac{y-y_0}{x-x_0}=k$$

即

$$y-y_0=k(x-x_0) \tag{6-4}$$

方程(6－4)称为直线的**点斜式方程**.

例 6.9 求过点(－1，2)，且倾斜角为 45°的直线方程.

解 已知 $x_0=-1$，$y_0=2$，且 $k=\tan 45°=1$，代入点斜式方程，得

$$y-2=1\times(x+1)$$

整理得所求直线方程为

$$x-y+3=0$$

下面给出经过点 $P_0(x_0, y_0)$，且倾斜角为 0°或 90°时直线 l 的方程.

(1) 当直线 l 的倾斜角为 $\alpha=0°$时，如图 6－8(a)所示，$k=\tan 0°=0$，直线 l 平行于 x 轴，此时直线 l 的方程为

$$y=y_0$$

(2) 当直线 l 的倾斜角为 $\alpha=90°$时，如图 6－8(b)所示，斜率不存在，直线 l 平行于 y 轴，此时直线 l 的方程不能用点斜式表示，但 l 上每一点的横坐标都等于 x_0，所以它的方程为

$$x=x_0$$

特别地，x 轴的方程为 $y=0$，y 轴的方程为 $x=0$.

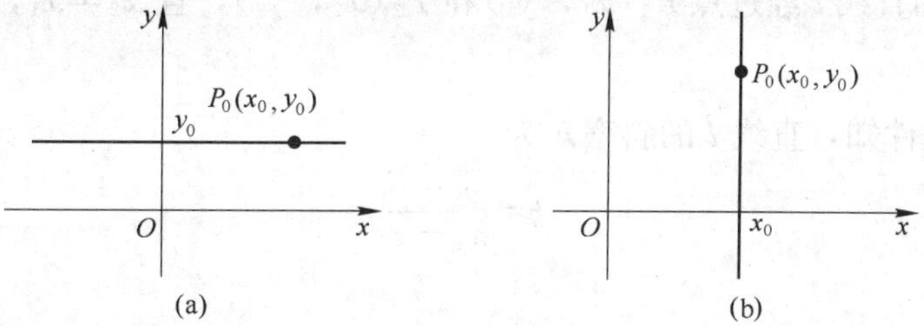

图 6－8

2. 斜截式方程

如果直线 l 与 x 轴交于点$(a,\ 0)$，与 y 轴交于点$(0,\ b)$，那么 a 称为直线 l 的**横截距**，b 称为直线 l 的**纵截距**，如图 6－9 所示.

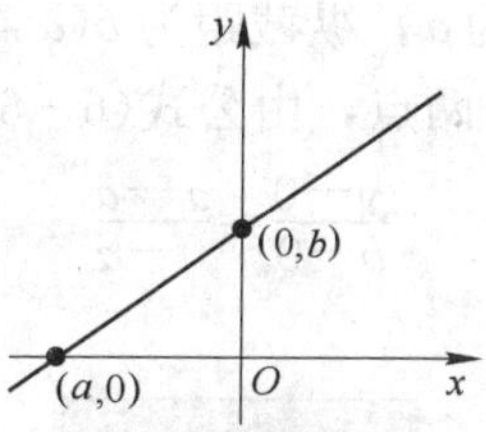

图 6－9

已知直线 l 的斜率为 k，纵截距为 b，则由点斜式方程得

$$y-b=k(x-0)$$

即

$$\boxed{y=kx+b} \tag{6-5}$$

方程(6－5)称为直线的**斜截式方程**.

例 6.10　求与 y 轴交于点$(0,\ -2)$，且倾斜角为$\frac{\pi}{3}$的直线方程.

解　由已知条件得

$$k=\tan\frac{\pi}{3}=\sqrt{3}，\ b=-2$$

代入斜截式方程得

$$y=\sqrt{3}x-2$$

整理得所求直线方程为

$$\sqrt{3}x-y-2=0$$

例 6.11 已知直线 l 经过点 $P_1(x_1, y_1)$ 和 $P_2(x_2, y_2)$，且 $x_2 \neq x_1$，$y_1 \neq y_2$，求直线 l 的方程.

解 由已知条件知，直线 l 的斜率 k 为

$$k=\frac{y_2-y_1}{x_2-x_1}$$

由点斜式方程可得

$$y-y_1=\frac{y_2-y_1}{x_2-x_1}(x-x_1)$$

整理得直线 l 的方程为

$$\boxed{\frac{y-y_1}{y_2-y_1}=\frac{x-x_1}{x_2-x_1} \quad (x_2 \neq x_1，且 y_1 \neq y_2)} \tag{6-6}$$

方程(6－6)称为直线的**两点式方程.**

例 6.12 已知直线 l 的横截距为 a，纵截距为 $b(a \neq b)$，求直线 l 的方程.

解 直线 l 经过 $(a, 0)$ 和 $(0, b)$ 两点，由公式(6－6)得

$$\frac{y-0}{b-0}=\frac{x-a}{0-a}$$

整理得直线 l 的方程为

$$\boxed{\frac{x}{a}+\frac{y}{b}=1} \tag{6-7}$$

方程(6－7)称为直线的**截距式方程.**

3. 一般式方程

通过上面的例子可以看出，所求得的直线方程总是一个二元一次方程. 可以证明(略)：任何直线都可以用含有 x，y 的一次方程来表示，并且任何含 x，y 的一次方程 $Ax+By+C=0$（A，B 不全为零）都表示一条直线. 把方程

$$\boxed{Ax+By+C=0 \quad (A，B 不全为零)} \tag{6-8}$$

称为直线的**一般式方程.**

例 6.13 直线经过点 $(-2, 8)$ 且斜率是 $-\frac{1}{2}$，求它的一般式方程.

解 由点斜式方程得

$$y-8=-\frac{1}{2}(x+2)$$

整理得直线的一般式方程为

$$x+2y-14=0$$

例 6.14 求直线 $x+2y-4=0$ 的斜率和纵截距，并画出该直线.

解　先将直线方程 $x+2y-4=0$ 化为斜截式方程，移项得

$$2y=-x+4$$

两边同除以2，得

$$y=-\frac{1}{2}x+2$$

所以斜率 $k=-\frac{1}{2}$，纵截距 $b=2$.

分别在直线方程中令 $x=0$，$y=0$，可得直线上两点(0，2)，(4，0)，因此在直角坐标系画出直线如图6-10所示.

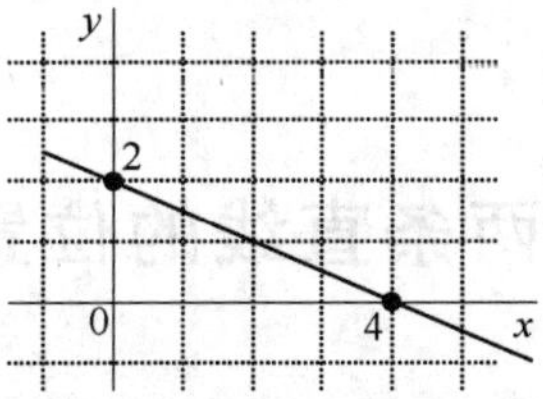

图6-10

练一练

求满足下列条件的直线方程.

(1) 斜率是2，经过点(1，−3)；

(2) 倾斜角为120°，经过点(0，−3).

习题6-2

1. 已知下列各角是直线的倾斜角，求直线的斜率.

(1) 0°　(2) $\frac{\pi}{3}$　(3) 135°　(4) $\frac{5\pi}{6}$

2. 求通过下列给定两点的直线的斜率.

(1) (3，5)，(−1，−3)　(2) (0，−2)，($\sqrt{2}$，4)

(3) (1，1)，(5，−5)　(4) (0，−4)，(−3，−5)

3. 根据下列条件求直线的一般式方程.

(1) 斜率是$\frac{\sqrt{3}}{3}$，经过点 $A(8，-2)$；

(2) 经过点 $B(-2，0)$且与 x 轴垂直；

(3) 斜率为−4，在 y 轴上截距为7；

(4) 经过两点 $A(-1, 8)$，$B(4, -2)$；

(5) 在 x 轴上的截距为 -7，倾斜角为 $45°$；

(6) 在 x 轴和 y 轴上的截距分别是 4 和 -3.

4. 判定下列三点是否在同一直线上.

(1) $A(1, 3)$，$B(4, 5)$，$C(-2, 1)$

(2) $P(1, 2)$，$Q(4, 1)$，$R(-2, 0)$

5. 求下列直线的斜率和纵截距，并作图.

(1) $2x+2y-1=0$　(2) $3x-2y=0$　(3) $y-4=0$

6. 已知三角形的三个顶点为 $A(0, 4)$，$B(-2, -1)$，$C(3, 0)$，试求：

(1) 三边所在直线的斜率；

(2) 三边所在直线的方程.

6.3　两条直线的位置关系

6.3.1　两条直线平行和垂直

平面上两条直线的位置关系有两种：相交、平行.

设两条直线 l_1 和 l_2 都不平行于 y 轴，它们的倾斜角分别是 α_1，α_2，斜率分别是 k_1，k_2，纵截距分别是 b_1，b_2.

1. 两条直线平行

设 $b_1 \neq b_2$，如图 6-11 所示. 若直线 $l_1 /\!/ l_2$，则 $\alpha_1=\alpha_2$，从而 $\tan\alpha_1=\tan\alpha_2$，即 $k_1=k_2$；反之，若 $k_1=k_2$，即 $\tan\alpha_1=\tan\alpha_2$，由于 $0°\leqslant\alpha_1<180°$，$0°\leqslant\alpha_2<180°$，所以 $\alpha_1=\alpha_2$；又由于 $b_1\neq b_2$，所以 $l_1 /\!/ l_2$. 这就是说，如果不平行于 y 轴的两条直线互相平行，那么它们的斜率相等；反之，如果两条直线的斜率相等，那么它们互相平行，即

$$l_1 /\!/ l_2 \Leftrightarrow k_1=k_2 \text{ 且 } b_1\neq b_2$$

显然，

$$l_1 \text{ 与 } l_2 \text{ 重合} \Leftrightarrow k_1=k_2 \text{ 且 } b_1=b_2$$

$$l_1 \text{ 与 } l_2 \text{ 相交} \Leftrightarrow k_1\neq k_2$$

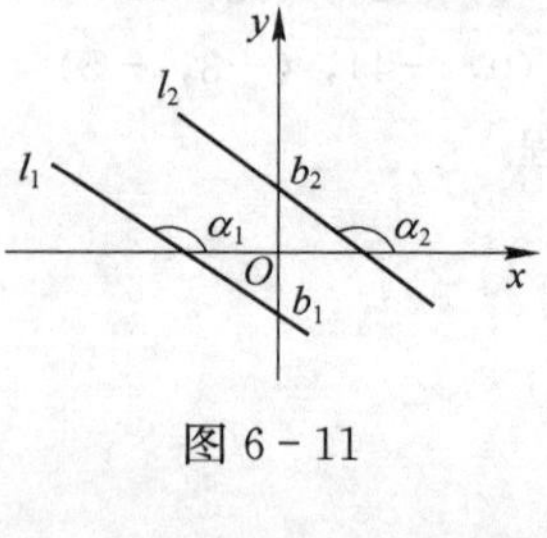

图 6-11

例 6.15　直线 l_2 过点 $A(1, -4)$，且与直线 l_1：$2x+3y+5=0$ 平行，试求直线 l_2 的方程.

解　直线 l_1 的方程 $2x+3y+5=0$ 化为斜截式，得

$$y=-\frac{2}{3}x-\frac{5}{3}$$

故斜率 $k_1=-\frac{2}{3}$. 因为 $l_1 /\!/ l_2$，所以直线 l_2 的斜率 $k_2=k_1=-\frac{2}{3}$.

又因为直线 l_2 过点 $A(1, -4)$，所以由点斜式方程可得直线 l_2 的方程为

$$y+4=-\frac{2}{3}(x-1)$$

即

$$2x+3y+10=0$$

例 6.16　当 A 及 C 取什么值时，直线 l_1：$Ax+4y-7=0$ 和直线 l_2：$3x-2y+C=0$

(1) 相交？　(2) 平行？　(3) 重合？

解　直线 l_1 的斜截式方程为

$$y=-\frac{A}{4}x+\frac{7}{4}$$

其斜率 $k_1=-\frac{A}{4}$；直线 l_2 的斜截式方程为

$$y=\frac{3}{2}x+\frac{C}{2}$$

其斜率 $k_2=\frac{3}{2}$.

(1) 当 $-\frac{A}{4}\neq\frac{3}{2}$ 时，两直线相交，即当 $A\neq-6$ 时，两直线相交.

(2) 当 $-\frac{A}{4}=\frac{3}{2}$ 且 $\frac{7}{4}\neq\frac{C}{2}$ 时，两直线平行，即当 $A=-6$，$C\neq\frac{7}{2}$ 时，两直线平行.

(3) 当 $-\frac{A}{4}=\frac{3}{2}$ 且 $\frac{7}{4}=\frac{C}{2}$ 时，两直线重合，即当 $A=-6$，$C=\frac{7}{2}$ 时，两直线重合.

2. 两条直线垂直

若直线 $l_1 \perp l_2$，如图 6 - 12 所示，则 $\alpha_2=\alpha_1+90°$，从而

$$\tan\alpha_2=\tan(90°+\alpha_1)=-\cot\alpha_1=-\frac{1}{\tan\alpha_1}$$

即

$$k_2=-\frac{1}{k_1}\text{或 } k_1\cdot k_2=-1$$

由于此过程可逆，所以若 $k_1\cdot k_2=-1$，则 $l_1\perp l_2$.

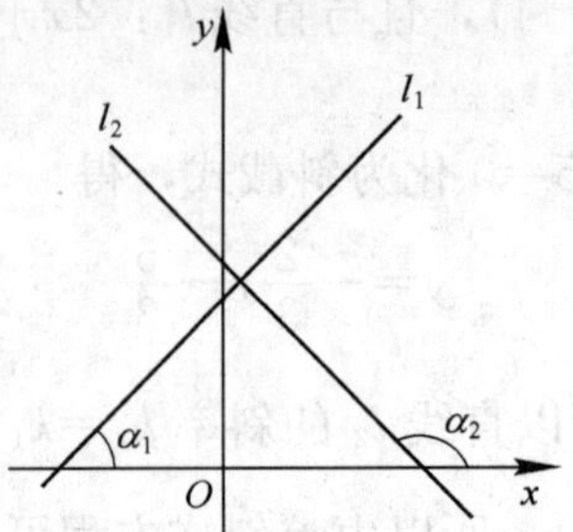

图 6-12

这就是说，如果两条直线互相垂直且斜率都存在，那么它们的斜率互为负倒数；反之，如果两条直线的斜率互为负倒数，那么它们互相垂直，即

$$l_1 \perp l_2 \Leftrightarrow k_1 \cdot k_2 = -1$$

例 6.17 求过点 $P(2, -3)$，且与直线 l：$8x-2y+3=0$ 垂直的直线方程.

解 由直线 l 的斜截式方程 $y=4x+\frac{3}{2}$ 可得 l 的斜率 $k=4$，故所求直线的斜率为

$$k'=-\frac{1}{k}=-\frac{1}{4}$$

又因为直线过点 $P(2, -3)$，所以由点斜式方程得所求直线方程为

$$y+3=-\frac{1}{4}(x-2)$$

即

$$x+4y+10=0$$

例 6.18 已知三条直线

$$l_1: 2x-4y+7=0$$
$$l_2: 2x+y-5=0$$
$$l_3: x-2y-1=0$$

求证：$l_1 \perp l_2$ 且 $l_1 /\!/ l_3$.

证明 由 l_1：$2x-4y+7=0$，即

$$y=\frac{1}{2}x+\frac{7}{4}$$

得斜率 $k_1=\frac{1}{2}$.

由 l_2：$2x+y-5=0$，即

$$y=-2x+5$$

得斜率 $k_2=-2$.

因为

$$k_1 \cdot k_2=\frac{1}{2}\times(-2)=-1$$

所以

$$l_1 \perp l_2$$

又由 l_3：$x-2y-1=0$，即

$$y=\frac{1}{2}x-\frac{1}{2}$$

得斜率 $k_3=\frac{1}{2}$. 因为

$$k_1=k_3=\frac{1}{2}$$

所以

$$l_1 /\!/ l_3$$

练一练

判定以下各对直线是否平行？垂直？

(1) l_1：$y=3x+4$，l_2：$y=3x-\frac{1}{2}$　　(2) l_1：$x-y=0$，l_2：$3x+3y-10=0$

6.3.2　两条直线相交

1. 两条直线的夹角

在两条直线相交所构成的角中，把不大于 90°的角称为**两条直线的夹角**. 下面研究怎样根据两条直线的斜率求它们的夹角.

设两条直线 l_1，l_2 的方程分别是

$$l_1: y=k_1x+b_1,\quad l_2: y=k_2x+b_2$$

它们的倾斜角分别为 α_1，α_2，它们的夹角为 θ. 不妨设 $\alpha_2>\alpha_1$，如图 6-13 所示.

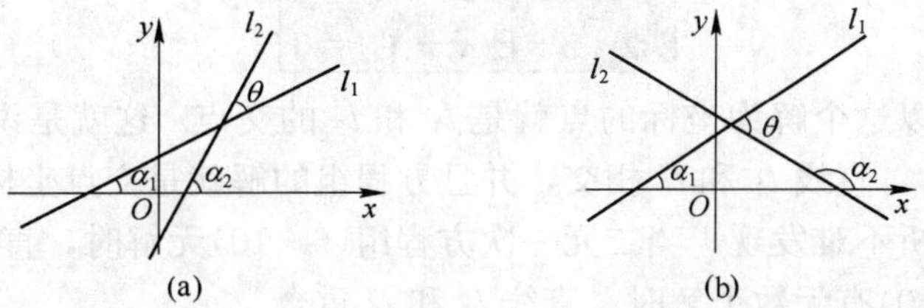

图 6-13

当 $0°<\alpha_2-\alpha_1<90°$时，如图 6-13(a)所示，有 $\theta=\alpha_2-\alpha_1$，则

$$\tan\theta=\tan(\alpha_2-\alpha_1)>0$$

当 $90°<\alpha_2-\alpha_1<180°$时，如图 6-13(b)所示，有 $\theta=180°-(\alpha_2-\alpha_1)$，则

$$\tan\theta=\tan[180°-(\alpha_2-\alpha_1)]=-\tan(\alpha_2-\alpha_1)>0$$

因此，不论 $\alpha_2-\alpha_1$ 是锐角还是钝角，都有

$$\tan\theta=|\tan(\alpha_2-\alpha_1)|=\left|\frac{\tan\alpha_2-\tan\alpha_1}{1+\tan\alpha_2\tan\alpha_1}\right|$$

即

$$\boxed{\tan\theta=\left|\frac{k_2-k_1}{1+k_1k_2}\right| \quad (0°\leqslant\theta<90°)} \qquad (6-9)$$

公式(6-9)称为**两条直线的夹角公式**.

两直线重合时，规定 $\theta=0°$，这时 $k_1=k_2$，公式(6-9)仍成立.

如果两直线中有一条直线的斜率不存在(不妨设 l_1 的斜率 k_1 不存在)，那么 l_1 的倾斜角 $\alpha_1=90°$，容易证明：l_1 和 l_2 的夹角 $\theta=|90°-\alpha_2|$.

例 6.19 已知直线 l_1：$x-3y+9=0$，l_2：$2x-y+1=0$，求 l_1 和 l_2 的夹角 θ.

解 求出 l_1 和 l_2 的斜率分别为 $k_1=\frac{1}{3}$，$k_2=2$，由公式(6-9)得

$$\tan\theta=\left|\frac{2-\frac{1}{3}}{1+2\times\frac{1}{3}}\right|=1$$

所以 l_1 和 l_2 的夹角 $\theta=45°$.

2. 两条直线的交点

设两条直线的方程分别为

$$l_1：A_1x+B_1y+C_1=0，l_2：A_2x+B_2y+C_2=0$$

当 l_1 和 l_2 相交时，它们的交点既在直线 l_1 上，又在直线 l_2 上，从而交点的坐标同时满足 l_1 和 l_2 的方程，且是这两个方程的唯一公共解；反之，如果二元一次方程组

$$\boxed{\begin{cases}A_1x+B_1y+C_1=0\\A_2x+B_2y+C_2=0\end{cases}} \qquad (6-10)$$

有且仅有一个解，则以这个解为坐标的点就是 l_1 和 l_2 的交点. 这就是说，当二元一次方程组(6-10)有唯一解时，直线 l_1 和 l_2 相交，并且方程组的解就是交点坐标.

另外，由以上分析不难发现，当二元一次方程组(6-10)无解时，直线 l_1 和 l_2 平行；当二元一次方程组(6-10)有无数个解时，直线 l_1 和 l_2 重合.

例 6.20 求下列两条直线的交点.

$$l_1：x+4y+1=0$$
$$l_2：2x-y-7=0$$

解 解方程组

$$\begin{cases}x+4y+1=0\\2x-y-7=0\end{cases}$$

得

$$x=3,\ y=-1$$

因此，两条直线的交点是(3，−1).

练一练

1. 求直线 $2x-y+3=0$ 与 $3x+y-2=0$ 的夹角.
2. 求直线 l_1：$3x-y+4=0$ 与 l_2：$4x-6y+3=0$ 的交点.

6.3.3 点到直线的距离

在平面直角坐标系中，已知点 $P_0(x_0,\ y_0)$ 和直线 l：$Ax+By+C=0(A\neq 0$ 且 $B\neq 0)$，如图 6 - 14 所示，怎样求点 P_0 到直线 l 的距离 d 呢?

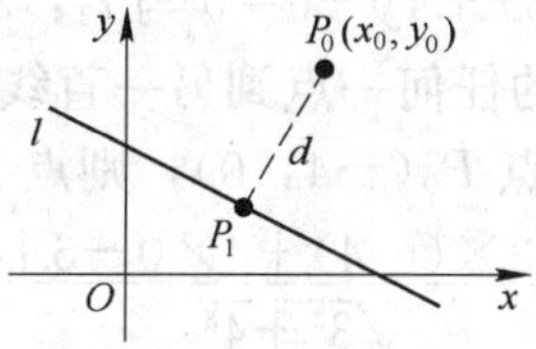

图 6 - 14

由于点 P_0 到直线 l 的距离是点 P_0 到 l 的垂线段的长，如图 6 - 14 所示. 作 $P_0P_1\perp l$ 于点 P_1，因为直线 l 的斜率为 $-\dfrac{A}{B}$，所以 P_0P_1 的斜率为 $\dfrac{B}{A}$.

根据点斜式方程，可得直线 P_0P_1 的方程为

$$y-y_0=\frac{B}{A}(x-x_0)$$

即

$$Bx-Ay+(Ay_0-Bx_0)=0$$

因为点 P_1 是 P_0P_1 与 l 的交点，所以由方程组

$$\begin{cases}Ax+By+C=0\\Bx-Ay+(Ay_0-Bx_0)=0\end{cases}$$

解得点 P_1 的坐标为

$$x_1=\frac{B^2x_0-ABy_0-AC}{A^2+B^2}$$

$$y_1=\frac{-ABx_0+A^2y_0-BC}{A^2+B^2}$$

由两点间的距离公式，得

$$\begin{aligned}|P_0P_1|^2&=(x_0-x_1)^2+(y_0-y_1)^2\\&=\left[\frac{A(Ax_0+By_0+C)}{A^2+B^2}\right]^2+\left[\frac{B(Ax_0+By_0+C)}{A^2+B^2}\right]^2\\&=\frac{(Ax_0+By_0+C)^2}{A^2+B^2}\end{aligned}$$

即

$$d=\frac{|Ax_0+by_0+C|}{\sqrt{A^2+B^2}} \tag{6-11}$$

公式(6 - 11)称为点 $P_0(x_0, y_0)$到直线 $Ax+By+C=0$ 的距离公式.

例 6.21　求点(1，−2)到直线 $4x-3y-1=0$ 的距离.

解　由公式(6 - 11)得

$$d=\frac{|4\times1-3\times(-2)-1|}{\sqrt{4^2+(-3)^2}}=\frac{9}{5}$$

例 6.22　求两条平行直线 l_1：$3x+4y-6=0$ 与 l_2：$3x+4y+12=0$ 之间的距离.

解　两平行直线中任一直线上的任何一点到另一直线的距离都相等.

如图 6 - 15 所示，在 l_2 上取一点 $P_0(-4, 0)$，则点 $P_0(-4, 0)$到直线 l_1 的距离为

$$d=\frac{|3\times(-4)+4\times0-6|}{\sqrt{3^2+4^2}}=\frac{18}{5}$$

这就是平行线 l_1，l_2 之间的距离.

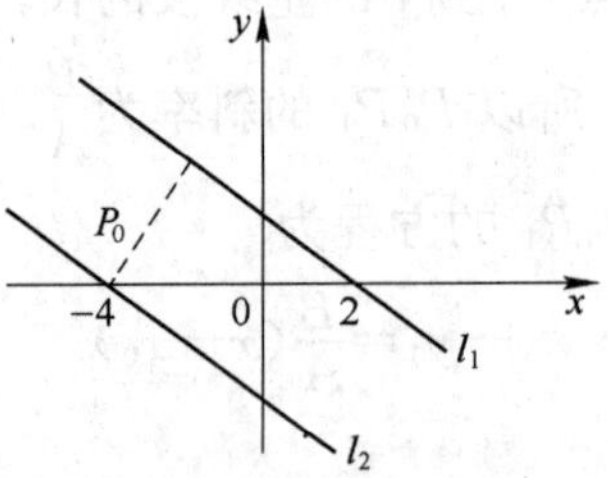

图 6 - 15

练一练

1. 点 $A(1, 0)$到直线 $\sqrt{3}x+y-\sqrt{3}=0$ 的距离是________.
2. 两平行直线 l_1：$2x-7y+8=0$，l_2：$2x-7y-6=0$ 之间的距离是________.

习题 6-3

1. 求过点(3，5)，且与直线 $2x-5y-3=0$ 平行的直线方程.
2. 已知直线 $3x-2y+1=0$ 与直线 $ax+6y+7=0$ 垂直，求 a 的值.
3. 求两点$(-5，-1)$、$(-3，4)$连线的垂直平分线的方程.
4. 求过直线 $3x-y+4=0$ 与 $4x-6y+3=0$ 的交点，且平行于直线 $5x+2y+6=0$ 的直线方程.
5. 当 a、b 取什么值时，直线 $ax-2y-1=0$ 和 $6x-4y-b=0$

(1) 相交？ (2) 平行？ (3) 重合？

6. 求以下各对直线间的夹角(用反三角函数表示).

(1) l_1：$3x-y+6=0$，l_2：$x-y+4=0$

(2) l_1：$2x+3y+6=0$，l_2：过点$(7，-2)$、$(5，2)$

7. 求点$(3，-3)$到直线 $x-2y-4=0$ 的距离.
8. 求两条平行直线 $2x+3y-18=0$，$2x+3y-11=0$ 之间的距离.

本章小结

本章主要介绍了直线方程的几种形式及直线间的关系.

一、两点间的距离公式和中点公式

已知平面上两点 $P_1(x_1，y_1)$，$P_2(x_2，y_2)$，则两点间的距离公式为

$$|P_1P_2|=\sqrt{(x_2-x_1)^2+(y_2-y_1)^2}$$

线段 P_1P_2 的中点坐标公式为

$$x=\frac{x_1+x_2}{2}，y=\frac{y_1+y_2}{2}$$

二、直线的倾斜角和直线的斜率

1. 倾斜角. 直线的向上方向与 x 轴正向的夹角 α 称为直线的倾斜角.

2. 斜率. 倾斜角不为$\frac{\pi}{2}$的直线，它的倾斜角的正切值称为直线的斜率，即

$$k=\tan\alpha$$

3. 已知直线上的两点 $P_1(x_1，y_1)$，$P_2(x_2，y_2)$，且 $x_1\neq x_2$，则直线的斜率为

$$k=\frac{y_2-y_1}{x_2-x_1}$$

三、直线方程

1. 点斜式方程．如果直线经过点 $P_0(x_0,\ y_0)$，斜率为 k，则直线的点斜式方程为

$$y-y_0=k(x-x_0)$$

2. 斜截式方程．如果直线斜率为 k，直线在 y 轴上的截距是 b，则直线的斜截式方程为

$$y=kx+b$$

3. 一般式方程

$$Ax+By+C=0\quad (A,B\text{ 不全为零})$$

4. 特殊位置的直线方程．

平行于 x 轴的直线方程为：$y=y_0$．

平行于 y 轴的直线方程为：$x=x_0$．

特别地，x 轴的方程为 $y=0$，y 轴的方程为 $x=0$．

四、两条直线的位置关系

如果直线 l_1 与 l_2 的斜率分别是 k_1，k_2，且它们在 y 轴上的截距分别是 b_1，b_2，则

1. 两条直线平行：$l_1 /\!/ l_2 \Leftrightarrow k_1=k_2$ 且 $b_1\neq b_2$

2. 两条直线重合：l_1 与 l_2 重合$\Leftrightarrow k_1=k_2$ 且 $b_1=b_2$

3. 两条直线相交：l_1 与 l_2 相交$\Leftrightarrow k_1\neq k_2$

4. 两条直线垂直：$l_1\perp l_2\Leftrightarrow k_2=-\dfrac{1}{k_1}$

五、两条相交直线的度量关系

设直线 l_1 与 l_2 的方程分别是

$$A_1x+B_1y+C_1=0\quad (A_1,\ B_1\text{ 不全为零})$$

$$A_2x+B_2y+C_2=0\quad (A_2,\ B_2\text{ 不全为零})$$

直线 l_1 与 l_2 的斜率分别是 k_1，k_2，则

1. 两条直线的交点．当直线 l_1 与 l_2 相交时，它们的交点坐标是二元一次方程组

$$\begin{cases}A_1x+B_1y+C_1=0\\A_2x+B_2y+C_2=0\end{cases}$$

的解．

2. 两条直线的夹角．设两条相交直线 l_1 与 l_2 的夹角为 θ，则

$$\tan\theta=\left|\frac{k_2-k_1}{1+k_1k_2}\right|\quad (0^\circ\leqslant\theta<90^\circ)$$

六、点到直线的距离

点 $P(x_0,\ y_0)$到直线 $Ax+By+C=0$ 的距离为

$$d=\frac{|Ax_0+By_0+C|}{\sqrt{A^2+B^2}}$$

自我测试题

一、选择题

1. 直线 $5x+6y+c=0$ 的斜率是(　　)

A. $\frac{5}{6}$　　B. $-\frac{5}{6}$　　C. $\frac{6}{5}$　　D. $-\frac{6}{5}$

2. 直线 $ax-by+ab=0(ab\neq 0)$ 与 x 轴的交点坐标是(　　)

A. $(-b, 0)$　　B. $(b, 0)$　　C. $(-a, 0)$　　D. $(a, 0)$

3. 原点到直线 $y=kx+2$ 的距离是 $\sqrt{2}$，则 $k=$(　　)

A. 1　　B. -1　　C. ± 1　　D. $\pm\sqrt{7}$

4. 如果直线 $y=3x+1$ 与直线 $x+by+1=0$ 垂直，则 b 的值是(　　)

A. $\frac{1}{3}$　　B. $-\frac{1}{3}$　　C. -3　　D. 3

5. 直线 $y=-x+1$ 的倾斜角是(　　)

A. $45°$　　B. $135°$　　C. $-45°$　　D. $315°$

6. 下列各组平行线中，距离等于 2 的是(　　)

A. $2x-7y+8=0$ 与 $2x-7y=0$　　B. $2x+3y+8=0$ 与 $2x+3y+18=0$

C. $y=x$ 与 $3y-3x+5=0$　　D. $3x+4y=10$ 与 $3x+4y=0$

7. 直线 $3x-y+2=0$ 与 $2x+y-1=0$ 的夹角是(　　)

A. $90°$　　B. $60°$　　C. $45°$　　D. $30°$

二、填空题

1. 点 $A(6, 2)$ 与点 $O(0, 0)$ 的距离为________.
2. 已知点 $A(-4, 7)$ 和点 $B(8, -5)$，则线段 AB 的中点坐标是________.
3. 点 $(-2, 0)$ 到直线 $6x-8y-5=0$ 的距离是________.
4. 已知点 $A(1, 2)$、$B(-2, -4)$，则线段 AB 的斜率为________.
5. 过点 $O(0, 0)$ 且平行于直线 $2x+y-4=0$ 的直线方程为________.
6. 已知直线的倾斜角是 $120°$，则该直线的斜率是________.
7. 直线 $y=-2x+10$ 与坐标轴围成的三角形面积是________.

三、解答题

1. 写出图 6-16 中直线的一般式方程.

2. 求经过两直线 $2x+y+1=0$ 与 $x-2y+3=0$ 的交点且垂直于直线 $4x-y-7=0$ 的直线方程.

3. $\triangle ABC$ 三个顶点的坐标分别是 $A(1, 1)$、$B(0, 3)$、$C(5, 3)$，证明 $\triangle ABC$ 是直角三角形，并求出 $\triangle ABC$ 的面积.

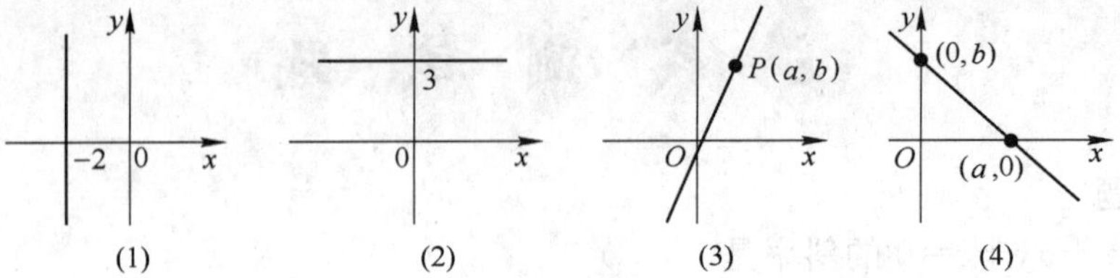

图 6-16

4. 在直角坐标系内画出直线 $3x+2y-6=0$，并指出直线的斜率、纵截距和横截距.

读一读

解析几何的产生

16 世纪以后，由于生产和科学技术的发展，天文、力学、航海等方面都对几何学提出了新的要求。例如，德国天文学家开普勒发现行星是绕着太阳且是沿着椭圆轨道运行的，太阳处在这个椭圆的一个焦点上；意大利科学家伽利略发现投掷物体沿着抛物线运动。这些发现都涉及二次曲线(或称圆锥曲线)，要研究这些比较复杂的曲线，以前的一套老方法显然已经不够用了，这就催生了解析几何的出现。

1637 年，法国的哲学家和数学家笛卡儿(1596—1650 年)发表了他的著作《方法论》，这本书的后面有 3 篇附录，一篇是《折光学》，一篇是《流星学》，一篇是《几何学》。当时的这个"几何学"实际上指的是数学，就像我国古代"算术"和"数学"是一个意思一样。后世的数学家和数学史学家都把笛卡儿的《几何学》作为解析几何的起点。

从笛卡儿的《几何学》中可以看出，笛卡儿的中心思想是建立起一种"普遍"的数学，把算术、代数、几何统一起来。他设想，把任何数学问题化为一个代数问题，再把任何代数问题归结到去解一个方程式。

为了实现上述的设想，笛卡儿从天文和地理的经纬制度出发，指出平面上的点和实数对(x, y)的对应关系。x，y 的不同数值可以确定平面上许多不同的点，这样就可以用代数的方法研究曲线的性质。这就是解析几何的基本思想。

具体地说，平面解析几何的基本思想有两个要点：第一，在平面上建立坐标系，一点的坐标与一组有序的实数对相对应；第二，在平面上建立坐标系后，平面上的一条曲线就可由带两个变数的一个代数方程来表示了。从这里可以看到，运用坐标法不仅可以把几何问题通过代数的方法解决，而且还把变量、函数，以及数和形等重要概念密切联系起来。

解析几何的产生并不是偶然的。在笛卡儿写《几何学》以前，就有许多学者研究过用两条相交直线作为一种坐标系；也有人在研究天文、地理的时候，提出了一点位置可由两个“坐标”(经度和纬度)来确定。这些都对解析几何的创建产生了很大的影响。笛卡儿的《几何学》，作为一本解析几何的书来看，是不完整的，但重要的是引入了新的思想，为开辟数学新园地做出了贡献。

在数学史上，一般认为和笛卡儿同时代的法国业余数学家费尔马(1601—1665 年)也是解析几何的创建者之一，应该分享这门学科创建的荣誉。费尔马是一个业余从事数学研究的学者，对数论、解析几何、概率论三个方面都有重要贡献。他性情谦和，好静成癖，对自己所写的“书”无意发表。但从他的通信中知道，他早在笛卡儿发表《几何学》以前，就已写了关于解析几何的小文章，就已经有了解析几何的思想。只是直到 1679 年费尔马死后，他的思想和著述才公开发表。

第7章　二次曲线

学习要求

- 理解椭圆、双曲线、抛物线的定义.
- 掌握圆、椭圆、双曲线、抛物线的定义及其标准方程.
- 了解椭圆、双曲线、抛物线的几何性质.

圆、椭圆、双曲线、抛物线等曲线是生活中常见的曲线，如倾斜着的圆柱形水杯的水面的边界线、发电厂通风塔的外形线、探照灯反光镜的轴截面的曲线等. 本章将学习如何建立这些曲线的方程，然后利用方程研究它们的性质.

7.1　圆

7.1.1　圆的标准方程

如同直线和其方程的相互关系一样，一般地，在直角坐标系中，如果一条曲线上的点与一个二元方程 $f(x, y)=0$ 的实数解建立了如下的关系：

(1) 曲线上每一点的坐标都是这个方程的解；

(2) 以这个方程的解为坐标的点都是曲线上的点，

那么这个方程就称为**曲线的方程**，这条曲线就称为**方程的曲线(图形)**.

由曲线的方程的定义可知，如果曲线 C 的方程是 $f(x, y)=0$，那么点 $M(x_0, y_0)$ 在曲线 C 上的充要条件是 $f(x_0, y_0)=0$.

以上建立了曲线方程的概念. 利用这个重要概念，就可以借助于坐标系，把曲线看成满足某种条件的点的集合或轨迹，用曲线上的点 (x, y) 所满足的方程 $f(x, y)=0$ 表示曲线，通过研究方程的性质来研究曲线的性质. 把这种借助坐标系研究几何图形的方法称为**坐标法**(或**解析法**). 在数学中，用坐标法研究几何图形的知识形成了一个专门的学科——解析几何. 本章和上一章即是解析几何的初步知识.

下面先讨论圆. 我们知道，平面内与定点距离等于定长的点的集合(或轨迹)是圆. 定点就是圆心，定长就是半径.

根据圆的定义来求圆心是 $C(a, b)$、半径是 r 的圆的方程.

如图 7－1，设 $M(x, y)$是圆上任意一点，根据定义，点 M 到圆心 C 的距离等于 r，即

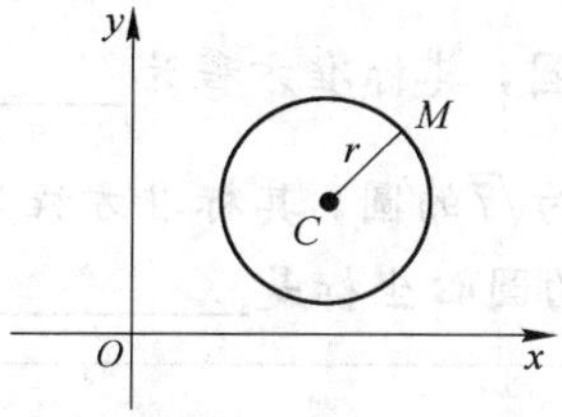

图 7－1

$$|MC|=r$$

由两点间的距离公式，得

$$\sqrt{(x-a)^2+(y-b)^2}=r$$

两边平方，得

$$(x-a)^2+(y-b)^2=r^2 \tag{7-1}$$

这表明，圆上任一点的坐标满足方程(7－1)；反之，由于 $r>0$，以上的推导都可以反推回去，这表明，以方程(7－1)的解为坐标的点在圆上. 因此，方程(7－1)就是圆心为 $C(a, b)$、半径为 r 的圆的方程. 我们把它称为**圆的标准方程.**

如果圆心在坐标原点，这时 $a=0$，$b=0$，那么圆的方程就是

$$x^2+y^2=r^2$$

例 7.1　求以下各圆的标准方程.

(1) 圆心为$(1, -2)$，半径为 2；

(2) 圆心为原点，半径为 4.

解　(1) 所求圆的标准方程为

$$(x-1)^2+(y+2)^2=4$$

(2) 所求圆的标准方程为

$$x^2+y^2=16$$

例 7.2　写出以下各圆的圆心坐标和半径.

(1) $(x+3)^2+(y-2)^2=5$

(2) $\left(x-\frac{1}{2}\right)^2+y^2=36$

解　(1) 圆心为$(-3, 2)$，半径为$\sqrt{5}$.

(2) 圆心为$\left(\frac{1}{2}, 0\right)$，半径为 6.

练一练

1. 圆心为原点、半径为$\frac{1}{3}$的圆，其标准方程为____________.
2. 圆心为点$C(3,\ 4)$、半径为$\sqrt{7}$的圆，其标准方程为____________.
3. 圆$(x+1)^2+(y-4)^2=4$的圆心坐标是________，半径是________.

7.1.2 圆的一般方程

把圆的标准方程

$$(x-a)^2+(y-b)^2=r^2$$

展开，得

$$x^2+y^2-2ax-2by+a^2+b^2-r^2=0$$

令$-2a=D$，$-2b=E$，$a^2+b^2-r^2=F$，则圆的方程可以写成下面的形式

$$x^2+y^2+Dx+Ey+F=0 \tag{7-2}$$

反过来，如果把形如(7-2)的方程左边配方，得

$$\left(x+\frac{D}{2}\right)^2+\left(y+\frac{E}{2}\right)^2=\frac{D^2+E^2-4F}{4}$$

可以看出，当$D^2+E^2-4F>0$时，方程(7-2)表示的是以$\left(-\frac{D}{2},\ -\frac{E}{2}\right)$为圆心、以$\frac{1}{2}\sqrt{D^2+E^2-4F}$为半径的圆；当$D^2+E^2-4F\leqslant 0$时，方程(7-2)或者只有一组实数解(对应一个点)，或者没有实数解(不对应任何点)，因而它不再表示圆.

所以，当$D^2+E^2-4F>0$时，方程(7-2)表示一个圆，把方程(7-2)称为**圆的一般方程**.

圆的标准方程的优点在于它指明了圆心和半径，而一般方程突出了方程形式上的特点：

(1) x^2和y^2的系数相同，不等于0；

(2) 没有xy这样的二次项.

这有助于区别一个二元二次方程

$$Ax^2+Bxy+Cy^2+Dx+Ey+F=0$$

表示的是圆还是其他曲线.

要求出圆的一般方程，只要求出系数D，E，F就可以了.

例 7.3 求过三点$O(0,\ 0)$，$A(1,\ 1)$，$B(4,\ 2)$的圆的方程，并求出这个圆的半径和

圆心坐标.

解　设所求的圆的方程为

$$x^2+y^2+Dx+Ey+F=0$$

用待定系数法，根据所给条件来确定 D，E，F. 因为 O，A，B 在圆上，所以它们的坐标是方程的解. 把它们的坐标依次代入方程，得到关于 D，E，F 的三元一次方程组

$$\begin{cases}F=0\\D+E+F+2=0\\4D+2E+F+20=0\end{cases}$$

解这个方程组，得

$$F=0,\ D=-8,\ E=6$$

于是得到圆的一般方程为

$$x^2+y^2-8x+6y=0$$

配方可得圆的标准方程为

$$(x-4)^2+(y+3)^2=25$$

从而可知圆心为(4，−3)，圆的半径为 5.

练一练

1. 下列方程各表示什么图形？

(1) $x^2+y^2=0$　　(2) $x^2+y^2-2x+2y-2=0$

2. 求下列各圆的半径和圆心坐标.

(1) $x^2+y^2-8x=0$　　(2) $x^2+y^2+2by=0$

7.1.3　圆与直线的位置关系

观察图 7-2 中直线与圆的位置关系，三条直线 l_1，l_2，l_3 与圆的交点的情况各不相同，再比较圆的半径 r 和圆的圆心到各条直线的距离 d，可以得到：

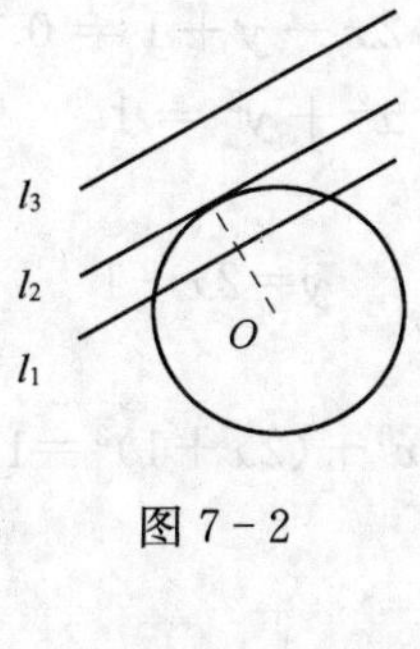

图 7-2

(1) 当 $r>d$ 时，直线与圆恰好有两个不同的交点，这时称直线与圆**相交**；

(2) 当 $r=d$ 时，直线与圆只有一个交点，这时称直线与圆**相切**；

(3) 当 $r<d$ 时，直线与圆没有交点，这时称直线与圆**相离**.

因此，在直角坐标系里判断直线与圆的位置关系时，就要先搞清楚圆的半径 r、圆心坐标，并计算出圆心到直线的距离 d，再根据 r 与 d 的大小关系，得出结论.

例 7.4 判断下列直线与圆的位置关系.

(1) 直线 $2x+4y-1=0$，圆 $x^2+y^2=1$；

(2) 直线 $4x-3y+25=0$，圆$(x+1)^2+(y-2)^2=9$；

(3) 直线 $x+2y-10=0$，圆$(x-3)^2+(y-1)^2=4$.

解 (1) 圆的半径 $r=1$，圆心为 $O(0,0)$，圆心到直线 $2x+4y-1=0$ 的距离为

$$d=\frac{|0+0-1|}{\sqrt{2^2+4^2}}=\frac{1}{2\sqrt{5}}$$

因为

$$r=1>d=\frac{1}{2\sqrt{5}}$$

所以所给直线与圆相交.

(2) 圆的半径 $r=3$，圆心为 $C(-1,2)$，圆心到直线 $4x-3y+25=0$ 的距离为

$$d=\frac{|4\times(-1)-3\times2+25|}{\sqrt{4^2+(-3)^2}}=\frac{15}{5}=3$$

因为 $r=d$，所以所给直线与圆相切.

(3) 圆的半径 $r=2$，圆心为 $D(3,1)$，圆心到直线 $x+2y-10=0$ 的距离为

$$d=\frac{|3+2-10|}{\sqrt{1^2+2^2}}=\frac{5}{\sqrt{5}}=\sqrt{5}$$

因为 $r=2<\sqrt{5}$，所以所给直线与圆相离.

以上例题也可以通过计算直线与圆的交点个数来解答. 具体做法是：由直线方程解出 y(或 x)，代入圆方程，就得到一个一元二次方程，根据其判别式判断一元二次方程实数根的个数，这也就是直线与圆的交点个数.

例 7.5 直线 $2x-y+1=0$ 与圆 $x^2+y^2=1$ 有没有交点？如果有，求出交点.

解 直线与圆的交点的坐标是以下方程组的实数解.

$$\begin{cases} 2x-y+1=0 \\ x^2+y^2=1 \end{cases}$$

从第一个方程得

$$y=2x+1$$

代入第二个方程得

$$x^2+(2x+1)^2=1$$

整理得

$$5x^2+4x=0$$

显然这个方程有两个实根

$$x_1=0,\ x_2=-\frac{4}{5}$$

分别代入，得

$$y_1=1,\ y_2=-\frac{3}{5}$$

所以直线与圆的交点有两个，它们的坐标分别为(0，1)，$\left(-\frac{4}{5},-\frac{3}{5}\right)$.

练一练

判断直线 $4x+3y=0$ 与圆 $(x-5)^2+y^2=9$ 的位置关系.

习题 7－1

1. 求下列各圆的标准方程，并画出它的图形.

(1) 圆心是坐标原点，半径为 3；　(2) 半径是 5，圆心为 $C(-1,6)$.

2. 求下列圆的圆心坐标和半径.

(1) $\left(x-\frac{1}{4}\right)^2+(y+2)^2=64$　(2) $x^2+(y-5)^2=2$

3. 求下列各圆的一般方程.

(1) 过点 $A(0,1)$，圆心为点 $C(-7,1)$；

(2) 过三点 $A(0,0)$，$B(-3,0)$，$C(1,2)$.

4. 求下列各圆的圆心坐标和半径，并画出它们的图形.

(1) $x^2+y^2-2x-5=0$　(2) $x^2+y^2+2x-4y-4=0$

5. 求直线 $x+3y-1=0$ 和圆 $x^2+y^2=5$ 的交点，并说明它们的位置关系.

6. 判断以下直线与圆的位置关系.

(1) 直线 $3x-4y+10=0$，圆 $x^2+y^2=4$；

(2) 直线 $x-3y+2=0$，圆 $(x+2)^2+(y-5)^2=40$；

(3) 直线 $2x+y+7=0$，圆 $(x-5)^2+(y+2)^2=25$.

7.2 椭　圆

7.2.1　椭圆的定义和标准方程

取一条细绳，把它的两端固定在画图板上的 F_1 和 F_2 两点，如图 7－3 所示，当绳长大

于 F_1 和 F_2 的距离时，用铅笔尖把绳子拉紧，使笔尖在图板上慢慢移动，就可以画出一个椭圆．由画图过程可以看出，椭圆是与点 F_1，F_2 的距离的和等于定长(即这条绳长)的点的集合．

把平面内与两个定点 F_1，F_2 的距离的和等于常数(大于 $|F_1F_2|$)的点的轨迹称为**椭圆**．这两个定点称为**椭圆的焦点**，两焦点的距离称为**椭圆的焦距**．

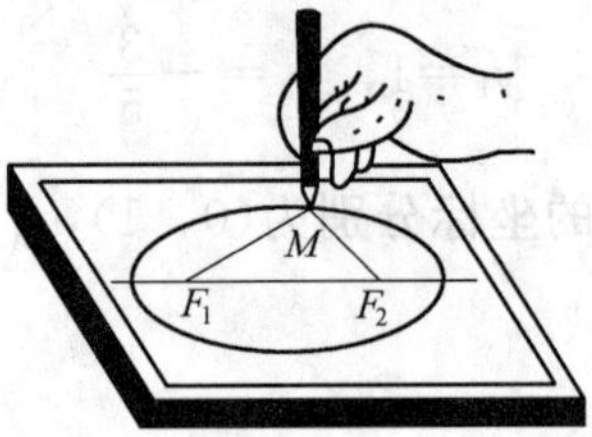

图 7－3

根据椭圆的定义，下面来求椭圆的方程．

如图 7－4 所示，建立直角坐标系 xOy，使 x 轴经过点 F_1 和 F_2，并且点 O 与线段 F_1F_2 的中点重合．

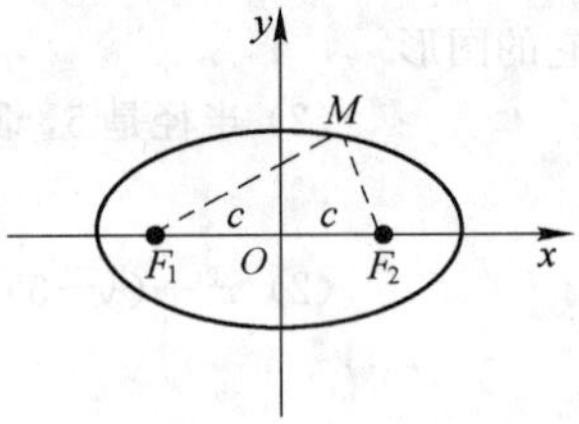

图 7－4

设椭圆的焦距为 $2c(c>0)$，那么焦点 F_1，F_2 的坐标分别是$(-c、0)$，$(c，0)$．又设椭圆上任意一点 $M(x，y)$与 F_1，F_2 的距离的和等于常数 $2a$，于是由椭圆的定义得

$$|MF_1|+|MF_2|=2a$$

即

$$\sqrt{(x+c)^2+y^2}+\sqrt{(x-c)^2+y^2}=2a$$

去根号，化简整理得

$$(a^2-c^2)x^2+a^2y^2=a^2(a^2-c^2)$$

由椭圆的定义可知，$2a>2c$，即 $a>c$，所以 $a^2-c^2>0$．令 $a^2-c^2=b^2$，其中 $b>0$，代入上式，得

$$b^2x^2+a^2y^2=a^2b^2$$

$$\frac{x^2}{a^2}+\frac{y^2}{b^2}=1 \quad (a>b>0) \qquad (7-3)$$

这表明，椭圆上任一点的坐标满足方程(7－3)；反之，以上步骤都可以反推回去

(从略)，这又表明，以方程(7-3)的解为坐标的点在椭圆上．因此方程(7-3)是椭圆的方程，称其为**椭圆的标准方程**．它所表示的椭圆的焦点在 x 轴上，焦点为 $F_1(-c,\ 0)$，$F_2(c,\ 0)$，其中 $b^2=a^2-c^2$．

类似地，如果椭圆焦点 F_1，F_2 在 y 轴上，则焦点的坐标分别为 $F_1(0,\ -c)$，$F_2(0,\ c)$（如图 7-5)，那么可求得方程为

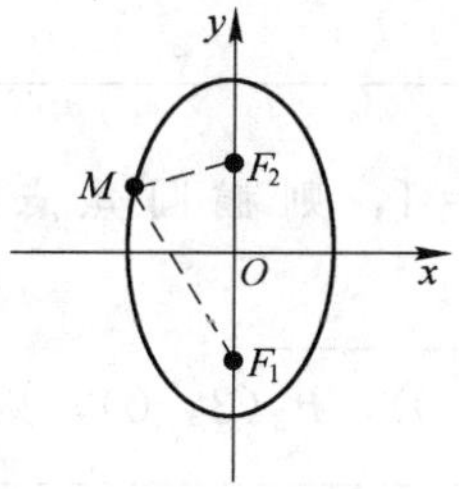

图 7-5

$$\frac{x^2}{b^2}+\frac{y^2}{a^2}=1 \quad (a>b>0)$$

这个方程也是椭圆的标准方程．其中 a，b，c 的意义同上．

例 7.6 求适合下列条件的椭圆的标准方程．

(1) 两个焦点的坐标分别为(-4，0)、(4，0)，椭圆上任一点到两焦点的距离的和等于 12；

(2) 焦点在 x 轴上，焦距为 6，椭圆上任一点到两焦点的距离的和等于 8．

解 (1) 椭圆的焦点在 x 轴上，所以设它的标准方程为

$$\frac{x^2}{a^2}+\frac{y^2}{b^2}=1$$

因为 $c=4$，$2a=12$，所以 $a=6$，而且

$$b^2=a^2-c^2=6^2-4^2=20$$

因此所求椭圆的标准方程为

$$\frac{x^2}{36}+\frac{y^2}{20}=1$$

(2) 因为 $2c=6$，$2a=8$，从而 $c=3$，$a=4$，所以

$$b^2=a^2-c^2=4^2-3^2=7$$

焦点在 x 轴上，则所求椭圆的标准方程为

$$\frac{x^2}{16}+\frac{y^2}{7}=1$$

例 7.7 求椭圆 $\frac{x^2}{100}+\frac{y^2}{36}=1$ 的焦距和焦点．

解 由于 $a^2=100$，$b^2=36$，所以

$$c^2=a^2-b^2=100-36=64$$

从而

$$c=\sqrt{64}=8$$

因此椭圆的焦距 $2c=16$. 由椭圆方程可知，椭圆的焦点在 x 轴上，故焦点为 $F_1(-8,0)$，$F_2(8,0)$.

练一练

1. 已知椭圆方程为 $\frac{x^2}{36}+\frac{y^2}{9}=1$，则椭圆焦点在________轴上，焦点坐标为________，焦距为________.

2. 已知 $a=10$，焦点为 $F_1(-3,0)$，$F_2(3,0)$，则椭圆的标准方程为________.

7.2.2 椭圆的几何性质

在解析几何里是利用曲线的方程来研究曲线的几何性质的，也就是说，是通过对曲线的方程的讨论，得到曲线的形状、大小和位置. 下面利用椭圆的标准方程

$$\frac{x^2}{a^2}+\frac{y^2}{b^2}=1 \quad (a>b>0)$$

来研究椭圆的几何性质.

1. 范围

由标准方程可知，椭圆上点的坐标 (x, y) 都适合不等式

$$\frac{x^2}{a^2}\leqslant 1,\ \frac{y^2}{b^2}\leqslant 1$$

即

$$x^2\leqslant a^2,\ y^2\leqslant b^2 \text{ 或 } |x|\leqslant a,\ |y|\leqslant b$$

这说明椭圆位于直线 $x=\pm a$ 和 $y=\pm b$ 所围成的矩形内，如图 7-6 所示.

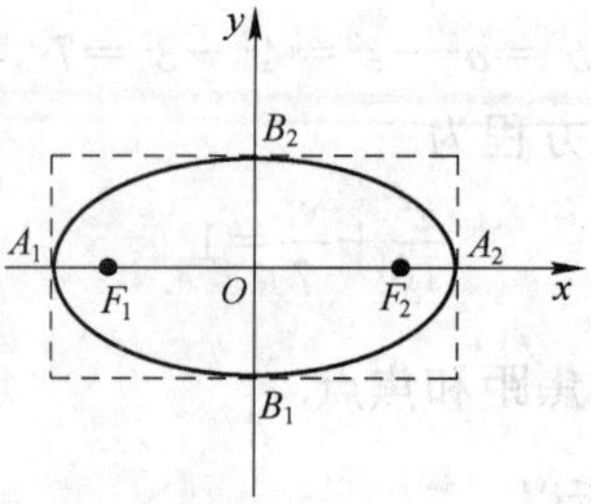

图 7-6

2. 对称性

在曲线的方程里，如果以$-y$代替y方程不变，那么当点$P(x, y)$在曲线上时，它关于x轴的对称点$M(x, -y)$也在曲线上，所以曲线关于x轴对称. 同理，如果以$-x$代替x方程不变，那么曲线关于y轴对称；如果同时以$-x$代替x、以$-y$代替y方程不变，那么曲线关于原点对称.

在椭圆的标准方程里，以$-x$代替x或以$-y$代替y，或以$-x$、$-y$分别代替x、y，方程都不变，所以椭圆关于y轴、x轴和原点都是对称的. 这时，坐标轴是**椭圆的对称轴**，原点是椭圆的对称中心. 椭圆的对称中心称为**椭圆的中心**.

3. 顶点

在椭圆的标准方程里，令$x=0$，得$y=\pm b$. 这说明$B_1(0, -b)$，$B_2(0, b)$是椭圆与y轴的两个交点. 同理，令$y=0$，得$x=\pm a$，即$A_1(-a, 0)$，$A_2(a, 0)$是椭圆与x轴的两个交点. 因为x轴、y轴是椭圆的对称轴，所以椭圆和它的对称轴有 4 个交点，这 4 个交点称为椭圆的**顶点**.

线段A_1A_2，B_1B_2分别称为椭圆的**长轴**和**短轴**，它们的长分别等于$2a$和$2b$. 于是把a和b分别称为椭圆的**长半轴**和**短半轴**.

另外，把$c=\sqrt{a^2-b^2}$称为椭圆的**半焦距**.

4. 离心率

观察图 7-6 可见，比值$\dfrac{b}{a}$越小，椭圆越扁，而

$$\frac{b}{a}=\frac{\sqrt{a^2-c^2}}{a}=\sqrt{1-\left(\frac{c}{a}\right)^2}$$

所以比值$\dfrac{c}{a}$越大时，比值$\dfrac{b}{a}$就越小，从而椭圆就越扁；反之，比值$\dfrac{c}{a}$越小时，椭圆就越接近于圆.

把$e=\dfrac{c}{a}$称为椭圆的**离心率**.

由以上讨论知道，椭圆的离心率e反映了椭圆的扁平程度：e越大，椭圆就越扁；e越小，椭圆就越接近于圆.

由于$a>c>0$，所以$0<e<1$.

注意：上述关于椭圆的范围、顶点坐标的结论是针对焦点在x轴上的椭圆$\dfrac{x^2}{a^2}+\dfrac{y^2}{b^2}=1$而得到的. 对焦点在$y$轴上的椭圆$\dfrac{x^2}{b^2}+\dfrac{y^2}{a^2}=1$，可以仿照讨论，但结论就不一样了. 而关于对

称性、长轴和短轴、离心率的结论，适应于两类椭圆.

例 7.8　求椭圆 $16x^2+25y^2=400$ 的长轴和短轴的长、焦点坐标和顶点的坐标、离心率，并画出它的草图.

解　把已知方程化成标准方程为

$$\frac{x^2}{5^2}+\frac{y^2}{4^2}=1$$

由该方程可知，椭圆的焦点在 x 轴上，长轴在 x 轴上，短轴在 y 轴上，$a=5$，$b=4$，于是

$$c=\sqrt{25-16}=3$$

因此，椭圆的长轴和短轴的长分别是 $2a=10$ 和 $2b=8$，两个焦点是 $F_1(-3,\ 0)$，$F_2(3,\ 0)$，4 个顶点分别为 $A_1(-5,\ 0)$，$A_2(5,\ 0)$，$B_1(0,\ -4)$ 和 $B_2(0,\ 4)$，离心率为 $e=\frac{c}{a}=\frac{3}{5}$.

根据椭圆的几何性质，用下面方法可以较快地画出反映椭圆基本形状和大小的草图：先在坐标轴上描出 4 个顶点 $A_1(-5,\ 0)$，$A_2(5,\ 0)$，$B_1(0,\ -4)$ 和 $B_2(0,\ 4)$，然后过 4 个顶点画矩形，再用光滑曲线将 4 个顶点连成一个椭圆. 画图时要注意曲线的对称性及顶点附近的平滑性，如图 7-7 所示.

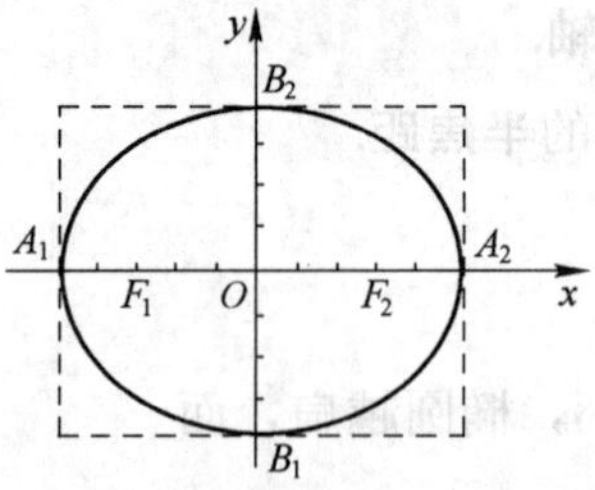

图 7-7

例 7.9　求适合下列条件的椭圆的标准方程.

(1) 经过点 $A\ (4,\ 0)$，$B\ (0,\ -2)$；　　　　(2) 长轴的长为 18，离心率为 $\frac{2}{3}$.

解　(1) 由椭圆的几何性质可知，以坐标轴为对称轴的椭圆与坐标轴的交点就是椭圆的顶点，所以点 A，B 分别是椭圆长轴和短轴的一个端点. 于是得

$$a=4,\ b=2$$

又因为长轴在 x 轴上，所以椭圆的标准方程为

$$\frac{x^2}{16}+\frac{y^2}{4}=1$$

(2) 因为

$$2a=18,\ e=\frac{c}{a}=\frac{2}{3}$$

从而得

$$a=9,\ c=a\cdot\frac{2}{3}=6$$

所以

$$b^2=9^2-6^2=45$$

由于椭圆的焦点可能在 x 轴上，也可能在 y 轴上，所以所求椭圆的标准方程为

$$\frac{x^2}{81}+\frac{y^2}{45}=1 \text{ 或 } \frac{x^2}{45}+\frac{y^2}{81}=1$$

练一练

1. 椭圆焦点在 x 轴上，且 $c=3$，$e=\frac{3}{5}$，该椭圆的标准方程为____________.

2. 椭圆 $\frac{x^2}{100}+\frac{y^2}{64}=1$ 的长轴长是________，短轴长是________，焦点坐标为________、________，顶点坐标为____________，离心率为________.

习题 7－2

1. 求适合下列条件的椭圆的标准方程.

(1) 焦点在 x 轴上，焦距是 8，椭圆上任一点到两焦点距离的和等于 10；

(2) 焦点为 $F_1(-5,\ 0)$，$F_2(+5,\ 0)$，$a=7$；

(3) $a=4$，$c=\sqrt{12}$，焦点在 y 轴上.

2. 求下列各椭圆的焦点和焦距.

(1) $\frac{x^2}{55}+\frac{y^2}{30}=1$　　(2) $\frac{x^2}{3}+\frac{y^2}{4}=1$

3. 求下列各椭圆的长轴的长、短轴的长、离心率、焦点坐标和顶点坐标.

(1) $4x^2+25y^2=100$　　(2) $4x^2+y^2=16$

4. 求适合下列条件的椭圆的标准方程：

(1) 长轴是短轴的 3 倍，长轴的一个端点为(6，0)；

(2) 离心率等于 0.5，焦距是 4.

5. 已知地球运行的轨道是长半轴为 $a=1.50\times108$ km，离心率为 $e=0.019\,2$ 的椭圆，且太阳在这个椭圆的一个焦点上，求地球到太阳的最大距离和最小距离.

6. 求直线 $x-y+2=0$ 和椭圆 $\frac{x^2}{16}+\frac{y^2}{4}=1$ 的交点.

7.3 双 曲 线

7.3.1 双曲线的定义和标准方程

已经知道，与两定点的距离的和为常数的点的轨迹是椭圆，那么与两定点的距离的差为非零常数的点的轨迹是怎样的曲线呢?

如图 7-8 所示，取一条拉链，拉开它的一部分，在拉开的两边上各选择一点，分别固定在点 F_1，F_2 上，F_1 到 F_2 的长为 $2a(a>0)$. 把笔尖放在点 M 处，随着拉链逐渐拉开或者闭拢，笔尖就画出一条曲线(图 7-8 中右边的曲线). 如果使点 M 到点 F_2 的距离减去到点 F_1 的距离所得的差等于 $2a$，就得到另一条曲线(图 7-8 中左边的曲线). 这两条曲线合起来称为双曲线，每一条称为双曲线的一支. 下面给出双曲线的定义.

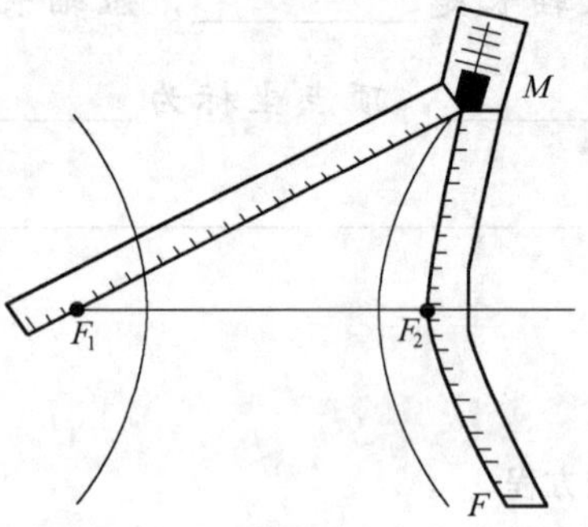

图 7-8

把平面内与两个定点 F_1，F_2 的距离的差的绝对值等于常数(小于 $|F_1F_2|$)的点的轨迹称为**双曲线**. 这两个定点称为**双曲线的焦点**，两焦点的距离称为**双曲线的焦距**.

下面可以仿照求椭圆的标准方程的做法，求双曲线的标准方程.

如图 7-9 所示，建立直角坐标系 xOy，使 x 轴经过点 F_1 和 F_2，并且点 O 与线段 F_1F_2 的中点重合.

设双曲线的焦距为 $2c(c>0)$，那么焦点 F_1，F_2 的坐标分别是 $(-c,\ 0)$，$(c,\ 0)$. 又设双曲线上任意一点 $M(x,\ y)$ 与 F_1，F_2 的距离的差的绝对值等于常数 $2a$，于是由定义得

$$|MF_1|-|MF_2|=\pm 2a$$

即

$$\sqrt{(x+c)^2+y^2}-\sqrt{(x-c)^2+y^2}=\pm 2a$$

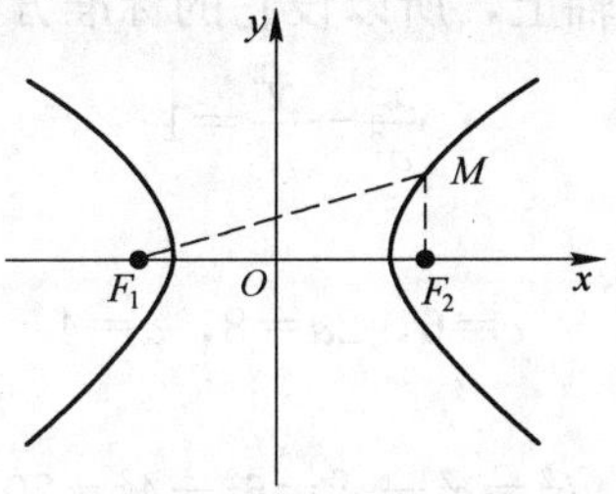

图 7-9

去根号，化简整理得

$$(c^2-a^2)x^2-a^2y^2=a^2(c^2-a^2)$$

由双曲线的定义可知，$2c>2a$，即 $c>a$，所以 $c^2-a^2>0$. 令 $c^2-a^2=b^2$，其中 $b>0$，代入上式，得

$$b^2x^2-a^2y^2=a^2b^2$$

$$\frac{x^2}{a^2}-\frac{y^2}{b^2}=1\ (a>0,\ b>0) \tag{7-4}$$

这表明，双曲线上任一点的坐标满足方程(7-4)；反之，以上的推导都可以反推回去(从略)，这表明，以方程(7-4)的解为坐标的点在双曲线上. 因此，方程(7-4)就是双曲线的方程，称其为**双曲线的标准方程**. 它所表示的双曲线的焦点在 x 轴上，焦点是 $F_1(-c,\ 0)$，$F_2(c,\ 0)$，其中 $b^2=c^2-a^2$.

类似地，如果双曲线焦点 F_1，F_2 在 y 轴上，焦点坐标分别为 $F_1(0,\ -c)$，$F_2(0,\ c)$，如图 7-10 所示，则可求得方程为

$$\frac{y^2}{a^2}-\frac{x^2}{b^2}=1\ (a>0,\ b>0)$$

这也是双曲线的标准方程. 其中 a，b，c 的意义同上.

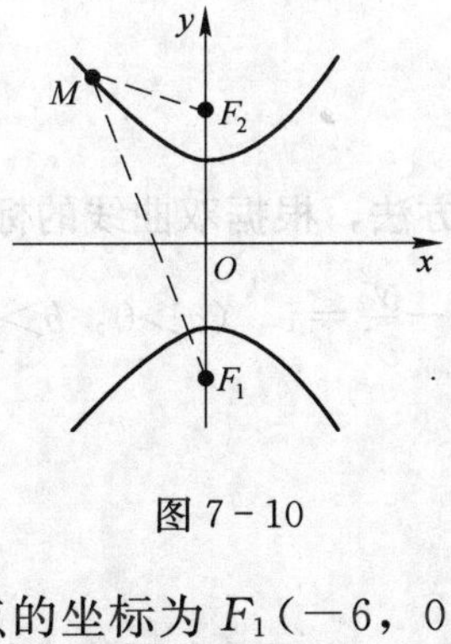

图 7-10

例 7.10 已知双曲线两个焦点的坐标为 $F_1(-6,\ 0)$，$F_2(6,\ 0)$，双曲线上一点 P 到 F_1，F_2 的距离的差的绝对值等于 8，求双曲线的标准方程.

解 因为双曲线的焦点在 x 轴上，所以设它的标准方程为

$$\frac{x^2}{a^2}-\frac{y^2}{b^2}=1$$

因为

$$c=6，2a=8，a=4$$

所以

$$b^2=c^2-a^2=6^2-4^2=20$$

所以所求双曲线的标准方程为

$$\frac{x^2}{16}-\frac{y^2}{20}=1$$

例 7.11 求双曲线 $\frac{x^2}{16}-\frac{y^2}{9}=1$ 的焦点和焦距.

解 因为 $a^2=16$，$b^2=9$，所以

$$c=\sqrt{a^2+b^2}=\sqrt{16+9}=5$$

从所给方程可以看出，双曲线焦点在 x 轴上，因此焦点为 $F_1(-5，0)$，$F_1(5，0)$，焦距为 10.

练一练

1. 求适合下列条件的双曲线的标准方程.

(1) 一个焦点为 $(-5，0)$，$a=3$，则标准方程为____________

(2) $a=4$，$b=5$，焦点在 y 轴上，则标准方程为____________

2. 椭圆 $\frac{x^2}{25}+\frac{y^2}{16}=1$ 和双曲线 $\frac{x^2}{5}-\frac{y^2}{4}=1$ 的焦点是否相同？为什么？

7.3.2 双曲线的几何性质

下面仿照讨论椭圆几何性质的方法，根据双曲线的标准方程

$$\frac{x^2}{a^2}-\frac{y^2}{b^2}=1 \quad (a>0，b>0)$$

来研究它的几何性质.

1. 范围

由标准方程可知，双曲线上点 $(x，y)$ 都适合不等式 $\frac{x^2}{a^2}\geqslant 1$，即 $x^2\geqslant a^2$，

也即

$$x\leqslant -a \text{ 或 } x\geqslant a$$

所以双曲线位于直线 $x=-a$ 的左侧、直线 $x=a$ 的右侧.

2. 对称性

以 $-x$、$-y$ 代入标准方程可知，双曲线关于两个坐标轴和原点都是对称的. 因此，坐标轴是**双曲线的对称轴**，原点是双曲线的**对称中心**. 双曲线的对称中心称为**双曲线的中心**.

3. 顶点

在双曲线的标准方程里，令 $y=0$，得 $x=\pm a$，于是 $A_1(-a, 0)$，$A_2(a, 0)$是双曲线与 x 轴的两个交点. 因为 x 轴是双曲线的对称轴，所以双曲线和它的对称轴有两个交点，它们称为双曲线的**顶点**.

令 $x=0$，得 $y^2=-b^2$，这个方程没有实数根，说明双曲线和 y 轴没有交点，但也把 $B_1(0,-b)$，$B_2(0, b)$画在 y 轴上，如图 7－11 所示.

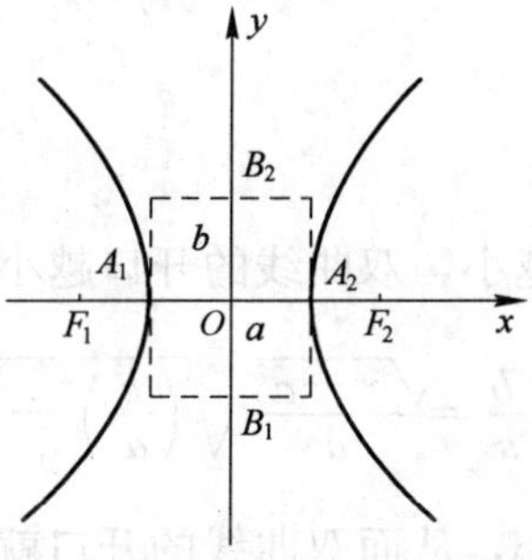

图 7－11

线段 A_1A_2 称为双曲线的**实轴**，它的长等于 $2a$，a 称为双曲线的**实半轴**；线段 B_1B_2 称为双曲线的**虚轴**，它的长等于 $2b$，b 称为双曲线的**虚半轴**.

实轴和虚轴等长的双曲线称为**等轴双曲线**.

把 $c=\sqrt{a^2+b^2}$ 称为双曲线的**半焦距**.

4. 渐近线

经过 $A_1(-a, 0)$，$A_2(a, 0)$作 y 轴的平行线 $x=\pm a$，经过 $B_1(0, -b)$，$B_2(0, b)$作 x 轴的平行线 $y=\pm b$，4 条直线围成一个矩形，如图 7－12 所示. 矩形的两条对角线所在的直线的方程为 $y=\pm\dfrac{b}{a}x$. 可以证明(证略)，双曲线各支向外延伸时，与这两条直线逐渐接近但永不相交.

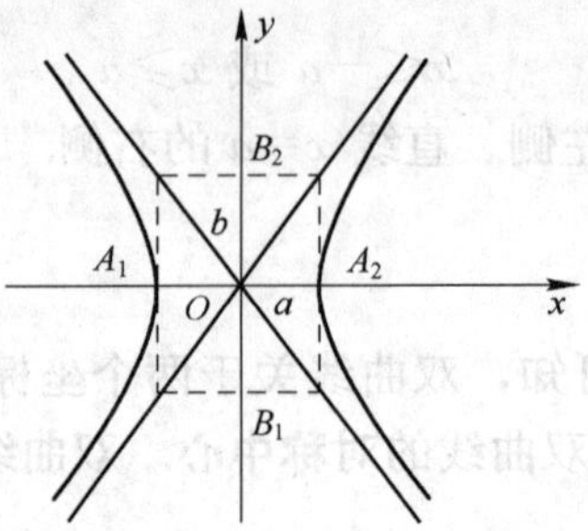

图 7 - 12

把这两条直线 $y=\pm\frac{b}{a}x$ 称为双曲线(7 - 4)的**渐近线**.

利用双曲线的渐近线，可以较准确地画出双曲线的草图. 具体做法是：画出双曲线的渐近线，先确定双曲线顶点及第一象限内任意一点的位置，然后过这两点并根据双曲线在第一象限内从渐近线的下方逐渐接近渐近线的特点画出双曲线的一部分，最后利用双曲线的对称性画出完整的双曲线.

5. 离心率

观察图 7 - 12 可知，比值$\frac{b}{a}$越小，双曲线的开口越小. 而

$$\frac{b}{a}=\frac{\sqrt{c^2-a^2}}{a}\sqrt{\left(\frac{c}{a}\right)^2-1}$$

所以比值$\frac{c}{a}$越小时，比值$\frac{b}{a}$就越小，从而双曲线的开口就越小；反之，比值$\frac{c}{a}$越大时，双曲线的开口就越大.

把 $e=\frac{c}{a}$称为双曲线的**离心率**.

由以上讨论可知，双曲线的离心率 e 反映了双曲线的开口大小：e 越小，双曲线开口就越小；e 越大，双曲线开口就越大.

由于 $c>a>0$，所以对双曲线来说，$e>1$.

注意：上述关于双曲线的范围、顶点坐标、渐近线方程的结论，是针对焦点在 x 轴的双曲线$\frac{x^2}{a^2}-\frac{y^2}{b^2}=1$ 而得的. 对焦点在 y 轴的双曲线$\frac{y^2}{a^2}-\frac{x^2}{b^2}=1$，可以仿照讨论，但所得结论不同. 而关于对称性、实轴和虚轴、离心率的结论，适应于两类双曲线.

例 7.12 求双曲线 $4x^2-25y^2=100$ 的实半轴长和虚半轴长、焦点坐标、离心率、渐近线方程.

解 把方程化为标准方程

$$\frac{x^2}{25}-\frac{y^2}{4}=1$$

由此可知，焦点在 x 轴上，实半轴长 $a=5$，虚半轴长 $b=2$，且

$$c=\sqrt{a^2+b^2}=\sqrt{5^2+2^2}=\sqrt{29}$$

所以焦点为$(-\sqrt{29},\ 0)$，$(\sqrt{29},\ 0)$，离心率 $e=\frac{c}{a}=\frac{\sqrt{29}}{5}$，渐近线方程为$y=\pm\frac{2}{5}x$.

例 7.13　已知双曲线的顶点坐标为$(0,\ -8)$，$(0,\ 8)$，离心率为$\frac{5}{4}$，求双曲线的标准方程.

解　因为顶点在 y 轴上，故标准方程形如

$$\frac{y^2}{a^2}-\frac{x^2}{b^2}=1$$

已知 $a=8$，$\frac{c}{a}=\frac{5}{4}$，因此 $c=8\times\frac{5}{4}=10$，且

$$b^2=c^2-a^2=10^2-8^2=36$$

所以所求双曲线的标准方程为

$$\frac{y^2}{64}-\frac{x^2}{36}=1$$

例 7.14　已知等轴双曲线的一个焦点是 $F_1(-6,\ 0)$，求它的标准方程.

解　焦点 $F_1(-6,\ 0)$在 x 轴上，$a=b$，所以设等轴双曲线为

$$x^2-y^2=a^2$$

因为 $c=6$，$c^2=a^2+b^2=2a^2$，所以

$$a^2=\frac{1}{2}\times c^2=18$$

从而等轴双曲线的方程为

$$x^2-y^2=18$$

练一练

1. 双曲线 $9x^2-4y^2=36$ 的实轴长和虚轴长分别为________和________，顶点________、________，焦点________、________，离心率________，渐近线方程________.

2. 已知等轴双曲线上一点$(2,\ 1)$，求它的标准方程和渐近线方程.

习题 7-3

1. 求下列双曲线的焦点和焦距.

(1) $3x^2-2y^2=6$ (2) $4y^2-12x^2=48$

2. 求适合下列条件的双曲线的标准方程.

(1) 焦点在 x 轴上，焦距是 8，双曲线上一点到两焦点距离之差的绝对值等于 6；

(2) 焦点为 $F_1(-8,0)$，$F_2(8,0)$，且 $2a=14$；

(3) $c=7$，$b=5$，焦点在 y 轴上.

3. 已知下列双曲线的方程，求它的顶点坐标、焦点坐标、离心率、渐近线方程.

(1) $18x^2-2y^2=36$ (2) $x^2-y^2=4$

4. 求双曲线的标准方程.

(1) 已知双曲线的两个顶点坐标为$(-6,0)$，$(6,0)$，离心率为$\frac{5}{3}$；

(2) 虚轴长为 6，焦距为 8，焦点在 x 轴上；

(3) 实轴长为 10，虚轴长为 6，焦点在 y 轴上.

5. 求以椭圆$\frac{x^2}{8}+\frac{y^2}{5}=1$的焦点为顶点、以该椭圆的顶点为焦点的双曲线标准方程.

6. 证明：等轴双曲线的离心率是 $\sqrt{2}$.

7.4 抛 物 线

7.4.1 抛物线的定义和标准方程

我们知道，二次函数 $y=x^2$ 的图像是一条抛物线. 下面对抛物线作进一步研究.

把一根直尺固定在图板上直线 l 的位置，如图 7-13 所示. 把一块三角尺的一条直角边紧靠着直尺的边缘，再把一细绳的一端固定在三角尺的另一条直角边的一点 A，取绳长等于

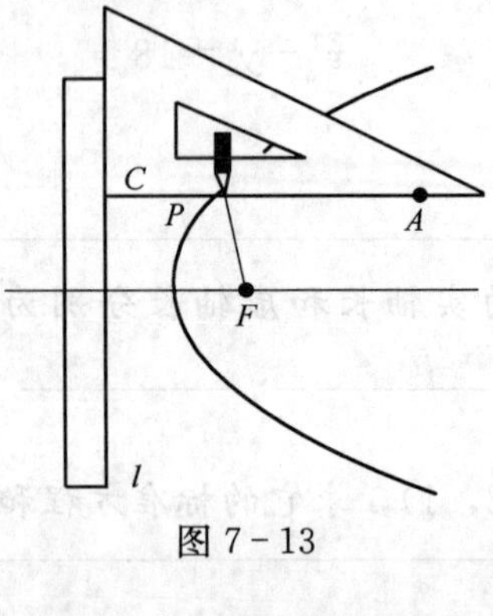

图 7-13

点 A 到直角顶点 C 的长(即点 A 到直线 l 的距离)，并且把绳子的另一端固定在图板上的一点 F 上. 用铅笔尖扣着绳子，使点 A 到笔尖的一段绳子紧靠着三角尺，然后将三角尺沿着直尺上下滑动，笔尖就在图板上描出了一条曲线. 如果把图板绕点 F 旋转 90°，曲线就是抛物线.

从图 7-13 可以看出，这条曲线上任意一点 M 到 F 的距离与它到直线 l 的距离相等.

平面内与一个定点 F 和一条定直线 l 的距离相等的点的轨迹称为**抛物线**. 点 F 称为**抛物线的焦点**，直线 l 称为**抛物线的准线**.

根据抛物线的定义，下面来求抛物线的方程.

如图 7-14 所示，建立直角坐标系 xOy，使 x 轴经过点 F 且垂直于直线 l，垂足为 K，并使原点与线段 KF 的中点重合.

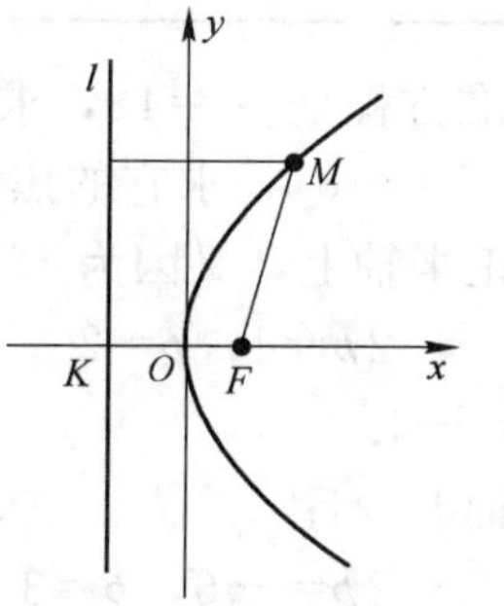

图 7-14

设 $|KF|=p(p>0)$，那么焦点为 $\left(\frac{p}{2}, 0\right)$，准线方程为 $x=-\frac{p}{2}$. 设点 $M(x, y)$ 是抛物线上任意一点，点 M 到 l 的距离为 d，则

$$d=\left|x+\frac{p}{2}\right|$$

由抛物线的定义知，

$$|MF|=d$$

即

$$\sqrt{\left(x-\frac{p}{2}\right)^2+y^2}=\left|x+\frac{p}{2}\right|$$

将上式两边平方并化简，得

$$y^2=2px \quad (p>0) \tag{7-5}$$

这表明，抛物线上任一点的坐标满足方程(7-5)；反之，以上的推导都可以反推回去，这表明，以方程(7-5)的解为坐标的点在抛物线上. 因此，方程(7-5)就是抛物线的方程. 把方程(7-5)称为**抛物线的标准方程**.

一条抛物线，由于它在坐标平面内的位置不同，方程也就不同，所以抛物线的标准方程还有其他 3 种形式. 这 4 种抛物线的图像、标准方程、焦点坐标及准线方程如表 7-1 所示.

表 7-1

图像	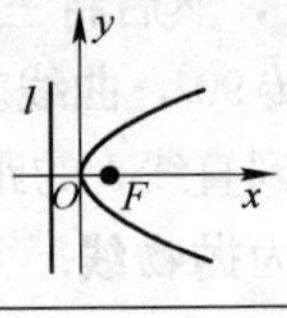	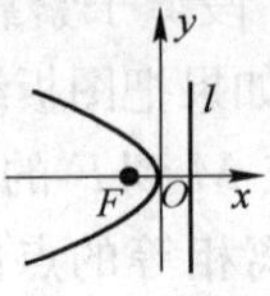	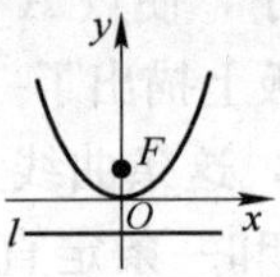	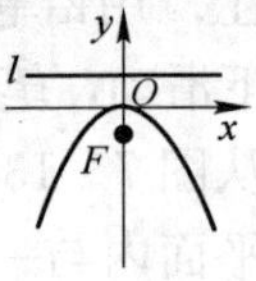
标准方程	$y^2=2px$ $(p>0)$	$y^2=-2px$ $(p>0)$	$x^2=2py$ $(p>0)$	$x^2=-2py$ $(p>0)$
焦点坐标	$\left(\frac{p}{2},0\right)$	$\left(-\frac{p}{2},0\right)$	$\left(0,\frac{p}{2}\right)$	$\left(0,-\frac{p}{2}\right)$
准线方程	$x=-\frac{p}{2}$	$x=\frac{p}{2}$	$y=-\frac{p}{2}$	$y=\frac{p}{2}$

例 7.15　(1) 已知抛物线的标准方程是 $y^2=4x$，求它的焦点坐标和准线方程；

(2) 已知抛物线的标准方程是 $x^2=-6y$，求它的焦点坐标和准线方程.

解　(1) 由方程知焦点在 x 轴正半轴上，又因为

$$2p=4,\ p=2$$

所以焦点为(1，0)，准线方程为 $x=-1$.

(2) 因为焦点在 y 轴负半轴上，且

$$-2p=-6,\ p=3$$

所以焦点为 $\left(0,-\frac{3}{2}\right)$，准线方程为 $y=\frac{3}{2}$.

例 7.16　(1) 已知抛物线的焦点坐标是 $F(0,3)$，求它的标准方程；

(2) 已知抛物线的准线方程是 $x=2$，求它的标准方程.

解　(1) 因为焦点在 y 轴的正半轴上，所以标准方程形如 $x^2=2py$，又因为 $\frac{p}{2}=3$，$p=6$，所以抛物线的标准方程是

$$x^2=12y$$

(2) 由已知条件可知标准方程形如 $y^2=-2px$，又因为 $\frac{p}{2}=2$，$p=4$，所以抛物线的标准方程为

$$y^2=-8x$$

练一练

1. 抛物线的焦点为 $F(2,0)$，它的标准方程是____________
2. 抛物线的准线方程是 $y=-5$，它的标准方程是____________
3. 抛物线 $y^2=3x$ 的焦点为____________，准线方程为____________
4. 抛物线 $x^2=-10y$ 的焦点为____________，准线方程为____________

7.4.2　抛物线的简单几何性质

下面根据抛物线的标准方程

$$y^2=2px \quad (p>0)$$

来研究它的几何性质.

1. 范围

因为 $p>0$，由方程(7-5)可知，这条抛物线上点 M 的坐标(x, y)满足不等式$x\geqslant 0$，所以这条抛物线在 y 轴的右侧；当 x 的值增大时，$|y|$也增大，这说明抛物线向右上方和右下方无限延伸.

2. 对称性

以$-y$代替 y，方程(7-5)不变，所以这条抛物线关于 x 轴对称，把抛物线的对称轴称为抛物线的轴.

3. 顶点

抛物线和其轴的交点称为抛物线的**顶点**. 在方程(7-5)中，当 $y=0$ 时，$x=0$，因此抛物线(7-5)的顶点就是坐标原点.

4. 离心率

抛物线上的点 M 与焦点的距离和它到准线的距离的比，称为**抛物线的离心率**，用 e 表示. 由抛物线的定义可知，$e=1$.

注意：仿照上面的讨论，特别是结合图像，可以得到抛物线 $y^2=-2px$，$x^2=2py$，$x^2=-2py$的有关性质.

例 7.17　已知抛物线关于 x 轴对称，它的顶点在坐标原点，并且经过点 $M(1, -2)$，试求出它的标准方程，并画出它的草图.

解　因为抛物线关于 x 轴对称，它的顶点在原点，并且经过点 $M(1, -2)$，所以它的标准方程形如

$$y^2=2px \quad (p>0)$$

因为点 M 在抛物线上，所以

$$(-2)^2=2p\cdot 1$$

得 $2p=4$. 因此所求方程是

$$y^2=4x$$

将 $y^2=4x$ 变形为 $y=\pm 2\sqrt{x}$，根据 $y=2\sqrt{x}$ 计算出抛物线在 $x\geqslant 0$ 的范围内几个点的坐标，得

x	0	1	2	3	4	…
y	0	2	2.8	3.5	4	…

描点画出抛物线的一部分，再利用对称性，就可以画出抛物线的另一部分，如图 7－15 所示.

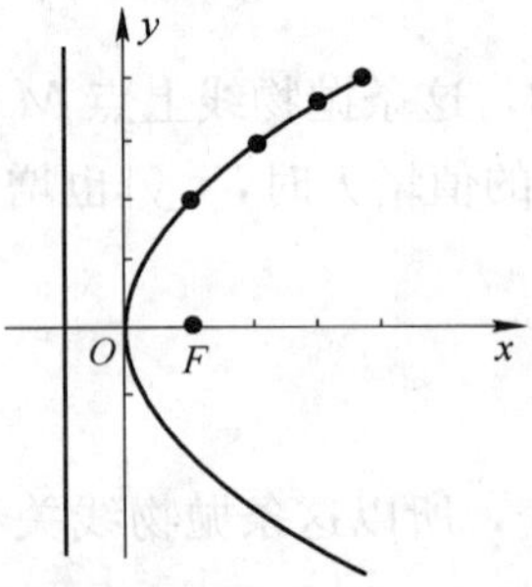

图 7－15

例 7.18　探照灯反射镜的轴截面是抛物线的一部分，如图 7－16(a)所示，光源位于抛物线的焦点处. 已知灯口圆的直径为 80 cm，灯深 50 cm，求抛物线的标准方程和焦点的位置.

图 7－16

解　如图 7－16(b)所示，在探照灯的轴截面所在平面内建立直角坐标系，使反光镜的顶点(即抛物线的顶点)与原点重合，x 轴垂直于灯口直径.

设抛物线的标准方程是 $y^2=2px(p>0)$. 由已知条件可得点 A 的坐标是(50，40)，代入方程，得

$$40^2=2p\cdot 50$$

于是

$$p=16$$

所求抛物线的标准方程为

$$y^2=32x$$

抛物线的焦点为(8，0)．

抛物线的光学性质如图 7－16(a)所示，从焦点发出的光线，经过抛物线反射后，反射光线平行于抛物线的轴．探照灯就是利用这个原理设计的．反之，一束平行于抛物线的轴的光线，经过抛物线的反射，集中于它的焦点．

从椭圆的一个焦点发出的光线，经过椭圆反射后，反射光线交于椭圆的另一个焦点上，如图 7－17 所示；从双曲线的一个焦点发出的光线，经过双曲线反射后，反射光线是散开的，它们就好像是从另一个焦点射出的一样，如图 7－18 所示．椭圆、双曲线的光学性质也被人们广泛地应用于各种设计中．

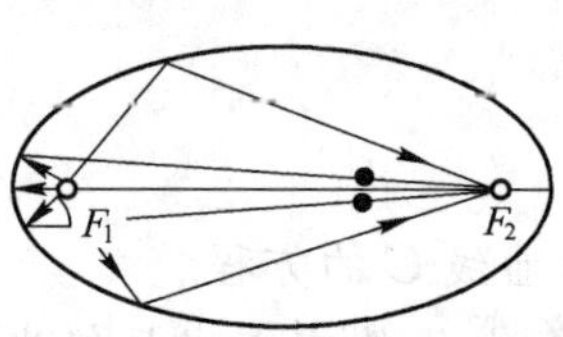

图 7－17

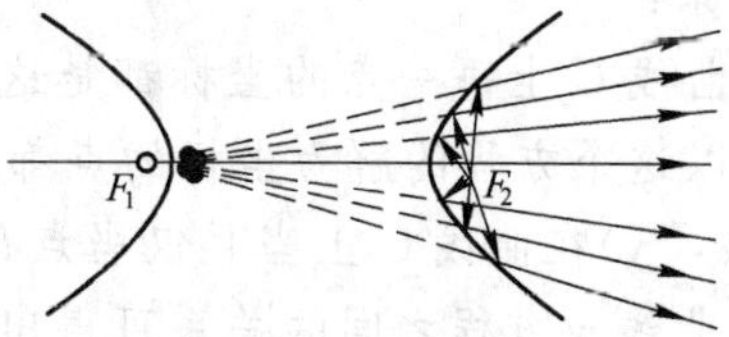

图 7－18

在直角坐标系中，圆、椭圆、双曲线、抛物线这四种曲线的方程都是二元二次方程，所以把这四种曲线统称为**二次曲线**(或**圆锥曲线**)．

练一练

1. 抛物线顶点在原点，关于 x 轴对称，并且经过点 $M(-5,-10)$，求其标准方程．
2. 在同一坐标系中画出抛物线 $y^2=x$ 和 $y^2=2x$ 的草图．

习题 7－4

1. 求下列抛物线的焦点坐标和准线方程．

(1) $y^2-8x=0$　　(2) $3x^2+4y=0$

(3) $4y^2+x=0$　　(4) $x^2=y$

2. 已知两条抛物线的焦点坐标分别是(4，0)、(0，4)，求它们的标准方程．

3. 根据下列条件，求抛物线的方程．

(1) 顶点在原点，对称轴是 x 轴，并且顶点与焦点的距离等于 1；

(2) 顶点在原点，对称轴是 y 轴，并经过点 $P(-2,-8)$．

4. 一条隧道的顶部是抛物拱形，拱高是 1.1 m，跨度是 2.2 m．求拱形的抛物线方程．

5. 证明：直线 $x-4y+20=0$ 与抛物线 $y^2=5x$ 只有一个公共点．

6. 抛物线的顶点是双曲线 $16x^2-9y^2=144$ 的中心，而焦点是双曲线的左顶点，求抛物线的方程．

本章小结

本章用解析法研究了圆、椭圆、双曲线、抛物线．首先根据这些曲线上的点的几何特征，选择适当的直角坐标系，求它们的方程；然后利用方程研究它们的几何性质．

一、曲线和方程

在平面上建立一个直角坐标系，平面曲线 C 的方程是指曲线 C 上的每个点的坐标都满足的方程，而不在曲线 C 上的点的坐标则不满足这个方程．因此，曲线 C 与它的方程之间有如下关系：

(1) 曲线 C 上每一点的坐标都是这个方程的解；

(2) 以这个方程的解为坐标的点都是曲线 C 上的点．

即点 $M(x, y)$ 在曲线 C 上当且仅当点 $M(x, y)$ 的坐标满足曲线 C 的方程．

根据曲线与方程之间的关系可得出，点 $M(x, y)$ 是两条曲线的交点当且仅当点 M 的坐标 (x, y) 是这两条曲线方程组成的方程组的实数解．由此可求出两条曲线的交点．

二、圆的方程

1. 圆的标准方程．圆心是 $C(a, b)$、半径是 r 的圆的标准方程为

$$(x-a)^2+(y-b)^2=r^2$$

特别地，圆心在原点、半径是 r 的圆的标准方程为

$$x^2+y^2=r^2$$

2. 圆的一般方程．圆的一般方程为

$$x^2+y^2+Dx+Ey+F=0$$

其中，$D^2+E^2-4F>0$．

三、椭圆、双曲线和抛物线的标准方程与性质

	椭　圆	双 曲 线	抛 物 线
定　义	与两个定点的距离之和是常数的动点轨迹	与两个定点的距离之差的绝对值是常数的动点轨迹	与一个定点和一条定直线的距离相等的动点轨迹
标准方程	$\frac{x^2}{a^2}+\frac{y^2}{b^2}=1$ $(a>b>0)$	$\frac{x^2}{a^2}-\frac{y^2}{b^2}=1$ $(a>0, b>0)$	$y^2=2px$ $(p>0)$
图　形	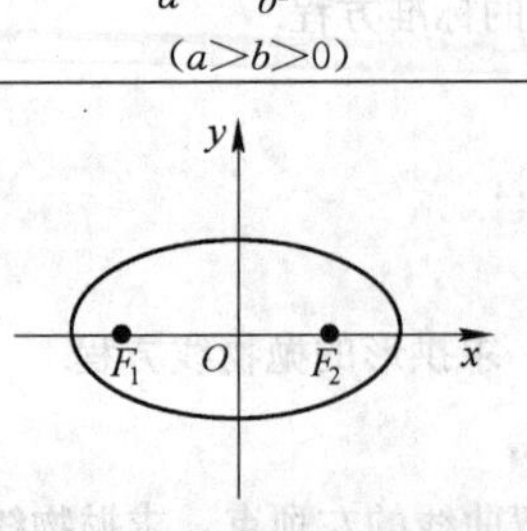	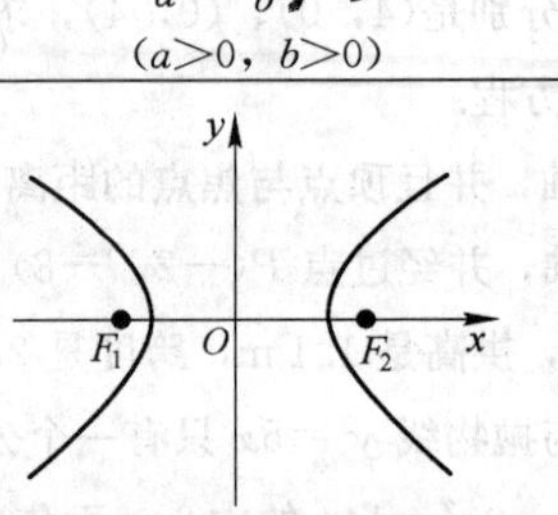	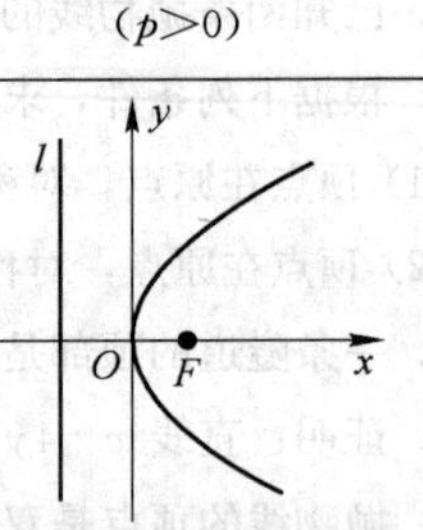

续表

	椭　圆	双曲线	抛物线
对称轴	x 轴，长轴长 $2a$ y 轴，短轴长 $2b$	x 轴，实轴长 $2a$ y 轴，虚轴长 $2b$	x 轴
顶点坐标	$(-a,\ 0)$，$(a,\ 0)$ $(0,\ -b)$，$(0,\ b)$	$(-a,\ 0)$，$(a,\ 0)$	$(0,\ 0)$
焦点坐标	$(-c,\ 0)$，$(c,\ 0)$ 其中 $c=\sqrt{a^2-b^2}$	$(-c,\ 0)$，$(c,\ 0)$ 其中 $c=\sqrt{a^2+b^2}$	$\left(\frac{p}{2},\ 0\right)$
离心率	$e=\frac{c}{a}$　$(0<e<1)$	$e=\frac{c}{a}$　$(e>1)$	$e=1$
渐近线		$y=\frac{b}{a}x$，$y=-\frac{b}{a}x$	
准　线			$x=-\frac{p}{2}$

自我测试题

一、选择题

1. 圆 $x^2+y^2-6x+10y+18=0$ 的圆心坐标和半径为(　　)

A. $(3,\ -5)$，16　B. $(-3,\ 5)$，16　C. $(3,\ -5)$，4　D. $(-3,\ 5)$，4

2. 直线 $5x+12y-8=0$ 与 $(x-1)^2+(y+3)^2=8$ 的位置关系是(　　)

A. 相交且过圆心　B. 相交但不过圆心　C. 相切　D. 相离

3. 已知椭圆方程为 $\frac{x^2}{20}+\frac{y^2}{11}=1$，那么它的焦距是(　　)

A. 6　B. 3　C. $2\sqrt{31}$　D. $\sqrt{31}$

4. 如果方程 $kx^2+y^2=2$ 表示焦点在 x 轴上的椭圆，那么实数 k 的取值范围为(　　)

A. $k>0$　B. $0<k<2$　C. $k>1$　D. $0<k<1$

5. 下列双曲线方程中，以 $y=\pm\frac{1}{2}x$ 为渐近线的是(　　)

A. $\frac{x^2}{4}-\frac{y^2}{16}=1$　B. $\frac{x^2}{16}-\frac{y^2}{4}=1$　C. $\frac{x^2}{2}-y^2=1$　D. $x^2-\frac{y^2}{2}=1$

6. 方程 $y^2-x^2=0$ 表示的图形是(　　)

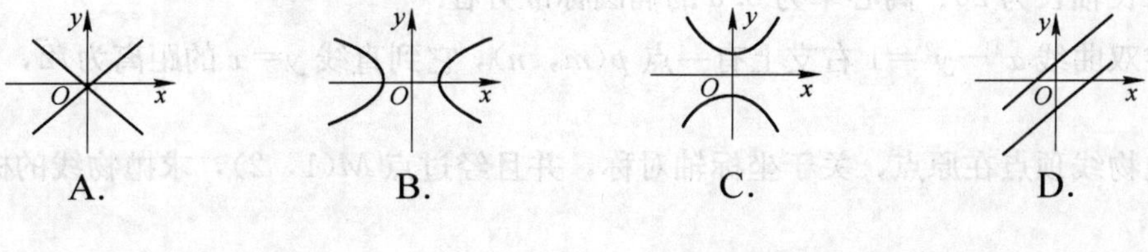

A.　B.　C.　D.

7. 若$\frac{x^2}{25-k}+\frac{y^2}{k-16}=1$表示焦点在 x 轴上的双曲线，则(　　)

A. $k>25$　　B. $k>16$　　C. $16<k<25$　　D. $k<16$

8. 抛物线 $y^2=20x$ 的焦点坐标是(　　)

A. (0，5)　　B. (5，0)　　C. (0，−5)　　D. (−5，0)

二、填空题

1. 圆心为(2，−1)、半径为 3 的圆的方程为____________.

2. 已知方程 $x^2+y^2+2kx+4y+k^2-4k+8=0$ 表示圆，则 k 的取值范围是____________.

3. 焦点为(±3，0)，且一个顶点为(0，4)的椭圆标准方程是____________.

4. 四边形的顶点是椭圆$\frac{x^2}{9}+\frac{y^2}{4}=1$ 的顶点，则该四边形的面积为____________.

5. 双曲线 $x^2-\frac{y^2}{4}=1$ 的两个焦点坐标是____________.

6. 双曲线 $x^2-y^2=16$ 的离心率为____________.

7. 准线方程为 $y=-\frac{1}{3}$的抛物线的标准方程是____________.

8. 已知点(−2，3)与抛物线 $y^2=2px(p>0)$的焦点的距离是 5，则 $p=$____________.

三、解答题

1. 如图 7－19 所示，已知圆上两点 $A(1，8)$，$B(1，4)$，一条直线 l：$x-y+1=0$ 经过圆心 C，求：

(1) 圆心 C 的坐标；

(2) 圆的标准方程.

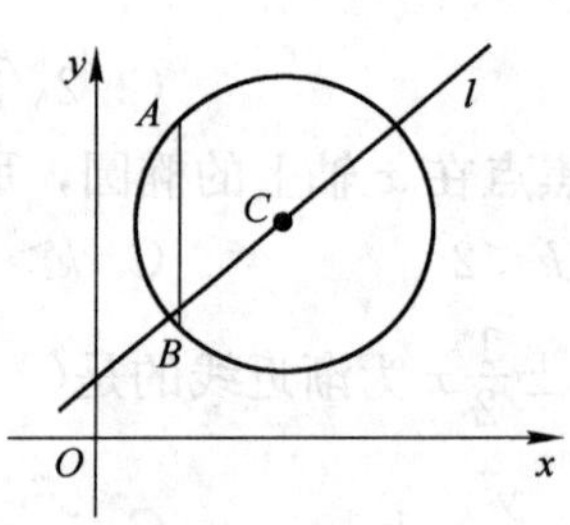

图 7－19

2. 求长轴长为 20、离心率为 0.6 的椭圆标准方程.

3. 在双曲线 $x^2-y^2=1$ 右支上有一点 $p(m，n)$，它到直线 $y=x$ 的距离为$\sqrt{2}$，试求 P 点的坐标.

4. 抛物线顶点在原点，关于坐标轴对称，并且经过点 $M(1，2)$，求抛物线的标准方程.

读 一 读

➡ 圆锥曲线

圆、椭圆、双曲线、抛物线因在直角坐标系内的方程都是二次的，从而统称为二次曲线，又因为它们可用适当的平面去截圆锥面来得到而统称为圆锥曲线(图 1).

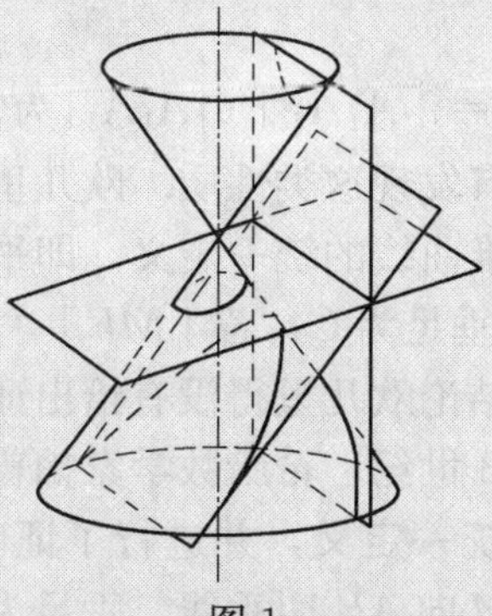

图 1

公元前 4 世纪，希腊著名学者梅内克缪斯企图解决当时的著名难题“倍立方问题”（即用直尺和圆规把立方体体积扩大一倍）. 他把直角三角形 ABC 的直角$\angle A$ 的平分线 AO 作为轴，旋转三角形 ABC 一周，得到曲面 $ABECE'$，如图 2 所示. 用垂直于 AC 的平面去截此曲面，可得到曲线 EDE'，梅内克缪斯称之为“直角圆锥曲线”. 他想以此在理论上解决“倍立方问题”未获成功，后来便撇开“倍立方问题”，对圆锥曲线做专门研究；若以直角三角形 ABC 中的长直角边 AC 为轴，旋转三角形 ABC 一周，得到曲面 $CB'EBE'$，如图 3 所示，用垂直于 BC 的平面去截此曲面，其切口为一曲线，称之为“锐角圆锥曲线”；若以直角三角形 ABC 中的短直角边 AB 为轴，旋转三角形 ABC 一周，可得到曲面 $BC'ECE'$，如图 4 所示，用垂直于 BC 的平面去截此曲面，其切口曲线 EDE'，称为“钝角圆锥曲线”. 当时，希腊人对平面曲线还缺乏认识，上述 3 种曲线须以圆锥曲面为媒介得到，因此被称为圆锥曲线的“雏形”.

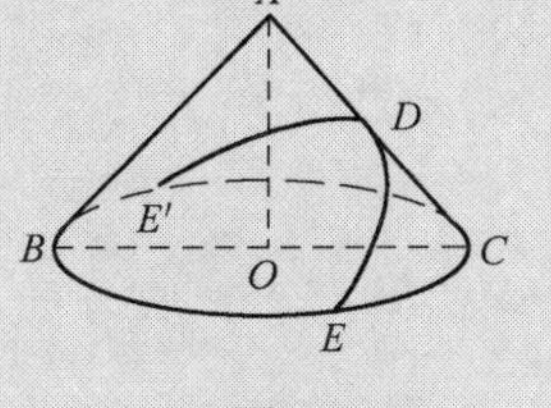

图 2

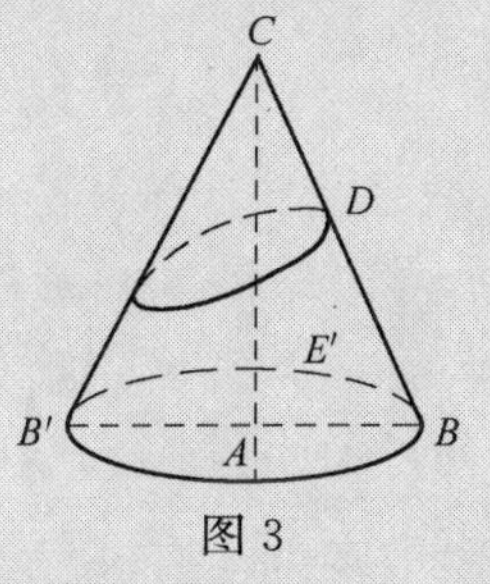

图 3

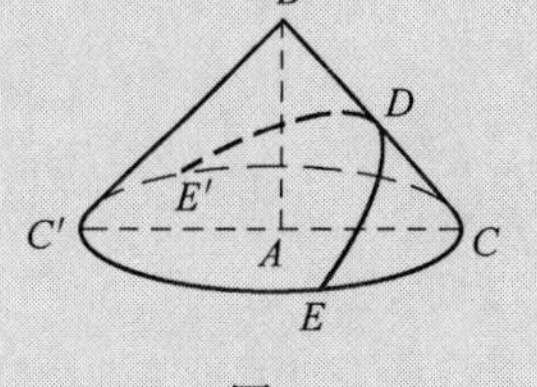

图 4

经过了约200年的时间，圆锥曲线研究取得重大突破的是希腊的两位著名数学家奥波罗尼奥斯(公元前3世纪后半叶)和欧几里得(公元前330至公元前275年). 奥波罗尼奥斯在他的著作《圆锥曲线论》中，系统地阐述了圆锥曲面的定义，利用圆锥曲面生成圆锥曲线的方法与构成，而且还对圆锥曲线的性质进行了深入的研究，他发现：

(1) 椭圆、双曲线任一点M处的切线与MF_1，MF_2(F_1,F_2为两定点,后人称之为焦点)的夹角相等；

(2) 对于椭圆有

$$|MF_1|+|MF_2|=|A_1A_2|\text{（}|A_1A_2|\text{为常数,且大于}|F_1F_2|\text{）；}$$

(3) 对于双曲线，

$$|MF_1|-|MF_2|=|A_1A_2|\text{（}|A_1A_2|\text{为常数,且小于}|F_1F_2|\text{）}$$

但是，奥波罗尼奥斯对抛物线没有发现这类性质. 欧几里得在他的巨著《几何原本》里描述了圆锥曲线的共性，并给出了圆锥曲线的统一定义，即平面内一点F和一定直线AB，从平面内的动点M向AB引垂线，垂足为C，若$|MF|:|MC|$的值一定，则动点M的轨迹为圆锥曲线. 只可惜对这一结论欧几里得没有给出证明.

又经过了500年，到了公元3世纪，希腊数学家帕普斯在他的著作《汇篇》中，才完善了欧几里得的关于圆锥曲线的统一定义，并进行了证明. 他指出，平面内一定点F和一定直线AB，从平面内的动点M向AB引垂线，垂足为C，若$|MF|:|MC|$的值一定，则当$|MF|:|MC|$的比值小于1时，动点M的轨迹是椭圆，比值等于1时是抛物线，比值大于1时是双曲线. 至此，圆锥曲线的定义和性质才比较完整地建立起来了.

第 8 章　立体几何

学习要求

- 理解平面的基本性质和确定平面的方法；理解两条直线的位置关系、异面直线的定义、直线和平面的位置关系、两个平面的位置关系及各位置关系的判定定理和性质定理.
- 了解两条异面直线距离的定义和求法，以及各种几何立体图形的定义和性质、多面体的定义.
- 掌握三垂线定理的应用和二面角的求法.
- 会用公式计算各种几何立体图形的侧面积和体积.

在初中，学习了平面几何，研究过一些图形，如三角形、平行四边形等，这些图形是由平面内的点、线所构成的. 但在现实中，还会遇到许多由空间的点、线、面所构成的空间图形，如房屋、书桌及长方体、圆柱等.

立体几何就是研究空间图形的. 本章将研究空间的点、线、面及其相互关系，并介绍几种常见的多面体与旋转体.

8.1　平面的基本性质

8.1.1　平面表示法

在现实生活中，所看到的面都是物体的表面，如桌面、墙面、球面等. 这些面有的平，有的不平，本节讨论的是平面. 在立体几何中所研究的平面是没有厚度且可以无限延展的. 桌面、墙面、平静的湖面等都是平面的局部形象.

一个平面通常用一个平行四边形来示意，如图 8－1 所示，但要把它想像成无限延展的. 表

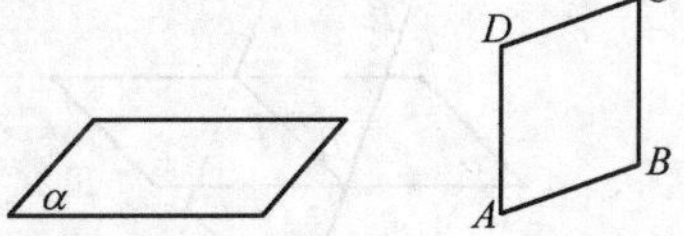

(a) 水平放置的平面　　(b) 竖立的平面

图 8－1

示一个平面通常用希腊字母 α，β 等，写在平行四边形某一个顶角内部，记作平面 α、平面 β 等；或用表示平面的平行四边形相对的两个角上的字母来表示，如平面 AC；也可以用表示平面内 3 个点的字母来表示，如平面 ABC，如图 8－1 所示.

把空间看作点的集合，那么直线和平面都是空间的子集. 可用集合的语言描述点、直线、平面的关系. 例如，

点 A 在直线 l 上，记作 $A\in l$；点 A 不在直线 l 上，记作 $A\notin l$.

点 A 在平面 α 上，记作 $A\in\alpha$；点 A 不在平面 α 内，记作 $A\notin\alpha$.

直线 l 在平面 α 内，记作 $l\subset\alpha$；直线 l 不在平面 α 内，记作 $l\not\subset\alpha$.

直线 a 与直线 b 相交于点 A 记作 $a\cap b=A$，直线 l 与平面 α 相交于点 A 记作 $l\cap\alpha=A$，等等.

练一练

能不能说一个平面长 4 m、宽 2 m？为什么？

8.1.2 平面的基本性质

在生产与生活中，人们经过长期的观察与实践，总结出平面的 3 个基本性质. 可以把它们当作公理，作为进一步推理的基础.

公理 8.1 如果一条直线上的两点在一个平面内，那么这条直线上所有的点都在这个平面内(图 8－2).

例如，把一根直尺边缘上的任意两点放在平的桌面上，可以看到直尺边缘落在桌面上.

公理 8.2 如果两个平面有一个公共点，那么它们有且只有一条通过这个点的公共直线(图 8－3).

例如，教室内相邻的墙面，在墙角处交于一个点，它们就交于过这个点的一条直线.

公理 8.3 经过不在同一条直线上的三点有且只有一个平面(图 8－4).

例如，一扇门用两个合页和一把锁就可以固定了.

根据上述公理，可以得出下面的 3 个推论(图 8－5).

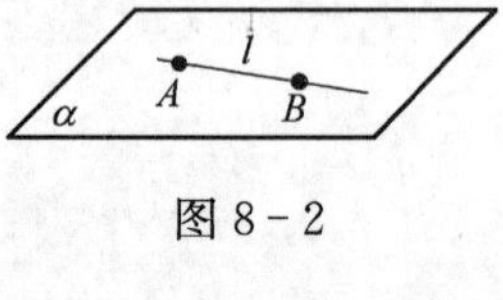

图 8－2

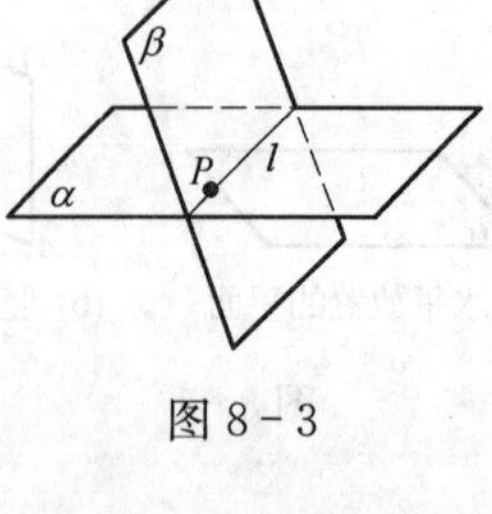

图 8－3

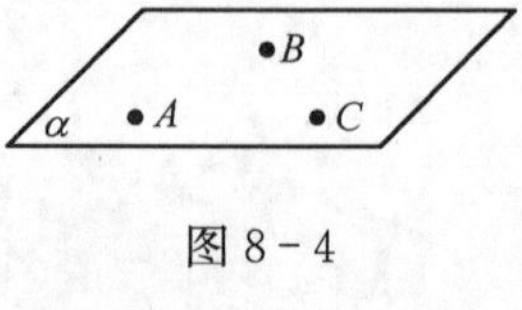

图 8－4

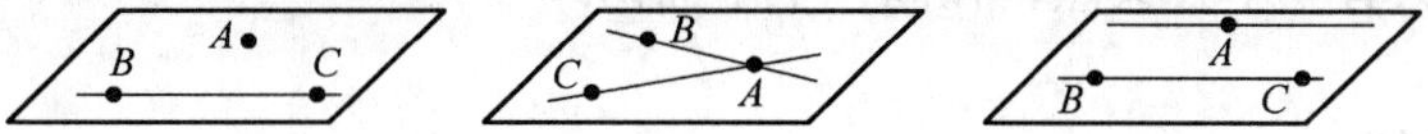

(a)　(b)　(c)

图 8－5

推论 8.1　一条直线和直线外的一点确定一个平面.

推论 8.2　两条相交直线确定一个平面.

推论 8.3　两条平行直线确定一个平面.

初中平面几何中的定义、公理、定理等，对于空间同一个平面内的图形也成立.

练一练

1. 填空.

(1) ______的三点确定一个平面.

(2) 两条______或______直线确定一个平面.

(3) 有一个公共点的两个平面交于______的一条直线.

2. 用集合的语言描述下列语句.

(1) 点 A 在平面 α 内，但在平面 β 外；

(2) 直线 l 经过平面 α 外一点 M；

(3) 直线 l 在平面 α 内，又在平面 β 内，即平面 α 和平面 β 相交于直线 l.

习题 8－1

1. 观察一个漱口杯，哪一部分是平面？哪一部分不是平面？
2. 对于一个正方体，试分别用记在顶点的两个大写字母来表示上、下、前、后、左、右 6 个平面.
3. 在什么情况下，经过三点的平面不止一个？
4. 梯形一定是平面图形吗？为什么？四边形一定是平面图形吗？举例说明.

8.2　空间直线

我们知道，在同一个平面内的两条直线的位置关系只有两种：平行和相交.

观察教室中黑板的横边和窗户的竖边，发现它们不在任何一个平面内，称它们是异面直线. 因此，空间两条不重合的直线的位置关系有以下 3 种.

异面直线：没有公共点，不同在任何一个平面内.

平行直线：没有公共点，在同一个平面内.

相交直线：只有一个公共点，在同一个平面内.

8.2.1 平行直线

在平面几何里，曾学过“在同一个平面内，如果两条直线都和第三条直线平行，那么这两条直线也互相平行”. 对于空间的三条直线，实际上也有这样的性质，这里把它作为公理.

公理 8.4 平行于同一条直线的两条直线互相平行.

例如，图 8-6 中三棱镜的三条棱，如果 $AA'/\!/BB'$，$CC'/\!/BB'$，这时必有 $AA'/\!/CC'$.

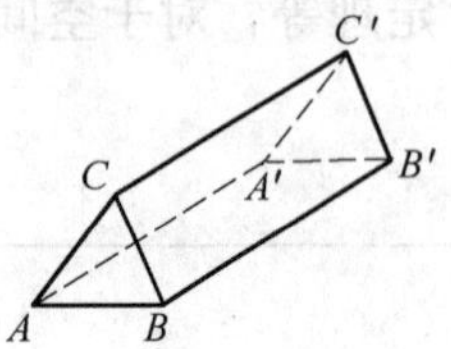

图 8-6

例 8.1 已知：四边形 $ABCD$ 是空间四边形(四个顶点不共面的四边形)，E，F，G，H 分别是边 AB，BC，CD，DA 上的中点，如图 8-7 所示.

求证：四边形 $EFGH$ 是平行四边形.

证明 如图 8-7，连接 BD，因为 E，H 是边 AB，DA 上的中点，从而 EH 是$\triangle ABD$ 的中位线，所以 $EH/\!/BD$，且 $EH=\frac{1}{2}BD$.

同理，$FG/\!/BD$，且 $FG=\frac{1}{2}BD$. 根据公理 8.4，$EF/\!/HG$，且 $EH=FG$. 所以四边形是平行四边形.

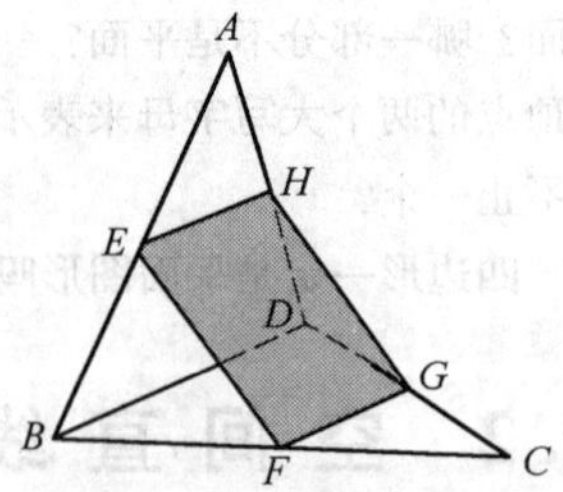

图 8-7

根据公理 8.4，可以证明下面的定理(证明略).

定理 8.1 如果一个角的两边和另一个角的两边分别平行且方向相同，那么这两个角相等.

把上面定理中两个角的两边反向延长，就得出下面的推论.

推论 8.4　如果两条相交直线和另两条相交直线分别平行，那么这两组直线所成的锐角(或直角)相等.

练一练

1. 把一张长方形的纸对折两次，打开后如图 8-8 所示，说明为什么这些折痕是互相平行的.

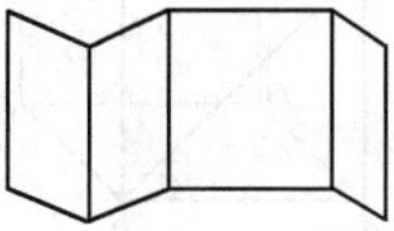

图 8-8

2. 空间的两条直线不平行就一定相交吗?

8.2.2　异面直线

把不同在任何一个平面内的两条直线称为**异面直线**. 如图 8-9 所示.

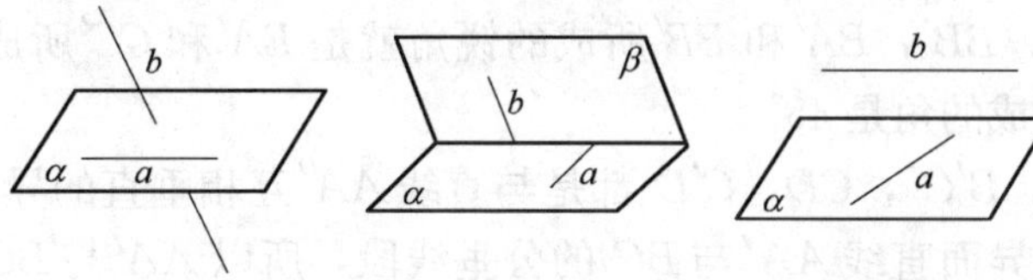

图 8-9

直线 a，b 是异面直线. 经过空间任意一点 O，分别引直线 $a' \parallel a$，$b' \parallel b$. 由推论 8.4 可知，直线 a'和 b'所成的锐角(或直角)的大小与点 O 的选择无关. 把直线 a'和 b'所成的锐角(或直角)称为**异面直线 a，b 所成的角**.

为了简便，点 O 常取在两条异面直线中的其中一条上. 例如，取在直线 a 上，然后经过点 O 作直线 $b' \parallel b$(如图 8-10)，那么直线 a 和 b'所成的角就是异面直线 a，b 所成的角.

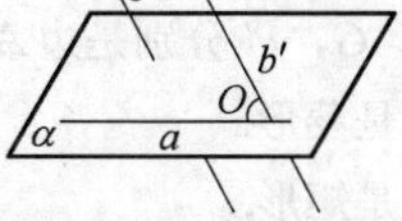

图 8-10

如果两条异面直线所成的角是直角，就说这两条异面直线互相垂直.

图 8 - 11 中，正方体的棱 $A'B$ 和 $C'D'$ 所在的直线是两条异面直线，直线 $A'D'$ 和它们都垂直相交. 把和两条异面直线都垂直相交的直线称为**两条异面直线的公垂线**. 直线 $A'D'$ 就是异面直线 $A'B$ 和 $C'D'$ 的公垂线.

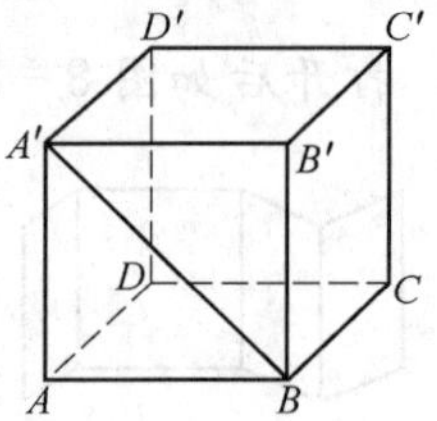

图 8 - 11

两条异面直线的公垂线在这两条异面直线间的线段的长度，称为两条**异面直线的距离**.

例 8.2 设图 8 - 11 中正方体的棱长为 2，

(1) 图中哪些棱所在的直线与直线 BC' 成异面直线?

(2) 求直线 BA' 和 CC' 所成的角的大小;

(3) 哪些棱所在的直线是与直线 AA' 互相垂直的异面直线?

(4) 求异面直线 AA' 与 BC 的距离.

解 (1) 棱 AA'，DD'，AD，$A'D'$，$A'B'$，DC 所在的直线都和直线 BC' 成异面直线;

(2) 因为 $CC' /\!/ BB'$，BA' 和 BB' 所成的锐角就是 BA' 和 CC' 所成的角. 而 $\angle A'BB' = 45°$，所以 BA' 和 CC' 所成的角是 $45°$;

(3) 直线 BC，$B'C'$，CD，$C'D$ 都是与直线 AA' 互相垂直的异面直线;

(4) 棱 AB 是异面直线 AA' 与 BC 的公垂线段，所以 AA' 与 BC 的距离为 2.

练一练

1. 两条直线互相垂直，它们一定相交吗?
2. 垂直于同一直线的两条直线，有几种位置关系?

习题 8 - 2

1. 什么叫平行直线? 什么叫异面直线? 说出它们的共同点与区别.
2. 已知在空间四边形 $ABCD$ 中，E，F，G，H 分别是边 AB，BC，CD，DA 的中点，

(1) 若 $AC=BD$，求证：四边形 $EFGH$ 是菱形.

(2) 若 $AC \perp BD$，求证：四边形 $EFGH$ 是矩形.

3. 如图 8 - 12 所示，已知长方体的长与宽都是 $\sqrt{3}$ cm，高是 1 cm，

(1) BC 与 $A'C'$ 所成的角是多少度？

(2) AA' 与 BC' 所成的角是多少度？

(3) AB' 与 BC 所成的角是多少度？

(4) AB 与 $B'C'$、AB 与 CC' 的距离各是多少？

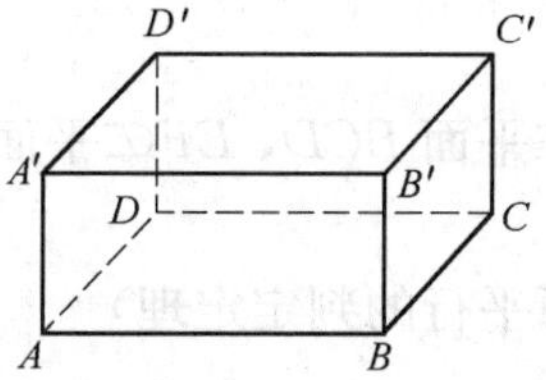

图 8 - 12

8.3　直线与平面的位置关系

观察教室的门框边缘与各墙面和地面的关系，它们反映出直线和平面之间存在着的不同位置关系.

一条直线和一个平面的位置关系有且只有以下 3 种，如图 8 - 13 所示.

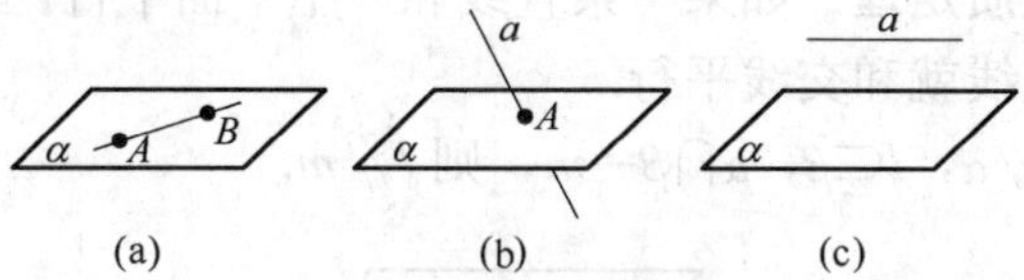

图 8 - 13

(1) 直线与平面有无数个公共点，称为直线在平面内；

(2) 直线与平面有且只有一个公共点，称为直线和平面相交；

(3) 直线与平面没有公共点，称为直线和平面平行.

把直线和平面相交或平行的情况统称为直线在平面外.

8.3.1　直线与平面平行的判定与性质

直线和平面的平行，除可以根据定义判定外，还有以下的判定定理.

直线与平面平行的判定定理　如果平面外的一条直线和这个平面内的一条直线平行，那么这条直线和这个平面平行. 如图 8 - 14 所示.

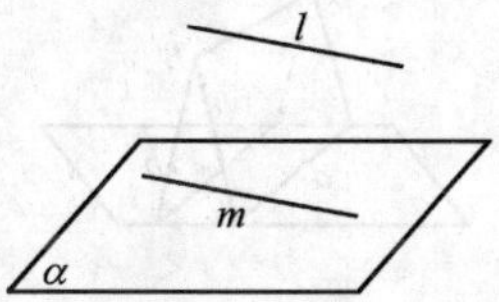

图 8 - 14

例 8.3 空间四边形 $ABCD$ 中，E，F 分别是 AB，AD 的中点，如图 8－15 所示．求证：$EF /\!/$ 平面 BCD.

证明 连接 BD. 因为 EF 是 $\triangle ABD$ 的中位线，所以

$$EF /\!/ BD$$

又因为

$$BD \subset \text{平面 } BCD,\ EF \not\subset \text{平面 } BCD$$

所以

$EF /\!/$ 平面 BCD （直线与平面平行的判定定理）

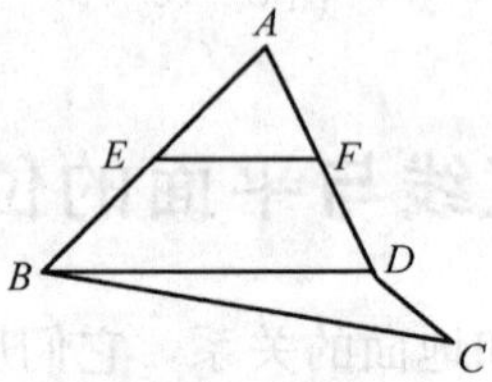

图 8－15

直线与平面平行的性质定理 如果一条直线和一个平面平行，经过这条直线的平面和这个平面相交，那么这条直线就和交线平行.

在图 8－16 中，若 $l /\!/ \alpha$，$l \subset \beta$，$\alpha \cap \beta = m$，则 $l /\!/ m$.

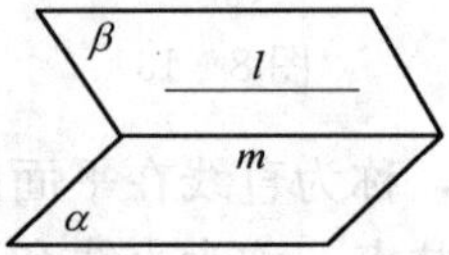

图 8－16

例 8.4 如图 8－17 所示，已知直线 $AB /\!/$ 平面 α，经过 AB 的两个平面与平面 α 分别相交于直线 a，b. 求证：$a /\!/ b$.

证明 因为 $AB /\!/$ 平面 α，经过 AB 的一个平面与平面 α 相交于直线 a，所以

$AB /\!/ a$ （直线与平面平行的性质定理）

同理，$AB /\!/ b$. 所以 $a /\!/ b$（公理 8.4）.

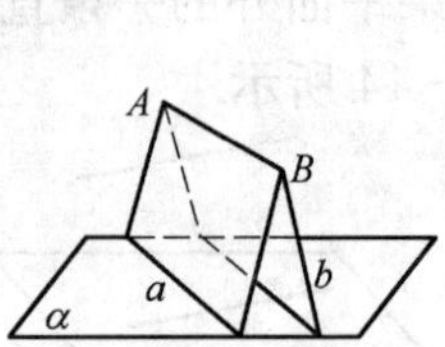

图 8－17

8.3.2　直线与平面相交

1. 直线与平面垂直相交

如果一条直线和一个平面相交，并且和这个平面内的任意一条直线都垂直，则说这条直线和这个平面互相垂直. 其中直线称为**平面的垂线**，平面称为直线的垂面，交点称为**垂足**.

如图 8－18 所示，直线 l 和平面 α 互相垂直，记作 $l\perp\alpha$，垂足为点 A.

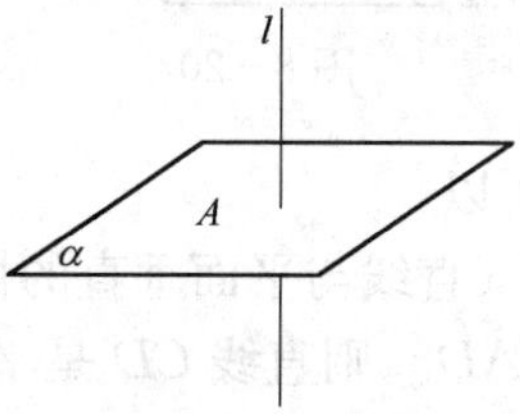

图 8－18

判定直线和平面垂直通常用下面的定理.

直线与平面垂直的判定定理　如果一条直线和一个平面内的两条相交直线都垂直，那么这条直线垂直于这个平面(参见图 8－19).

例 8.5　证明：如果两条平行直线中的一条垂直于一个平面，那么另一条直线也垂直于这个平面.

已知：$l/\!/m$，$l\perp\alpha$，如图 8－19 所示.

求证：$m\perp\alpha$.

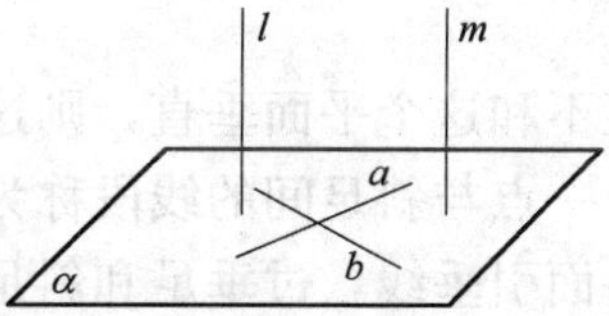

图 8－19

证明　在平面 α 内作两条相交直线 a，b. 因为

$$l\perp\alpha,\ a\subset\alpha,\ b\subset\alpha$$

所以

$$l\perp a,\ l\perp b\quad\text{（直线与平面垂直的定义）}$$

又因为 $l/\!/m$，所以

$$m\perp a,\ m\perp b$$

所以

$$m\perp\alpha \quad \text{（直线与平面垂直的判定定理）}$$

下面介绍直线与平面垂直的性质(参见图 8－19).

直线与平面垂直的性质定理 如果两条直线同时垂直于一个平面，那么这两条直线平行.

例 8.6 已知：直线 $AB/\!/$平面 α，$AC\perp\alpha$，$BD\perp\alpha$，垂足为点 C，D，如图 8－20 所示.

求证：$AC=BD$.

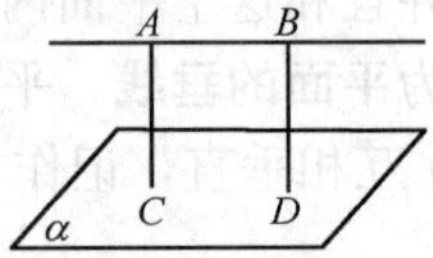

图 8－20

证明 因为 $AC\perp\alpha$，$BD\perp\alpha$，所以

$$AC/\!/BD \quad \text{（直线与平面垂直的性质定理）}$$

过两条平行线 AC，BD 作平面 AD，则直线 CD 是平面 AD 与平面 α 的交线. 因为直线 $AB/\!/$平面 α，所以

$$AB/\!/CD \quad \text{（直线与平面平行的性质定理）}$$

所以

$$AC=BD$$

从平面外一点到平面引垂线，这一点和垂足之间的距离称为这一**点到平面的距离**. 直线上的任一点到与它平行的平面的距离称为这条**直线到平面的距离**.

在图 8－20 中，点 A 到平面 α 的距离为线段 AC 的长，直线 AB 到平面 α 的距离为线段 AC 的长.

2. 平面的斜线

一条直线和一个平面相交，但不和这个平面垂直，则这条直线称为这个**平面的斜线**，斜线和平面的交点称为**斜足**. 斜线上一点与斜足间的线段称为这点到这个平面的斜线段.

过斜线上斜足以外的一点向平面引垂线，过垂足和斜足的直线称为**斜线在这个平面上的射影**，垂足与斜足间的线段称为这点到平面的**斜线段在这个平面上的射影**. 斜线上任意一点在平面上的射影，一定在斜线的射影上.

如图 8－21 所示，对于平面 α，直线 AB 是垂线，点 B 是垂足，直线 AC 是斜线，点 C

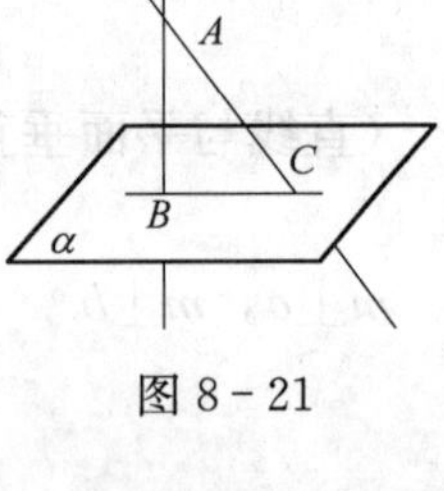

图 8－21

是斜足，直线 BC 是斜线 AC 的射影；线段 AB 是垂线段，线段 AC 是斜线段，线段 BC 是斜线段 AC 的射影.

平面的一条斜线和它在平面上的射影所成的锐角，称为**斜线和平面所成的角**. 图 8-21 中，斜线 AC 和平面 α 所成的角是 $\angle ACB$.

如果一条直线垂直于平面，则它们所成的角是直角；如果一条直线和平面平行或在平面内，则说它们所成的角是 $0°$ 的角.

关于平面的斜线和它在平面内的射影有如下性质。

三垂线定理　在平面内的一条直线，如果和这个平面的一条斜线的射影垂直，那么它也和这条斜线垂直.

如图 8-22 所示，直线 b 在平面 α 内，AB 是斜线 a 在平面 α 上的射影，B 点是斜足，如果 $b\perp AB$，则 $b\perp a$. 证明略.

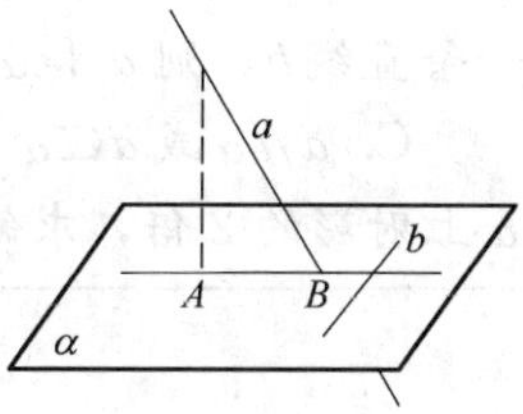

图 8-22

三垂线定理实质上是平面的一条斜线和平面内的一条直线垂直的判定定理. 这两条直线可以是相交直线，也可以是异面直线.

还可以得到：如果 $b\perp a$，则 $b\perp AB$. 这就是三垂线定理的逆定理.

三垂线定理的逆定理　在平面内的一条直线，如果和这个平面的一条斜线垂直，那么它也和这条斜线的射影垂直.

例 8.7　如果一个角所在平面外一点到角的两边距离相等，那么这点在平面上的射影在这个角的平分线上.

已知：$\angle BAC$ 在平面 α 内，点 $P\not\subset\alpha$，$PE\perp AB$，$PF\perp AC$，$PO\perp\alpha$，垂足分别是 E，F，O，$PE=PF$，如图 8-23 所示.

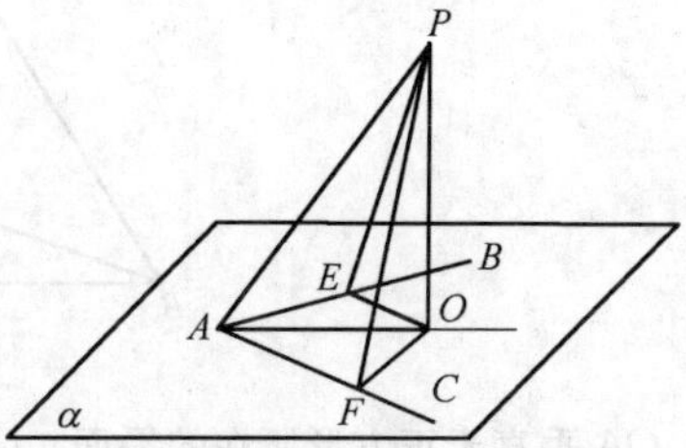

图 8-23

求证：$\angle BAO=\angle CAO$.

证明 因为 $PE=PF$，$PO\perp\alpha$，所以

$$OE=OF$$

又因为 $PE\perp AB$，$PF\perp AC$，$PO\perp\alpha$，所以

$$OE\perp AB,\ OF\perp AC\text{(逆定理)}$$

从而

$$Rt\triangle AOE\cong Rt\triangle AOF$$

所以

$$\angle BAO=\angle CAO$$

练一练

1. 若直线 a 平行于平面 α 内的一条直线 b，则 a 和 α 的位置关系是(　　)

A. $a/\!/\alpha$　　B. $a\subset\alpha$　　C. $a/\!/\alpha$ 或 $a\subset\alpha$　　D. $a/\!/\alpha$ 或 a 与 α 相交

2. 已知斜线段的长是它在平面 α 上射影的 2 倍，求斜线和平面 α 所成的角.

习题 8－3

1. 设 m，n 表示直线，α 表示平面，判断以下各结论是否正确.

(1) 若 $m/\!/n$，$n\subset\alpha$，则 $m/\!/\alpha$；(　　)

(2) 若 $m/\!/\alpha$，$n/\!/\alpha$，则 $m/\!/n$；(　　)

(3) 若 $m/\!/n$，n 与 α 相交，则 m 与 α 相交；(　　)

(4) 若 $m/\!/\alpha$，则 α 内有无数条直线与 m 平行.(　　)

2. 如图 8－24 所示，已知直线 $AB/\!/\alpha$，$AC/\!/BD$，且 AC，BD 与 α 分别交于点 C，D.

求证：$AC=BD$.

3. 如图 8－25 所示，空间四边形 $ABCD$ 中，E，F 分别是 AB，AD 的中点.

求证：$BD/\!/$平面 CEF.

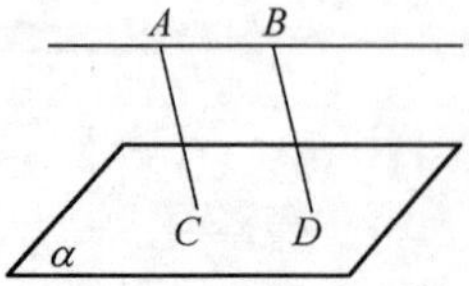

图 8－24

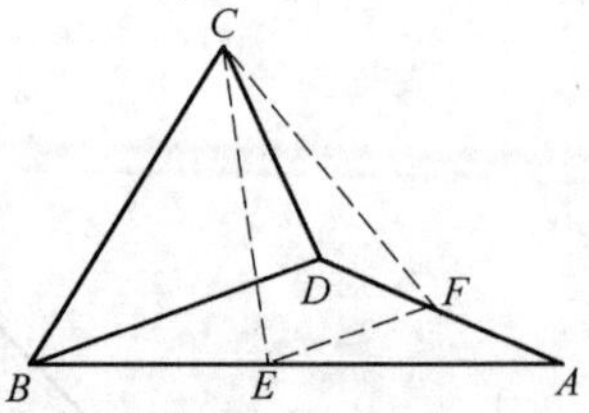

图 8－25

4. 正方形的边长为 a，中心是 O，OA 垂直于正方形所在的平面，OA 的长为 b. 求点 A 到正方形各边和各顶点的距离.

5. 如图 8 - 26 所示，平面 α，β 相交于 PQ，线段 OA，OB 分别垂直于平面 α，β.

求证：$PQ\perp$ 平面 OAB.

6. 如图 8 - 27 所示，$AC=BC$，D 是 AB 的中点，$PD\perp$ 平面 ABC.

求证：$AB\perp PC$.

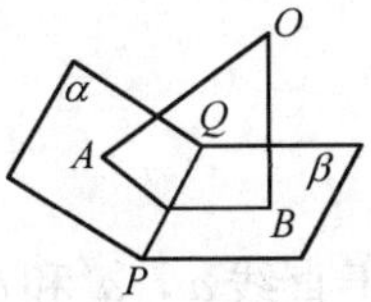

图 8 - 26

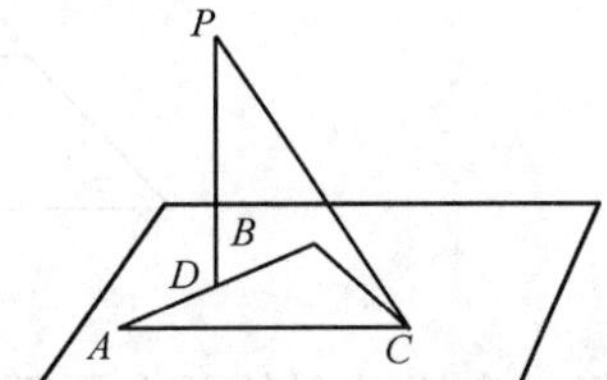

图 8 - 27

8.4　平面与平面的位置关系

8.4.1　平面与平面平行

空间两个平面 α、β 的位置关系只有两种.

(1) 两平面没有公共点，称为两平面平行，记作 $\alpha /\!/ \beta$.

(2) 两平面有一条公共直线 l，称为两平面相交，记作 $\alpha \cap \beta = l$.

画两个互相平行的平面时，要使表示平面的两个平行四边形的对应边平行，如图 8 - 28 所示.

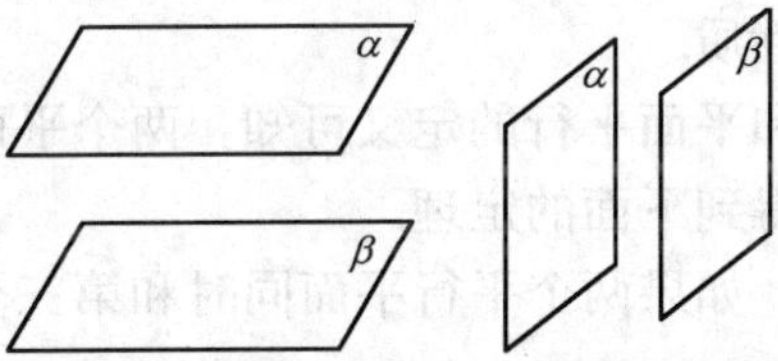

图 8 - 28

判定两个平面平行，除根据定义外，有下面的定理.

两个平面平行的判定定理　如果一个平面内有两条相交直线都平行于另一个平面，那么这两个平面平行.

证明略.

例 8.8　垂直于同一条直线的两个平面平行.

已知：$\alpha\perp AA'$，$\beta\perp AA'$，如图 8 - 29 所示.

求证：$\alpha /\!/ \beta$.

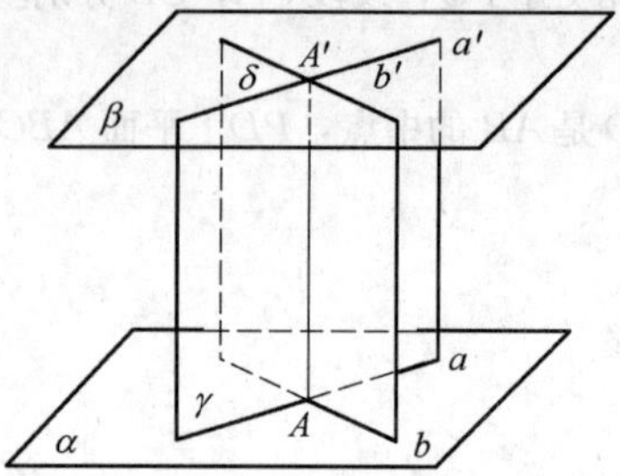

图 8－29

证明 设经过直线 AA' 的两个平面 γ，δ 分别与平面 α，β 交于直线 a，a' 和 b，b'. 因为

$$AA' \perp \alpha，AA' \perp \beta$$

所以

$$AA' \perp a，AA' \perp a'$$

故

$$a /\!/ a'$$

从而有

$$a' /\!/ \alpha \quad （直线和平面平行的判定定理）$$

同理

$$b' /\!/ \alpha$$

又因为

$$a' \cap b' = A'$$

所以

$$\alpha /\!/ \beta \quad （两个平面平行的判定定理）$$

下面研究两个平面平行的性质.

根据两个平面平行及直线和平面平行的定义可知，两个平面平行，其中一个平面内的直线必平行于另一个平面. 由此得到下面的定理.

两个平面平行的性质定理 如果两个平行平面同时和第三个平面相交，那么它们的交线平行(图 8－30).

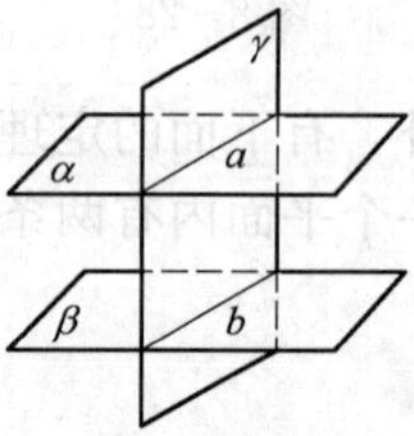

图 8－30

例 8.9 一条直线垂直于两个平行平面中的一个平面，那么它也垂直于另一个平面.

已知：$\alpha /\!/ \beta$，$l \perp \alpha$，$l \cap \alpha = A$，如图 8-31 所示.

求证：$l \perp \beta$.

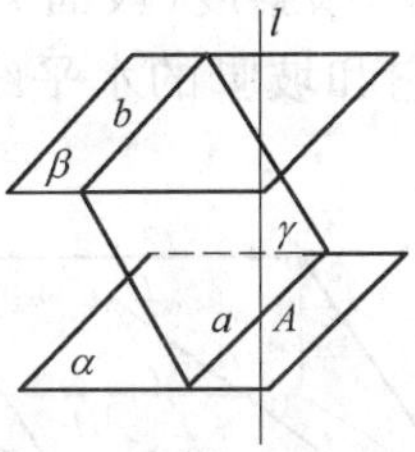

图 8-31

证明　在平面 β 内任取一条直线 b，平面 γ 是经过点 A 与直线 b 的平面.

设 $\gamma \cap \alpha = a$. 因为

$$\alpha /\!/ \beta，\gamma \cap \alpha = a，\beta \cap \gamma = b$$

所以

$$a /\!/ b(\text{两个平面平行的性质定理})$$

又因为 $a \subset \alpha$ 且 $l \perp \alpha$，可得 $l \perp a$，所以

$$l \perp b$$

因为直线 b 是平面 β 内的任意一条直线，所以 $l \perp \beta$(直线与平面垂直的定义).

和两个平行平面同时垂直的直线，称为这两个**平行平面的公垂线**，它夹在这两个平行平面间的部分，称为这两个平行平面的公垂线段. 把公垂线段的长度称为**两个平行平面的距离**.

8.4.2　二面角

一个平面内的一条直线把这个平面分成两部分，其中的每一部分都称为半平面. 从一条直线出发的两个半平面所组成的图形称为**二面角**(图 8-32)，这条直线称为**二面角的棱**，这两个半平面称为**二面角的面**.

棱为 AB、面为 α 和 β 的二面角，记作二面角 $\alpha - AB - \beta$；如果棱用 l 表示，则记作二面角 $\alpha - l - \beta$.

如图 8-33 所示，在二面角 $\alpha - l - \beta$ 的棱 l 上任取一点 O，在半平面 α，β 内从点 O 分别作垂直于棱 l 的射线 OA，OB，则射线 OA 和 OB 组成的角 $\angle AOB$ 称为**二面角的平面角**.

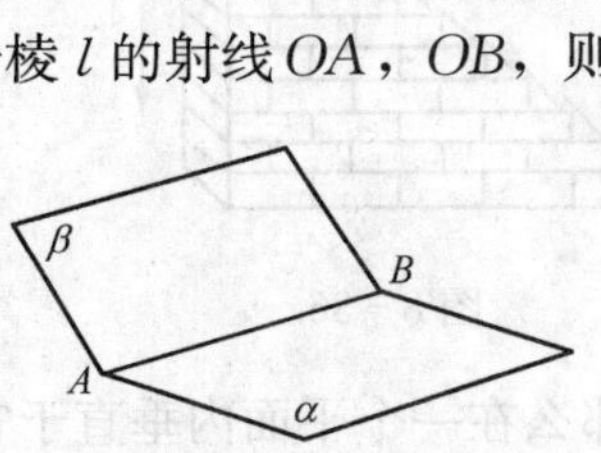

图 8-32

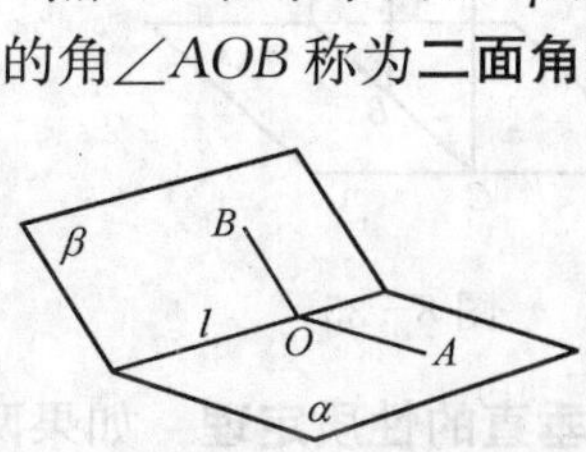

图 8-33

二面角的大小可以用它的平面角来度量．二面角的平面角是多少度，就说这个二面角是多少度．

例 8.10　如图 8－34 所示，山坡的倾斜度(坡面 ABD 与水平面 ABE 所成二面角的度数)是 $60°$，山坡上有一条直道 CD，它和坡脚的水平线 AB 的夹角是 $30°$，沿这条路上山，行走 100 米后升高多少米？

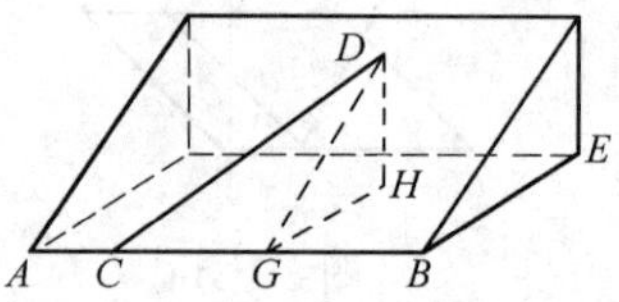

图 8－34

解　已知 $CD=100$ 米，作 DH 垂直于水平面 ABE，垂足为 H，线段 DH 的长度就是所要求的高度．在坡面 ABD 内，过点 D 作 $DG\perp BC$，垂足是 G，连接 GH．

因为 $DH\perp$ 平面 ABE，$DG\perp BC$，所以 $GH\perp BC$(三垂线定理的逆定理)．因此，$\angle DGH$ 就是坡面 ABD 和水平面 ABE 所成的二面角的平面角．因为 $\angle DGH=60°$，由此得

$$DH=DG\sin 60°=CD\sin 30°\sin 60°=100\sin 30°\sin 60°=25\sqrt{3}\approx 43.3(\text{米})$$

答：沿直道前进 100 米，升高约 43.3 米．

平面角是直角的二面角称为**直二面角**．如果两个相交平面所成的二面角是直二面角，则称这**两个平面互相垂直**．例如，教室里的墙面和地面就是互相垂直的．平面 α 和 β 互相垂直记作 $\alpha\perp\beta$．

两个平面垂直的判定定理　如果一个平面经过另一个平面的一条垂线，那么这两个平面互相垂直．

如图 8－35 所示，若 $AB\perp\alpha$，$AB\subset\beta$，则 $\beta\perp\alpha$．

建筑工人在砌墙时，常用一端系有铅锤的线来检查所砌的墙是否和水平面垂直(如图 8－36)，实际上就是依据这个定理．

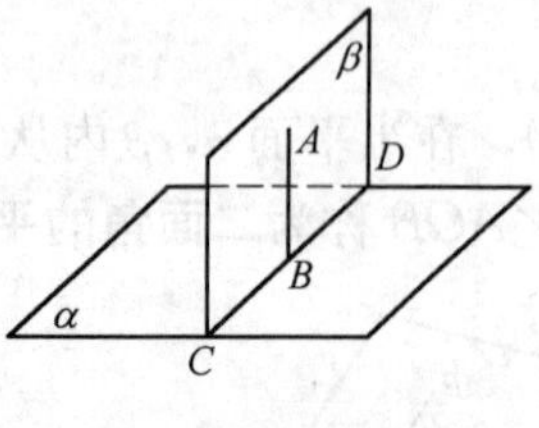

图 8－35

图 8－36

两个平面垂直的性质定理　如果两个平面互相垂直，那么在一个平面内垂直于它们交线的直线垂直于另一个平面．

如图 8－35 所示，$\alpha\perp\beta$，$\alpha \text{I} \beta=CD$，$AB\subset\beta$，若 $AB\perp CD$，则 $AB\perp\alpha$.

例 8.11　已知平面 $\alpha\perp$ 平面 β，在 α 和 β 的交线 l 上取线段 $AB=4$ cm，AC，BD 分别在平面 α 和平面 β 内，它们都垂直于交线 l，并且 $AC=3$ cm，$BD=12$ cm，如图 8－37 所示，求 CD 的长.

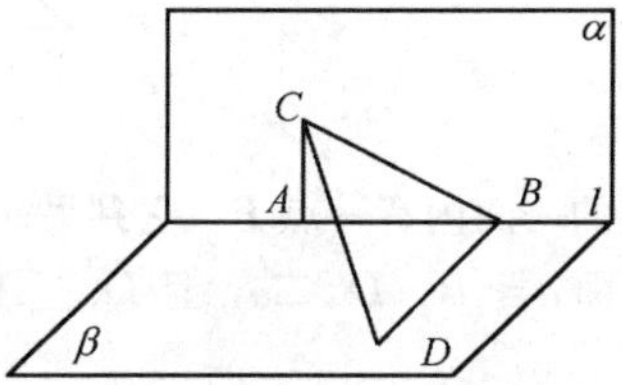

图 8－37

解　连接 BC. 在直角$\triangle ABC$ 中，

$$BC=\sqrt{3^2+4^2}=5$$

因为 $\alpha\perp\beta$，$BD\subset\beta$，$BD\perp$ 交线 l，所以 $BD\perp\alpha$，$BD\perp BC$. 所以$\triangle CBD$ 是直角三角形，从而

$$CD=\sqrt{5^2+12^2}=13\ \text{cm}$$

练一练

1. 判断题.

(1) 若一个平面内的两条直线平行于另一个平面，则这两个平面平行.　(　　)

(2) 若一个平面内的任何一条直线都平行于另一个平面，则这两个平面平行.　(　　)

2. 拿一张正三角形的纸片 ABC，以它的高 AD 为折痕，折成一个二面角，指出这个二面角的面、棱、平面角.

习题 8－4

1. 判断题.

(1) 若两个平面有三个点重合，则这两个平面一定重合.　(　　)

(2) 若两个平面相交于某点，该点不一定在这两个平面的交线上.　(　　)

(3) 若两个平面互相垂直，则在一个平面内垂直于这两个平面交线的直线一定垂直于另一个平面.　(　　)

(4) 若三个平面互相垂直，则它们的交线一定是两两垂直的.　(　　)

2. 如图 8－38 所示，已知 $AA'/\!/BB'/\!/CC'$，$AA'=BB'=CC'$. 证明：平面 $ABC/\!/$平面 $A'B'C'$.

3. 证明：夹在两个平行平面之间的两条平行线段相等（图 8－39）.

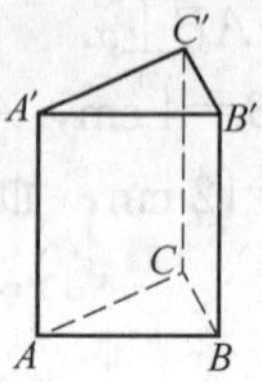

图 8 - 38

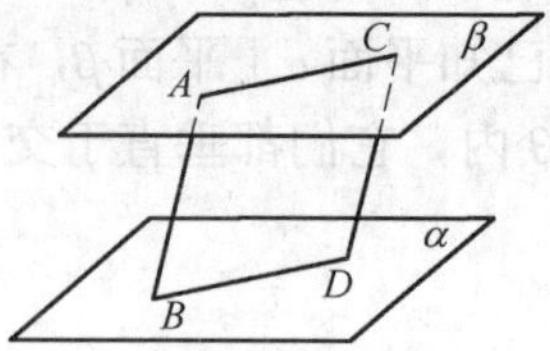

图 8 - 39

4. 如图 8 - 40 所示，在 30°二面角的一面内有一点 P，它到另一面的距离是 10 cm，求它到棱的距离.

5. 如图 8 - 41 所示，已知 $AB\perp$平面 α 于 B，$DC\subset\alpha$，且 $DC\perp AC$ 于 C. 求证：平面 $ACD\perp$平面 ABC.

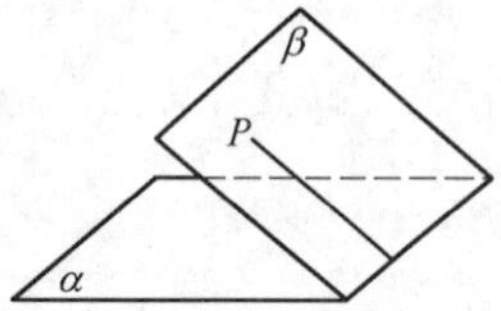

图 8 - 40

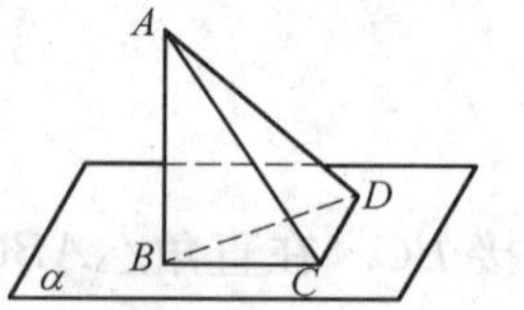

图 8 - 41

*8.5 多面体简介

8.5.1 多面体的概念

1. 棱柱

常见的一些物体，如三棱镜、方砖、螺杆的头部等，它们都呈棱柱的形状，如图 8 - 42 所示.

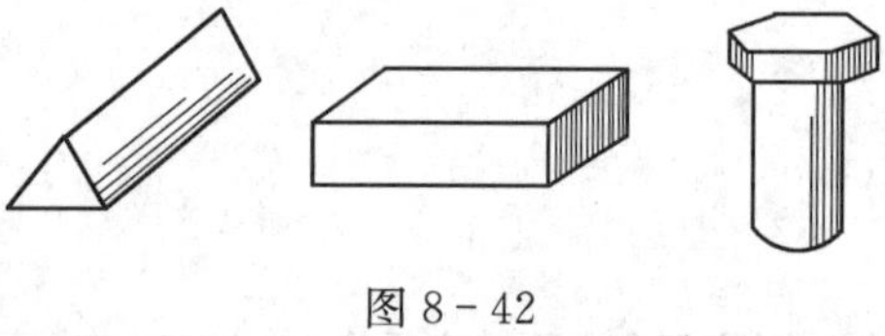

图 8 - 42

有两个面互相平行，其余各面都是四边形，并且每相邻两个四边形的公共边都互相平行，由这些面所围成的几何体称为**棱柱**，如图 8 - 43 所示. 其中，两个互相平行的面称为**棱柱的底面**，其余各面称为**棱柱的侧面**. 两个相邻侧面的公共边称为**棱柱的侧棱**，侧面与底面的公共顶点称为**棱柱的顶点**，不在同一个面上的两个顶点的连线称为**棱柱的对角线**，两个底面的距离称为**棱柱的高**.

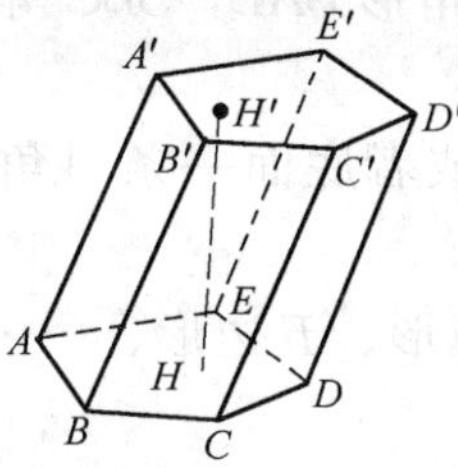

图 8-43

如图 8-43 中的棱柱，多边形 $ABCDE$ 和 $A'B'C'D'E'$ 是底面，四边形 $ABB'A'$，$BCC'B'$等是侧面，$A'A$，$B'B$ 等是侧棱，$H'H$ 是高.

棱柱用表示底面各顶点的字母来表示，图 8-43 中的棱柱记作棱柱$ABCDE\text{-}A'B'C'D'E'$，或者用表示一条对角线端点的两个字母来表示，如棱柱 AC'.

侧棱不垂直于底面的棱柱称为**斜棱柱**(如图 8-43)，侧棱垂直于底面的棱柱称为**直棱柱**，底面是正多边形的直棱柱称为**正棱柱**(如图 8-44).

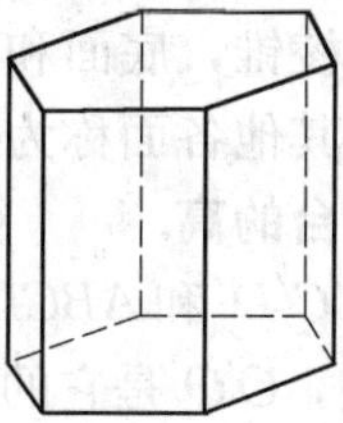

图 8-44

棱柱的侧棱都相等，侧面是平行四边形．直棱柱的侧面是矩形.

2. 棱锥

一个面是多边形，其余各面是有一个公共顶点的三角形，由这些面所围成的几何体称为**棱锥**．其中这个多边形称为**棱锥的底面**，其余各面称为**棱锥的侧面**．相邻侧面的公共边称为棱锥的**侧棱**，各侧面的公共顶点称为**棱锥的顶点**，顶点到底面的距离称为**棱锥的高**．如图8-45中

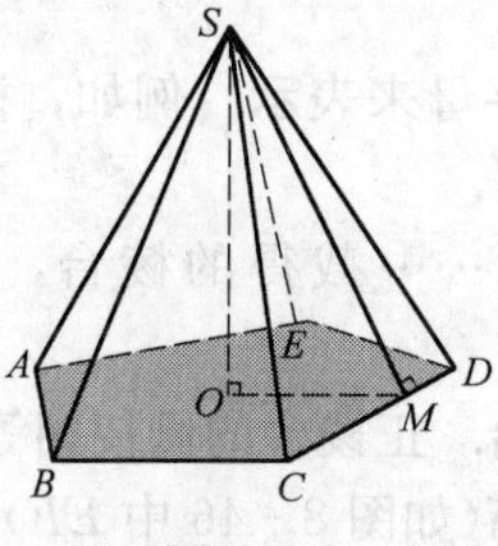

图 8-45

的棱锥，多边形 $ABCDE$ 是底面，三角形 SAB，SBC 等是侧面，SA，SB 等是侧棱，S 是顶点，SO 是高.

棱锥用表示顶点和底面各顶点或者底面一条对角线端点的字母来表示. 例如，棱锥 $S-ABCDE$ 或者棱锥 $S-AC$.

棱锥的底面可以是三角形、四边形、五边形、……，因此把这样的棱锥分别称为三棱锥、四棱锥、五棱锥、……

如果一个棱锥的底面是正多边形，并且顶点到底面的垂线段长度等于棱锥的高，这样的棱锥称为**正棱锥**.

正棱锥有下面一些性质.

(1) 各侧棱相等，各侧面都是全等的等腰三角形. 各等腰三角形底边上的高相等，称其为**正棱锥的斜高**(如图 8－45 中 SM).

(2) 棱锥的高、斜高和斜高在底面上的射影组成一个直角三角形；棱锥的高、侧棱和侧棱在底面上的射影也组成一个直角三角形(如图 8－45 中 $\triangle SOM$).

3. 棱台

用一个平行于棱锥底面的平面去截棱锥，底面和截面之间的部分称为**棱台**. 原棱锥的底面和截面称为**棱台的下底面和上底面**，其他各面称为**棱台的侧面**. 相邻侧面的公共边称为**棱台的侧棱**，上下底面之间的距离称为**棱台的高**.

如图 8－46 中的棱台，多边形 $A'B'C'D'$ 和 $ABCD$ 是上底面和下底面，四边形 $ABB'A'$，$BCC'B'$ 等是侧面，$A'A$，$B'B$ 等是侧棱，$O'O$ 是它的高.

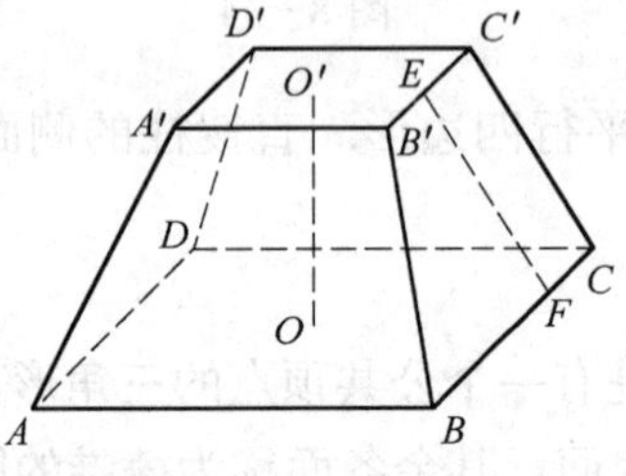

图 8－46

棱台用表示上下底面各顶点的字母来表示. 例如，棱台 $ABCD-A'B'C'D'$，或者用它的对角线端点字母表示，如棱台 AC'.

由三棱锥、四棱锥、五棱锥、……截得的棱台，分别称为三棱台、四棱台、五棱台、……

由正棱锥截得的棱台称为**正棱台**. 正棱台的侧棱相等，侧面是全等的等腰梯形. 各等腰梯形的高相等，称其为**正棱台的斜高**(如图 8－46 中 EF).

8.5.2 多面体的表面积公式

1. 直棱柱的表面积

把直棱柱的侧面沿一条侧棱剪开后展在一个平面上，展开图的面积就是直棱柱的侧面积. 直棱柱的侧面展开图是矩形，这个矩形的长等于直棱柱底面周长 c，宽等于直棱柱的高 h，如图 8-47 所示，由此得到下面的结论.

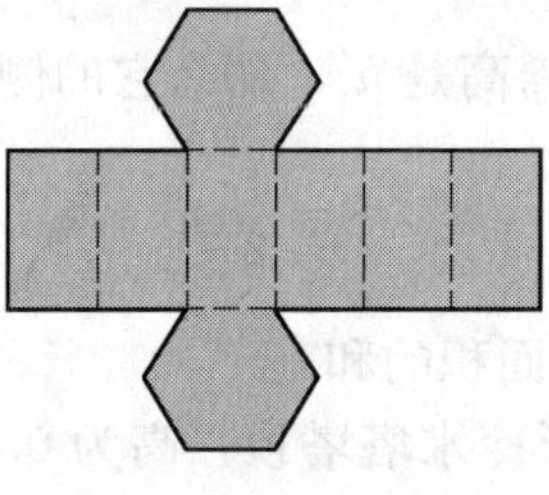

图 8-47

如果直棱柱的底面周长是 c，高是 h，那么它的侧面积为

$$S=ch$$

棱柱的全面积等于侧面积与两底面面积的和.

例 8.12 已知正六棱柱的高为 h，底面边长为 a，求全面积.

解 因为底面边长为 a，所以底面周长为 $c=6a$，从而正六棱柱的侧面积为

$$S_1=ch=6ah$$

正六棱柱的底面是正六边形，正六边形的面积为

$$S_2=6\times\frac{1}{2}a^2\sin 60^\circ=\frac{3\sqrt{3}}{2}a^2$$

故正六棱柱的全面积为

$$S=S_1+2S_2=6ah+3\sqrt{3}a^2$$

2. 正棱锥的表面积

棱锥的侧面展开图是由各个侧面组成的，展开图的面积就是棱锥的侧面积，如图 8-48 所示. 设正棱锥的底面边长为 a，周长为 c，斜高为 h'，则展开图的面积等于

$$\frac{1}{2}nah'=\frac{1}{2}ch'$$

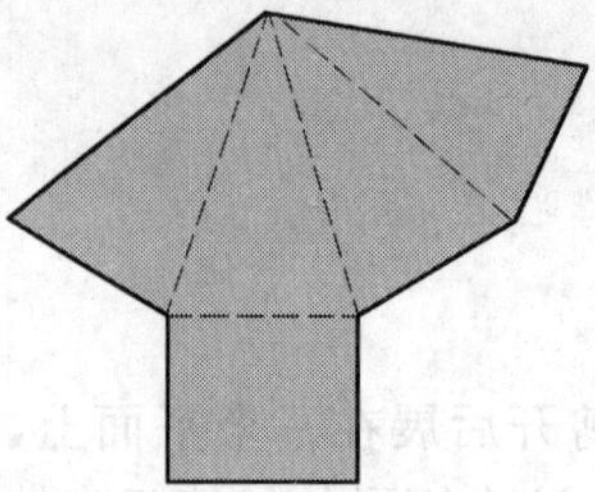

图 8－48

由此得到以下结论.

如果正棱锥的底面周长是 c，斜高是 h'，那么它的侧面积为

$$S=\frac{1}{2}ch'$$

棱锥的全面积等于侧面积与底面积的和.

例 8.13 设计一个正四棱锥形冷水塔塔顶，高为 0.85 m，底的边长为 1.5 m，则制造这种塔顶需要多少平方米铁板(保留两位有效数字)？

解 如图 8－49 所示，S 表示塔顶的顶点，O 表示底的中心，则 SO 是高. 设 SE 是斜高. 在直角三角形 SOE 中，根据勾股定理得

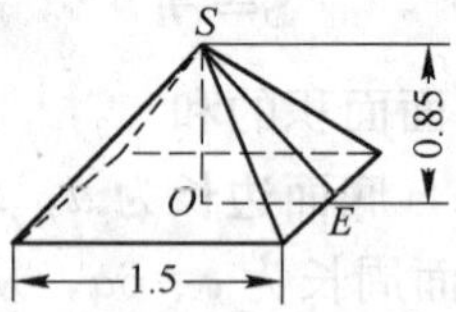

图 8－49

$$SE=\sqrt{\left(\frac{1.5}{2}\right)^2+0.85^2}\approx 1.13\ \text{m}$$

所以正四棱锥的侧面积

$$S=\frac{1}{2}ch'\approx\frac{1}{2}\times(4\times 1.5)\times 1.13\approx 3.4\ \text{m}^2$$

答：制造这种塔顶需要铁板约 3.4 m^2.

3. 正棱台的表面积

棱台的侧面展开图是由各个侧面组成的，展开图的面积就是棱台的侧面积. 正棱台的侧面展开图如图 8－50 所示.

设正棱台的上、下底面边长分别为 a'，a，边数为 n，斜高为 h'，那么它的侧面积为

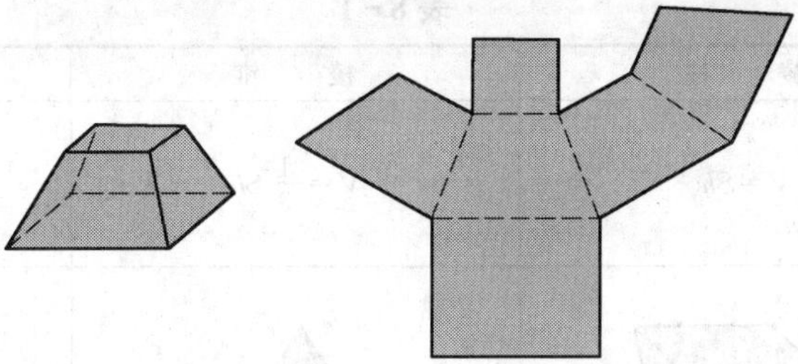

图 8－50

$$\frac{1}{2}n(a+a')h'=\frac{1}{2}(na+na')h'$$

由于 na'，na 分别是上、下底面的周长 c'，c，因此得以下结论.

如果正棱台的上、下底面的周长为 c'，c，斜高为 h'，那么它的侧面积为

$$S=\frac{1}{2}(c+c')h'$$

棱台的全面积等于它的侧面积与上、下底面积的和.

例 8.14 粉碎机上的下料斗是正四棱台形，它的两底面边长分别为 80 mm 和 440 mm，高为 200 mm. 计算制造这样一个下料斗所需铁板的面积.

解 上底面周长

$$c'=4\times 80=320\ \text{mm}$$

下底面周长

$$c=4\times 440=1\,760\ \text{mm}$$

斜高

$$h'=\sqrt{200^2+\left(\frac{440-80}{2}\right)^2}\approx 269\ \text{mm}$$

所以正棱台的侧面积为

$$\begin{aligned} S&=\frac{1}{2}(c+c')h'\\ &\approx\frac{1}{2}\times(320+1\,760)\times 269=279\,760\ \text{mm}^2\\ &\approx 0.28\ \text{m}^2 \end{aligned}$$

答：所需铁板的面积约为 0.28 m^2.

8.5.3 多面体体积公式

下面给出棱柱、棱锥、棱台的体积计算公式，如表 8－1 所示.

表 8-1

名　称	棱　柱	棱　锥	棱　台
体积的计算公式	$V=Sh$	$V=\frac{1}{3}Sh$	$V=\frac{1}{3}h(S+\sqrt{SS'}+S')$
图　示	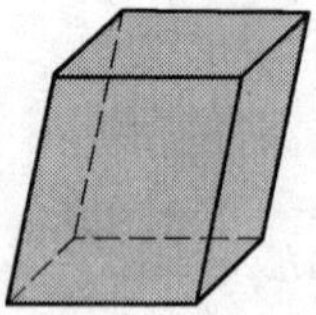 S：底面积 h：高	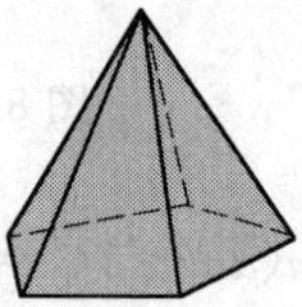 S：底面积 h：高	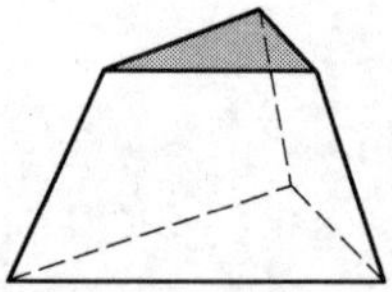 S'、S：上、下底面积 h：高

例 8.15　三棱柱的底面是$\triangle ABC$，侧棱长 20 cm，$AB=13$ cm，$BC=5$ cm，$CA=12$ cm，侧棱AA'与底面所成的角为$60°$，如图 8-51 所示，求这个三棱柱的体积.

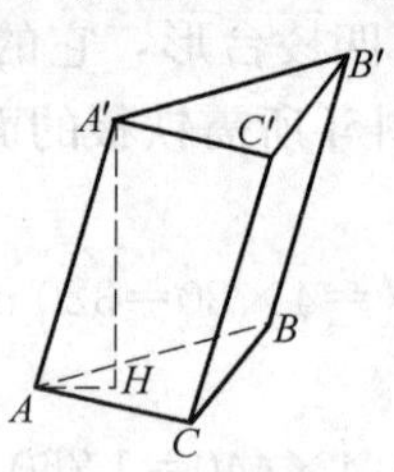

图 8-51

解　由A'向底面ABC引垂线，垂足为H，则$A'H$是棱柱的高，且$\angle A'AH=60°$. 在$\mathrm{Rt}\triangle A'AH$中，

$$A'H=AA'\sin 60°=10\sqrt{3}$$

在$\triangle ABC$中，$AB=13$，$BC=5$，$CA=12$，因为$AB^2=BC^2+CA^2$，所以$\triangle ABC$是直角三角形，$\angle C=90°$. 于是$\triangle ABC$的面积为

$$S=\frac{1}{2}BC\cdot CA=30\ \mathrm{cm}^2$$

根据棱柱的体积公式，得

$$V=Sh=30\times 10\sqrt{3}=300\sqrt{3}\ \mathrm{cm}^3$$

例 8.16　如图 8-52 所示，已知三棱锥$A-BCD$的侧棱AD垂直于底面BCD，侧面ABC与底面所成的角为θ.

求证：三棱锥的体积$V=\frac{1}{3}SAD\cos\theta$，其中$S$是$\triangle ABC$的面积.

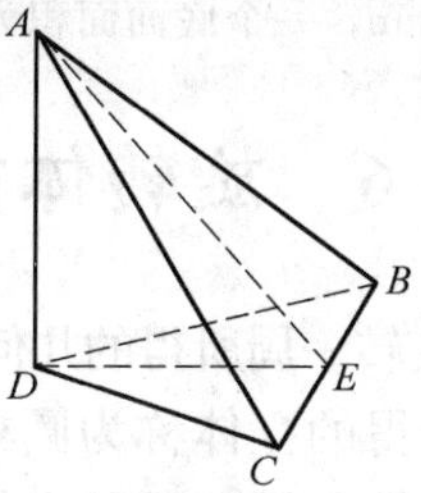

图 8-52

证明　在平面 BCD 内，作 $DE\perp BC$，垂足为 E，连接 AE，DE 就是 AE 在平面 BCD 上的射影. 根据三垂线定理知，$AE\perp BC$，从而 $\angle AED=\theta$. 则三棱锥的体积为

$$\begin{aligned}V&=\frac{1}{3}S_{\triangle BCD}AD\\&=\frac{1}{3}\times\frac{1}{2}BC\cdot ED\cdot AD\\&=\frac{1}{3}\times\frac{1}{2}BC\cdot AE\cos\theta\cdot AD\\&=\frac{1}{3}S_{\triangle BCD}.\ AD\cos\theta\end{aligned}$$

例 8.17　有一个正四棱台形油槽，可以装煤油 190 升，假如它的两底面边长分别等于 60 cm 和 40 cm. 求它的深度.

解　由已知得上底面面积为 $S'=40^2=1\,600\ \text{cm}^2$，下底面面积为 $S=60^2=3\,600\ \text{cm}^2$，所以

$$V=\frac{1}{3}h(S+\sqrt{SS'}+S')$$

$$=\frac{1}{3}h(3\,600+\sqrt{3\,600\times1\,600}+1\,600)=\frac{7\,600}{3}h\ \text{cm}^3$$

又因为 $V=190$ 升 $=190\,000\ \text{cm}^3$ 所以

$$h=\frac{570\,000}{7\,600}=75\ \text{cm}$$

答：油槽的深度是 75 cm.

习题 8-5

1. 一个长方体的长、宽、高分别为 3 cm、2 cm、4 cm，求它的全面积和体积.

2. 一个直平行六面体的侧棱长为 9 cm，底面两条相邻边的长为 7 cm 和 11 cm，夹角为 45°. 求它的全面积和体积.

3. 已知下列各正棱锥的底面边长为 a，侧棱长为 b. 求它们的全面积和体积.

(1) 正三棱锥；(2) 正四棱锥.

4. 一个正三棱锥的侧面都是正三角形，底面边长是 3，求它的侧面积及体积.

5. 已知正四棱台两底面的边长分别为 4 cm、10 cm，高为 4 cm，求这个棱台的全面积和体积.

6. 已知棱台的体积为 76 cm^3，高为 6 cm，一个底面面积为 18 cm^2．求这个棱台的另一底面面积.

*8.6 旋转体简介

一个平面图形绕平面内一条直线旋转一周所得的几何体称为**旋转体**，这条直线称为**旋转轴**.

矩形绕着它的一条边旋转一周所得的立体称为**圆柱**，如图 8－53(a)所示.

直角三角形绕着其一条直角边旋转一周所得的立体称为**圆锥**，如图 8－53(b)所示.

直角梯形绕着垂直底边的腰旋转一周所得的立体称为**圆台**，如图 8－53(c)所示.

圆(或半圆)绕其直径旋转一周所得的曲面称为**球面**，由球面所围成的立体称为**球**，如图 8－53(d)所示.

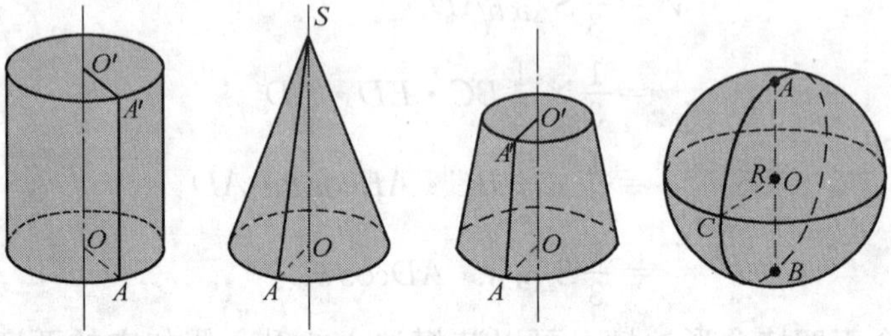

图 8－53

对于圆柱、圆锥、圆台，旋转轴称为它们的轴；在轴上的这条边称为**高**；垂直于轴的边旋转所生成的圆面称为**底面**；不垂直于轴的边旋转所生成的曲面称为**侧面**，这条边称为**侧面的母线**．如图 8－53 所示，线段 $O'O$，SO 是高，$A'A$，SA 是母线.

对于球，形成球的圆(或半圆)的圆心称为**球心**；连接球心与球面上点的线段称为**球的半径**，连接球面上两点且过球心的线段称为**球的直径**．如图 8－53(d)，O 为球心，OA 为半径，AB 为直径.

过圆柱、圆锥、圆台和球的轴所作的截面称为轴截面．显然，它们的轴截面依次是矩形、等腰三角形、等腰梯形、圆.

表 8－2 列出了圆柱、圆锥、圆台、球的面积公式和体积公式.

表 8－2

名称	圆柱	圆锥	圆台	球
计算公式	$S_{侧}=2\pi RH$ $S_{全}=2\pi R(R+H)$ $V=\pi R^2H$ 其中，R 为底面半径，H 为高	$S_{侧}=\pi Rl$ $S_{全}=\pi R(R+l)$ $V=\frac{1}{3}\pi R^2H$ 其中，R 为底面半径，H 为高，l 为母线	$S_{侧}=\pi(R_1+R_2)l$ $S_{全}=\pi[l(R_1+R_2)+R_1^2+R_2^2]$ $V=\frac{\pi H}{3}\ (R_1^2+R_2^2+R_1R_2)$ 其中，R_1、R_2 分别为上、下底面半径，H 为高，l 为母线	$S=4\pi R^2$ $V=\frac{4}{3}\pi R^3$ 其中，R 为球半径

例 8.18　已知圆柱的轴截面面积为 a，求圆柱的侧面积.

解　设圆柱的底半径为 R，高为 H，则对于其轴截面，有

$$a=2RH$$

$$RH=\frac{a}{2}$$

所以圆柱的侧面积为

$$S_{侧}=2\pi RH=2\pi\ \frac{a}{2}=\pi a$$

例 8.19　圆锥的高与母线的夹角为 45°，圆锥底半径为 2，求圆锥的高、母线的长和圆锥的体积.

解　如图 8－54 所示，圆锥的高为 AO，母线为 AB，底半径为 OB. 因为 $AO\perp BC$，所以$\angle ABO=45°$. 故圆锥的高为

$$AO=OB=2$$

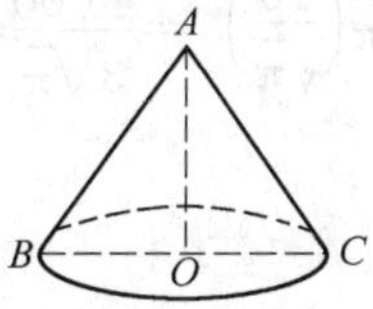

图 8－54

母线的长为

$$AB=\frac{OB}{\cos 45°}=2\sqrt{2}$$

圆锥的体积为

$$V=\frac{1}{3}\pi R^2 H=\frac{1}{3}\pi\cdot OB^2\cdot AO=\frac{8}{3}\pi$$

例 8.20　用铁皮制造 100 个高 33 厘米、上口直径为 30 厘米、下口直径为 20 厘米的圆台形水桶，求所需铁皮的面积(损耗不计在内).

解　圆台的轴截面是一个等腰梯形，如图 8－55 所示，设桶的上口半径为 R_1，下口半径为 R_2，高为 H，母线为 l，则有

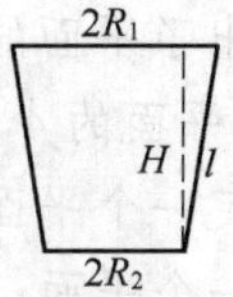

图 8－55

$$R_1=15，R_2=10，H=33$$

$$l=\sqrt{H^2+(R_1-R_2)^2}=\sqrt{1\,114}\approx 33.4$$

制造一个水桶所需铁皮的面积为

$$S_{侧}+S_{下底面}=\pi(R_1+R_2)l+\pi R_2^2\approx 2\,937$$

制造 100 个水桶所需铁皮的面积为

$$2\,937\times 100=293\,700(平方厘米)=29.37(平方米)$$

例 8.21 一个球的表面积是 400 cm^2，求这个球的体积.

解 由球的表面积公式 $S=4\pi R^2$ 得，$4\pi R^2=400$，所以

$$R=\frac{10}{\sqrt{\pi}}$$

则球的体积为

$$V=\frac{4}{3}\pi R^3=\frac{4}{3}\pi\left(\frac{10}{\sqrt{\pi}}\right)^3=\frac{4\,000}{3\sqrt{\pi}}\approx 752.25\ cm^3$$

习题 8-6

1. 用长、宽分别是 3π 和 π 的矩形铁皮卷成圆柱的侧面，有几种卷法？求每种卷法下所得圆柱的高、底面半径及轴截面的面积.
2. 已知圆锥的底半径是 3，高是 4，求圆锥的侧面积.
3. 圆台的上、下底半径分别为 10 cm 和 20 cm，母线与底面成 45°的角，求圆台的体积.
4. 已知地球的半径约为 6 370 km，求地球的表面积.
5. 将直径为 25 cm 和 35 cm 的两个铸铁球熔成一个球，求这球的直径.

本章小结

本章研究了空间的直线和平面，介绍了多面体与旋转体的概念、表面积及体积的计算.

一、平面的基本性质

1. 公理 8.1，公理 8.2、公理 8.3 给出了平面的基本性质.

2. 这些公理及其推论给出了确定一个平面的 4 种方法：

(1) 过不在同一直线上的三点可以确定一个平面；

(2) 过一直线及直线外一点可以确定一个平面；

(3) 过两条相交直线可以确定一个平面；

(4) 过两条平行直线可以确定一个平面.

二、空间直线、平面所成的角

	异面直线	直线和平面	平面和平面
所成的角 θ	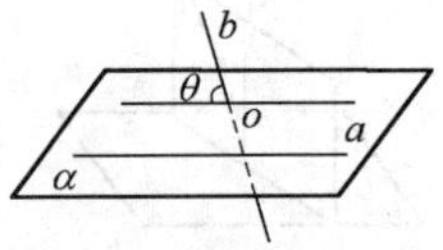	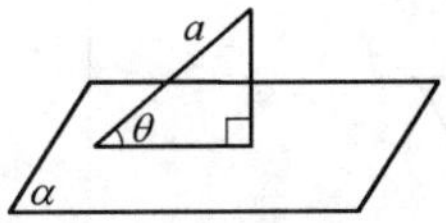	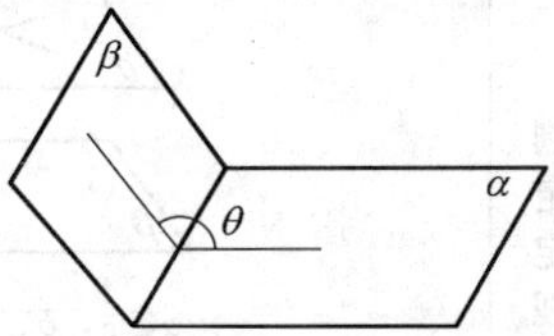

三、三垂线定理及其逆定理

图　　形	三垂线定理	逆 定 理
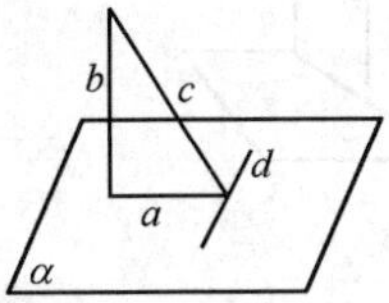	$\left.\begin{array}{l}a\subset\alpha\\ b\perp\alpha\\ d\perp c\end{array}\right\}\Rightarrow d\perp a$	$\left.\begin{array}{l}a\subset\alpha\\ b\perp\alpha\\ d\perp a\end{array}\right\}\Rightarrow d\perp c$

四、直线和平面平行、垂直的判定定理及性质定理

	直线和平面平行	直线和平面垂直
判定定理	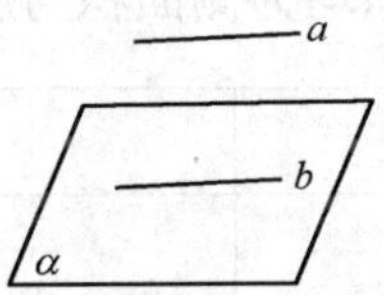 $\left.\begin{array}{l}a/\!/b\\ b\subset\alpha\end{array}\right\}\Rightarrow a/\!/\alpha$	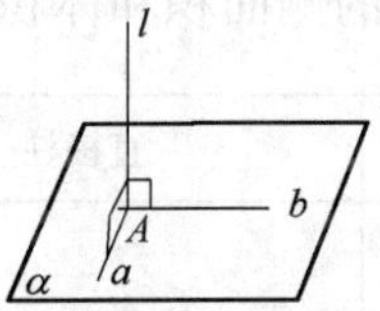 $\left.\begin{array}{l}l\perp a,\ l\perp b,\ a\subset\alpha\\ b\subset\alpha,\ a\cap b=A\end{array}\right\}\Rightarrow l\perp\alpha$
性质定理	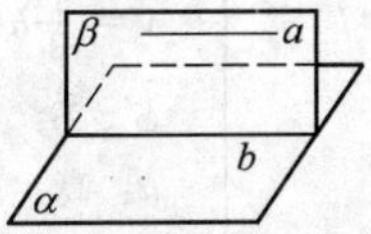 $\left.\begin{array}{l}a/\!/\alpha,\ a\subset\beta\\ \alpha\cap\beta=b\end{array}\right\}\Rightarrow a/\!/b$	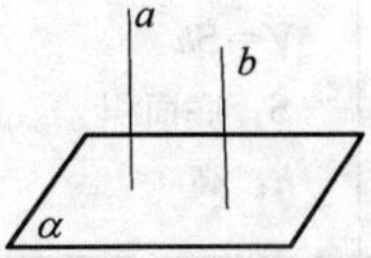 $\left.\begin{array}{l}a\perp\alpha\\ b\perp\alpha\end{array}\right\}\Rightarrow a/\!/b$

五、平面和平面平行、垂直的判定定理及性质定理

	平面和平面平行	平面和平面垂直
判定定理	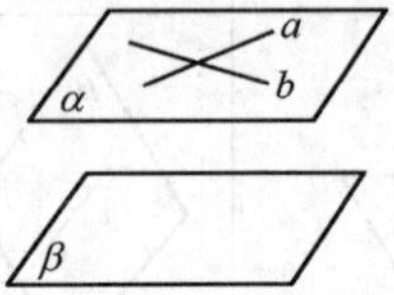 $\left.\begin{array}{l} a\subset\alpha,\ b\subset\alpha \\ a\cap b=A \\ a/\!/\beta,\ b/\!/\beta \end{array}\right\}\Rightarrow\alpha/\!/\beta$	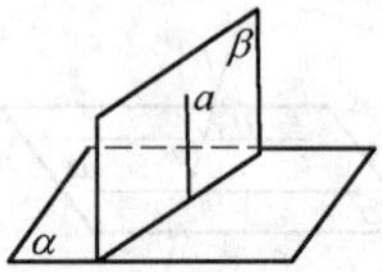 $\left.\begin{array}{l} a\perp\alpha \\ a\subset\beta \end{array}\right\}\Rightarrow\alpha\perp\beta$
性质定理	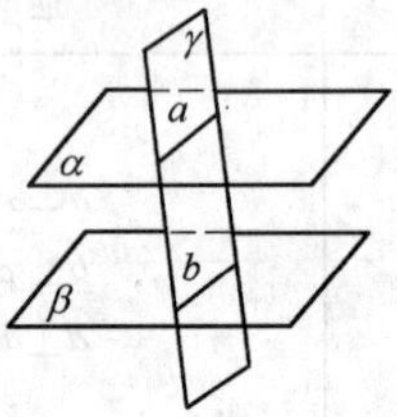 $\left.\begin{array}{l} \alpha/\!/\beta \\ \gamma\cap\alpha=a \\ \gamma\cap\beta=b \end{array}\right\}\Rightarrow a/\!/b$	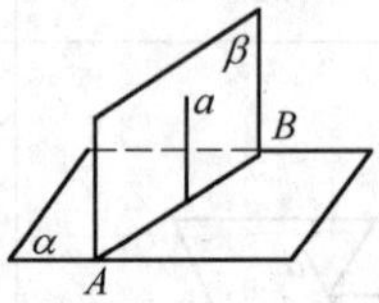 $\left.\begin{array}{l} \alpha\perp\beta \\ \alpha\cap\beta=AB \\ a\subset\beta \\ a\perp AB \end{array}\right\}\Rightarrow a\perp\alpha$

六、多面体

几种多面体的侧面积和体积计算公式如下，其全面积均为侧面积与底面积之和.

名称	直棱柱	正棱锥	正棱台
侧面积计算公式	$S_{侧}=ch$ c：底的周长 h：高	$S_{侧}=\frac{1}{2}ch'$ c：底的周长 h'：斜高	$S_{侧}=\frac{1}{2}(c+c')h'$ c'、c：上、下底的周长 h'：斜高
体积计算公式	$V=Sh$ S：底面积 h：高	$V=\frac{1}{3}Sh$ S：底面积 h：高	$V=\frac{1}{3}h(S+\sqrt{SS'}+S')$ S'、S：上、下底面积 h：高

七、旋转体

圆柱、圆锥、圆台、球的面积公式和体积公式见表 8－2.

自我测试题

一、选择题

1. 两条直线 a，b 和直线 l 平行，那么直线 a，b（　　）

A. 相交　B. 是异面直线　C. 平行　D. 三种情况都不可能

2. 两条直线 a，b 和直线 l 所成的角相等，那么直线 a，b（　）

A. 相交　B. 是异面直线　C. 平行　D. 三种情况都有可能

3. 若平面 α 与 β 平行，直线 $a\subseteq\alpha$，点 $B\in\beta$，则在 β 中过点 B 作 a 的平行线（　　）

A. 有且只有一条　B. 有两条　C. 有无数条　D. 不存在

4. 在棱长为 1 的正方体 $ABCD-A'B'C'D'$ 中，直线 $A'B'$ 与直线 BC' 的距离是（　　）

A. 1　B. $\sqrt{2}$　C. $\frac{1}{2}$　D. $\frac{\sqrt{2}}{2}$

5. 在正方体 $ABCD-A'B'C'D'$ 中，平面 $AD'C$ 与平面 $DD'C$ 所成的二面角是（　　）

A. $\frac{\pi}{3}$　B. $\frac{\pi}{4}$　C. $\arctan\sqrt{2}$　D. $\arctan 2$

6. 圆柱的底周长为 6π cm，高为 4 cm，则轴截面的面积为（　　）

A. 12 cm^2　B. 24 cm^2　C. 48 cm^2　D. $8\sqrt{6}$ cm^2

7. 正四棱锥每两条相邻侧棱所成的角都是 $60°$，侧棱长为 a，则它的侧面积是（　　）

A. $2\sqrt{2}a^2$　B. $\sqrt{2}a^2$　C. $2\sqrt{3}a^2$　D. $\sqrt{3}a^2$

8. 大球半径是小球半径的 2 倍，那么大球与小球表面积之比、体积之比分别为（　　）

A. 4∶1 和 8∶1　B. 8∶1 和 4∶1　C. 2∶1 和 4∶1　D. 2∶1 和 3∶1

二、填空题

1. 在正方体 $ABCD-A'B'C'D'$ 各面的对角线中，有______条与 $A'B$ 成异面直线.
2. 如果一条直线与两个相交平面都平行，则这条直线与这两个平面的交线________.
3. 过平面外一点可以作______条直线与这个平面平行.
4. 过平面外一点可以作______条直线与这个平面垂直.
5. 过平面外一点可以作______个平面与这个平面平行.
6. 正四棱台两底面的面积分别为 4、16，侧棱长为 3，则这个棱台的全面积是________.
7. 已知球的半径为 3 cm，则球的体积为________ cm^3.
8. 两条直线垂直于同一平面，那么这两条直线相互________.

三、解答题

1. 在 $60°$ 二面角的一面内有一点 P，它到棱的距离是 10 cm，求它到另一面的距离.

2. 如图 8－56 所示，Rt$\triangle ABC$ 在平面 α 内，D 是斜边 AB 的中点，$ED\perp\alpha$，$AC=$ 6 cm，$BC=8$ cm，$ED=12$ cm，求线段 EA，EB，EC 的长.

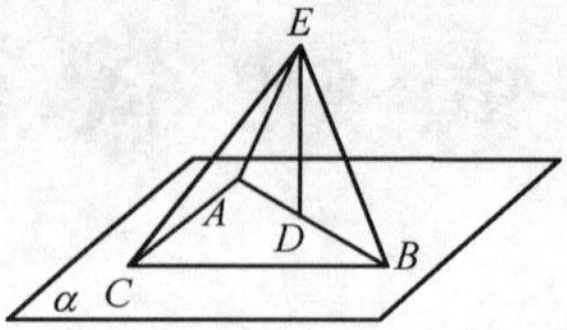

图 8－56

3. 如图 8－57 所示，已知 $PC\perp$平面 ABC，在$\triangle ABC$中，$\angle ABC=90°$，$AB=3$，$BC=3\sqrt{3}$，$PC=6$，求：

(1) 点 P 到直线 AB 的距离；

(2) 直线 PA 和平面 ABC 所成的角.

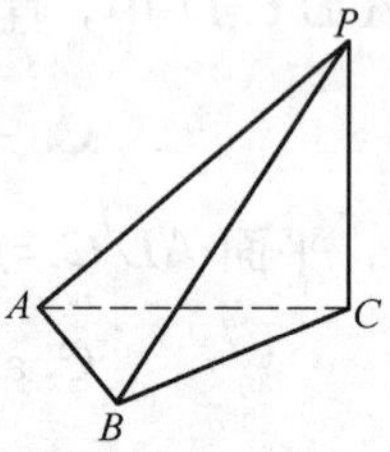

图 8－57

4. 圆锥的母线长是它的高的 2 倍，底面圆的半径为$\sqrt{3}$ cm，求：

(1) 圆锥的高；

(2) 圆锥母线的长；

(3) 圆锥的体积.

读 一 读

徐光启和《几何原本》

世界上印数最多的科技书当数《几何原本》。《几何原本》为古希腊数学家欧几里得(约公元前 330 至公元前 275 年)所著，该书雄视数学界两千余年，可以说今天的几何教材不过是《几何原本》的一个通俗改写本而已。

徐光启(公元 1562—1633 年)，字子先，号玄扈，吴淞(今属上海)人。他从万历末年起，经过天启、崇祯各朝，曾任文渊阁大学士(相当于宰相)。他精通天文历法，是明末改历的主要主持人。他对农学也颇有研究，曾根据前人所著各种农书，辅以自己的见解，编写了著名的《农政全书》。全书有 60 余卷，共 60 多万字。他没有入京做官之前，曾在上海、广东、广西等地教书。在此期间，他曾博览群书，在广东还接触到一些传教士，对他们传入的西方文化开始有所接触。公元 1600 年，他在南京和意大利传教士利玛窦(1552—1610 年)相识，以后两人又长期同住在北京，经常来往。他和利玛窦两人共同翻译《几何原本》一书，1607 年译完前 6 卷。当时徐光启很想全部译完，利玛窦却不愿这样做。直到晚清，《几何原本》后 9 卷的翻译工作才由李善兰(1811—1882 年)完成。

《几何原本》是我国最早的第一部自拉丁文译来的数学著作。在翻译时绝无对照的词表可循，许多译名都是从无到有、当时创造的。这个译本中的许多译名都十分恰当，不但在我国一直沿用至今，并且还影响了日本、朝鲜各国，如点、线、直线、曲线、平行线、角、直角、锐角、钝角、三角形、四边形等。这许多名词都是由这个译本首先定下来的。其中只有极少的几个经后人改定，如“等边三角形”，徐光启当时记作“平边三角形”；“比”，当时译为“比例”；而“比例”则译为“有理的比例”等。

《几何原本》有严整的逻辑体系，其叙述方式和中国传统的《九章算术》完全不同。徐光启对《几何原本》区别于中国传统数学的这种特点，有着比较清楚的认识。他还充分认识到几何学的重要意义，他说“窃百年之后，必人人习之”。

清康熙年间，编辑了数学百科全书《数理精蕴》(公元 1723 年)，其中收有《几何原本》一书，但这是根据公元 18 世纪法国几何学教科书翻译的，它与欧几里得的《几何原本》差别很大。

到清朝末年废科举、兴学堂之后，几何学才成为学校中必修的科目之一，到这时才出现了徐光启所预料的“必人人而习之”的境况。

第 9 章　排列与组合　概率简介

学习要求

➢ 理解排列和组合的概念；理解随机事件、概率的意义.

➢ 了解两个基本计数原理；了解组合数的性质，随机试验、频率的概念及事件的并、交、互斥和对立的关系.

➢ 掌握排列数和组合数的计算公式，会用它们解决一些简单的计数问题；掌握二项式定理和二项展开式的通项公式；掌握等可能事件概率的计算、互斥事件概率的加法公式、相互独立事件概率的乘法公式，并能用它们解决一些简单的实际问题；掌握独立重复(伯努里)试验模型中事件的概率计算及应用.

现实生活中到处需要计数，用一个一个去数的办法在比较复杂的情况下就数不过来了，因此需要研究怎样计数. 本章将介绍计数的两个基本原理和两类基本的计数问题(即排列、组合问题)，并且运用这些知识来推导二项式的展开. 在此基础上，还将介绍“随机现象”的初步知识.

9.1　两个基本原理

9.1.1　分类计数原理

首先考虑这样一个问题：从甲地到乙地，可以乘火车、汽车，也可以乘飞机，一天中，汽车有 12 班，火车有 4 班，飞机有 2 班，那么一天中乘坐这些交通工具从甲地到乙地共有多少种不同的走法?

因为一天中乘汽车有 12 种走法，乘火车有 4 种走法，乘飞机有 2 种走法，而每一种走法都可以直接从甲地到达乙地，因此在一天中乘坐这些交通工具从甲地到乙地共有

$$12+4+2=18$$

种不同的走法.

上述例子说明了以下计数原理.

分类计数原理(又称加法原理)　做一件事，完成它有 n 类办法，第一类办法中有 m_1 种

不同的方法，第二类办法中有 m_2 种不同的方法，…，第 n 类办法中有 m_n 种不同的方法，那么完成这件事共有

$$N=m_1+m_2+\cdots+m_n$$

种不同的方法.

例 9.1　两个袋子里分别装有 40 个红球，30 个白球，现从中任取一个球，有多少种取法？

解　取一个球的方法可以分成两类：一类是从装红球的袋子里取出一个球，有 40 种取法；另一类是从装白球的袋子里取一个球，有 30 种取法. 因此取一个球的取法种数共有

$$40+30=70(\text{种})$$

例 9.2　某校田径队有 43 名队员，游泳队有 18 名队员，足球队有 20 名队员，现派出一人作为运动员代表在学校运动会开幕式上讲话，有多少种派法？

解　选派一人的方法可以分成三类：第一类是在田径队中派出一人，共有 43 种派法；第二类是在游泳队中派出一人，共有 18 种派法；第三类是在足球队派出一人，共有 20 种派法. 根据分类计数原理，派法种数共有

$$43+18+20=81(\text{种})$$

9.1.2　分步计数原理

再看这样一个问题：小华所在班级的教室在教学楼的第四层，而每一层的两侧各有一个楼梯，若小华要从一楼到教室，他有多少种上楼的走法？

因为小华到教室必须经过二楼、三楼，然后才能到达四楼，而每上一层楼他都有两种不同的走法. 因此，小华上楼的走法共有

$$2\times2\times2=8(\text{种})$$

这个例子说明了另一个计数原理.

分步计数原理(又称乘法原理)　做一件事，完成它需要分成 n 个先后步骤，做第一步有 m_1 种方法，做第二步有 m_2 种不同的方法，…，做第 n 步有 m_n 种不同的方法，那么完成这件事共有

$$N=m_1\cdot m_2\cdot\cdots\cdot m_n$$

种不同的方法.

例 9.3　两个袋子里分别装有 40 个红球与 30 个白球，从中任取一个红球和一个白球，有多少种取法？

解　任取一个红球和一个白球可以分成两步来完成：第一步从装红球的袋子里取一个球，这有 40 种取法；对于这一种取法，第二步从装白球的袋子里取一个球，共有 30 种取法. 因此，取一个红球和一个白球的方法共有

$$40\times30=1\,200(\text{种})$$

把例 9.3 与例 9.1 比较，想一想：什么情况下计数的对象可以分类，什么情况下计数的对象可以分步完成. 识别这两种情况是解决计数问题的关键.

通过比较，可以发现上述两个基本原理的共同点是：都是研究做一件事共有多少种不同的方法；它们的区别在于：一个与**分类**有关，一个与**分步**有关. 如果完成一件事有 n 类办法，这 n 类办法彼此之间是相互独立的，无论哪一类办法中的哪一种方法都能单独完成这件事，求完成这件事的方法的种数，就用**分类计数**原理. 如果完成一件事需要分成 n 个步骤，各个步骤都不可缺少，且需要完成所有的步骤才能完成这件事，而完成每一个步骤又各有若干种方法，求完成这件事的方法的种数，就用**分步计数**原理.

例 9.4 书架上层放有 9 本不同的数学书，下层放有 6 本不同的语文书，问

(1) 从中任取一本，有多少种不同的取法？

(2) 从中任取数学书和语文书各一本，有多少种不同的取法？

解 (1) 任取一本书，有两类取法：第一类，从上层任取一本数学书，有 9 种取法；第二类，从下层任取一本语文书，有 6 种取法. 据分类计数原理，得到不同的取法种数为

$$N=9+6=15(\text{种})$$

(2) 任取数学书和语文书各一本，可以分成两步来完成：第一步，从上层任取一本数学书，有 9 种取法；第二步，从下层任取一本语文书，有 6 种取法. 据分步计数原理，得到不同的取法种数为

$$N=9\times6=54(\text{种})$$

例 9.5 某城市的电话号码由 7 位数字组成，其中从左边算起第一位只能用 6 或 8，其余 6 位可以从 10 个自然数 0，1，2，…，9 中任意选取，允许数字重复. 那么该城市最多可装电话多少门？

解 装一门电话需要指定一个电话号码. 由于第一位只能用 6 或 8，因此电话号码可以分成两类：第一位用“6”的为第一类，第一位用“8”的为第二类.

第一类电话号码还剩下 6 位，此时指定一个电话号码可以分成 6 步来完成：第一步确定第二位的数字，这有 10 种取法；第二步确定第三位的数字，因允许数字重复，这也有 10 种取法；第三步确定第四位的数字，这又有 10 种取法；…；第六步确定第七位的数字，这仍有 10 种取法. 由分步计数原理，第一类电话号码共有

$$10\times10\times10\times10\times10\times10=10^6(\text{个})$$

同理，第二类电话号码也有 10^6 个. 根据分类计数原理知，该城市可供使用的电话号码共有

$$10^6+10^6=2\times10^6(\text{个})$$

从而最多可装电话 2×10^6 门，即 200 万门.

从例 9.5 可以看到，有些计数问题既要用分类计数原理，又要用分步计数原理. 遇到这种情形时，通常是先把计数的对象分类，然后对每一类里的对象用分步计数原理计数.

练一练

1. 从甲地到乙地有两条道路，其中一条道上每天有 2 趟班车，另外一条道上每天有 3 趟班车，那么乘班车从甲地到乙地共有____________种不同的走法.

2. 从甲地到乙地有两条道路，从乙地到丙地有三条道路，那么从甲地经过乙地再到丙地共有____________种不同的走法.

习题 9－1

1. 在读书活动中，一个学生要从 3 本科技书、3 本文艺书、4 本杂志中任选一本，共有多少种不同的选法？

2. 在读书活动中，一个学生要从 3 本科技书、3 本文艺书、4 本杂志中各借一本，共有多少种不同的借法？

3. 在 100 件产品中，有 96 件合格品，4 件次品，现从中任抽取一件来检查，共有多少种抽取方法？

4. 由数字 1，2，3，4，5 可以组成多少个三位数(各位上的数字允许重复)？

5. 某班有 4 个同学各持一封家信，而该校共有 3 个邮箱，共有几种投法？

9.2　排　列

9.2.1　排列的定义

考虑这样一个问题：用数字 1，2，3 可以组成多少个没有重复数字的两位数？

这个问题就是从 1，2，3 这 3 个数字中，每次取出两个，按照十位、个位的顺序排列起来，一共有多少种不同排法的问题.

第一步，先确定十位上的数字，在 1，2，3 这 3 个数字中任取一个，有 3 种方法；第二步，确定个位上的数字，当十位上的数字确定以后，个位上的数字只能从余下的两个数字中去取，有 2 种方法. 根据分步计数原理，从 3 个不同的数字中，每次取出两个排成没有重复的两位数的方法共有

$$3\times2=6(\text{个})$$

这些两位数是：12，13，21，23，31，32.

上述例子可以抽象为：从 3 个不同的元素中任取 2 个，按照一定的顺序排成一列，共有多少种不同的排法. 这就是要研究的排列问题.

定义 9.1 从 n 个不同元素中，任取 $m(m\leqslant n)$ 个元素，按照一定的顺序排成一列，称为从 n 个不同元素中取出 m 个元素的一个**排列**. 如果 $m<n$，这样的排列称为**选排列**；如果 $m=n$，这样的排列称为**全排列**.

由排列的定义可知，如果两个排列相同，那么不仅这两个排列的元素必须完全相同，而且排列顺序也必须完全相同. 如果所取的元素不完全相同，那么得到不同的排列. 即使所取的元素完全相同，但排列顺序不同，也不是相同的排列. 例如，两位数"12"与"13"是由不完全相同的数字排成的不同排列，而两位数"12"与"21"是由完全相同的数字排成的不同排列.

9.2.2 排列数公式

从 n 个不同元素中取出 $m(m\leqslant n)$ 个不同元素的所有排列的个数，称为从 n 个不同元素中取出 m 个不同元素的**排列数**，用符号 A_n^m 表示. 例如，从 10 个不同元素中取出 3 个不同元素的排列数为 A_{10}^3.

下面讨论计算 A_n^m 的公式.

从 n 个不同元素中取出 $m(m\leqslant n)$ 个不同元素的一个排列，可以分成 m 步来完成：第一步，从 n 个元素中取出一个排在第一个位置，有 n 种取法；第二步，从剩下的 $n-1$ 个元素中取出一个排在第二个位置，有 $n-1$ 种取法；第三步，再从剩下的 $n-2$ 个元素中取出一个排在第三个位置，有 $n-2$ 种取法；…；第 m 步，这时已经用去了 $m-1$ 个元素，只能从剩下的 $n-(m-1)$ 个元素中取出一个排在第 m 个位置，有 $n-(m-1)$ 种取法. 因此根据分步计数原理，从 n 个不同元素中取出 $m(m\leqslant n)$ 个不同元素的所有排列的个数为

$$\mathrm{A}_n^m=n(n-1)(n-2)\cdot\cdots\cdot(n-m+1)\quad(m\leqslant n)\qquad(9-1)$$

这里，n，$m\in\mathbf{N}$. 式(9-1)称为**排列数公式**. 其中，公式的右边是连续正整数的乘积，最大的因数是 n，最小的因数是 $n-m+1$.

当 $m=n$ 时，由式(9-1)得

$$\mathrm{A}_n^n=n(n-1)(n-2)\cdot\cdots\cdot1$$

上式的右边是自然数 1 到 n 的连乘积，称为 n 的阶乘，记作 $n!$. 于是上式可以写成

$$\mathrm{A}_n^n=n!\qquad(9-2)$$

即 n 个不同元素的全排列的总数等于 $n!$.

因为 $(n-m)\cdot\cdots\cdot2\cdot1=(n-m)!$，所以排列数公式还可以写成

$$\mathrm{A}_n^m=\frac{n!}{(n-m)!}\qquad(9-3)$$

为了使公式(9-3)在 $m=n$ 时也能成立，规定

$$0!=1$$

例 9.6　计算 A_{10}^3 与 A_4^4.

解　$A_{10}^3=10\times9\times8=720$

$A_4^4=4!=4\times3\times2\times1=24$

例 9.7　从 10 个人的小队中选出 1 名队长和 1 名副队长，有多少种选法?

解　从 10 个人中选出两人担任不同的职务，因此一种选法对应一个排列，所有的选法数就是从 10 个人中任取 2 个人的排列数，即

$$A_{10}^2=10\times9=90(\text{种})$$

例 9.8　用数字 1，2，3，4，5 可以组成多少个没有重复数字的四位数?

解　一个四位数就是四个数字的一个排列，所以从 1，2，3，4，5 中取出 4 个不同数字组成的四位数共有

$$A_5^4=5\times4\times3\times2=120\ (\text{个})$$

例 9.9　从 0 到 9 这 10 个数字中取出 3 个数字，

(1) 可以组成多少个没有重复数字的三位数?

(2) 可以组成多少个允许有重复数字的三位数?

(3) 可以组成多少个允许有重复数字的编号?

解　从 0 到 9 这 10 个数字中取出 3 个数字的一个排列对应一个 3 个数字的编号；而从 0 到 9 这 10 个数字中取出 3 个数字的一个排列，当 0 不排在百位上时，对应一个三位数.

(1) 因为百位上的数字不能为 0，所以可分为两步考虑：从 1 到 9 这 9 个数字中任取 1 个排在百位上，取法有 9 种；再从余下的 9 个数字中任取 2 个排在十位和个位上，有 A_9^2 种取法. 根据分步计数原理，所求的三位数的个数为

$$9\times A_9^2=9\times(9\times8)=648(\text{个})$$

(2) 可以分三步考虑：百位上数字的取法有 9 种(百位上的数字不能为 0)；十位上数字的取法有 10 种；个位上数字的取法有 10 种. 根据分步计数原理，所求的三位数的个数为

$$9\times10\times10=900(\text{个})$$

(3) 可以分三步考虑：因为是编号，则首位可以为 0，即第一位数字有 10 种取法；同理，第二位、第三位数字都有 10 种取法. 根据分步计数原理，符合题意的编号个数有

$$10\times10\times10=1\,000(\text{个})$$

练一练

1. $A_4^2=$________，$A_3^1=$________，$A_n^1=$________ (其中 $n\in\mathbf{N}$).

2. 5 个人从星期一到星期五轮流值日，一人一天，共有________种不同的安排.

习题 9-2

1. 计算

(1) A_{10}^{4} (2) $A_{3}^{2}+A_{3}^{3}$ (3) $A_{8}^{4}-6!$

2. 8 名同学排成一排照相，共有多少种排法？

3. 用 1，2，3，4，5，6 这 6 个数字，可以组成多少个没有重复数字的五位数？

4. 若从 5 人中派出 3 人完成三项不同的工作，问共有多少种选派法？

5. 从 7 个人中选出 1 名组长和 1 名副组长，共有多少种选法？

6. 用 0 到 9 这 10 个数字，可以组成多少个没有重复数字的四位数？

9.3 组 合

9.3.1 组合的定义

考虑下面的问题：从 1，2，3 这 3 个数中，每次任取两个相乘，可以得到多少个不同的乘积？

所有情形列举如下，共得到 3 个不同的乘积，即

$$1\times2=2\times1=2,\quad 1\times3=3\times1=3,\quad 2\times3=3\times2=6$$

这个问题与上节中两位数问题不同之处在于：两位数与两个数放置的前后位置有关，“1”在十位、“2”在个位和“2”在十位、“1”在个位是不同的两位数，也就是与两个数的顺序有关，这是排列问题；但两数乘积与两个数在乘号前后的位置无关，也就是与两个数的顺序无关. 上述问题中要确定有几个不同的乘积，实质上讨论的就是从 3 个不同的元素中任取两个元素，不管怎样的顺序组成一组，共有多少个不同的组，这就是要研究的组合问题.

定义 9.2 从 n 个不同元素中，任取 $m(m\leqslant n)$ 个元素并成一组，称为从 n 个不同元素中取出 m 个元素的一个**组合**.

由组合的定义可知，如果两个组合中的元素完全相同，不管元素的顺序如何，都是相同的组合. 只有当两个组合中的元素不完全相同时，才是不同的组合.

比较排列和组合的概念，可以看到两者的区别是：对于从 n 个不同元素中取出的 m 个元素，若需要区分元素与元素之间的顺序，则有关的问题属于排列问题；若不区分元素与元素之间的顺序，则有关的问题属于组合问题($m\leqslant n$). 例如，“12”和“21”是不同的排列，但却是同一个组合.

例 9.10 下面问题哪些是排列问题？哪些是组合问题？

(1) 某医院有 16 名医生，从中选派 2 名医生给某学校的学生做体检，有多少种派法？

(2) 某医院有 16 名医生，从中选派两名医生分别到甲校、乙校为学生做体检，每所学校去一名医生，有多少种派法?

解　(1) 选派两名医生到同一所学校去，这两名医生组成一组，不区分两人的顺序，因此这个计数问题是组合问题.

(2) 选派的两名医生，一名去甲校，另一名去乙校，要区分两人的顺序，因此这个计数问题属于排列问题.

9.3.2　组合数公式

从 n 个不同元素中取出 $m(m\leqslant n)$ 个元素的所有组合的个数，称为从 n 个不同元素中取出 m 个元素的**组合数**，用符号 C_n^m 表示. 例如，从 10 个不同元素中取出 3 个元素的组合数表示为 C_{10}^3.

在上一节，已经有了排列数公式(9－1)

$$A_n^m=n(n-1)(n-2)\cdot\cdots\cdot(n-m+1)$$

现在，为了找出组合数 C_n^m 的计算公式，换一种方法来计算排列数 A_n^m.

从 n 个不同元素中取出 $m(m\leqslant n)$ 个不同元素的一个排列，可以分成两步来完成：第一步，从这 n 个元素中取出 m 个元素组成一组，这有 C_n^m 种取法；第二步，把取出的 m 个元素排列，这有 $A_m^m=m!$ 种排列. 根据分步计数原理，从 n 个不同元素中取出 m 个不同元素的所有排列个数为

$$A_n^m=C_n^m\cdot A_m^m$$

因此得

$$C_n^m=\frac{A_n^m}{A_m^m}=\frac{n(n-1)(n-2)\cdot\cdots\cdot(n-m+1)}{m!} \tag{9-4}$$

这里 n，$m\in\mathbf{N}$，并且 $m\leqslant n$. 式(9－4)称为**组合数公式**.

因为 $A_n^m=\dfrac{n!}{(n-m)!}$，所以上面的组合数公式还可以写成

$$C_n^m=\frac{n!}{m!(n-m)!} \tag{9-5}$$

例 9.11　计算 C_{10}^3 与 C_5^5.

解

$$C_{10}^3=\frac{10\times9\times8}{3!}=\frac{10\times9\times8}{3\times2\times1}=120$$

$$C_5^5=\frac{5\times4\times3\times2\times1}{5!}=\frac{5\times4\times3\times2\times1}{5\times4\times3\times2\times1}=1$$

例 9.12　某医院有 16 名医生，从中选派两名医生给某学校的学生做体检，有多少种派法?

解 由例 9.11 知道该问题是组合问题，所以派法总数等于组合数，即

$$C_{16}^{2}=\frac{16\times15}{2\times1}=120(\text{种})$$

例 9.13 10 支足球队举行单循环比赛，问一共要进行多少场比赛？若是双循环比赛，一共要进行多少场比赛呢？

解 单循环比赛，每一场比赛有两个队参加，这两个队组成一组，不区分两队的顺序，因此单循环比赛的场数等于组合数，即

$$C_{10}^{2}=\frac{10\times9}{2\times1}=45(\text{场})$$

双循环比赛，场数是单循环比赛场数的 2 倍，即

$$2\times45=90(\text{场})$$

例 9.14 袋中装有 10 个编号不同的小球，现从中任意摸出 4 个，问有多少种摸法？

解 从 10 个球中摸取 4 个，这 4 个组成一组，不区分它们的顺序，因此摸取方法的总数等于组合数，即

$$C_{10}^{4}=\frac{10\times9\times8\times7}{4\times3\times2\times1}=210(\text{种})$$

练一练

1. 下面问题哪些是排列问题？哪些是组合问题？

(1) 在有 40 名学生的班上选出 1 名班长和 1 名副班长，有多少种选法？ ( )

(2) 在有 40 名学生的班上选出两名代表参加学生代表大会，有多少种选法？ ( )

(3) 8 名同学互通电话一次，一共要通多少次电话？ ( )

(4) 8 名同学互寄明信片一张，一共要寄多少张明信片？ ( )

2. 你还能把以上结果计算出来，对吗？

9.3.3 组合数的性质

观察下面的计算.

$$C_{7}^{3}=\frac{7\times6\times5}{3!}=35,\qquad C_{7}^{4}=\frac{7\times6\times5\times4}{4!}=35$$

发现

$$C_{7}^{3}=C_{7}^{4}=C_{7}^{7-3}$$

一般地，有以下结论成立.

性质 9.1 $C_{n}^{m}=C_{n}^{n-m}\quad(m\leqslant n)$

证明 因为

$$C_n^m=\frac{n!}{m!(n-m)!}$$

$$C_n^{n-m}=\frac{n!}{(n-m)![n-(n-m)]!}=\frac{n!}{(n-m)!m!}$$

所以

$$C_n^m=C_n^{n-m}\quad(m\leqslant n)$$

性质 9.1 可用来简化组合数计算，当 $m>\frac{n}{2}$ 时，计算 C_n^m 可改为计算 C_n^{n-m}. 例如，

$$C_{20}^{18}=C_{20}^{20-18}=C_{20}^{2}=\frac{20\times19}{2!}=190$$

注意，由于 $0!=1$，因此 $C_n^0=\frac{n!}{0!(n-0)!}=1$，即

$$\boxed{C_n^0=1}\tag{9-7}$$

性质 9.2　$C_{n+1}^m=C_n^m+C_n^{m-1}\quad(m\leqslant n)$

证明　
$$\begin{aligned}C_n^m+C_n^{m-1}&=\frac{n!}{m!(n-m)!}+\frac{n!}{(m-1)![n-(m-1)]!}\\&=\frac{n!(n-m+1)+n!m}{m!(n-m+1)!}=\frac{n!(n+1)}{m!(n-m+1)!}\\&=\frac{(n+1)!}{m![(n+1)-m]!}\\&=C_{n+1}^m\end{aligned}$$

例 9.15　计算 C_{200}^{198} 及 $C_{99}^3+C_{99}^2$.

解　由性质 9.1，得

$$C_{200}^{198}=C_{200}^{2}=\frac{200\times199}{2\times1}=19\,900$$

由性质 9.2，得

$$C_{99}^3+C_{99}^2=C_{100}^3=\frac{100\times99\times98}{3\times2\times1}=161\,700$$

排列问题和组合问题是两类基本的计数问题，它们是解决更为复杂的计数问题的基础. 下面举例来说明如何运用这些相关知识去解决较复杂的计数问题.

例 9.16　在产品检验时，常常从产品中抽出一部分检查. 现从 100 件产品中任意抽出 3 件进行检查，如果这 100 件产品中有 3 件次品，其余是合格品. 问：

(1) 抽出的 3 件中恰好有 1 件次品的抽法有多少种?

(2) 抽出的 3 件中最多有 1 件次品的抽法有多少种?

(3) 抽出的 3 件中至少有 1 件次品的抽法有多少种?

解　(1) 抽出的 3 件中恰好有 1 件次品的抽取可以分两步来完成：先从 3 件次品中抽出 1 件，这有 C_3^1 种抽法；再从 97 件合格品中抽出 2 件合格品，抽法有 C_{97}^2 种. 根据分步计数

原理，抽出的 3 件中恰好有 1 件次品的抽法种数为

$$C_3^1C_{97}^2=3\times\frac{97\times96}{2\times1}=13\ 968(\text{种})$$

(2) 抽出的 3 件中最多有 1 件次品的抽法可以分成两类：第一类是抽出 3 件合格品，这有 C_{97}^3 种抽法；第二类是恰好抽出 1 件次品和 2 件合格品，根据(1)可知，这有 $C_3^1C_{97}^2$ 种抽法. 根据分类计数原理，抽出的 3 件中最多有 1 件次品的抽法种数为

$$C_{97}^3+C_3^1C_{97}^2=147\ 440+13\ 968=161\ 408(\text{种})$$

(3) 符合条件的抽法分为三类：第一类是抽出 1 件次品与 2 件合格品，这有 $C_3^1C_{97}^2$ 种抽法；第二类是抽出 2 件次品与 1 件合格品，这有 $C_3^2C_{97}^1$ 种抽法；第三类是只抽出 3 件次品，这有 C_3^3 种抽法. 因此根据分类计数原理，至少有 1 件次品的抽法种数为

$$C_3^1C_{97}^2+C_3^2C_{97}^1+C_3^3=13\ 968+291+1=14\ 260(\text{种})$$

第(3)小题还可以这样求解：从 100 件产品中抽出 3 件，共有 C_{100}^3 种抽法，其中抽出的 3 件都是合格品的抽法有 C_{97}^3 种，因此抽出的 3 件中至少有 1 件次品的抽法种数为

$$C_{100}^3-C_{97}^3=161\ 700-147\ 440=14\ 260(\text{种})$$

例 9.17 在 5 名女生中选出 1 人、在 6 名男生中选出 3 人，分别担任 4 门不同学科的课代表，一共有多少种选法？

解 分两步考虑：第一步“选人”，从 5 名女生中选出 1 人，有 C_5^1 种选法，再从 6 名男生中选出 3 人，有 C_6^3 种选法，所以一共有 $C_5^1C_6^3$ 种选法；第二步“安排岗位”，选出的 4 人担任不同学科的课代表，所以有 A_4^4 种安排岗位的方法. 根据分步计数原理，符合题意的选法共有

$$(C_5^1\cdot C_6^3)\cdot A_4^4=5\times20\times24=2\ 400(\text{种})$$

练一练

1. $C_4^0=$______，$C_4^1=$______，$C_n^1=$______，$C_4^4=$______，$C_n^n=$______ ($n\in\mathbf{N}$)
2. $C_{11}^8=$______，$C_{100}^{98}=$______

习题 9-3

1. 计算

(1) $C_7^3-C_6^2$　　(2) $C_8^4+C_8^3+C_9^5-C_{10}^5$　　(3) $C_6^3\div C_8^4$

(4) C_{200}^{197}　　(5) $C_{n+1}^nC_n^{n-2}$　　(6) $C_{99}^{98}+C_{99}^{97}$

2. 写出从 a，b，c，d 中取两个字母的所有组合和所有排列.

3. 某学校有 15 个班级，每个班组成一个篮球队，进行班际篮球单循环赛，共需比赛多少场？

4. 圆上有 12 个不同的点，

(1) 过每两点可画一条弦，一共可以画多少条弦？

(2) 过每 3 点可以画一个圆的内接三角形，一共可以画多少个内接三角形？

5. 从 1，2，3，5，7 这 5 个数中任取两个：

(1) 相乘可以得到多少个不同的积？

(2) 相除可以得到多少个不同的商？

6. 壹角、伍角、壹元的硬币各一枚，一共可以组成多少种不同的币值？

7. 若从 5 名男生和 3 名女生中任选 5 名组成一个代表队，则其中恰好有一名女生的选法有多少种？

8. 10 件产品中有 4 件次品、6 件合格品. 现从中任意抽取 3 件检验，则

(1) 抽出的 3 件中恰好有两件次品的抽法有多少种？

(2) 抽出的 3 件中至多有 1 件次品的抽法有多少种？

9.4　二项式定理

9.4.1　二项式定理

设 a，b 是任意的数，我们知道

$$(a+b)^2=a^2+2ab+b^2 \quad ①$$

$$(a+b)^3=(a+b)^2(a+b)=a^3+3a^2b+3ab^2+b^3 \quad ②$$

进一步地，有

$$\begin{aligned}(a+b)^4 &=(a+b)^3(a+b)=(a^3+3a^2b+3ab^2+b^3)(a+b)\\ &=a^4+4a^3b+6a^2b^2+4ab^3+b^4\end{aligned} \quad ③$$

可以看到，式①、式②、式③右边多项式里各项关于 a，b 的次数很有规律，但各项的系数又有什么规律呢？一般地，对任意正整数 n，又如何写出 $(a+b)^n$ 的展开式呢？下面以式③为例来进行分析.

式③右边的每一项，可以看作是从 $(a+b)(a+b)(a+b)(a+b)$ 的每个括号里取一个字母的乘积合并同类项后所得，因而各项都是四次式，并且 a^4，a^3b，a^2b^2，ab^3，b^4 所含 b 的个数分别为 0，1，2，3，4，在 4 个括号中取 0 个、1 个、2 个、3 个、4 个 b 的取法分别有 C_4^0，C_4^1，C_4^2，C_4^3，C_4^4 种，而 $C_4^0=1$，$C_4^1=4$，$C_4^2=6$，$C_4^3=4$，$C_4^4=1$，因此

$$\begin{aligned}(a+b)^4 &=a^4+4a^3b+6a^2b^2+4ab^3+b^4\\ &=C_4^0a^4+C_4^1a^3b+C_4^2a^2b^2+C_4^3ab^3+C_4^4b^4\end{aligned}$$

以上结论对式①、式②也成立，并且可以推广到任意正整数 n 的情形，即

$$(a+b)^n=C_n^0a^n+C_n^1a^{n-1}b+C_n^2a^{n-2}b^2+\cdots+C_n^ka^{n-k}b^k+\cdots+C_n^nb^n \quad (n\in\mathbf{N}) \qquad (9-8)$$

公式(9－8)称为**二项式定理**. 右边的多项式称为 $(a+b)^n$ 的**二项展开式**，共有 $n+1$ 项，

其中的系数 $C_n^i(i=0,1,2,\cdots,n)$ 称为**二项式系数**. 式中的第 $k+1$ 项 $C_n^k a^{n-k} b^k$ 称为二项展开式的**通项**，用 T_{k+1} 表示，即

$$T_{k+1}=C_n^k a^{n-k} b^k \tag{9-9}$$

例 9.18 展开 $\left(1+\frac{1}{x}\right)^4$.

解 $\left(1+\frac{1}{x}\right)^4=C_4^0\cdot 1^4+C_4^1\cdot 1^3\cdot\frac{1}{x}+C_4^2\cdot 1^2\cdot\left(\frac{1}{x}\right)^2+C_4^3\cdot 1\cdot\left(\frac{1}{x}\right)^3+C_4^4\cdot\left(\frac{1}{x}\right)^4$

$=1+\frac{4}{x}+\frac{6}{x^2}+\frac{4}{x^3}+\frac{1}{x^4}$

例 9.19 求 $\left(\frac{1}{2}x+1\right)^{10}$ 的二项展开式中 x^3 的系数.

解 展开式的通项是

$$C_{10}^k\cdot\left(\frac{1}{2}x\right)^{10-k}\cdot 1^k=C_{10}^k\cdot\left(\frac{1}{2}\right)^{10-k}\cdot x^{10-k}$$

根据题意得 $10-k=3$，所以 $k=7$. 因此 x^3 的系数是

$$C_{10}^7\left(\frac{1}{2}\right)^{10-7}=\frac{1}{8}C_{10}^3=15$$

注意，展开式中 x^3 的系数是 $C_{10}^7\left(\frac{1}{2}\right)^{10-7}=15$，$x^3$ 所在项的二项式系数是 C_{10}^7，两者是不同的.

例 9.20 求 $\left(x^2-\frac{2}{x}\right)^6$ 展开式中的常数项.

解 展开式的通项为

$$C_6^k(x^2)^{6-k}\left(-\frac{2}{x}\right)^k=C_6^k(-2)^k x^{12-3k}$$

根据题意得 $12-3k=0$，所以 $k=4$. 因此常数项是

$$C_6^4(-2)^4=240$$

9.4.2 二项式系数的性质

1. 杨辉三角形

把二项式系数列出来，即

$(a+b)^1$	1 1
$(a+b)^2$	1 2 1
$(a+b)^3$	1 3 3 1
$(a+b)^4$	1 4 6 4 1

$(a+b)^5$ 　　1　5　10　10　5　1

⋮　　　⋮

$(a+b)^n$ 　　$1\quad C_n^1\quad \cdots\quad C_n^{k-1}\quad C_n^k\quad \cdots\quad C_n^{n-1}\quad 1$

$(a+b)^{n+1}$ 　　$1\quad C_{n+1}^1\quad \cdots\quad C_{n+1}^k\quad \cdots\quad C_{n+1}^n\quad 1$

右边的二项式系数表，早在我国宋朝数学家杨辉 1261 年所著的《详解九章算法》一书里就已出现，因此称它为**杨辉三角形**.

2. 二项式系数的性质

由杨辉三角形可以看出，二项式系数具有下列性质：

(1) 除两端的 1 以外，每个数都等于它肩上两个数的和，即 $C_{n+1}^k=C_n^{k-1}+C_n^k$；

(2) 在二项展开式中，与首末两端"等距离"的两项的二项式系数相等，即

$$C_n^k=C_n^{n-k}$$

(3) 如果二项式的幂指数 n 是偶数，那么展开式中间一项的二项式系数最大；如果 n 是奇数，那么展开式中间两项的二项式系数相等且最大.

例 9.21　求 $(1+x)^{12}$ 展开式中二项式系数最大的项.

解　因为二项式幂指数是 12，展开式共 13 项，根据二项式系数的性质可知，中间一项的二项式系数最大，所以二项式系数最大的项是

$$T_7=C_{12}^6x^6=924x^6$$

例 9.22　证明　$C_n^0+C_n^1+C_n^2+\cdots+C_n^r+\cdots+C_n^n=2^n$

证明　展开 $(1+x)^n$ 得

$$(1+x)^n=C_n^0+C_n^1x+C_n^2x^2+\cdots+C_n^kx^k+\cdots+C_n^nx^n$$

令 $x=1$，则

$$2^n=C_n^0+C_n^1+C_n^2+\cdots+C_n^r+\cdots+C_n^n$$

这说明，$(a+b)^n$ 展开式的所有二项式系数之和等于 2^n.

练一练

展开 $(x+2)^5=$____________.

习题 9－4

1. 写出 $(a+b)^6$ 的展开式.
2. 写出 $\left(\frac{1}{2}-x\right)^4$ 的展开式.
3. 求出 $(1+2x)^8$ 展开式中的第 6 项.

4. 求$\left(x-\frac{1}{x}\right)^9$展开式中$x^3$的系数.

5. 求出$(2+3x)^7$的常数项.

6. 求出$\left(2x^3+\frac{1}{x}\right)^8$的常数项.

7. 求$(x+y)^{10}$展开式中二项式系数最大的项.

9.5 随机事件与概率

9.5.1 随机事件

1. 随机事件的概念

在自然界和人类社会中存在着各种各样的现象. 例如，在标准大气压下，水加热到100 ℃时一定沸腾；三角形的内角和等于180°等. 这一类现象的特点是：在一定条件下出现的结果是确定的，这类现象称为**确定性现象(或必然现象)**. 但是，掷一枚硬币，可能出现正面也可能出现反面；抽查一件产品，可能抽到“正品”也可能抽到“次品”；买一注彩票，可能中奖也可能不中奖. 这一类现象的特点是：在一定的相同条件下，可能出现不同的结果，究竟出现哪一种结果，事先不能确定，带有偶然性，这一类现象称为**随机现象**.

为了研究随机现象，需要对随机现象在一定的相同条件下进行反复试验或观察，这种试验或观察称为**随机试验**，简称**试验**.

把在随机试验中可能发生也可能不发生的事件称为**随机事件**，简称**事件**，记为A，B，C，…. 必然会发生的事件称为**必然事件**，记为Ω；一定不可能发生的事件称为**不可能事件**，记为$\varnothing$.

例 9.23 (1) 在0 ℃以下，纯水结成冰. ——必然事件

(2) 掷一枚质地均匀的骰子，出现2点. ——随机事件

(3) 明年1月1日，本地天气晴朗. ——随机事件

(4) 异性电荷相斥. ——不可能事件

2. 事件之间的关系

在一个随机试验中，有这样或那样的事件发生，这些事件之间往往有一定的联系. 为了研究随机事件，先介绍事件之间的关系 .

1) 事件的并

事件A与事件B至少有一个发生的事件，称为事件A与事件B的并(或和)，

记为 $A\cup B$.

例如，掷一枚骰子，记 $A=$“出现小于或等于 4 的偶数点”，$B=$“出现的点数不超过 3”，则 $A\cup B=$“出现的点数不超过 4”.

n 个事件 A_1，A_2，…，A_n 至少有一个发生记为 $A_1\cup A_2\cup\cdots\cup A_n$.

2）事件的交

事件 A 与事件 B 同时发生的事件，称为事件 A 与事件 B 的交(或积)，记为 $A\cap B$.

例如，掷一枚骰子，记 $A=$“出现偶数点”，$C=$“出现的点数不超过 2”，则 $A\cap B=$“出现 2 点”.

n 个事件 A_1，A_2，…，A_n 同时发生记为 $A_1\cap A_2\cap\cdots\cap A_n$.

3）互斥事件

如果事件 A 与 B 不可能同时发生，即 $A\cap B=\varnothing$，则称事件 A 与 B 是互斥事件.

例如，掷一枚骰子，记 $A=$“出现偶数点”，$D=$“出现小于 5 的奇数点”，则 A，D 不可能同时发生，即 A 与 D 是互斥事件.

4）对立事件

如果两个事件不可能同时发生，但在每次试验中有且仅有其中的一个发生，则称这两个事件为互相对立事件. 事件 A 的对立事件记为 $\overline{A}$，则 $A\cup\overline{A}=\Omega$，$A\cap\overline{A}=\varnothing$.

例如，掷一枚骰子，记 $A=$“出现偶数点”，则 $\overline{A}=$“出现奇数点”.

注意，在上述例子中，A 与 $\overline{A}$ 既是对立事件也是互斥事件，A 与 D 只是互斥事件而不是对立事件. 可见，互相对立事件一定是互斥事件，但互斥事件不一定是互相对立事件.

例 9.24　甲、乙二人同时进行射击，事件 $A=$“甲中靶”，事件 $B=$“乙中靶”. 试用事件 A，B 表示下列事件：

(1) 二人都中靶；

(2) 至少有一人中靶；

(3) 二人都不中靶.

解　(1)“二人都中靶”就是 A，B 两个事件都发生，所以“二人都中靶”表示成 $A\cap B$.

(2)“至少有一人中靶”就是 A，B 两个事件至少有一个发生，所以“至少有一人中靶”表示成 $A\cup B$.

(3)“二人都不中靶”就是 A 不发生且 B 也不发生，也即 $\overline{A}$ 发生且 $\overline{B}$ 发生，所以“二人都不中靶”表示成 $\overline{A}\cap\overline{B}$ 或 $\overline{A\cup B}$(“至少有一人中靶”与“二人都不中靶”互相对立).

9.5.2　随机事件的概率

人们常常希望能事先知道某个事件在一次试验中出现的可能性有多大. 经过长期的研究发现，某个事件在一次试验中虽然可能出现也可能不出现，但在大量重复试验中却表现出规律性——频率稳定性.

在 n 次重复试验中，如果事件 A 发生了 m 次，则 m 称为事件 A 发生的**频数**，而 $\frac{m}{n}$ 称为事件 A 发生的**频率**.

例如，历史上曾经有人做过抛掷硬币的大量重复试验，结果如表 9-1 所示.

表 9-1

抛掷次数(n)	正面向上次数(频数 m)	频率$\left(\frac{m}{n}\right)$
2 050	1 062	0.518 0
4 042	2 049	0.506 9
12 000	6 019	0.501 6
24 000	12 012	0.500 5
30 000	14 984	0.499 6
72 090	36 125	0.501 1

可以看到，当抛掷硬币的次数很多时，出现正面的频率值是稳定的，接近于常数 0.5，且在它附近摆动.

又例如，对某产品的质量做 6 个批次检查，结果如表 9-2 所示.

表 9-2

抽取个数(n)	50	100	200	500	1 000	2 000
优等品数(m)	45	92	194	470	954	1 902
优等品频率$\left(\frac{m}{n}\right)$	0.9	0.92	0.97	0.94	0.954	0.951

可以看到，当检查的产品个数很多时，抽到优等品的频率接近于常数 0.95，且在它附近摆动.

这两个例子表明，当试验次数 n 逐渐增大时，一个事件发生的频率在某个常数附近摆动并逐渐稳定，这种现象称为**频率稳定性**. 频率稳定性——频率稳定在一个常数附近——说明随机事件发生的可能性与一个常数有关，因此就用这个常数来刻画随机事件发生的可能性的大小.

定义 9.3（概率的统计定义）　在大量重复进行同一试验时，事件 A 发生的频率 $\frac{m}{n}$ 总是接近于某个常数，且在它附近摆动，把这个常数称为事件 A 的**概率**，记作 $P(A)$.

根据这个定义，求一个事件的概率的基本方法是：通过大量的重复试验，用这个事件发生的频率当作概率的近似估计值.

对于频率，由于 $0\leqslant m\leqslant n$，所以 $0\leqslant\frac{m}{n}\leqslant 1$. 而对不可能事件 $\varnothing$ $(m=0)$ 和必然事件 Ω $(m=n)$，可知它们的频率分别为 0 和 1.

由于频率与概率之间的关系非常密切，因此它们具有一些相同的性质. 因此对于概率，类似地有：

(1) $0\leqslant P(A)\leqslant 1$；

(2) $P(\varnothing)=0$，$P(\Omega)=1$.

例 9.25　某人在相同的条件下进行射击训练，其射击结果如表 9-3 所示.

表 9-3

射击次数(n)	15	25	50	100	200	300
击中靶心次数(m)	13	23	45	91	181	272

(1) 分别计算击中靶心的频率.

(2) 该射击手射击一次，击中靶心的概率大约是多少？

解　(1) 计算各场射击击中靶心的频率如下.

$$\frac{13}{15}\approx 0.87,\ \frac{23}{25}\approx 0.92,\ \frac{45}{50}\approx 0.90$$

$$\frac{91}{100}\approx 0.91,\ \frac{181}{200}\approx 0.89,\ \frac{272}{300}\approx 0.91$$

(2) 以上这些数字在 0.9 附近摆动，由概率的统计定义知，该射击手射击一次，击中靶心的概率大约是 0.9.

练一练

1. 从一副桥牌(52 张，无大王小王)中，任取 1 张，判断下列每对事件是否为互斥事件？是否为对立事件？

(1)“抽出红桃”与“抽出黑桃”是________事件；

(2)“抽出红色牌”与“抽出黑色牌”是________事件.

2. 某人投篮 100 次，命中 88 次，则命中的频率是________. 此数能否作为他投篮命中的概率近似值？为什么？

习题 9-5

1. 指出下列事件是必然事件、不可能事件，还是随机事件？

(1) 如果 m，n 都是实数，那么 $m+n=n+m$；

(2) 在一副扑克牌中抽到黑桃 A；

(3) 没有水分，种子发芽；

(4) 某公共汽车站有 5 个人在等车；

(5) 我市 110 报警电话在一个晚上共响了 10 次.

2. 某门课程的考核成绩分为“优良”、“一般”、“不及格”三等. 事件“成绩及格”与“成绩不及格”是互斥事件还是对立事件？事件“成绩优良”与“成绩不及格”是互斥事件还是对立事件？事件“成绩优良”、“成绩一般”与事件“成绩及格”又是什么关系？

3. 在一批产品中抽出两件，设事件 A=“第一件是正品”，事件 B=“第二件是正品”，试用 A，B 表示下列各事件.

(1) 没有一件是次品；

(2) 没有一件是正品；

(3) 只有第一件是正品；

(4) 至少有一件是正品.

9.6 古典概率模型

由概率的统计定义可知，随机事件的概率一般可以通过大量重复试验求得其近似值. 但对于某些随机事件，并不需要进行反复试验，可以根据事件的特点分析得出其概率.

例如，掷一枚质地均匀的硬币，它要么出现正面，要么出现反面. 由于硬币是匀称的，出现这两种结果的可能性是相等的，即这两个事件发生的概率都是 1/2. 再如，掷一枚质地均匀的骰子一次，它出现 1 点、2 点、3 点、4 点、5 点、6 点的可能性是相等的，出现每个点数的可能性(概率)都是 1/6，出现奇数点的可能性(概率)是 3/6=1/2.

把随机试验中可能出现的每一个基本结果称为**基本事件**. 例如，在掷一枚骰子的试验中，出现的基本结果只有 6 种，即 1 点、2 点、3 点、4 点、5 点、6 点；出现的基本事件只有 6 个，即“出现 1 点”、“出现 2 点”、…、“出现 6 点”. 其他事件可由基本事件组成，如事件“出现奇数点”由“出现 1 点”、“出现 3 点”、“出现 5 点”这 3 个事件的并组成.

在随机试验中，如果事件 A 由 m 个基本事件组成，则称事件 A 包含了 m 个基本事件.

掷骰子、掷硬币这一类试验是人们最早关注的随机试验，这一类随机试验具有以下两个特性：一是全部基本事件的个数只有有限个；二是每一个基本事件发生的可能性是相等的. 这样的随机试验称为**古典概率模型**或者**等可能性模型**.

定义 9.4 对于古典概率模型，如果试验的基本事件总数为 n，随机事件 A 所包含的基本事件个数为 m，则就用 $\frac{m}{n}$ 来描述事件 A 出现的可能性大小，称它为事件 A 的**概率**，记作 $P(A)$，即

$$P(A)=\frac{\text{事件 } A \text{ 所包含的基本事件个数}}{\text{基本事件总数}}=\frac{m}{n}$$

这里，$P(A)$ 称为事件 A 的**古典概率**，又称为**等可能事件的概率**.

显然事件 A 的古典概率满足：

(1) $0 \leqslant P(A) \leqslant 1$；

(2) $P(\varnothing)=0$，$P(\Omega)=1$.

要求古典概率模型中事件 A 的概率，首先是弄清楚试验的所有基本事件是什么、各基本事件的出现是不是等可能的，以及事件 A 包含了哪些基本事件；其次是计算基本事件的总数和事件 A 所包含的基本事件的个数，这往往要用到排列组合的知识.

例 9.26 袋中装有大小和质地都相同的 7 个红球、3 个白球，现从袋中任取一球，问取到红球的概率是多少？

解 袋中共有 10 个球，现任取一个，各个球被取到的可能性都是一样的，一种取法就是一个基本事件，所以基本事件总数 $n=10$.

由于红球有 7 个，所以事件 $A=$ "取到一个红球" 包含的基本事件个数 $m=7$. 因此，

$$P(A)=\frac{m}{n}=\frac{7}{10}$$

例 9.27 从 1，2，3，4，5，6，7，8 八个数字中任取两个数，求取到两个奇数的概率.

解 8 个数字中任取两个，取法是等可能的，一种取法就是一个基本事件，则基本事件总数 $n=C_8^2=28$.

设 $A=$ "取到两个奇数"，则事件 A 包含的基本事件数是从 1，3，5，7 四个奇数中任取两个的组合数，即 $m=C_4^2=6$. 因此，

$$P(A)=\frac{6}{28}=\frac{3}{14}$$

例 9.28 将 0，1，2，3 这 4 个数字任意排成一排，问排成一个四位数的概率是多少？

解 4 个数字的一种排列就是一个基本事件，基本事件总数 $n=A_4^4=4!$，各种排列是等可能出现的. 设 $A=$ "4 个数字排成四位数"，则事件 A 包含的基本事件数是 "0" 不排在千位上的排列数，即 $m=3A_3^3=3\times 3!$. 所以，

$$P(A)=\frac{3\times 3!}{4!}=\frac{3}{4}$$

例 9.29 在 20 件产品中，有 15 件合格品、5 件次品，现从中任取 3 件，计算

(1) 事件 $A=$ "取到 3 件合格品" 的概率；

(2) 事件 $B=$ "取到 3 件次品" 的概率；

(3) 事件 $C=$ "取到 1 件合格品、2 件次品" 的概率.

解 从 20 件产品中任取 3 件，有 C_{20}^3 种不同取法，每种取法是等可能性的，因此基本事件总数 $n=C_{20}^3$.

(1) 事件 A 包含的基本事件数 $m_A=C_{15}^3$ 种，所以

$$P(A)=\frac{m_A}{n}=\frac{C_{15}^3}{C_{20}^3}\approx 0.399$$

(2) 事件 B 包含的基本事件数为 $m_B = C_5^3$，所以

$$P(B)=\frac{m_B}{n}=\frac{C_5^3}{C_{20}^3}=\frac{1}{114}$$

(3) 事件 C 包含的基本事件数为 $m_C = C_{15}^1 C_5^2$，所以

$$P(C)=\frac{m_C}{n}=\frac{C_{15}^1 C_5^2}{C_{20}^3}=\frac{5}{38}$$

练一练

1. 袋中装有 7 个红球、3 个白球，从中任取一球，则取到白球的概率是________.
2. 中全国体育彩票“排列 5”一等奖的概率是__________(从 0 到 9 可重复地取 5 个数字的排列与摇奖机产生的排列完全相同即为一等奖).

习题 9－6

1. 一个袋子中有红、黄、绿 3 种颜色的球，且它们的数目分别是 5 个，3 个，2 个，现从中任意取一球，则

(1) 取到黄色球的概率是多少?

(2) 取到红色球或黄色球的概率是多少?

2. 从 1，2，3，4，5 五个数字中任取两数，求取到两个偶数的概率.
3. 在 15 支铅笔中有 12 支正品和 3 支次品，从中任取 3 支，恰好都取到正品的概率是多少?
4. 在 100 件产品中有 5 件是次品，从这 100 件产品中随机取出两件进行检查，求下列事件的概率.

(1)“两件都不是次品”;

(2)“两件都是次品”;

(3)“恰有 1 件是次品”.

5. 把 a，b，c，d 4 个字母随机地排成一排，求字母 a 恰好排在左边第一的概率.

9.7 概率的加法与乘法公式

9.7.1 概率的加法公式

例 9.30 掷一枚骰子，设 $A=$ “出现奇数点”，$B=$ “出现不超过 4 的偶数点”，求 $P(A)$，$P(B)$ 和 $P(A\cup B)$.

解 $A\cup B$ 表示“出现的点数不超过 5”. 由上节知识容易求得

$$P(A)=\frac{3}{6}=\frac{1}{2},\quad P(B)=\frac{2}{6}=\frac{1}{3},\quad P(A\cup B)=\frac{5}{6}$$

在例 9.30 里，事件 A，B 不可能同时发生，即 A 与 B 是互斥事件，这时可以看到

$$P(A)+P(B)=\frac{1}{2}+\frac{1}{3}=\frac{5}{6}=P(A\cup B)$$

一般地，如果 A，B 是两个互斥事件，即 $A\cap B=\varnothing$，则有

$$P(A\cup B)=P(A)+P(B) \tag{9-10}$$

如果事件 A_1，A_2，…，A_n 两两互斥(彼此互斥)，则事件“$A_1\cup A_2\cup\cdots\cup A_n$”发生的概率等于这 n 个事件分别发生的概率的和，即

$$P(A_1\cup A_2\cup\cdots\cup A_n)=P(A_1)+P(A_2)+\cdots+P(A_n) \tag{9-11}$$

式(9－10)和式(9－11)称为互斥事件概率的**加法公式**.

特别地，因为 A 与 $\overline{A}$ 必定是互斥事件，所以

$$P(A)+P(\overline{A})=P(A\cup\overline{A})=P(\Omega)=1$$

从而

$$P(\overline{A})=1-P(A) \tag{9-12}$$

这就是说，两个对立事件的概率之和等于 1. 这也告诉我们，当求 $P(A)$ 困难时，可转化为求 $P(\overline{A})$.

例 9.31　在 20 件产品中，有 15 件是合格品，5 件是次品，现从中任取 3 件，其中至少取到 1 件次品的概率是多大?

解法一　从 20 件产品中任取 3 件，则基本事件总数为 C_{20}^3，事件“3 件产品中恰有 1 件是次品”、“3 件产品中恰有 2 件是次品”、“3 件产品中恰有 3 件是次品”分别记为 A_1，A_2，A_3，则 A_1，A_2，A_3 含有的基本事件数分别为 $C_5^1C_{15}^2$，$C_5^2C_{15}^1$，C_5^3，所以

$$P(A_1)=\frac{C_5^1C_{15}^2}{C_{20}^3}=\frac{105}{228}，P(A_2)=\frac{C_5^2C_{15}^1}{C_{20}^3}=\frac{30}{228}，P(A_3)=\frac{C_5^3}{C_{20}^3}=\frac{2}{228}$$

设“3 件产品中至少有 1 件是次品”的事件为 A，容易看出 $A=A_1\cup A_2\cup A_3$，并且 A_1，A_2，A_3 都是彼此互斥事件，所以由加法公式(9－12)得

$$\begin{aligned}P(A)&=P(A_1\cup A_2\cup A_3)=P(A_1)+P(A_2)+P(A_3)\\&=\frac{105}{228}+\frac{30}{228}+\frac{2}{228}=\frac{137}{228}\end{aligned}$$

解法二　由于 $A=$“3 件产品中至少有 1 件是次品”，故 $\overline{A}=$“3 件产品全是合格品”，又因为

$$P(\overline{A})=\frac{C_{15}^3}{C_{20}^3}=\frac{455}{1\,140}=\frac{91}{228}$$

所以由公式(9－12)得

$$P(A)=1-P(\overline{A})=1-\frac{91}{228}=\frac{137}{228}$$

9.7.2 概率的乘法公式

例 9.32 在一个盒子里放有 6 个黑球、4 个白球，现从中每次取一个，有放回地取两次，求第一次、第二次都取到黑球的概率.

解 设 $A=$ “第一次取到黑球”，$B=$ “第二次取到黑球”，那么 $A\cap B=$ “两次都取到黑球”，下面来求 $P(A\cap B)$.

第一次从盒中取一个球，有 10 种取法；第二次从盒中取一个球，也有 10 种取法，所以有放回地取两个球的取法共有 $n=10\times10$ 种. 第一次取到黑球的取法有 6 种，第二次取到黑球的取法也有 6 种，所以两次都取到黑球的取法共有 $m=6\times6$ 种. 由于各种取法是等可能的，因此

$$P(A\cap B)=\frac{m}{n}=\frac{6\times6}{10\times10}=\frac{9}{25}$$

另外

$$P(A)=\frac{6}{10}=\frac{3}{5},\ P(B)=\frac{6}{10}=\frac{3}{5}$$

于是可以看到

$$P(A\cap B)=\frac{9}{25}=\frac{3}{5}\times\frac{3}{5}=P(A)P(B)$$

在例 9.32 中，由于是“有放回”地取两次，很明显第一次取到黑球还是白球对第二次取球没有影响. 也就是说，事件 A 是否发生对事件 B 发生的概率没有影响. 把这两个事件称为**相互独立事件**. 例 9.32 就是求相互独立事件 A 和 B 都发生的概率 $P(A\cap B)$，结果发现 $P(A\cap B)=P(A)P(B)$.

一般地，如果 A，B 是两个相互独立事件，那么有

$$P(A\cap B)=P(A)\cdot P(B) \qquad (9-13)$$

如果事件 A_1，A_2，…，A_n 相互独立，那么这 n 个事件同时发生的概率等于每个事件发生的概率的积，即

$$P(A_1\cap A_2\cap\cdots\cap A_n)=P(A_1)\cdot P(A_2)\cdot\cdots\cdot P(A_n) \qquad (9-14)$$

式(9－13)和式(9－14)称为相互独立事件的概率的**乘法公式**.

例 9.33 甲、乙两人各进行一次射击，如果甲击中目标的概率为 0.7，乙击中目标的概率为 0.8，试计算：

(1) 两人都击中目标的概率；

(2) 其中恰有一人击中目标的概率.

解 由于甲、乙两人各射击一次，甲(或乙)是否击中对乙(或甲)击中的概率是没有影响的. 也就是说，$A=$ “甲射击一次，击中目标”与 $B=$ “乙射击一次，击中目标”是相互独

立事件. 已知 $P(A)=0.7$，$P(B)=0.8$，于是

(1) 因为 $A\cap B=$“两人都击中目标”，所以由乘法公式(9-13)得

$$P(A\cap B)=P(A)P(B)=0.8\times 0.7=0.56$$

(2) 设 $C=$“两人各射击一次，恰有 1 人击中目标”，这包括两种情况：甲击中、乙没击中，即事件 $A\cap\overline{B}$ 发生；乙击中、甲没击中，即事件 $\overline{A}\cap B$ 发生，则 C 可表示为$C=(A\cap\overline{B})\cup(\overline{A}\cap B)$.

显然，A 与 $\overline{B}$、$\overline{A}$ 与 B 相互独立，因此由乘法公式得

$$P(A\cap\overline{B})=P(A)P(\overline{B})=0.8\times(1-0.7)=0.24$$

$$P(\overline{A}\cap B)=P(\overline{A})P(B)=(1-0.8)\times 0.7=0.14$$

由题意知，$A\cap\overline{B}$ 与 $\overline{A}\cap B$ 不可能同时发生，即 $A\cap\overline{B}$ 与 $\overline{A}\cap B$ 互斥，因此由加法公式得

$$\begin{aligned}P(C)&=P[(A\cap\overline{B})\cup(\overline{A}\cap B)]\\&=P(A\cap\overline{B})+P(\overline{A}\cap B)\\&=0.24+0.14=0.38\end{aligned}$$

9.7.3　贝努里概率模型

例 9.34　将一枚骰子掷三次，求恰有两次出现 1 点的概率.

解　设 $A_i=$“掷第 i 次，出现 1 点”，则 $\overline{A}_i=$“掷第 i 次，出现的不是 1 点”，$i=1$，2，3. 显然，各次掷骰子的结果都互相不影响，所以 A_1，A_2，A_3，$\overline{A}_1$，$\overline{A}_2$，$\overline{A}_3$ 相互独立，并且 $A_i=\frac{1}{6}$，$\overline{A}_i=\frac{5}{6}(i=1，2，3)$.

“掷 3 次，恰有两次出现 1 点”的情况有 3 种：第 1、2 两次出现 1 点而第 3 次出现的不是 1 点，第 1、3 两次出现 1 点而第 2 次出现的不是 1 点，第 2、3 两次出现 1 点而第 1 次出现的不是 1 点. 可以分别表示为：$A_1\cap A_2\cap\overline{A}_3$，$A_1\cap\overline{A}_2\cap A_3$，$\overline{A}_1\cap A_2\cap A_3$，其中任何两种情况不可能同时发生(两两互斥). 若设 $B=$“掷 3 次，恰有两次出现 1 点”，则

$$B=(A_1\cap A_2\cap\overline{A}_3)\cup(A_1\cap\overline{A}_2\cap A_3)\cup(\overline{A}_1\cap A_2\cap A_3)$$

由加法公式(9-11)和乘法公式(9-14)得

$$\begin{aligned}P(B)&=P[(A_1\cap A_2\cap\overline{A}_3)\cup(A_1\cap\overline{A}_2\cap A_3)\cup(\overline{A}_1\cap A_2\cap A_3)]\\&=P(A_1)P(A_2)P(\overline{A}_3)+P(A_1)P(\overline{A}_2)P(A_3)+P(\overline{A}_1)P(A_2)P(A_3)\\&=\frac{1}{6}\times\frac{1}{6}\times\frac{5}{6}+\frac{1}{6}\times\frac{5}{6}\times\frac{1}{6}+\frac{5}{6}\times\frac{1}{6}\times\frac{1}{6}=3\left(\frac{1}{6}\right)^2\times\left(\frac{5}{6}\right)\\&=C_3^2\left(\frac{1}{6}\right)^2\times\left(1-\frac{1}{6}\right)\end{aligned}$$

在相同条件下，重复地做 n 次试验，如果每一次试验的结果互不影响，每一次试验都只

有两个可能的结果：A 与 $\overline{A}$，并且在每次试验中 A 与 $\overline{A}$ 发生的概率都不变，则把这样的 n 次试验称为 **n 次独立重复试验模型或贝努里概率模型**.

例 9.34 就是一个 3 次独立重复试验的例子(只考虑“出现 1 点”或“不出现 1 点”). 又例如，对一批产品进行抽样检验，每次取一件，有放回地抽取 n 次，每次只考虑“正品”或“次品”两个结果，这就是一个 n 次独立重复试验.

贝努里概率模型是历史上研究得最早、最多的概率模型之一，它在理论上具有重要意义，同时有着广泛的实际应用.

类似于例 9.34 的解法可以求出，如果在一次试验中事件 A 发生的概率是 p，那么在 n 次独立重复试验中，事件 A 恰好发生 k 次($0 \leqslant k \leqslant n$)的概率为

$$P_n(k)=C_n^k p^k (1-p)^{n-k} \qquad (9-15)$$

例 9.35 某射击手射击一次，击中目标的概率是 0.7. 如果他连续射击 4 次，且各次射击相互之间没有影响. 那么他恰好击中 1 次、恰好击中 3 次的概率各是多少?

解 设 $A=$“射击一次，击中目标”，则 $p=P(A)=0.7$. 射击 4 次看作 4 次独立重复试验. 根据公式(9-15)得“恰好击中 1 次”的概率为

$$P_4(1)=C_4^1 \times 0.7 \times (1-0.7)^3=0.075\ 6$$

“恰好击中 3 次”的概率为

$$P_4(3)=C_4^3 \times 0.7^3 \times (1-0.7)=0.411\ 6$$

例 9.36 某气象站天气预报的准确率为 80%，计算 10 次预报中恰有 8 次准确的概率.

解 设 $A=$“预报 1 次，结果准确”，则 $p=P(A)=0.8$. 预报 10 次相当于做 10 次独立重复试验. 根据公式(9-16)，10 次预报中恰有 8 次准确的概率为

$$P_{10}(8)=C_{10}^8 \times 0.8^8 \times (1-0.8)^2 \approx 0.302$$

练一练

1. 袋中装有 7 个红球、3 个白球，从中任取两个球，则至少取到两个红球的概率是________.

2. 将一枚骰子掷 4 次，则恰有两次出现 6 点的概率是________.

习题 9-7

1. 在 100 件产品中，有 97 件是合格品，只有 3 件是次品，从中任取 3 件，其中至少有 1 件为次品的概率是多少?

2. 生产一种零件，甲车间的合格率是 0.96，乙车间的合格率是 0.97，从它们生产的零件中各抽取一件，都抽到合格品的概率是多少?

3. 两个人独立地去破译一份密码，他们各自译出密码的概率分别是 0.3 和 0.4. 计算

(1) 密码未破译的概率；

(2) 密码被破译的概率.

4. 某射击手射击一次，击中目标的概率是 0.9，他连续射击 3 次且各次射击相互之间没有影响，那么

(1) 他第二次未击中、其他两次都击中的概率是多少？

(2) 他恰有两次击中的概率是多少？

5. 生产一种部件，出现次品的概率是 0.05. 现生产这种部件 5 件，则恰有 1 件次品、两件次品、至多有 1 件次品的概率各是多少？

本章小结

本章先介绍了计数的两个基本原理和两类基本的计数问题，并运用它们研究二项式定理，然后对随机事件的概率作初步介绍.

一、计数原理

1. 分类计数原理，即加法原理.

2. 分步计数原理，即乘法原理.

二、排列问题

1. 排列：从 n 个不同元素中任取 $m(m\leqslant n)$ 个不同元素，按照一定顺序排成一列.

2. 排列数：从 n 个不同元素中取出 $m(m\leqslant n)$ 个不同元素的所有排列数，用 A_n^m 表示.

$$\mathrm{A}_n^m=n(n-1)(n-2)\cdot\cdots\cdot(n-m+1)\quad(m\leqslant n)$$

$$\mathrm{A}_n^m=\frac{n!}{(n-m)!}\quad(m\leqslant n)$$

$$\mathrm{A}_n^n=n!\quad(n\in\mathbf{N})$$

n 的阶乘

$$n!=n(n-1)(n-2)\cdot\cdots\cdot2\cdot1$$

$$0!=1$$

三、组合问题

1. 组合：从 n 个不同元素中任取 $m(m\leqslant n)$ 个不同元素组成一组.

2. 组合数：从 n 个不同元素中取出 $m(m\leqslant n)$ 个不同元素的所有组合数，用 C_n^m 表示.

$$\mathrm{C}_n^m=\frac{n(n-1)\cdot\cdots\cdot(n-m+1)}{m!}\quad(m\leqslant n)$$

$$\mathrm{C}_n^m=\frac{n!}{m!(n-m)!}\quad(m\leqslant n)$$

3. 组合数性质：

$$\mathrm{C}_n^m=\mathrm{C}_n^{n-m}\quad(m\leqslant n)$$

$$\mathrm{C}_{n+1}^m=\mathrm{C}_n^m+\mathrm{C}_n^{m-1}\quad(m\leqslant n)$$

四、二项式定理

$$(a+b)^n=C_n^0a^n+C_n^1a^{n-1}b+\cdots+C_n^ka^{n-k}b^k+\cdots+C_n^nb^n$$

其中，$C_n^k(k=0,1,\cdots,n)$称为二项式系数.

$(a+b)^n$ 展开式的第 $k+1$ 项为

$$T_{k+1}=C_n^ka^{n-k}b^k$$

五、随机事件

1. 随机试验. 对随机现象在一定的相同条件下进行试验或观察称为随机试验.

2. 随机事件. 在随机试验中可能发生也可能不发生的事件称为随机事件，简称事件.

必然发生的事件称为必然事件(Ω)；一定不可能发生的事件称为不可能事件($\varnothing$).

3. 基本事件. 随机试验中每一个可能出现的基本结果称为一个基本事件.

4. 事件间的关系：$A\cup B$ 表示事件 A 与事件 B 至少有一个发生；$A\cap B$ 表示事件 A 与事件 B 同时发生.

两个不可能同时发生的事件称为互斥事件. 两个互斥事件中必有且仅有一个发生，则称这两个事件为对立事件. 事件 A 的对立事件记为 $\overline{A}$.

一个事件是否发生对另一事件发生的概率没有影响，则称这两个事件为相互独立事件.

六、随机事件的概率

1. 概率的统计定义. 大量重复进行同一试验时，事件 A 发生的频率$\dfrac{m}{n}$总是接近于某个常数，且在它附近摆动，则把这个常数称为事件 A 的概率，记作 $P(A)$.

2. 概率的古典定义. 如果试验的基本事件总数为 n，且各基本事件发生的可能性相等，事件 A 包含其中的 m 个基本事件，则事件 A 的概率为

$$P(A)=\frac{m}{n}$$

3. 概率的基本性质及运算公式：

(1) 对任意事件 A，总有 $0\leqslant P(A)\leqslant 1$；

(2) $P(\varnothing)=1,P(\Omega)=1$；

(3) 对任意事件 A，有 $P(A)=1-P(\overline{A})$；

(4) 概率的加法公式，即设 A，B 是两个互斥事件，则

$$P(A\cup B)=P(A)+P(B)$$

(5) 概率的乘法公式，即设 A，B 是两个独立事件，则

$$P(A\cap B)=P(A)P(B)$$

4. n 次独立重复试验模型或贝努里概率模型. 如果在一次试验中事件 A 发生的概率是 p，那么在 n 次独立重复试验中，事件 A 恰好发生 k 次($0\leqslant k\leqslant n$)的概率为

$$P_n(k)=C_n^kp^k(1-p)^{n-k}$$

自我测试题

一、选择题

1. 从 5 本科普书和 8 本文学书中任选一本，不同的选法有(　　)

A. 5 种　　B. 8 种　　C. 13 种　　D. 40 种

2. 将 4 本不同的书分给 4 位同学，每人一本，不同的分法有(　　)

A. 64 种　　B. 24 种　　C. 16 种　　D. 8 种

3. 某段铁路共有 6 个站，普通客票的票价种数共有(　　)

A. 30 种　　B. 24 种　　C. 15 种　　D. 12 种

4. $\left(x-\frac{1}{x}\right)^6$ 展开式中的常数项是(　　)

A. -20　　B. -15　　C. 20　　D. 15

5. 事件 M 发生而事件 N 不发生，可以表示成(　　)

A. $M\cup\overline{N}$　　B. $\overline{M}\cup N$　　C. $\overline{M}\cap N$　　D. $M\cap\overline{N}$

6. 在 100 张抽奖的奖券中有 5 张可中奖，从中任取 2 张，2 张都中奖的概率为(　　)

A. $\frac{1}{4\,950}$　　B. $\frac{1}{495}$　　C. $\frac{1}{40}$　　D. $\frac{1}{20}$

7. 将一枚硬币掷 10 次，恰有 4 次出现正面的概率为(　　)

A. $\frac{4}{10}$　　B. $\frac{1}{2}$　　C. $C_{10}^{4}\left(\frac{1}{2}\right)^{10}$　　D. $C_{10}^{4}\left(\frac{1}{2}\right)^{4}$

二、填空题

1. $C_{50}^{48}=$________.

2. 平面上有 4 个点，其中任意三点不共线，则连接任意两点的直线有________条.

3. 1 位老师和 6 位同学站成一排照相，老师必须站在中间，不同的站法有________种.

4. $\left(x-\frac{1}{x}\right)^4=$________________.

5. 一个电子元件正常工作的概率为 0.98，则它不能正常工作的概率为____________.

6. 任取一个两位数，其个位数为 4 的概率是____________.

7. 在一项游戏中，甲通关的概率为 0.6，乙通关的概率为 0.8，两人合作通关的概率是__________.

三、解答题

1. 用 1，2，3，4 四个数字可以组成多少个三位数？可以组成多少个无重复数字的三位数？

2. 从 5 名男生和 4 名女生中选三位同学参加演讲比赛，

(1) 选出的学生中恰好有 1 名女生的选法有多少种？

(2) 选出的学生中恰好有 1 名男生的选法有多少种?

3. 一年级共有 8 个班级，新年联欢每班表演一个节目，用抽签的方式编制节目，一班恰好排在第一、二班恰好排在第二的概率是多少?

4. 12 个球中有 3 个白球、4 个红球、5 个黑球，从中任取 3 个，求下列事件的概率：

(1) 事件 $A=$ “抽出 3 个黑球”；

(2) 事件 $B=$ “抽出的 3 个球颜色都不同”.

读 一 读

杨辉和“杨辉三角”

杨辉(约 13 世纪)，字谦光，浙江钱塘人(今杭州)，是我国南宋时期杰出的数学家。关于他的身世没有史书记载。他所编著的数学书共 5 种：《详解九章算法》(1262 年)、《日用算法》(1262 年)、《乘除通变本末》(1274 年)、《田亩比类乘除捷法》(1275 年)、《续古摘奇算法》(1275 年)。

杨辉对中国古代数学突出的贡献是，在《详解九章算法》中最早转载了贾宪(约 11 世纪)的“增乘开方法”和“开方作法本源”图（即贾宪三角形）。此书部分已失传，只在《永乐大典》中还保存了一部分。“开方作法本源”图是二项式展开的各项系数排列图，从这个图人们知道了我国发现二项式展开式各项系数的排列规律比欧洲的帕斯卡要早 400 多年。因此，在我国，后人称该图为“杨辉三角”，这是杨辉的一大贡献。

在《详解九章算法》中，杨辉还论述了级数求和问题。他和北宋的沈括、元代的朱世杰，同为世界上最早研究高阶等差级数的人。

杨辉在他的《田亩比类乘除捷法》中，编入已失传的 12 世纪数学家刘益所著的《议古根源》一书中的一些方程问题，其中有一题为四次方程，这是对一般高次方程的最早记载。在中国，宋、元数学家首创高次方程数值解法的卓越成就中，杨辉也有不可磨灭的功绩。

杨辉为搜集奇题，花费了不少精力，他的《续古摘奇算法》中不少是趣味数学题。例如，书中引人入胜的各式各样的“纵横图”，是世界上对幻方的最早的系统研究和记载。

在《续古摘奇算法》和《乘除通变本末》中，杨辉不满足于利用已有的方法，强调了理论根据的重要，并对一些几何命题进行了理论证明，这对中国古代演绎几何学的独立发展起了很大的推动作用。

杨辉的治学态度一贯实事求是，他经常对前人著作的讹误提出批评，并指明正确的修正意见. 杨辉在编辑各种数学著作时，引用过许多参考文献，可见他本人学识非常渊博，确实是历史上一位不可多得的学者。

第 10 章　向量与复数

学习要求

➢ 理解平面向量的基本概念、复数的基本概念及向量表示.

➢ 熟练掌握平面向量的加、减运算法则及数乘向量.

➢ 了解平面向量数量积运算；了解复数代数形式的四则运算及复数三角形式的乘、除、乘方运算.

本章要研究的向量与复数是在科学技术发展和生产实践中产生的. 向量概念是由物理学和工程技术抽象出来的；复数是实数的扩充，有一些方程在实数范围内无解，如方程 $x^2=-1$. 为了解方程的需要，人们引进了复数的概念. 向量和复数是研究数学、物理和其他自然科学的有效工具.

10.1　向量的概念

在生产和生活中，会遇到很多量，其中一些量在取定单位后可以用一个实数来表示，如时间、距离等，还有一些量既有大小又有方向，如力、位移等，这些量就是下面要研究的向量.

1. 向量的定义

既有大小又有方向的量称为**向量**(或**矢量**).

向量可以用黑体小写字母 $\boldsymbol{a}$，$\boldsymbol{b}$，$\boldsymbol{c}$ 等来表示(也可写成 $\vec{a}$，$\vec{b}$，$\vec{c}$ 等).

为了讨论问题方便，常用一条规定了起点和终点的线段(称为**有向线段**)来直观地表示向量. A 为起点、B 为终点的有向线段记作 $\overrightarrow{AB}$，如图 10－1 所示. 用有向线段的长度表示向量的大小，用有向线段的方向表示向量的方向. 用有向线段 $\overrightarrow{AB}$ 表示的向量，就称为向量 $\overrightarrow{AB}$.

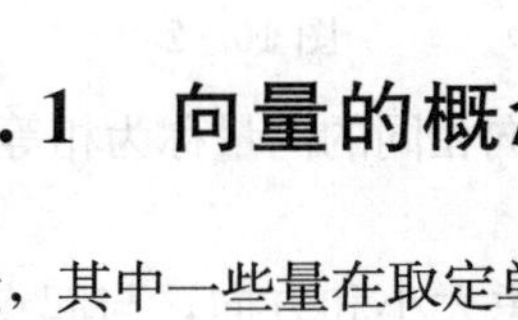

图 10－1

向量 $\boldsymbol{a}$ 的大小称为向量 $\boldsymbol{a}$ 的长度(或称向量的模)，记作 $|\boldsymbol{a}|$.

2. 特殊向量和向量间的基本关系

(1) 零向量：长度为 0 的向量称为**零向量**，记作 $\mathbf{0}$. 零向量的方向不作规定.

(2) 单位向量：长度为 1 的向量称为**单位向量**. 单位向量常记作 $\boldsymbol{e}$，则 $|\boldsymbol{e}|=1$.

(3) 负向量：与向量 $\boldsymbol{a}$ 长度相等但方向相反的向量称为 $\boldsymbol{a}$ 的负向量(或相反向量)，记作 $-\boldsymbol{a}$. 特别地，有 $-\overrightarrow{AB}=\overrightarrow{BA}$.

(4) 向量的平行：方向相同或方向相反的向量称为平行向量(或共线向量).

因为零向量的方向不确定，因此可以认为零向量与任何向量平行(或共线). 向量 $\boldsymbol{a}$ 与 $\boldsymbol{b}$ 平行(共线)，记为 $\boldsymbol{a}/\!/\boldsymbol{b}$.

在图 10-2(a)中，向量 $\boldsymbol{a}$，$\boldsymbol{b}$，$\boldsymbol{c}$ 共线；在图 10-2(b)中，向量 $\boldsymbol{a}_1$，$\boldsymbol{a}_2$ 不共线.

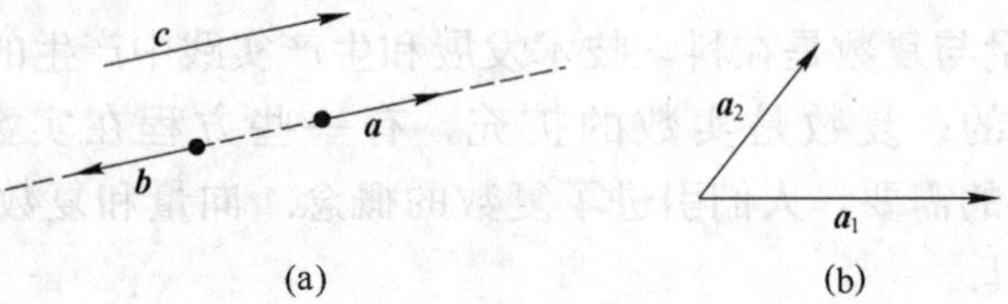

图 10-2

(5) 向量的相等：长度相等且方向相同的向量称为相等的向量. 向量 $\boldsymbol{a}$ 与向量 $\boldsymbol{b}$ 相等，记作 $\boldsymbol{a}=\boldsymbol{b}$.

(6) 自由向量：有些向量只考虑大小和方向，与起点无关，把与起点无关的向量称为自由向量.

若不特别说明，本章讨论的向量均为自由向量. 这样，任意两个相等的非零向量都可用同一条有向线段来表示.

例 10.1 如图 10-3 所示，在平行四边形 $ABCD$ 中，找出与向量 $\overrightarrow{AB}$ 相等的向量及 $\overrightarrow{AB}$ 的负向量.

解 $\overrightarrow{AB}=\overrightarrow{DC}$

$-\overrightarrow{AB}=\overrightarrow{BA}=\overrightarrow{CD}$

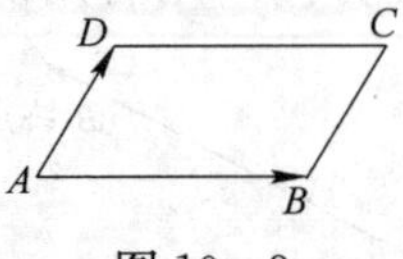

图 10-3

例 10.2 如图 10-3 所示，在平行四边形 $ABCD$ 中，找出与向量 $\overrightarrow{AD}$ 共线的非零向量.

解　与向量$\overrightarrow{AD}$共线的向量有

$$\overrightarrow{AD},\ \overrightarrow{BC},\ \overrightarrow{DA},\ \overrightarrow{CB}$$

练一练

1. 如图 10－4 所示，D 是边 BC 的中点，在 $\triangle ABC$ 中，与向量$\overrightarrow{BD}$相等的向量是________，$\overrightarrow{BD}$的负向量是________.

2. 如图 10－4 所示，与$\overrightarrow{BD}$共线的向量是________________.

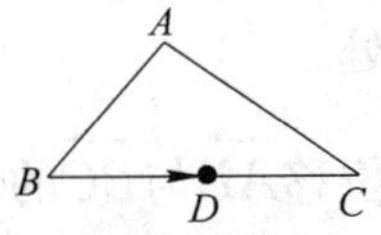

图 10－4

习题 10－1

1. 非零向量$\overrightarrow{DB}$的长度怎样表示？非零向量$\overrightarrow{BD}$的长度怎样表示？这两个向量的长度相等吗？这两个向量相等吗？

2. 自己画一个向量，再画出它的一个相等向量、相反向量及共线向量.

3. 如图 10－5 所示，▱$ABCD$ 有 5 个向量，写出与向量$\overrightarrow{AE}$相等的向量、相反的向量及共线的向量，其中 E，F 是 AB，CD 两边的中点.

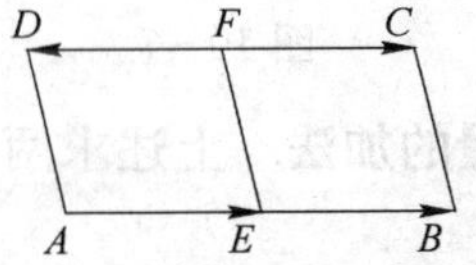

图 10－5

10.2　向量加减法、数乘向量

10.2.1　向量的加法

两个向量能否像两个数量那样进行运算呢？下面先看一个实例.

例 10.3 一艘轮船从 A 处向正东方向航行 200 海里到达 B 处，接着从 B 处沿北偏东 45°方向航行 100 海里到达 C 处，如图 10－6 所示．问两次位移$\overrightarrow{AB}$与$\overrightarrow{BC}$的总效果如何？

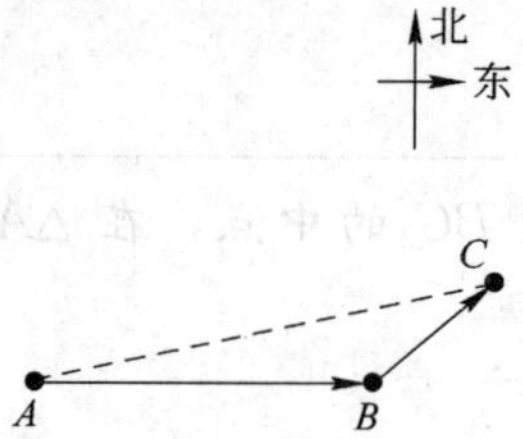

图 10－6

解 总效果是轮船从 A 处到达 C 处．

由上例，很自然地把位移$\overrightarrow{AC}$称为位移$\overrightarrow{AB}$与$\overrightarrow{BC}$的和，即

$$\overrightarrow{AC}=\overrightarrow{AB}+\overrightarrow{BC}$$

通过位移求和，可以得出下述向量的加法法则．

加法法则 已知向量 $\boldsymbol{a}$，$\boldsymbol{b}$(图 10－7)，在平面内任取一点 A，作$\overrightarrow{AB}=\boldsymbol{a}$，$\overrightarrow{BC}=\boldsymbol{b}$，则向量$\overrightarrow{AC}$称为 $\boldsymbol{a}$ 与 $\boldsymbol{b}$ 的和，记作 $\boldsymbol{a}+\boldsymbol{b}$，即

$$\boldsymbol{a}+\boldsymbol{b}=\overrightarrow{AB}+\overrightarrow{BC}=\overrightarrow{AC}$$

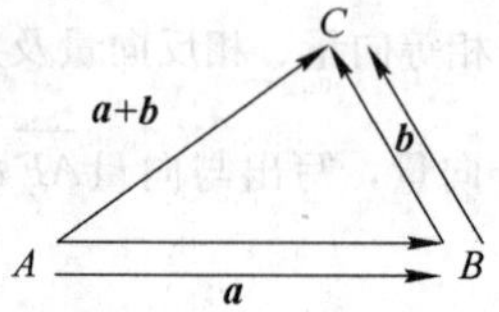

图 10－7

求两个向量和的运算，称为**向量的加法**．上述求两个向量和的作图法则，称为**向量加法的三角形法则**．

说明：三角形法则可以推广到求任意有限个向量的和，如图 10－8 所示，$\overrightarrow{OD}$就是 4 个

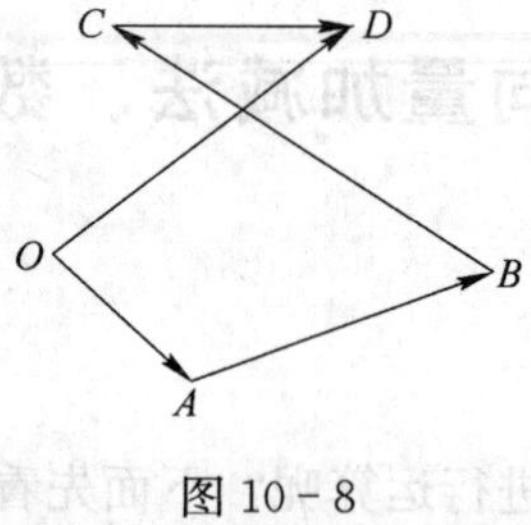

图 10－8

向量的和，即

$$\overrightarrow{OD}=\overrightarrow{OA}+\overrightarrow{AB}+\overrightarrow{BC}+\overrightarrow{CD}$$

另外，根据力学中力的合成法则，两个向量和的运算还可以用如下方法：设 $\boldsymbol{a}$ 与 $\boldsymbol{b}$ 是两个不共线的向量，在平面上任取一点 A，作$\overrightarrow{AB}=\boldsymbol{a}$，$\overrightarrow{AD}=\boldsymbol{b}$，以$\overrightarrow{AB}$，$\overrightarrow{AD}$为邻边作平行四边形 $ABCD$，如图 10－9 所示，其对角线向量$\overrightarrow{AC}$称为向量 $\boldsymbol{a}$ 与 $\boldsymbol{b}$ 的和．这种作两个向量和的方法称为**向量加法的平行四边形法则**.

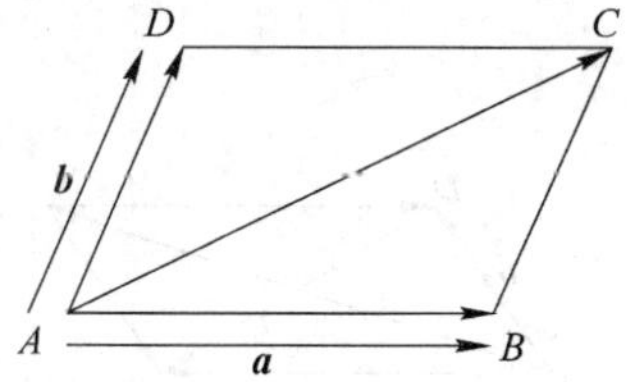

图 10－9

零向量与任一向量 $\boldsymbol{a}$ 相加，有

$$\boldsymbol{0}+\boldsymbol{a}=\boldsymbol{a}+\boldsymbol{0}=\boldsymbol{a}$$

向量的加法满足如下运算律：

(1) **加法交换律**　$\boldsymbol{a}+\boldsymbol{b}=\boldsymbol{b}+\boldsymbol{a}$

(2) **加法结合律**　$(\boldsymbol{a}+\boldsymbol{b})+\boldsymbol{c}=\boldsymbol{a}+(\boldsymbol{b}+\boldsymbol{c})$

例 10.4　求下列各题中向量的和.

(1) $\overrightarrow{BC}+\overrightarrow{AB}$　(2) $\overrightarrow{DB}+\overrightarrow{CD}+\overrightarrow{BC}$　(3) $\overrightarrow{EF}+\overrightarrow{AB}+(-\overrightarrow{AB})$

解　(1) $\overrightarrow{BC}+\overrightarrow{AB}=\overrightarrow{AB}+\overrightarrow{BC}=\overrightarrow{AC}$

(2) $\overrightarrow{DB}+\overrightarrow{CD}+\overrightarrow{BC}=\overrightarrow{CD}+\overrightarrow{DB}+\overrightarrow{BC}=\overrightarrow{CB}+\overrightarrow{BC}=\overrightarrow{CC}=\boldsymbol{0}$

(3) $\overrightarrow{EF}+\overrightarrow{AB}+(-\overrightarrow{AB})=\overrightarrow{EF}+\boldsymbol{0}=\overrightarrow{EF}$

10.2.2　向量的减法

向量 $\boldsymbol{a}$ 加上 $\boldsymbol{b}$ 的负向量，称为 $\boldsymbol{a}$ 与 $\boldsymbol{b}$ 的差，记作 $\boldsymbol{a}-\boldsymbol{b}$，即 $\boldsymbol{a}-\boldsymbol{b}=\boldsymbol{a}+(-\boldsymbol{b})$求两个向量差的运算，称为**向量的减法**.

在平面内任取一点 O，作$\overrightarrow{OA}=\boldsymbol{a}$，$\overrightarrow{OB}=\boldsymbol{b}$，由向量加法的三角形法则，把$-\boldsymbol{b}$ 加到 $\boldsymbol{a}$ 上去，得到 $\boldsymbol{a}+(-\boldsymbol{b})$，如图 10－10 所示．显然

$$\overrightarrow{BA}=\boldsymbol{a}+(-\boldsymbol{b})=\boldsymbol{a}-\boldsymbol{b}=\overrightarrow{OA}-\overrightarrow{OB}$$

即 $\boldsymbol{a}-\boldsymbol{b}$ 可以表示为减向量的终点指向被减向量的终点的向量.

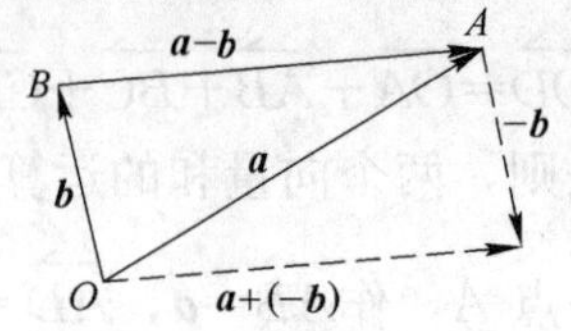

图 10－10

例 10.5 已知平行四边形 $ABCD$，$\overrightarrow{AB}=\boldsymbol{a}$，$\overrightarrow{AD}=\boldsymbol{b}$，试用 $\boldsymbol{a}$，$\boldsymbol{b}$ 表示向量$\overrightarrow{AC}$，$\overrightarrow{DB}$，$\overrightarrow{CB}$，$\overrightarrow{CD}$，如图 10－11 所示.

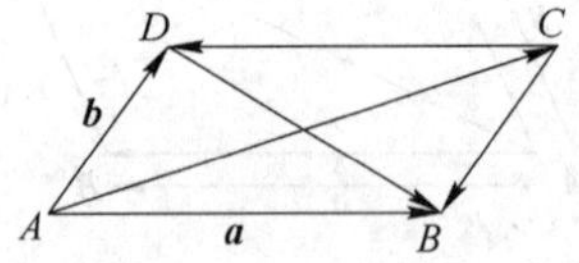

图 10－11

解 由向量的加法与减法的法则可知

$$\overrightarrow{AC}=\boldsymbol{a}+\boldsymbol{b}$$

$$\overrightarrow{DB}=\boldsymbol{a}-\boldsymbol{b}$$

$$\overrightarrow{CB}=-\boldsymbol{b}，\overrightarrow{CD}=-\boldsymbol{a}$$

10.2.3 数乘向量

已知非零向量 $\boldsymbol{a}$，可作出 $\boldsymbol{a}+\boldsymbol{a}$ 和$(-\boldsymbol{a})+(-\boldsymbol{a})+(-\boldsymbol{a})$，如图 10－12 所示.

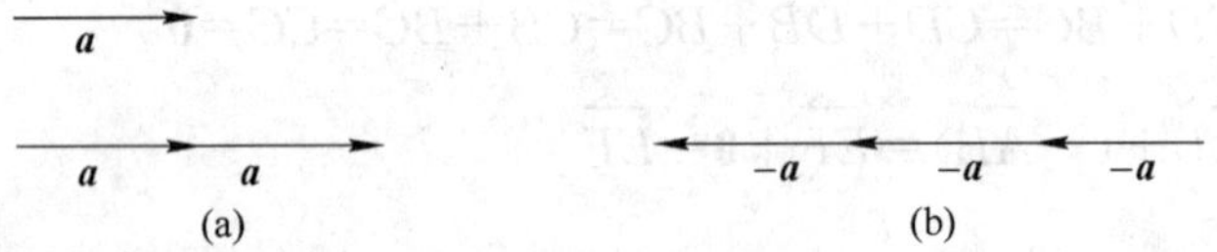

图 10－12

$\boldsymbol{a}+\boldsymbol{a}$ 记作 $2\boldsymbol{a}$，$(-\boldsymbol{a})+(-\boldsymbol{a})+(-\boldsymbol{a})$记作 $-3\boldsymbol{a}$. 显然，$2\boldsymbol{a}$ 的方向与 $\boldsymbol{a}$ 相同，它的长度是 $\boldsymbol{a}$ 的长度的 2 倍，即$|2\boldsymbol{a}|=2|\boldsymbol{a}|$；$-3\boldsymbol{a}$ 的方向与 $\boldsymbol{a}$ 的方向相反，它的长度是 $\boldsymbol{a}$ 的长度的 3 倍，即$|-3\boldsymbol{a}|=3|\boldsymbol{a}|$.

定义 10.1 实数 λ 与向量 $\boldsymbol{a}$ 的乘积是一个向量，记作 $\lambda\boldsymbol{a}$. 它的长度为$|\lambda\boldsymbol{a}|=|\lambda|\cdot|\boldsymbol{a}|$，它的方向规定如下：当 $\lambda>0$ 时，$\lambda\boldsymbol{a}$ 的方向与 $\boldsymbol{a}$ 的方向相同；当 $\lambda<0$ 时，$\lambda\boldsymbol{a}$ 的方向与 $\boldsymbol{a}$ 的方向相反；当 $\lambda=0$ 时，$\lambda\boldsymbol{a}=\boldsymbol{0}$.

实数与向量相乘的运算称为向量的数乘运算. $\lambda\boldsymbol{a}$ 中的实数 λ 称为向量 $\boldsymbol{a}$ 的系数.

特别地，

$$1\cdot \boldsymbol{a}=\boldsymbol{a},\ (-1)\cdot \boldsymbol{a}=-\boldsymbol{a}$$

数乘向量的几何意义就是把向量 $\boldsymbol{a}$ 沿着 $\boldsymbol{a}$ 的方向或 $\boldsymbol{a}$ 的反方向伸长或缩短.

由数乘向量的定义可知，向量 $\boldsymbol{a}$ 与向量 $\lambda\boldsymbol{a}$ 互相平行(或共线).

数乘向量满足如下运算律(设 λ，μ 为实数)：

(1) $\lambda(\mu\boldsymbol{a})=(\lambda\mu)\boldsymbol{a}$；

(2) $(\lambda+\mu)\boldsymbol{a}=\lambda\boldsymbol{a}+\mu\boldsymbol{a}$；

(3) $\lambda(\boldsymbol{a}+\boldsymbol{b})=\lambda\boldsymbol{a}+\lambda\boldsymbol{b}$.

例 10.6　化简下列各式：

(1) $2(\boldsymbol{a}+\boldsymbol{b})-3(\boldsymbol{a}-\boldsymbol{b})$；

(2) $3(\boldsymbol{a}-2\boldsymbol{b}+\boldsymbol{c})-(2\boldsymbol{a}+\boldsymbol{b}-3\boldsymbol{c})$.

解　(1) $2(\boldsymbol{a}+\boldsymbol{b})-3(\boldsymbol{a}-\boldsymbol{b})=2\boldsymbol{a}+2\boldsymbol{b}-3\boldsymbol{a}+3\boldsymbol{b}=-\boldsymbol{a}+5\boldsymbol{b}$

(2) $3(\boldsymbol{a}-2\boldsymbol{b}+\boldsymbol{c})-(2\boldsymbol{a}+\boldsymbol{b}-3\boldsymbol{c})=3\boldsymbol{a}-6\boldsymbol{b}+3\boldsymbol{c}-2\boldsymbol{a}-\boldsymbol{b}+3\boldsymbol{c}=\boldsymbol{a}-7\boldsymbol{b}+6\boldsymbol{c}$

例 10.7　如图 10－13 所示，平行四边形 $ABCD$ 的两条对角线交于点 O，试用向量 $\overrightarrow{AB}$，$\overrightarrow{AD}$ 表示向量 $\overrightarrow{AO}$，$\overrightarrow{OD}$.

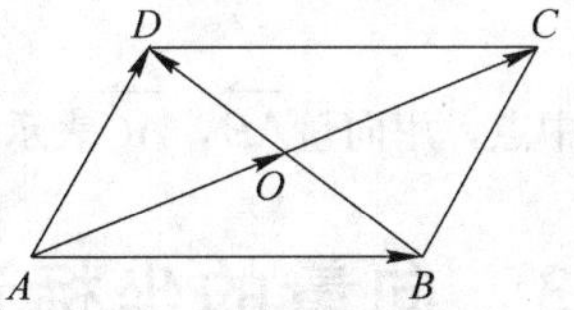

图 10－13

解　因为 O 是 AC，BD 的中点，所以

$$\overrightarrow{AO}=\frac{1}{2}\overrightarrow{AC}=\frac{1}{2}(\overrightarrow{AB}+\overrightarrow{AD})=\frac{1}{2}\overrightarrow{AB}+\frac{1}{2}\overrightarrow{AD}$$

$$\overrightarrow{OD}=\frac{1}{2}\overrightarrow{BD}=\frac{1}{2}(\overrightarrow{AD}-\overrightarrow{AB})=-\frac{1}{2}\overrightarrow{AB}+\frac{1}{2}\overrightarrow{AD}$$

向量的加法、减法及数乘向量运算统称为向量的线性运算.

练一练

1. 已知平行四边形 $ABCD$ 的两条对角线 AC，BD 交于 O 点(如图 10－13 所示)，则

$\overrightarrow{AB}+\overrightarrow{AD}=$________；　$\overrightarrow{AB}-\overrightarrow{AD}=$________；

$\overrightarrow{BA}-\overrightarrow{BC}=$________；　$\overrightarrow{OD}-\overrightarrow{OA}=$________.

2. 化简：$3(2\boldsymbol{a}-3\boldsymbol{b})+4(\boldsymbol{a}-2\boldsymbol{b})=$________.

习题 10－2

1. 已知向量 $\boldsymbol{a}$ 的长度为 4，方向水平向左；向量 $\boldsymbol{b}$ 的长度为 3，方向水平向左，用有向线段表示 $\boldsymbol{a}+\boldsymbol{b}$.

2. 已知向量 $\boldsymbol{a}$ 的长度为 2，方向水平向右，分别用有向线段表示 $-2\boldsymbol{a}$ 和 $\frac{3}{2}\boldsymbol{a}$.

3. 求下列各题中向量的和.

(1) $\overrightarrow{EF}+\overrightarrow{DE}$ (2) $\overrightarrow{AB}+\overrightarrow{BC}+\overrightarrow{CD}$

(3) $\overrightarrow{AB}+\overrightarrow{BC}+\overrightarrow{CA}$ (4) $(-\overrightarrow{AB})+\overrightarrow{AB}$

4. 如图 10－14 所示，已知平行四边形 $ABCD$，用向量 $\overrightarrow{AB}$，$\overrightarrow{AD}$ 表示向量 $\overrightarrow{CB}$，$\overrightarrow{AC}$，$\overrightarrow{DB}$.

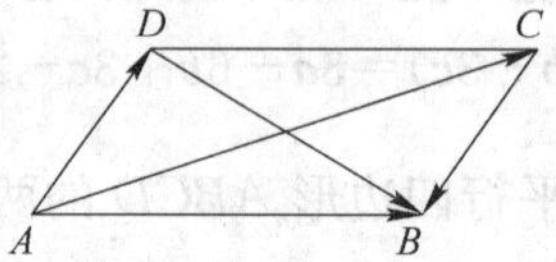

图 10－14

5. 设 D 是三角形 ABC 的边 BC 的中点，用向量 $\overrightarrow{AB}$，$\overrightarrow{AC}$ 表示向量 $\overrightarrow{AD}$.

10.3 向量的坐标运算

10.3.1 向量的坐标运算

在平面直角坐标系 xOy 中，把在 x 轴上且与 x 轴同向的单位向量记为 $\boldsymbol{e}_1$，把在 y 轴上且与 y 轴同向的单位向量记为 $\boldsymbol{e}_2$，如图 10－15 所示. 于是直角坐标系 xOy 也可以记成 $[O;\ \boldsymbol{e}_1,\ \boldsymbol{e}_2]$. 如图 10－16 所示，可以证明(略)：对平面上每一个向量 $\boldsymbol{a}$，都存在唯一的一对实数 x，y，使 $\boldsymbol{a}$ 被 $\boldsymbol{e}_1$，$\boldsymbol{e}_2$ 表示成如下形式.

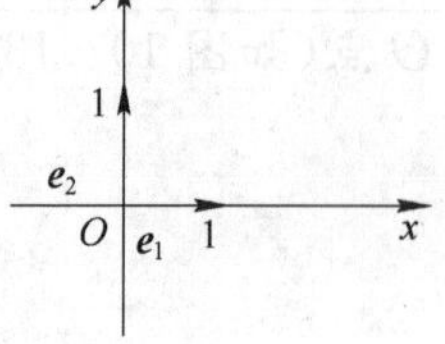

图 10－15

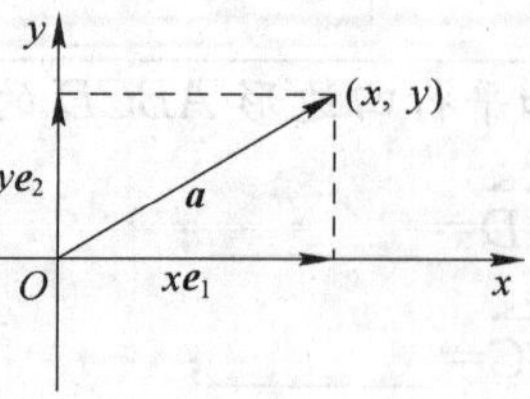

图 10－16

$$\boldsymbol{a}=x\boldsymbol{e}_1+y\boldsymbol{e}_2 \tag{10-1}$$

把 $\boldsymbol{e}_1$，$\boldsymbol{e}_2$ 称为平面直角坐标系内的一个基，把式(10-1)中实数 x，y 组成的有序实数对(x, y)称为向量 $\boldsymbol{a}$ 在基 $\boldsymbol{e}_1$，$\boldsymbol{e}_2$ 下的直角坐标(简称坐标)，记作 $\boldsymbol{a}(x, y)$，其中 x 称为横坐标，y 称为纵坐标.

说明：

(1) 以坐标原点为起点的向量，其终点坐标就是该向量的坐标；

(2) 对于起点不在原点的向量 $\boldsymbol{a}$，如果把 $\boldsymbol{a}$ 平行移动，将起点移到坐标原点，那么这时向量终点的坐标就是向量 $\boldsymbol{a}$ 的坐标(因为平移前后的向量相等).

对于有序实数对，规定加法、减法、数乘运算及相等的概念为

$$(x_1, y_1)+(x_2, y_2)=(x_1+x_2, y_1+y_2)$$
$$(x_1, y_1)-(x_2, y_2)=(x_1-x_2, y_1-y_2)$$
$$k(x, y)=(kx, ky)$$
$$(x_1, y_1)=(x_2, y_2)\Leftrightarrow x_1=y_1 \text{ 且 } x_2=y_2$$

显然，平面直角坐标系内两个向量相等当且仅当它们的坐标相等.

下面来讨论利用向量的坐标进行向量的运算. 设平面向量 $\boldsymbol{a}$，$\boldsymbol{b}$ 在直角坐标系 $[O; \boldsymbol{e}_1, \boldsymbol{e}_2]$ 中的坐标分别为(a_1, a_2)，(b_1, b_2)，则

$$\boldsymbol{a}+\boldsymbol{b}=(a_1\boldsymbol{e}_1+a_2\boldsymbol{e}_2)+(b_1\boldsymbol{e}_1+b_2\boldsymbol{e}_2)=(a_1+b_1)\boldsymbol{e}_1+(a_2+b_2)\boldsymbol{e}_2$$
$$\boldsymbol{a}-\boldsymbol{b}=(a_1\boldsymbol{e}_1+a_2\boldsymbol{e}_2)-(b_1\boldsymbol{e}_1+b_2\boldsymbol{e}_2)=(a_1-b_1)\boldsymbol{e}_1+(a_2-b_2)\boldsymbol{e}_2$$
$$k\boldsymbol{a}=k(a_1\boldsymbol{e}_1+a_2\boldsymbol{e}_2)=(ka_1)\boldsymbol{e}_1+(ka_2)\boldsymbol{e}_2$$

因此 $\boldsymbol{a}+\boldsymbol{b}$，$\boldsymbol{a}-\boldsymbol{b}$，$k\boldsymbol{a}$ 的直角坐标分别为

$$(a_1+b_1, a_2+b_2), (a_1-b_1, a_2-b_2), (ka_1, ka_2)$$

再结合有序实数对的加法、减法及数乘运算，就可得出：

(1) 两个向量的和(差)的坐标等于它们的坐标的和(差)；

(2) 实数 k 与向量 $\boldsymbol{a}$ 的乘积 $k\boldsymbol{a}$ 的坐标等于 k 乘以 $\boldsymbol{a}$ 的坐标.

向量的坐标求出后，这个向量就确定了. 因此，上述结论使利用向量的坐标进行向量的运算成为可能.

例 10.8　设 $\boldsymbol{a}(-1, 2)$，$\boldsymbol{b}(3, -5)$，求 $\boldsymbol{a}+\boldsymbol{b}$，$2\boldsymbol{a}$，$3\boldsymbol{a}-2\boldsymbol{b}$ 的坐标.

解　$\boldsymbol{a}+\boldsymbol{b}$ 的坐标为

$$(-1, 2)+(3, -5)=(-1+3, 2+(-5))=(2, -3)$$

$2\boldsymbol{a}$ 的坐标为

$$2(-1, 2)=(-2, 4)$$

$3\boldsymbol{a}-2\boldsymbol{b}$ 的坐标为

$$3(-1, 2)-2(3, -5)=(-3, 6)-(6, -10)=(-3-6, 6-(-10))=(-9, 16)$$

10.3.2 平面向量的坐标与点的坐标的关系

如图 10－17 所示，向量$\overrightarrow{AB}$的起点为 $A(x_1, y_1)$，终点为 $B(x_2, y_2)$，由向量减法的三角形法则，有

$$\overrightarrow{AB}=\overrightarrow{OB}-\overrightarrow{OA}$$

而向量$\overrightarrow{OB}$，$\overrightarrow{OA}$的坐标分别是(x_1, y_1)，(x_2, y_2)，因此向量$\overrightarrow{AB}$的坐标就是

$$(x_2, y_2)-(x_1, y_1)=(x_2-x_1, y_2-y_1)$$

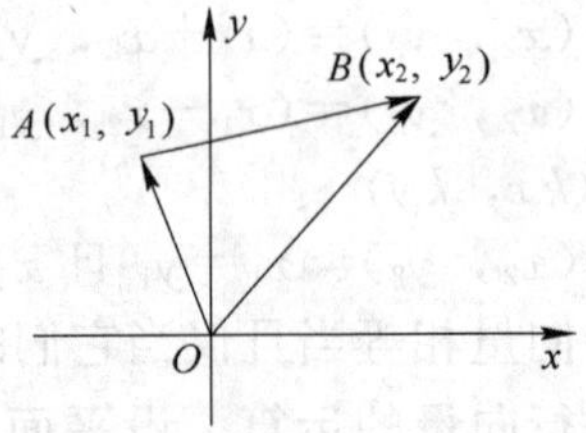

图 10－17

于是有如下重要结论成立.

定理 10.1 在平面直角坐标系内，向量的坐标等于它的终点坐标减起点坐标.

例 10.9 设 $A(-2, 5)$，$B(3, -7)$，求$\overrightarrow{AB}$，$\overrightarrow{BA}$的坐标.

解 $\overrightarrow{AB}$的坐标为

$$(3, -7)-(-2, 5)=(5, -12)$$

因为$\overrightarrow{BA}=-\overrightarrow{AB}$，所以$\overrightarrow{BA}$的坐标为$(-5, 12)$.

练一练

1. 设 $\boldsymbol{a}(2, 3)$，$\boldsymbol{b}(-2, 6)$，求 $\boldsymbol{a}-\boldsymbol{b}$，$-2\boldsymbol{a}$，$3\boldsymbol{a}-5\boldsymbol{b}$ 的坐标.
2. 已知 $A(5, 3)$，$B(-1, 8)$，求$\overrightarrow{AB}$，$\overrightarrow{BA}$的坐标.

习题 10－3

1. 已知 $\boldsymbol{a}(2, -3)$，$\boldsymbol{b}(-4, 0)$，$\boldsymbol{c}(-5, 6)$，求 $\boldsymbol{a}+\boldsymbol{b}-\boldsymbol{c}$，$-2\boldsymbol{a}+3\boldsymbol{b}-5\boldsymbol{c}$ 的坐标.

2. 已知平行四边形 $ABCD$ 的顶点 A，B，C 的坐标分别是$(-2,-5)$，$(3,-2)$，$(1,4)$，求顶点 D 的坐标及向量$\overrightarrow{AC}$，$\overrightarrow{BD}$的坐标.

3. 已知点 $A(2,-4)$、向量$\overrightarrow{AB}(5,-7)$，求点 B 的坐标.

4. 在平面直角坐标系内画出向量 $\boldsymbol{a}(2,-1)$和 $\boldsymbol{b}(-4,2)$，并说明它们的相互关系.

*10.4　向量的数量积

10.4.1　向量的数量积的定义

在物理课中学过功的计算，即如果一个物体在力 F 的作用下产生位移 s，如图 10－18 所示，那么力 F 所做的功 W 可用下式计算.

$$W=|F|\cdot|s|\cos\theta$$

其中，θ 是 F 与 s 的夹角.

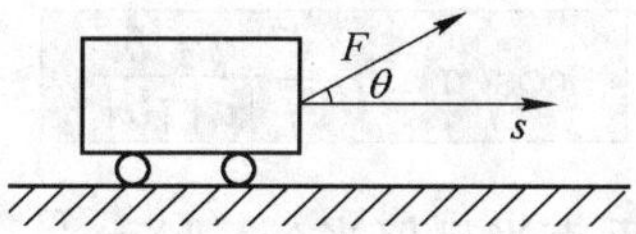

图 10－18

从力所做的功出发，下面引入向量数量积的概念.

首先介绍向量的夹角. 设 $\boldsymbol{a}$，$\boldsymbol{b}$ 是两个非零向量，分别作有向线段$\overrightarrow{OA}$，$\overrightarrow{OB}$表示 $\boldsymbol{a}$，$\boldsymbol{b}$，把射线 OA 与射线 OB 组成的不大于 π 的那个角 θ 称为 $\boldsymbol{a}$ 与 $\boldsymbol{b}$ 的夹角，如图 10－19 所示，记作$\langle\boldsymbol{a},\boldsymbol{b}\rangle$，即 $\theta=\langle\boldsymbol{a},\boldsymbol{b}\rangle$. 于是有

$$0\leqslant\langle\boldsymbol{a},\boldsymbol{b}\rangle\leqslant\pi$$

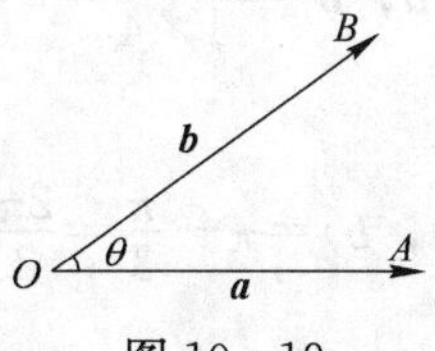

图 10－19

显然，$\langle\boldsymbol{a},\boldsymbol{b}\rangle=\langle\boldsymbol{b},\boldsymbol{a}\rangle$. 并且当$\langle\boldsymbol{a},\boldsymbol{b}\rangle=0°$时，$\boldsymbol{a}$ 与 $\boldsymbol{b}$ 同向；当$\langle\boldsymbol{a},\boldsymbol{b}\rangle=180°$时，$\boldsymbol{a}$ 与 $\boldsymbol{b}$ 反向.

如果$\langle\boldsymbol{a},\boldsymbol{b}\rangle=90°$，则说 $\boldsymbol{a}$ 与 $\boldsymbol{b}$ 垂直，记作 $\boldsymbol{a}\perp\boldsymbol{b}$.

定义 10.2　任给两个向量 $\boldsymbol{a}$，$\boldsymbol{b}$，把实数$|\boldsymbol{a}||\boldsymbol{b}|\cos\langle\boldsymbol{a},\boldsymbol{b}\rangle$称为**向量 $\boldsymbol{a}$ 与 $\boldsymbol{b}$ 的数量积**(或

内积)，记作 $\boldsymbol{a}\cdot\boldsymbol{b}$，读作“$\boldsymbol{a}$ 点乘 $\boldsymbol{b}$”，即

$$\boldsymbol{a}\cdot\boldsymbol{b}=|\boldsymbol{a}||\boldsymbol{b}|\cos\langle\boldsymbol{a},\ \boldsymbol{b}\rangle \tag{10-2}$$

由定义得出，对于任意向量 $\boldsymbol{a}$ 有

$$\boldsymbol{0}\cdot\boldsymbol{a}=\boldsymbol{a}\cdot\boldsymbol{0}=0$$

例 10.10 已知 $|\boldsymbol{a}|=2$，$|\boldsymbol{b}|=3$，$\langle\boldsymbol{a},\ \boldsymbol{b}\rangle=30^\circ$，求 $\boldsymbol{a}\cdot\boldsymbol{b}$ 和 $\boldsymbol{a}\cdot\boldsymbol{a}$.

解

$$\boldsymbol{a}\cdot\boldsymbol{b}=|\boldsymbol{a}||\boldsymbol{b}|\cos\langle\boldsymbol{a},\ \boldsymbol{b}\rangle=2\times3\times\frac{\sqrt{3}}{2}=3\sqrt{3}$$

$$\boldsymbol{a}\cdot\boldsymbol{a}=|\boldsymbol{a}|\times|\boldsymbol{a}|\cos 0=|\boldsymbol{a}|\times|\boldsymbol{a}|=4$$

向量数量积的定义中，包含了向量的长度、两个向量的夹角这些度量概念，因此可以利用向量的数量积来计算向量的长度及两个非零向量的夹角. 从式(10-2)可以得出如下结论：

① 对任意向量 $\boldsymbol{a}$，有

$$|\boldsymbol{a}|=\sqrt{\boldsymbol{a}\cdot\boldsymbol{a}} \tag{10-3}$$

② 对于 $\boldsymbol{a}\neq\boldsymbol{0}$，$\boldsymbol{b}\neq\boldsymbol{0}$，有

$$\cos\langle\boldsymbol{a},\ \boldsymbol{b}\rangle=\frac{\boldsymbol{a}\cdot\boldsymbol{b}}{|\boldsymbol{a}||\boldsymbol{b}|} \tag{10-4}$$

③ 由于两个非零向量 $\boldsymbol{a}$ 与 $\boldsymbol{b}$ 垂直当且仅当 $\langle\boldsymbol{a},\ \boldsymbol{b}\rangle=\frac{\pi}{2}$，因此从式(10-2)得出

$$\boldsymbol{a}\perp\boldsymbol{b}\Leftrightarrow\boldsymbol{a}\cdot\boldsymbol{b}=0 \tag{10-5}$$

例 10.11 已知 $\boldsymbol{a}\cdot\boldsymbol{b}=-2$，$|\boldsymbol{a}|=1$，$|\boldsymbol{b}|=4$，求 $\langle\boldsymbol{a},\ \boldsymbol{b}\rangle$.

解 因为

$$\cos\langle\boldsymbol{a},\ \boldsymbol{b}\rangle=\frac{-2}{1\times4}=-\frac{1}{2}$$

所以

$$\langle\boldsymbol{a},\ \boldsymbol{b}\rangle=\pi-\frac{\pi}{3}=\frac{2\pi}{3}$$

向量的数量积有下述基本性质.

对任意向量 $\boldsymbol{a}$，$\boldsymbol{b}$，$\boldsymbol{c}$ 及任意实数 k，有

(1) $\boldsymbol{a}\cdot\boldsymbol{b}=\boldsymbol{b}\cdot\boldsymbol{a}$；

(2) $(k\boldsymbol{a})\cdot\boldsymbol{b}=k(\boldsymbol{a}\cdot\boldsymbol{b})$；

(3) $(\boldsymbol{a}+\boldsymbol{c})\cdot\boldsymbol{b}=\boldsymbol{a}\cdot\boldsymbol{b}+\boldsymbol{c}\cdot\boldsymbol{b}$；

(4) $\boldsymbol{a}\cdot\boldsymbol{a}\geqslant0$，等号成立当且仅当 $\boldsymbol{a}=\boldsymbol{0}$.

10.4.2　用直角坐标计算向量的数量积

平面上取直角坐标系 $[O;\ e_1,\ e_2]$，设向量 $\boldsymbol{a}$，$\boldsymbol{b}$ 的坐标分别是 $(a_1,\ a_2)$，$(b_1,\ b_2)$，由于 $|\boldsymbol{e}_1|=|\boldsymbol{e}_2|=1$，$\boldsymbol{e}_1\cdot\boldsymbol{e}_2=\boldsymbol{e}_2\cdot\boldsymbol{e}_1=0$，因此

$$\begin{aligned}\boldsymbol{a}\cdot\boldsymbol{b}&=(a_1\boldsymbol{e}_1+a_2\boldsymbol{e}_2)\cdot(b_1\boldsymbol{e}_1+b_2\boldsymbol{e}_2)\\&=a_1b_1\boldsymbol{e}_1\cdot\boldsymbol{e}_1+a_1b_2\boldsymbol{e}_1\cdot\boldsymbol{e}_2+a_2b_1\boldsymbol{e}_2\cdot\boldsymbol{e}_1+a_2b_2\boldsymbol{e}_2\cdot\boldsymbol{e}_2\\&=a_1b_1|\boldsymbol{e}_1|^2+a_2b_2|\boldsymbol{e}_2|^2=a_1b_1+a_2b_2\end{aligned}$$

即

$$\boldsymbol{a}\cdot\boldsymbol{b}=a_1b_1+a_2b_2 \tag{10-6}$$

式(10－6)是用平面向量的直角坐标计算数量积的公式，即两个向量的数量积等于它们的横坐标的乘积与纵坐标的乘积之和.

特别地，

$$\boldsymbol{a}\cdot\boldsymbol{a}=a_1^2+a_2^2 \tag{10-7}$$

例 10.12　设 $\boldsymbol{a}$，$\boldsymbol{b}$ 的直角坐标分别是 $(3,\ -2)$，$(-5,\ 4)$，求 $\boldsymbol{a}\cdot\boldsymbol{b}$，$(2\boldsymbol{a}-\boldsymbol{b})\cdot\boldsymbol{a}$.

解　$\boldsymbol{a}\cdot\boldsymbol{b}=3\times(-5)+(-2)\times4=-23$

$(2\boldsymbol{a}-\boldsymbol{b})\cdot\boldsymbol{a}=2\boldsymbol{a}\cdot\boldsymbol{a}-\boldsymbol{b}\cdot\boldsymbol{a}=2\ [3^2+(-2)^2]\ -\ [3\times(-5)+(-2)\times4]\ =49$

由向量的数量积的定义及式(10－3)、式(10－4)、式(10－5)可得如下结论.

① 设向量 $\boldsymbol{a}$ 的直角坐标为 $(a_1,\ a_2)$，则向量的长度

$$|\boldsymbol{a}|=\sqrt{\boldsymbol{a}\cdot\boldsymbol{a}}=\sqrt{a_1^2+a_2^2} \tag{10-8}$$

② 设两个非零向量 $\boldsymbol{a}$，$\boldsymbol{b}$ 的直角坐标分别是 $(a_1,\ a_2)$，$(b_1,\ b_2)$，则

$$\cos\langle\boldsymbol{a},\ \boldsymbol{b}\rangle=\frac{a_1b_1+a_2b_2}{\sqrt{a_1^2+a_2^2}\sqrt{b_1^2+b_2^2}} \tag{10-9}$$

③ 设 $\boldsymbol{a}$，$\boldsymbol{b}$ 的直角坐标分别为 $(a_1,\ a_2)$，$(b_1,\ b_2)$，则

$$\boldsymbol{a}\perp\boldsymbol{b}\Leftrightarrow a_1b_1+a_2b_2=0 \tag{10-10}$$

这样我们就可以用向量的直角坐标很容易判断出两个向量是否垂直.

例 10.13　在平面直角坐标系中，判断下述每一对向量是否垂直.

(1) $\boldsymbol{a}(0,\ -2)$，$\boldsymbol{b}(-1,\ 3)$　　　　(2) $\boldsymbol{c}(-1,\ 3)$，$\boldsymbol{d}(-3,\ -1)$

解 (1) $\boldsymbol{a}\cdot\boldsymbol{b}=0\times(-1)+(-2)\times3=-6\neq0$，因此 $\boldsymbol{a}$ 与 $\boldsymbol{b}$ 不垂直.

(2) $\boldsymbol{c}\cdot\boldsymbol{d}=(-1)\times(-3)+3\times(-1)=3-3=0$，因此 $\boldsymbol{a}$ 与 $\boldsymbol{b}$ 垂直.

例 10.14 已知 $\boldsymbol{a}$，$\boldsymbol{b}$ 的直角坐标分别是$(\sqrt{3}, 1)$，$(\sqrt{3}, 0)$，求$\langle\boldsymbol{a}, \boldsymbol{b}\rangle$.

解 因为

$$\cos\langle\boldsymbol{a}, \boldsymbol{b}\rangle=\frac{\sqrt{3}\times\sqrt{3}+1\times0}{\sqrt{(\sqrt{3})^2+1^2}\sqrt{(\sqrt{3})^2+0^2}}=\frac{3}{2\times\sqrt{3}}=\frac{\sqrt{3}}{2}$$

因此$\langle\boldsymbol{a}, \boldsymbol{b}\rangle=\frac{\pi}{6}$.

用向量的直角坐标也很容易判断出两个向量是否平行(共线). 设向量的坐标为(x, y)，容易知道该向量所在直线的斜率为$\frac{y}{x}(x\neq0)$，由解析几何知识，两直线平行当且仅当它们的斜率相等，所以如果向量 $\boldsymbol{a}$，$\boldsymbol{b}$ 的坐标分别是(a_1, a_2)，(b_1, b_2)，那么

$$\boldsymbol{a}/\!/\boldsymbol{b}\Leftrightarrow\frac{a_1}{b_1}=\frac{a_2}{b_2} \qquad (10-11)$$

例 10.15 设向量 $\boldsymbol{a}(-2, x)$，$\boldsymbol{b}(1, -2)$，如果 $\boldsymbol{a}$ 与 $\boldsymbol{b}$ 共线，试求 x 的值.

解 因为 $\boldsymbol{a}/\!/\boldsymbol{b}$，所以

$$\frac{-2}{1}=\frac{x}{-2}$$

由此得 $x=4$.

练一练

1. 已知$|\boldsymbol{a}|=2$，$|\boldsymbol{b}|=4$，$\langle\boldsymbol{a}, \boldsymbol{b}\rangle=\frac{\pi}{4}$，则 $\boldsymbol{a}\cdot\boldsymbol{b}=$________.

2. 用“//”或“⊥”填空：$\boldsymbol{a}(2, -3)$________ $\boldsymbol{b}(6, 4)$，$\boldsymbol{a}(1, -3)$________ $\boldsymbol{b}(3, -9)$.

习题 10-4

1. 已知$|\boldsymbol{a}|=4$，$|\boldsymbol{b}|=5$，$\langle\boldsymbol{a}, \boldsymbol{b}\rangle=\frac{\pi}{3}$，求 $\boldsymbol{a}\cdot\boldsymbol{b}$，$(3\boldsymbol{a}+2\boldsymbol{b})\cdot\boldsymbol{b}$.
2. 已知$|\boldsymbol{a}|=2$，$|\boldsymbol{b}|=3$，$\boldsymbol{a}\cdot\boldsymbol{b}=-3\sqrt{2}$，求$\langle\boldsymbol{a}, \boldsymbol{b}\rangle$.
3. 设向量 $\boldsymbol{a}(3, 1)$，$\boldsymbol{b}(-2, 5)$，求

(1) $\boldsymbol{a}\cdot\boldsymbol{b}$ (2) $|\boldsymbol{a}|$及$|\boldsymbol{b}|$ (3) $|\boldsymbol{a}-\boldsymbol{b}|$

4. 已知 $\boldsymbol{a}$，$\boldsymbol{b}$ 的直角坐标分别是$(-1, -\sqrt{3})$，$(-1, 0)$，求$\langle\boldsymbol{a}, \boldsymbol{b}\rangle$.
5. x 取何值时，向量 $\boldsymbol{a}(x, 1)$与向量 $\boldsymbol{b}(-3, 5)$

(1) 相互垂直？(2) 相互平行？

*10.5　复数的概念

10.5.1　复数的概念

1. 虚数单位——数 i

数的概念和扩展源自于人类社会的实践. 从自然数逐步扩展到有理数后，为了解决诸如方程 $x^2=2$ 求解一类的问题，人们引进了无理数. 有理数和无理数统称为实数，而在实数范围内还是有许多新的矛盾不能解决. 最突出的问题是，形如 $x^2=-1$ 这样的方程仍然无解，因为没有一个实数的平方等于−1. 为了使这样的方程有确定的解，人们引入一个新的数 i，称之为**虚数单位**，并且规定：

(1) $i^2=-1$；

(2) i 与实数在一起，可以按照实数的四则运算法则进行运算.

由以上规定可知，i 满足方程 $x^2=-1$. 因此当引入数 i 后，我们就可以说，方程 $x^2=-1$有解，即 $x=i$.

关于虚数单位 i，又规定(n 为正整数)

$$i^n=\overbrace{i\cdot i\cdot i\cdot\cdots\cdot i}^{n个},\ i^0=1$$

于是推得

$$i^3=-i,\ i^4=1,\ i^5=i,\ i^6=-1,\ i^7=-i,\ i^8=1,\ i^9=i,\ i^{10}=-1,\ \cdots$$

一般地，当 $n\in\mathbf{N}$ 时，有

$$i^{4n}=1,\ i^{4n+1}=i,\ i^{4n+2}=-1,\ i^{4n+3}=-i$$

另外，还规定

$$i^{-n}=\frac{1}{i^n}\quad(n\in\mathbf{N})$$

例 10.16　计算

(1) i^{2006}　　(2) i^{-5}

解　(1) $i^{2006}=i^{501\times4+2}=i^2=-1$

(2) $i^{-5}=\frac{1}{i^5}=\frac{1}{i^{4+1}}=\frac{1}{i}=\frac{i}{i^2}=-i$

2. 虚数

设实数 $b\neq0$，将形如 bi 的数称为**纯虚数**. 例如，−3i，8i 都为纯虚数. 规定 $0\cdot i=0$.

实数 a 和纯虚数 $bi(b\neq0)$ 相加得到形如 $a+bi$ 的数称为**虚数**. 例如，$-\frac{1}{2}+\frac{\sqrt{3}}{2}i$，4i，

1－2i都是虚数.

3. 复数

在引进虚数后，对于这种新的数和原来的实数，给出以下定义.

定义 10.3 形如 $a+bi(a\in \mathbf{R}, b\in \mathbf{R})$ 的数称为**复数**. 其中 a，b 分别称为复数的**实部**和**虚部**.

复数 $a+bi$ 常记为 z，即 $z=a+bi$.

由复数的定义知：当 $b=0$ 时，复数 $a+bi$ 就是实数 a；当 $b\neq 0$ 时，复数 $a+bi$ 就是虚数；当 $b\neq 0$ 而 $a=0$ 时，复数 $a+bi$ 就是纯虚数. 所以，复数包含了所有的实数和虚数. 实数和纯虚数是复数的特例.

全体复数所构成的集合称为**复数集**，通常用字母 $\mathbf{C}$ 表示，即有

$$\mathbf{C}=\{z|z=a+bi, a\in \mathbf{R}, b\in \mathbf{R}\}$$

例 10.17 实数 x，y 取何值时，复数 $z=1+x+(2-y)i$

(1) 是实数； (2) 是虚数； (3) 是纯虚数.

解 因为实部 $a=1+x$，虚部 $b=2-y$，所以

(1) 当 $2-y=0$，即 $y=2$ 时，复数 z 是实数(x 取任意实数)；

(2) 当 $2-y\neq 0$，即 $y\neq 2$ 时，复数 z 是虚数(x 取任意实数)；

(3) 当 $2-y\neq 0$ 且 $1+x=0$，即 $y\neq 2$，$x=-1$ 时，复数 z 是纯虚数.

如果两个复数 $a+bi$ 与 $c+di$ 的实部与虚部分别相等，就说这两个**复数相等**，记作

$$a+bi=c+di$$

这就是说，若 a，b，c，$d\in \mathbf{R}$，那么

$$a+bi=c+di \Leftrightarrow a=c \text{ 且 } b=d$$

$$a+bi=0 \Leftrightarrow a=0 \text{ 且 } b=0$$

注意：两个实数可以比较大小，但两个复数，如果不全是实数，就不能比较它们的大小. 例如，3i 与 0、4 与 4－i 就不能比较大小.

例 10.18 已知 $(3x+2y)-i=6x+(x-y)i$，其中 x，$y\in \mathbf{R}$，求 x 和 y 的值.

解 根据复数相等的条件，得

$$\begin{cases} 3x+2y=6x \\ -1=x-y \end{cases}$$

解得 $x=2$，$y=3$.

如果两个复数的实部相等，虚数互为相反数，那么称这两个复数互为**共轭复数**. 例如，$3+i$ 与 $3-i$、$-\sqrt{5}i$ 与 $\sqrt{5}$ 互为共轭复数.

复数 z 的共轭复数用 $\overline{z}$ 表示，即如果 $z=a+bi$，那么 $\overline{z}=a-bi$.

练一练

1. $i^{20}=$________，$i^{51}=$________.
2. 说出下列复数的实部与虚部，并指出哪些是实数、哪些是虚数、哪些是纯虚数.

$$-5+6i，\frac{\sqrt{2}}{2}-6i，-\sqrt{3}，2i，0$$

3. $z=\sqrt{2}-3i$ 的共轭复数 $\overline{z}=$________.

10.5.2　复数的几何表示

1. 用坐标平面内的点表示复数

我们知道，一对有序实数 (a, b) 与平面直角坐标系中的点 $M(a, b)$ 是一一对应的，因此可以用平面直角坐标系中的点 $M(a, b)$ 来表示有序实数对 (a, b).

复数 $z=a+bi$ 的实部 a 和虚部 b 也是一对有序实数，所以它也能和平面上的点建立一一对应关系. 这样就能借用平面直角坐标系中的点来表示复数 $z=a+bi$. 如图 10－20 所示，点 M 的横坐标是 a，纵坐标是 b，复数 $z=a+bi$ 可以用点 $M(a, b)$ 来表示. 这个建立了直角坐标系却用来表示复数的平面称为**复平面**，x 轴称为**实轴**，其单位仍然是 1，除去原点的 y 轴称为**虚轴**(因为原点表示实数 0)，y 轴的单位是 i. 表示实数的点都在实轴上，表示纯虚数的点都在虚轴上.

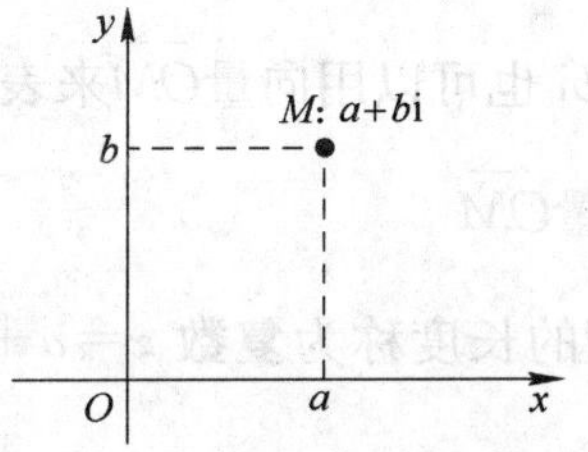

图 10－20

例 10.19　用复平面内的点表示复数.

$$2-2i，-2+3i，3i，-2，0$$

解　如图 10－21 所示，复数 $2-2i$ 用点 $A(2, -2)$ 表示；$-2+3i$ 用点 $B(-2, 3)$ 表示；$3i$ 用点 $C(0, 3)$ 表示；-2 用点 $D(-2, 0)$ 表示；0 用点 $O(0, 0)$ 表示.

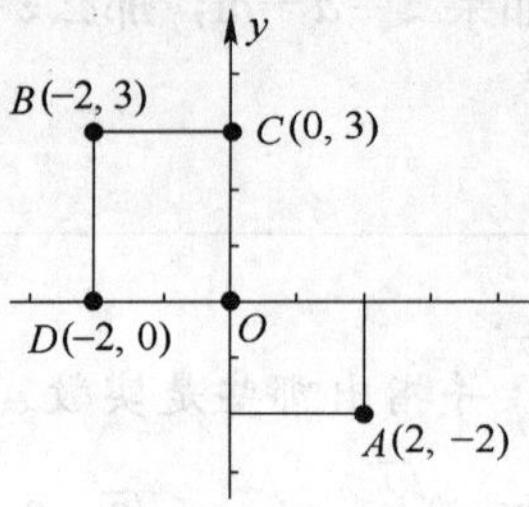

图 10 - 21

2. 用向量表示复数

如图 10 - 22 所示，对于复平面内的点 $M(a, b)$，连接原点 O 和 M，以 O 点作有向线段的起点、M 点作终点，那么就得到向量$\overrightarrow{OM}$，于是复平面内的点 M 和向量$\overrightarrow{OM}$之间可以建立一一对应的关系.

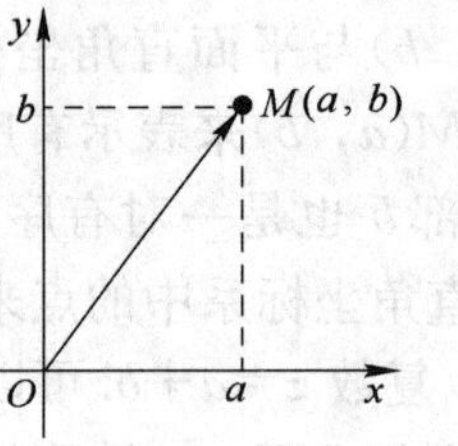

图 10 - 22

因为复数 $a+b\mathrm{i}$ 和复平面内的点 $M(a, b)$是一一对应的，所以复数 $a+b\mathrm{i}$ 和向量$\overrightarrow{OM}$之间也是一一对应的. 于是，复数 $a+b\mathrm{i}$ 也可以用向量$\overrightarrow{OM}$来表示，即(用“⇔”表示一一对应)

复数 $a+b\mathrm{i}$⇔点 $M(a, b)$⇔向量$\overrightarrow{OM}$

表示复数 $z=a+b\mathrm{i}$ 的向量$\overrightarrow{OM}$的长度称为**复数 $z=a+b\mathrm{i}$ 的模**，记作$|z|$或$|a+b\mathrm{i}|$. 如图 10 - 22所示，显然有

$$|z|=|a+b\mathrm{i}|=\sqrt{a^2+b^2} \tag{10-12}$$

特别地，如果 $b=0$，$z=a+b\mathrm{i}$ 是实数 a，那么 z 的模就等于$|a|$.

复数 $z=a+b\mathrm{i}$ 和它的共轭复数$\bar{z}=a-b\mathrm{i}$ 的模相等. 表示两个共轭复数的点关于实轴对称.

例 10. 20　求下列复数的模.

(1) $z=1+\mathrm{i}$　　(2) $z=-\dfrac{1}{2}+\dfrac{\sqrt{3}}{2}\mathrm{i}$

解　(1) 因为 $a=1$，$b=1$，所以

$$|z|=\sqrt{1^2+1^2}=\sqrt{2}$$

(2) 因为 $a=-\frac{1}{2}$，$b=\frac{\sqrt{3}}{2}$，所以

$$|z|=\sqrt{\left(-\frac{1}{2}\right)^2+\left(\frac{\sqrt{3}}{2}\right)^2}=1$$

练一练

1. 在复平面内，作出表示下列复数的点.

(1) $2+3i$　(2) -3　(3) $6i$

2. $z=3+4i$ 的模 $|z|=$________.

习题 10－5

1. 计算.

(1) i^9　(2) i^{80}　(3) i^{-18}

2. 求适合下列方程的 x 和 $y(x, y\in \mathbf{R})$的值.

(1) $(x+y-3)+(x-y-1)i=0$

(2) $(x+2y)+(2x-y)i=4-2i$

3. 求下列复数的共轭复数，并用复平面上的点表示这些复数及它们的共轭复数.

(1) $4-3i$　(2) $-1+i$　(3) $4i$

4. 求下列复数的模，并且在复平面上用向量表示这些复数.

(1) $z=-5-12i$　(2) $z=\frac{1}{2}-\frac{\sqrt{3}}{2}i$

*10.6　复数的四则运算

10.6.1　复数的加法和减法

复数的加法和减法按照多项式的加法和减法法则进行，也就是**实部和实部相加(减)，虚部和虚部相加(减)**，即

$$(a+bi)\pm(c+di)=(a\pm c)+(b\pm d)i \tag{10-13}$$

例 10.21　计算.

(1) $(5-6i)+(-2-i)$　　(2) $5-(3+2i)+4i$

解 (1) $(5-6i)+(-2-i)=(5-2)+(-6-1)i=3-7i$

(2) $5-(3+2i)+4i=5-3-2i+4i=2+2i$

例 10.22 求两共轭复数的和与差.

解 设 $z=a+bi$，则 $\overline{z}=a-bi$，那么

$$z+\overline{z}=a+bi+a-bi=2a$$

$$z-\overline{z}=a+bi-(a-bi)=2bi$$

由上例可知，两个共轭复数的和是一个实数，它们的差是一个纯虚数(当 $b\neq 0$ 时).

容易验证(略)，复数的加法与实数的加法一样，满足交换律和结合律，即对 z_1，z_2，$z_3\in\mathbf{C}$，有

$$z_1+z_2=z_2+z_1，(z_1+z_2)+z_3=z_1+(z_2+z_3)$$

因为复数可以在复平面内用向量表示，所以两个复数相加也可以在复平面内用向量加法的平行四边形法则来进行. 即先在复平面内作出表示这两个复数的向量，然后以这两个向量为边作平行四边形，则平行四边形中以原点为起点的对角线向量所对应的复数就是所求的和. 如图 10-23(a)，向量$\overrightarrow{OM}$和$\overrightarrow{ON}$分别表示 z_1 和 z_2，向量$\overrightarrow{OP}$表示复数 z_1+z_2.

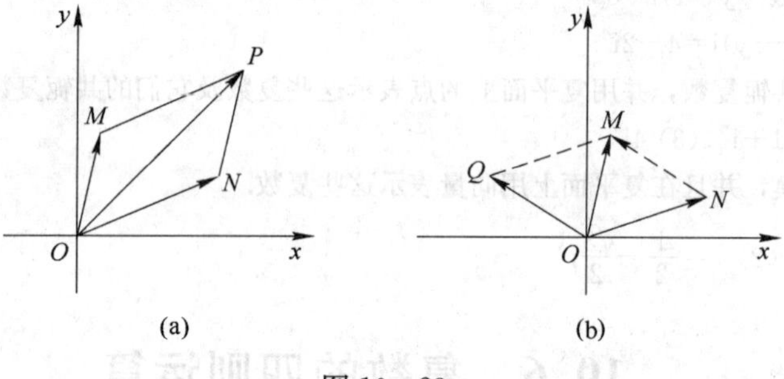

图 10-23

复数相减同样可以在复平面内用向量相减的方法来进行. 如图 10-23(b)，向量$\overrightarrow{OM}$和$\overrightarrow{ON}$分别表示 z_1 和 z_2，向量$\overrightarrow{OQ}$表示复数 z_1-z_2.

例 10.23 在复平面内用向量表示复数$(1-i)+(2+i)$.

解 如图 10-24 所示，分别作表示复数 $1-i$ 和 $2+i$ 的向量$\overrightarrow{OM}$与$\overrightarrow{ON}$，再以$\overrightarrow{OM}$与$\overrightarrow{ON}$为边作平行四边形 $OMLN$，则对角线向量$\overrightarrow{OL}=\overrightarrow{OM}+\overrightarrow{ON}$就表示复数$(1-i)+(2+i)$.

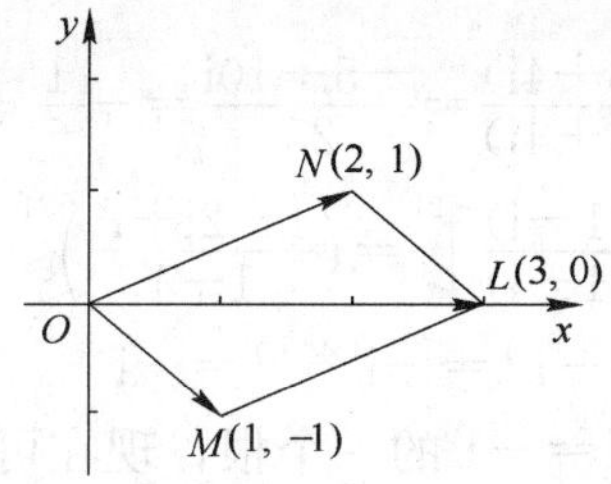

图 10－24

10.6.2　复数的乘法和除法

1. 复数的乘法

两个复数相乘，按多项式相乘的法则进行，在所得展开式中，将实部和虚部分别合并，就得到所求的积(注意 $i^2=-1$)，即

$$(a+bi)\cdot(c+di)=ac+adi+bci+bdi^2=(ac-bd)+(ad+bc)i \qquad (10-14)$$

复数的乘法与实数的乘法一样，满足交换律、结合律和乘法对加法的分配律.

复数乘方 $z^n(n\in\mathbf{N})$ 的定义与实数乘方的定义一样，有关的运算法则也一样.

例 10.24　求两个共轭复数 $a+bi$ 与 $a-bi$ 的积.

解　$(a+bi)(a-bi)=a^2-(bi)^2=a^2+b^2$

由上例可知，两个共轭复数的积是一个实数.

例 10.25　计算.

(1) $(1-i)^2$　　(2) $(4-i)\cdot(-3+2i)$

解　(1) $(1-i)^2=1-2i+i^2=1-2i-1=-2i$

(2) $(4-i)\cdot(-3+2i)=-12+8i+3i-2i^2=-10+11i$

2. 复数的除法

两个复数相除(除数不为零)，先把它们写成分式，然后分子、分母都乘以分母的共轭复数，再进行化简，写成复数的一般形式即可，即当 $c+di\neq0$ 时

$$\frac{a+bi}{c+di}=\frac{(a+bi)(c-di)}{(c+di)(c-di)}=\frac{(ac+bd)+(bc-ad)i}{c^2+d^2}=\frac{ac+bd}{c^2+d^2}+\frac{bc-ad}{c^2+d^2}i \qquad (10-15)$$

例 10.26　计算.

(1) $(1+2i)\div(3-4i)$　　(2) $\left(\frac{1-i}{1+i}\right)^{21}$

解 (1) $(1+2\mathrm{i})\div(3-4\mathrm{i})$

$$=\frac{1+2\mathrm{i}}{3-4\mathrm{i}}=\frac{(1+2\mathrm{i})(3+4\mathrm{i})}{(3-4\mathrm{i})(3+4\mathrm{i})}=\frac{-5+10\mathrm{i}}{25}=-\frac{1}{5}+\frac{2}{5}\mathrm{i}$$

(2) $$\left(\frac{1-\mathrm{i}}{1+\mathrm{i}}\right)^{21}=\left[\frac{(1-\mathrm{i})(1-\mathrm{i})}{(1+\mathrm{i})(1-\mathrm{i})}\right]^{21}=\left(\frac{1-2\mathrm{i}+\mathrm{i}^2}{1+1}\right)^{21}$$

$$=(-\mathrm{i})^{21}=-\mathrm{i}^{21}=-\mathrm{i}^{4\times5+1}=-\mathrm{i}$$

在前面，指出 $x=\mathrm{i}$ 是方程 $x^2=-1$ 的一个根，现在可以看到 $x=-\mathrm{i}$ 是这个方程的另一个根.

一般地，由于 $\pm\sqrt{b^2-4ac}=\pm\sqrt{4ac-b^2}\,\mathrm{i}$，所以在复数范围内，实系数一元二次方程 $ax^2+bx+c=0(a\neq0)$ 当判别式 $\Delta=b^2-4ac<0$ 时有一对共轭复数根，即

$$x=\frac{-b\pm\sqrt{b^2-4ac}}{2a}=\frac{-b\pm\sqrt{4ac-b^2}\,\mathrm{i}}{2a}=-\frac{b}{2a}\pm\frac{\sqrt{4ac-b^2}}{2a}\mathrm{i} \qquad (10-16)$$

例 10.27 在复数范围内解方程 $x^2+3x+5=0$.

解 因为 $\Delta=3^2-4\times1\times5=-11<0$，所以方程的根为

$$x=\frac{-3\pm\sqrt{11}\cdot\mathrm{i}}{2}=-\frac{3}{2}\pm\frac{\sqrt{11}}{2}\mathrm{i}$$

练一练

1. 计算.

(1) $(4+5\mathrm{i})(2-3\mathrm{i})$ (2) $\dfrac{4\mathrm{i}}{1+2\mathrm{i}}$

2. $x^2+4=0$ 的根是____________.

习题 10-6

1. 计算.

(1) $3\mathrm{i}-(1+4\mathrm{i})$ (2) $(6-5\mathrm{i})+(2+7\mathrm{i})$

(3) $10+(-8-24\mathrm{i})$ (4) $(3+5\mathrm{i})-(2+\mathrm{i})$

2. 计算.

(1) $(-a-b\mathrm{i})(-a+b\mathrm{i})$ (2) $(1+\mathrm{i})^6$

(3) $\dfrac{2}{1-\sqrt{2}\mathrm{i}}$ (4) $\dfrac{1+2\mathrm{i}}{3+4\mathrm{i}}$

3. 在复平面内用向量表示复数 $z=(1+\mathrm{i})+(-2+3\mathrm{i})$.

4. 在复数范围内解方程.

(1) $x^2-2x+10=0$　　　(2) $2x^2+3x+4=0$

*10.7　复数的三角形式

10.7.1　复数的三角形式

将非零复数 $a+b\mathrm{i}$ 用向量 $\overrightarrow{OM}$ 表示，如图 10-25 所示，由 x 轴的正半轴到向量 $\overrightarrow{OM}$ 的角 θ 称为复数 $a+b\mathrm{i}$ 的**幅角**，它表示向量 $\overrightarrow{OM}$ 的方向．复数 0 的幅角不确定．

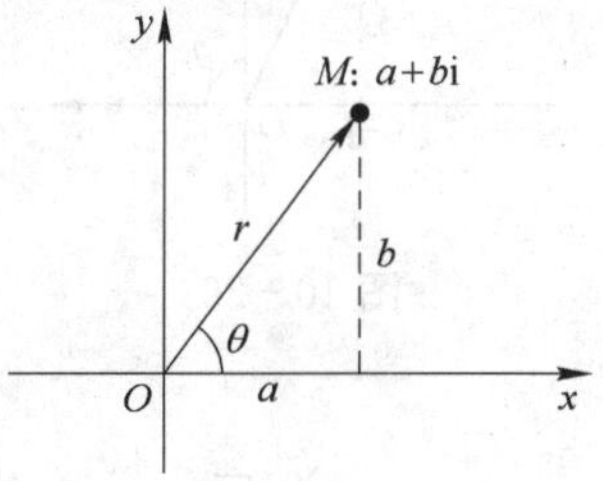

图 10-25

一个非零的复数 $a+b\mathrm{i}$ 的幅角有无穷多个值，这些值相差 2π 的整数倍．例如，i 的幅角为 $\theta=2k\pi+\dfrac{\pi}{2}(k\in\mathbf{Z})$．

为了讨论问题方便，把满足条件 $0\leqslant\theta<2\pi$ 的幅角称为**幅角的主值**．i 的幅角主值为 $\dfrac{\pi}{2}$．

设复数 $a+b\mathrm{i}$ 的模为 r，幅角为 θ，如图 10-25 所示．由图中可以看出

$$\begin{cases}a=r\cos\theta\\ b=r\sin\theta\end{cases}$$

于是 $a+b\mathrm{i}=r\cos\theta+\mathrm{i}r\sin\theta$，即

$$a+b\mathrm{i}=r(\cos\theta+\mathrm{i}\sin\theta)$$

其中，$r=\sqrt{a^2+b^2}$，$\tan\theta=\dfrac{b}{a}(a\neq 0)$，$\theta$ 所在象限就是与复数相对应的点 $M(a, b)$ 所在象限．

把 $r(\cos\theta+\mathrm{i}\sin\theta)$ 称为**复数的三角形式**，而将 $a+b\mathrm{i}$ 称为**复数的代数形式**，以示区别．复数三角形式中，幅角 θ 的大小可以用弧度表示，也可以用角度表示，但一般取主值．

特别地，实数 $a>0$ 时，数 a，$a\mathrm{i}$，$-a$，$-a\mathrm{i}$ 的模都是 $|a|$，它们的幅角主值依次是 0，

$\frac{\pi}{2}$，π，$\frac{3\pi}{2}$.

例 10.28　化下列各复数为三角形式.

(1) $-1+\sqrt{3}\mathrm{i}$　　　　(2) $1-\mathrm{i}$

解　(1) 因为 $a=-1$，$b=\sqrt{3}$，点$(-1，\sqrt{3})$在第二象限(如图 10－26 所示)，所以

$$r=\sqrt{a^2+b^2}=\sqrt{(-1)^2+(\sqrt{3})^2}=2$$

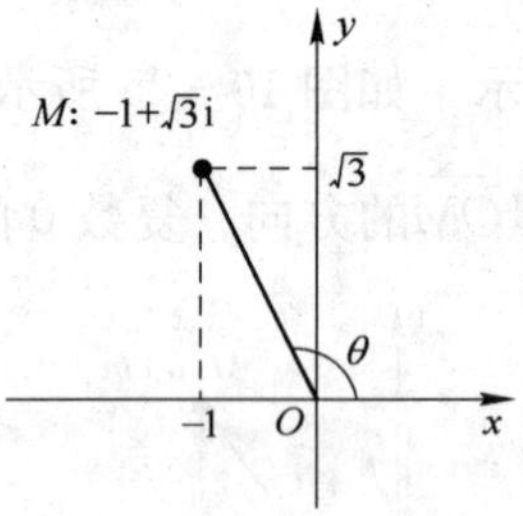

图 10－26

并且

$$\tan\theta=\frac{b}{a}=\frac{\sqrt{3}}{-1}=-\sqrt{3}$$

于是 θ 的主值为$\frac{2}{3}\pi$. 因此得

$$-1+\sqrt{3}\mathrm{i}=2\left(\cos\frac{2}{3}\pi+\mathrm{i}\sin\frac{2}{3}\pi\right)$$

(2) 因为 $a=1$，$b=-1$，点$(1，-1)$在第四象限(如图 10－27 所示)，所以

$$r=\sqrt{1^2+(-1)^2}=\sqrt{2}$$

且

$$\tan\theta=\frac{-1}{1}=-1$$

于是 θ 的主值为$\frac{7}{4}\pi$. 因此得

$$1-\mathrm{i}=\sqrt{2}\left(\cos\frac{7}{4}\pi+\mathrm{i}\sin\frac{7}{4}\pi\right)$$

10.7.2　复数三角形式的乘、除运算

1. 复数的乘法和乘方

设复数 z_1，z_2 的三角形式分别是 $z_1=r_1(\cos\theta_1+\mathrm{i}\sin\theta_1)$，$z_2=r_2(\cos\theta_2+\mathrm{i}\sin\theta_2)$，则

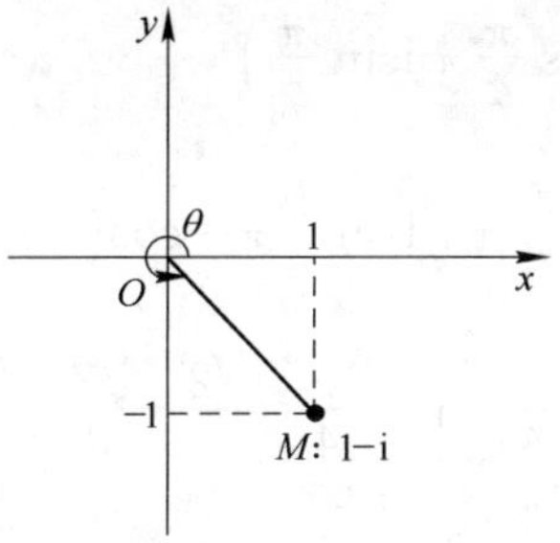

图 10-27

$$z_1 \cdot z_2 = r_1(\cos\theta_1 + i\sin\theta_1) \cdot r_2(\cos\theta_2 + i\sin\theta_2)$$
$$= r_1 r_2[(\cos\theta_1\cos\theta_2 - \sin\theta_1\sin\theta_2) + i(\sin\theta_1\cos\theta_2 + \cos\theta_1\sin\theta_2)]$$
$$= r_1 r_2[\cos(\theta_1+\theta_2) + i\sin(\theta_1+\theta_2)] \quad (10-17)$$

这就是说，两复数相乘，积的模是两复数模的积，积的幅角是两复数幅角的和．简言之，复数相乘就是把模相乘、幅角相加．

以上结论可以推广到 n 个有限复数相乘的情形，即

$$z_1 z_2 \cdots z_n = r_1 r_2 \cdots r_n[\cos(\theta_1+\theta_2+\cdots+\theta_n) + i\sin(\theta_1+\theta_2+\cdots+\theta_n)]$$

当 $z_1 = z_2 = \cdots = z_n = z$，即 $r_1 = r_2 = \cdots = r_n = r$，$\theta_1 = \theta_2 = \cdots = \theta_n = \theta$ 时，有

$$z^n = [r(\cos\theta + i\sin\theta)]^n = r^n(\cos n\theta + i\sin n\theta) \quad (n \in \mathbf{N}) \quad (10-18)$$

这就是说，复数的 $n(n\in\mathbf{N})$ 次幂的模等于这个复数的模的 n 次幂，其幅角等于这个复数的幅角的 n 倍．这就是复数的乘方法则，这个法则又称为棣莫佛定理．

例 10.29　计算 $8\left(\cos\frac{\pi}{6} + i\sin\frac{\pi}{6}\right) \cdot 2\left(\cos\frac{\pi}{4} + i\sin\frac{\pi}{4}\right)$．

解　$8\left(\cos\frac{\pi}{6} + i\sin\frac{\pi}{6}\right) \cdot 2\left(\cos\frac{\pi}{4} + i\sin\frac{\pi}{4}\right)$

$= 8 \cdot 2 \cdot \left[\cos\left(\frac{\pi}{6} + \frac{\pi}{4}\right) + i\sin\left(\frac{\pi}{6} + \frac{\pi}{4}\right)\right]$

$= 16\left(\cos\frac{5}{12}\pi + i\sin\frac{5}{12}\pi\right)$

例 10.30　计算 $\left(\frac{\sqrt{2}}{2} + \frac{\sqrt{2}}{2}i\right)^9$．

解　利用棣莫佛定理计算．$\frac{\sqrt{2}}{2} + \frac{\sqrt{2}}{2}i$ 的三角形式为 $\cos\frac{\pi}{4} + i\sin\frac{\pi}{4}$，则

$$\left(\frac{\sqrt{2}}{2}+\frac{\sqrt{2}}{2}\mathrm{i}\right)^9=\left(\cos\frac{\pi}{4}+\mathrm{i}\sin\frac{\pi}{4}\right)^9$$

$$=\cos\frac{9}{4}\pi+\mathrm{i}\sin\frac{9}{4}\pi=\cos\left(2\pi+\frac{\pi}{4}\right)+\mathrm{i}\sin\left(2\pi+\frac{\pi}{4}\right)$$

$$=\cos\frac{\pi}{4}+\mathrm{i}\sin\frac{\pi}{4}=\frac{\sqrt{2}}{2}+\frac{\sqrt{2}}{2}\mathrm{i}$$

2. 复数的除法

设复数 $z_1=r_1(\cos\theta_1+\mathrm{i}\sin\theta_1)$，$z_2=r_2(\cos\theta_2+\mathrm{i}\cos\theta_2)(z_2\neq0)$，那么两个复数相除有（证明略）

$$\frac{z_1}{z_2}=\frac{r_1}{r_2}\left[\cos(\theta_1-\theta_2)+\mathrm{i}\sin(\theta_1-\theta_2)\right] \tag{10-19}$$

这就是说，两个复数相除，商的模等于被除数的模除以除数的模所得的商，商的幅角等于被除数的幅角减去除数的幅角所得的差．简而言之，复数相除就是把模相除，幅角相减．

例 10.31 计算$8\left(\cos\frac{7}{6}\pi+\mathrm{i}\sin\frac{7}{6}\pi\right)\div\left[2\left(\cos\frac{2\pi}{3}+\mathrm{i}\sin\frac{2\pi}{3}\right)\right]$．

解

$$8\left(\cos\frac{7}{6}\pi+\mathrm{i}\sin\frac{7}{6}\pi\right)\div\left[2\left(\cos\frac{2\pi}{3}+\mathrm{i}\sin\frac{2\pi}{3}\right)\right]$$

$$=\frac{8}{2}\cdot\left[\cos\left(\frac{7}{6}\pi-\frac{2\pi}{3}\right)+\mathrm{i}\sin\left(\frac{7}{6}\pi-\frac{2\pi}{3}\right)\right]$$

$$=4\left(\cos\frac{3}{6}\pi+\mathrm{i}\sin\frac{3}{6}\pi\right)=4(0+\mathrm{i})=4\mathrm{i}$$

练一练

1. 复数 $z=-5-5\mathrm{i}$ 的三角形式为 $z=$______．
2. 复数 $z=4\left(\cos\frac{\pi}{6}+\mathrm{i}\sin\frac{\pi}{6}\right)$的代数形式是 $z=$______．
3. $2\left(\cos\frac{\pi}{12}+\mathrm{i}\sin\frac{\pi}{12}\right)\cdot3\left(\cos\frac{\pi}{6}+\mathrm{i}\sin\frac{\pi}{6}\right)=$______．

习题 10-7

1. 将下列复数化为三角形式．

(1) $2\mathrm{i}$ (2) -4 (3) $1+\sqrt{3}\mathrm{i}$ (4) $-1+\mathrm{i}$

2. 计算．

(1) $(\cos 240°+i\sin 240°)\cdot(\cos 120°+i\sin 120°)$

(2) $5\left(\cos\frac{\pi}{6}+i\sin\frac{\pi}{6}\right)\cdot 2\left(\cos\frac{3\pi}{4}+i\sin\frac{3\pi}{4}\right)$

(3) $\left[\sqrt{3}\left(\cos\frac{\pi}{16}+i\sin\frac{\pi}{16}\right)\right]^8$

(4) $(\sqrt{3}+i)^6$

3. 计算.

(1) $4\left(\cos\frac{\pi}{3}+i\sin\frac{\pi}{3}\right)\div 8\left(\cos\frac{\pi}{6}+i\sin\frac{\pi}{6}\right)$

(2) $6(\cos\pi+i\sin\pi)\div 3\left(\cos\frac{2\pi}{3}+i\sin\frac{2\pi}{3}\right)$

本章小结

本章主要介绍了向量的概念、向量的运算及复数的概念及复数的运算.

一、向量的概念和向量的表示方法

1. 既有大小又有方向的量称为向量(也叫矢量).

2. 向量的表示方法. 向量有两种表示方法.

(1) 几何方法：用有向线段$\overrightarrow{AB}$表示一个向量，起点 A 到终点 B 的指向表示向量的方向，线段 AB 的长度表示向量的大小. 长度相等并且方向相同的有向线段表示相同的向量.

(2) 代数方法：用坐标表示向量，任一向量的坐标等于它的终点坐标减去起点坐标.

二、向量的线性运算

向量的线性运算包括加法、减法及数乘向量. 有两种方式进行向量的线性运算.

1. 几何方式(用有向线段来进行).

(1) 加法：三角形法则　$\overrightarrow{AB}+\overrightarrow{BC}=\overrightarrow{AC}$；或平行四边形法则$\overrightarrow{AB}+\overrightarrow{AD}=\overrightarrow{AC}$，其中 AC 是以 AB，AD 为邻边的平行四边形的对角线.

(2) 减法：$\overrightarrow{AC}-\overrightarrow{AB}=\overrightarrow{BC}$.

(3) 数乘向量：实数 λ 与向量 $\boldsymbol{a}$ 相乘，就是把向量 $\boldsymbol{a}$ 沿着 $\boldsymbol{a}$ 的方向(当 $\lambda>0$ 时)或 $\boldsymbol{a}$ 的反方向(当 $\lambda<0$ 时)伸长或缩短 λ 倍.

2. 代数方式(用向量坐标来进行).

(1) 两个向量的和的坐标等于这两个向量的坐标的和.

(2) 两个向量的差的坐标等于被减向量的坐标减去减向量的坐标.

(3) 实数 k 与向量的乘积的坐标等于这个向量的坐标的 k 倍.

***三、向量的数量积**

1. 两个向量 $\boldsymbol{a}$，$\boldsymbol{b}$ 的数量积是一个实数 $|\boldsymbol{a}||\boldsymbol{b}|\cos\langle\boldsymbol{a},\boldsymbol{b}\rangle$，记作 $\boldsymbol{a}\cdot\boldsymbol{b}$.

2. 计算两个向量的数量积有两种方法.

(1) 几何方法(按照定义)，即

$$\boldsymbol{a}\cdot\boldsymbol{b}=|\boldsymbol{a}||\boldsymbol{b}|\cos\langle\boldsymbol{a},\ \boldsymbol{b}\rangle$$

(2) 代数方法(用向量的坐标)，即设向量 $\boldsymbol{a}=(a_1,\ a_2)$，$\boldsymbol{b}=(b_1,\ b_2)$，则

$$\boldsymbol{a}\cdot\boldsymbol{b}=a_1b_1+a_2b_2$$

3. 向量数量积的应用. 设向量 $\boldsymbol{a}=(a_1,\ a_2)$，$\boldsymbol{b}=(b_1,\ b_2)$，

(1) 计算向量的长度，即

$$|\boldsymbol{a}|=\sqrt{\boldsymbol{a}\cdot\boldsymbol{a}}=\sqrt{a_1^2+a_2^2}$$

(2) 计算两个非零向量的夹角，即

$$\cos\langle\boldsymbol{a},\ \boldsymbol{b}\rangle=\frac{\boldsymbol{a}\cdot\boldsymbol{b}}{|\boldsymbol{a}||\boldsymbol{b}|}=\frac{a_1b_1+a_2b_2}{\sqrt{a_1^2+a_2^2}\sqrt{b_1^2+b_2^2}}$$

(3) 判断两个向量是否垂直，即

$$\boldsymbol{a}\perp\boldsymbol{b}\Leftrightarrow\boldsymbol{a}\cdot\boldsymbol{b}=0\Leftrightarrow a_1b_1+a_2b_2=0$$

*四、复数的概念

1. 复数.

(1) 虚数单位 i，规定 $\mathrm{i}^2=-1$.

(2) 形如 $z=a+b\mathrm{i}$ 的数称为复数，其中 a，b 都是实数. 当 $b=0$ 时，复数 $a+b\mathrm{i}$ 就是实数 a. 复数的模为

$$|z|=|a+b\mathrm{i}|=\sqrt{a^2+b^2}$$

(3) 共轭复数：$\overline{z}=a-b\mathrm{i}$ 称为复数 $z=a+b\mathrm{i}$ 的共轭复数.

(4) 复数相等：$a+b\mathrm{i}=c+d\mathrm{i}\Leftrightarrow a=c$ 且 $b=d$；

$$a+b\mathrm{i}=0\Leftrightarrow a=0\text{ 且 }b=0.$$

两个复数(只要不都是实数)不能比较大小.

2. 复数的几何表示.

$$\text{复数 }a+b\mathrm{i}\Leftrightarrow\text{点 }M(a,\ b)\Leftrightarrow\text{向量}\overrightarrow{OM}$$

*五、复数的运算

设 $z_1=x_1+\mathrm{i}y_1$，$z_2=x_2+\mathrm{i}y_2$，

1. 复数的加、减法，即

$$z_1\pm z_2=(x_1\pm x_2)+(y_1\pm y_2)\mathrm{i}$$

2. 复数的乘法，即

$$z_1\cdot z_2=(x_1+\mathrm{i}y_1)(x_2+\mathrm{i}y_2)=(x_1x_2-y_1y_2)+(x_1y_2+x_2y_1)\mathrm{i}$$

3. 复数的除法，即

$$\frac{z_1}{z_2}=\frac{z_1\ \overline{z}_2}{z_2\ \overline{z}_2}=\frac{x_1x_2+y_1y_2}{x_2^2+y_2^2}+\frac{y_1x_2-y_2x_1}{x_2^2+y_2^2}\mathrm{i}$$

4. 实系数一元二次方程 $ax^2+bx+c=0(a\neq 0)$ 当判别式 $\Delta=b^2-4ac<0$ 时有一对共轭复数根，即

$$x=-\frac{b}{2a}\pm\frac{\sqrt{4ac-b^2}}{2a}\mathrm{i}$$

*六、复数的三角形式及运算

1. 复数的三角形式. 复数 $z=a+b\mathrm{i}$ 的三角形式为

$$z=r(\cos\theta+\mathrm{i}\sin\theta)$$

其中，r 是复数的模，θ 称为复数 z 的幅角，且

$$r=\sqrt{a^2+b^2},\ \tan\theta=\frac{b}{a}(a\neq 0)$$

2. 复数三角形式的运算.

$$z_1\cdot z_2=r_1r_2[\cos(\theta_1+\theta_2)+\mathrm{i}\sin(\theta_1+\theta_2)]$$

$$\frac{z_1}{z_2}=\frac{r_1}{r_2}[\cos(\theta_1-\theta_2)+\mathrm{i}\sin(\theta_1-\theta_2)]$$

$$z^n=r^n(\cos n\theta+\mathrm{i}\sin n\theta)，n\ 为正整数$$

自我测试题

一、选择题

1. 在四边形 $ABCD$ 中，若 $\overrightarrow{AB}=\overrightarrow{DC}$，且 $AB=AD$，则四边形 $ABCD$ 一定是(　　)

A. 梯形　　B. 矩形　　C. 菱形　　D. 正方形

2. 向量 $\boldsymbol{a}$，$\boldsymbol{b}$ 都是非零向量，下列说法不正确的是(　　)

A. 向量 $\boldsymbol{a}$ 与 $\boldsymbol{b}$ 同向，则向量 $\boldsymbol{a}+\boldsymbol{b}$ 与 $\boldsymbol{a}$ 的方向相同

B. 向量 $\boldsymbol{a}$ 与 $\boldsymbol{b}$ 同向，则向量 $\boldsymbol{a}+\boldsymbol{b}$ 与 $\boldsymbol{b}$ 的方向相同

C. 向量 $\boldsymbol{a}$ 与 $\boldsymbol{b}$ 反向，且 $|\boldsymbol{a}|<|\boldsymbol{b}|$，则向量 $\boldsymbol{a}+\boldsymbol{b}$ 与 $\boldsymbol{b}$ 的方向相同

D. 向量 $\boldsymbol{a}$ 与 $\boldsymbol{b}$ 反向，且 $|\boldsymbol{a}|<|\boldsymbol{b}|$，则向量 $\boldsymbol{a}+\boldsymbol{b}$ 与 $\boldsymbol{a}$ 的方向相同

3. 矩形 $ABCD$ 中，$|\overrightarrow{AB}|=\sqrt{3}$，$|\overrightarrow{BC}|=1$，则 $|\overrightarrow{AB}+\overrightarrow{BC}+\overrightarrow{BD}|$ 等于(　　)

A. 4　　B. 0　　C. 2　　D. $2\sqrt{3}$

4. 设 $\overrightarrow{AB}=(2，3)$，且点 $A(1，2)$，则点 B 的坐标是(　　)

A. (3，5)　　B. (−1，−1)　　C. (1，1)　　D. (4，4)

5. 已知 $\boldsymbol{a}$ 与 $\boldsymbol{b}$ 的直角坐标分别是 $(\sqrt{3}，1)$，$(-3，\sqrt{3})$，则 $\boldsymbol{a}$ 与 $\boldsymbol{b}$ 的夹角为(　　)

A. 30°　　B. 60°　　C. 120°　　D. 150°

6. 已知点 $A(-1，8)$，$B(2，4)$，则 $|AB|=$(　　)

A. 25　　B. 5　　C. 13　　D. $\sqrt{13}$

7. 若 $(x+2)+(x-2)\mathrm{i}$ 为纯虚数，则实数 x 的值为(　　)

A. 0　　B. −2　　C. 2　　D. 以上都不对

8. 复数 $\frac{\sqrt{3}}{2}-\frac{1}{2}\mathrm{i}$ 的模为(　　)

A. $\frac{\sqrt{3}}{2}$　　B. $\frac{1}{2}$　　C. 1　　D. −1

二、填空题

1. $2(3\boldsymbol{a}-\boldsymbol{b}+2\boldsymbol{c})-3(\boldsymbol{a}-2\boldsymbol{b}+3\boldsymbol{c})=$________.

2. 向量 $\boldsymbol{a}$ 与 $\boldsymbol{b}$ 的坐标分别是 $(2，-1)$，$(-1，-3)$，则 $2\boldsymbol{a}+5\boldsymbol{b}$ 的坐标是________.

3. 设 $\boldsymbol{a}=(-3，2)$，$\boldsymbol{b}=(x，8)$，若 $\boldsymbol{a}/\!/\boldsymbol{b}$，则 $x=$________.

4. 已知向量 $\boldsymbol{a}(2，-1)$，$\boldsymbol{b}(3，k)$，若 $\boldsymbol{a}\perp\boldsymbol{b}$，则 $k=$________.

5. 若 $|\boldsymbol{a}|=2$，$|\boldsymbol{b}|=3$，$\langle\boldsymbol{a}，\boldsymbol{b}\rangle=60°$，则 $\boldsymbol{a}\cdot\boldsymbol{b}=$________.

6. $(-4+3\mathrm{i})-(2-3\mathrm{i})=$________.

7. $(1+\mathrm{i})^{10}=$________.

8. 已知 $z=3+2\mathrm{i}$，则 $\bar{z}=$________，$z\cdot\bar{z}=$________，$\frac{z}{\bar{z}}=$________.

三、解答题

1. 如图 10－28 所示，已知作用于一点 O 的两个力 $\overrightarrow{OF_1}$，$\overrightarrow{OF_2}$，求作 $\overrightarrow{OF_3}$ 使得 $\overrightarrow{OF_1}+\overrightarrow{OF_2}+\overrightarrow{OF_3}=\mathbf{0}$.

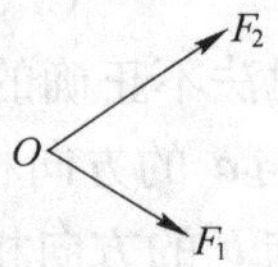

图 10－28

2. 已知 $\boldsymbol{a}(2，-1)$，$\boldsymbol{b}(3，4)$，求 $\boldsymbol{a}\cdot\boldsymbol{b}$，$|\boldsymbol{a}|$，$|\boldsymbol{a}+\boldsymbol{b}|$.

3. 计算 $(3-2\mathrm{i})(-4+5\mathrm{i})$.

4. 设 $f(z)=\frac{(1+z)^3-(1-z)^2}{2+z^2}$，求 $f(\mathrm{i}-1)$.

5. 在复数范围内解方程 $x^2-4x+5=0$.

读 一 读

从实数集扩展到复数集

我们知道，在实数范围内方程 $x^2+1=0$ 是无解的，只有在复数集里才能求解。可是，历史上引进虚数，把实数集扩展到复数集可不是件容易的事。

早在 16 世纪中叶，意大利学者卡当(1501—1576 年)在 1545 年发表的《重要的艺术》一书中，公布了三次方程的一般解法，被后人称之为“卡当公式”。他是第一个把负数的平方根写到公式中的数学家，并且在讨论是否可能把 10 分成两部分，使它们的乘积等于 40 时，他把答案写成 $(5+\sqrt{-15})(5-\sqrt{-15})=40$，尽管他认为 $(5+\sqrt{-15})$ 和 $(5-\sqrt{-15})$ 这两个表示式是没有意义的、想像的、虚无缥缈的，但他还是把 10 分成了两部分，并使它们的乘积等于 40。给出“虚数”这一名称的是法国数学家笛卡儿(1596—1650 年)，他在《几何学》(1637 年发表)中使“虚的数”与“实的数”相对应。从此，虚数才流传开来。

数系中出现一颗新星——虚数，于是引起了数学界的一片困惑。很多数学家都不承认虚数，认为“一切形如 $\sqrt{-1}$，$\sqrt{-2}$ 的数学式子都是不可能有的，因为它们所表示的是负数的平方根。它们纯属虚幻。”然而，真理是可以经得住时间和空间的考验的，并最终占有自己的一席之地。法国数学家棣莫佛(1667—1754 年)在 1730 年发现了公式 $(\cos\theta+\sqrt{-1}\sin\theta)^n=\cos n\theta+\sqrt{-1}\sin n\theta$，这就是著名的棣莫佛定理。瑞士数学家欧拉(1707－1783 年)在 1748 年发现了有名的关系式 $e^{i\theta}=\cos\theta+\mathrm{i}\sin\theta$，并且是他在《微分公式》(1777 年)一文中第一次用 i 来表示－1 的平方根，首创了用符号 i 作为虚数的单位。挪威的测量学家威塞尔(1745—1818 年)在 1779 年试图给这种虚数以直观的几何解释，并首先发表其做法，然而没有得到学术界的重视。

德国数学家高斯(1777—1855 年)在 1806 年公布了虚数的图像表示法，即所有实数能用一条数轴表示，同样虚数也能用一个平面上的点来表示。在直角坐标系中，横轴上取对应实数 a 的点 A，纵轴上取对应实数 b 的点 B，并过这两点引平行于坐标轴的直线，它们的交点 C 就表示复数 $a+b\mathrm{i}$。像这样由各点都对应复数的平面称为“复平面”，后来又称为“高斯平面”。高斯在 1831 年用实数组 (a, b) 代表复数 $a+b\mathrm{i}$，并建立了复数的某些运算，使得复数的某些运算也像实数一样“代数化”。在 1832 年他又第一次提出了“复数”这个名词。高斯不仅把复数看作平面上的点，而且还看作是一种向量，并利用复数与向量之间一一对应的关系，阐述了复数的几何加法与乘法。

经过许多数学家长期不懈的努力，深刻探讨并发展了复数理论，才使得在数学领域游荡了 200 多年的“幽灵”——虚数揭去了神秘的面纱，显现出它的本来面目。虚数成为了数系大家庭中一员，从而实数集才扩展到了复数集。

随着科学和技术的进步，复数理论已经越来越显出它的重要性，它不但对数学本身的发展有着极其重要的意义，而且在其他学科也有着广泛的应用。

习题参考答案

习题 1－1

1. (1) 不能 (2) 能 (3) 不能 (4) 能 (5) 能

2. (1) -1，1 (2) -2，2 (3) 2，4，6 (4) 0，4，8，12

3. (1) $\in$，$\in$，$\notin$，$\in$ (2) $\in$ (3) $\notin$，$\in$，$\notin$ (4) $\notin$，$\notin$，$\in$

4. (1) {火药，指南针，造纸术，印刷术} (2) $\{x|0<x<4,\ x\in\mathbf{R}\}$ (3) $\{0\}$

   (4) $\{(x,\ y)\mid x\in\mathbf{R},\ y\in\mathbf{R}\}$ (5) $\{-3,\ 1\}$ (6) $\{-7,\ 7\}$

   (7) $\{x\mid x=3n,\ n\in\mathbf{N}\}$ (8) $\{x\mid x=2n+1,\ n\in\mathbf{Z}\}$

习题 1－2

1. (1) $\subset$ (2) $=$ (3) $\supset$ (4) $\in$ (5) $\notin$ (6) $\supset$ (7) $\subset$ (8) $=$

2. (1) × (2) × (3) √ (4) √ (5) ×

3. (1) $\{3\}$ $\{9\}$ $\{3,\ 9\}$ (2) $\varnothing$

4. 子集$\varnothing$，$\{1\}$，$\{2\}$，$\{3\}$，$\{1,\ 2\}$，$\{1,\ 3\}$，$\{2,\ 3\}$，$\{1,\ 2,\ 3\}$；除 $\{1,\ 2,\ 3\}$ 外，其余都是真子集.

习题 1－3

1. (1) $A\cup B=A$，$B\cup C=A$，$C\cup D=\{2,\ 3,\ 4,\ 5,\ 6,\ 7,\ 8,\ 10\}$

   (2) $A\cap B=B$，$B\cap C=\varnothing$，$C\cap D=\{2\}$

2. (1) $A\cup B=\{x\mid x\geqslant-3\}$，$A\cap B=\{x\mid 0<x\leqslant 3\}$

   (2) $A\cup B=\{-1,\ 2,\ 3\}$，$A\cap B=\{-1\}$

3. $\complement_S A=\{x\mid -3<x\leqslant -2\}\cup\{x\mid 5\leqslant x\leqslant 10\}$

4. $\complement_S A=\{1,\ 3,\ 5,\ 6,\ 7,\ 8\}$；$\complement_S B=\{1,\ 2,\ 6,\ 8\}$；$\complement_S(\complement_S A)=\{4,\ 2\}$；

   $\complement_S A\cap\complement_S B=\{1,\ 6,\ 8\}$；$A\cap B=\{4\}$

习题 1－4

1. (1) 充分 (2) 充分 (3) 必要 (4) 充要 (5) 充要

2. (1) $\Leftarrow$ (2) $\Rightarrow$ (3) $\Leftrightarrow$ (4) $\Leftrightarrow$ (5) $\Leftarrow$

习题 1－5

1. (1) $>$ (2) $<$
2. (1) $<$ (2) $<$ (3) $>$ (4) $>$ (5) $<$ (6) $>$

习题 1－6

1. (1) $(2, +\infty)$ (2) $\left(\frac{1}{2}, \frac{7}{2}\right)$ (3) $\left(-\infty, -\frac{1}{2}\right)$ (4) $\varnothing$ (5) $(0, +\infty)$
   (6) $(18, 21)$
2. (1) $[-4, 4]$ (2) $(-\infty, -3)\cup(3, +\infty)$ (3) $[2, 3]$ (4) $(-\infty, 1)\cup(4, +\infty)$
   (5) $(-\infty, 1]\cup[6, +\infty)$ (6) $[-1, 5]$ (7) $\left(-\infty, \frac{1}{3}\right)\cup(2, +\infty)$
   (8) $(0, 1)$
3. (1) $(0, 3)$ (2) $(-\infty, -5)\cup(3, +\infty)$ (3) $(-2, 3)$ (4) $\left[-\frac{5}{3}, \frac{1}{2}\right)$
   (5) $(-\infty, -4)\cup\left(-\frac{3}{2}, +\infty\right)$ (6) $(-\infty, -2]\cup(2, +\infty)$

习题 1－7

1. (1) $(-5, 5)$ (2) $\varnothing$ (3) $(-\infty, -3]\cup[3, +\infty)$ (4) $\left(-\frac{1}{2}, \frac{1}{2}\right)$
2. (1) $(-2, 8)$ (2) $(-\infty, -6)\cup(1, +\infty)$ (3) $(-\infty, 0]\cup[1, +\infty)$
   (4) $(-\infty, 1)\cup(2, +\infty)$ (5) $\left(\frac{1}{3}, 1\right)$ (6) $(-\infty, -1]\cup[5, +\infty)$
   (7) $[1, 4]$ (8) $\left(-\frac{1}{3}, 3\right)$

自我测试题

一、选择题

1. B 2. D 3. A 4. D 5. A 6. A 7. D 8. A

二、填空题

1. $\subset$；$\in$；$=$；$\in$；$\supset$；$\subset$；$\in$
2. $\{5, 8\}$；$\{1, 2, 3, 4, 5, 7, 8\}$
3. B；A
4. $\{x \mid x\leqslant -1\}$
5. 必要条件
6. $(-\infty, 1)\cup(4, +\infty)$

7. $\{x \mid x>6$ 或 $x<-1\}$

8. $\{x \mid -2<x<3\}$

三、解答题

1. 全部子集有$\varnothing$，$\{0\}$，$\{5\}$，$\{9\}$，$\{0，5\}$，$\{0，9\}$，$\{5，9\}$，$\{0，5，9\}$；8 个；除$\{0，5，9\}$外的 7 个都是集合的真子集.

2. $n=2$ 或 8

3. $\sqrt{2(a^2+b^2)}\geqslant a+b$

4. $\left\{x \,\middle|\, -\frac{3}{2}\leqslant x\leqslant 2\right\}$

5. $\left\{x \,\middle|\, \frac{11}{2}<x<\frac{13}{2}\right\}$

习题 2-1

1. $f(2)=11$，$f(-1)=1$，$f\left(\frac{1}{a}\right)=\frac{(3-a^2)|a|}{a^2|a-1|}$，$f(x^2)=\frac{3x^4-1}{|1-x^2|}$

2. (1) 否　(2) 否　(3) 否

3. (1) $\left[\frac{4}{3}，+\infty\right)$　(2) $(-\infty，0)\cup(0，1)\cup(1，+\infty)$　(3) $\mathbf{R}$　(4) $\mathbf{R}$　(5) $[0，3]$

(6) $\left[\frac{1}{2}，1\right)\cup(1，+\infty)$

4. (1) 奇　(2) 偶　(3) 非奇非偶　(4) 奇

5. 略

6. 在区间$(-\infty，-1)$上是减函数；在区间$(-1，+\infty)$上是增函数.

习题 2-2

1. (1) $y=\frac{2-x}{3}$，$x\in\mathbf{R}$　(2) $y=\frac{1-x}{1+x}$，$x\neq-1$　(3) $y=\frac{2}{x}$，$x\neq 0$

(4) $y=(1+x)^2$，$x\geqslant-1$　(5) $y=\sqrt{x}$，$x\in(0，+\infty)$

2. 略

习题 2-3

1. (1) $x=\frac{3}{2}$，$\frac{3}{2}$，$-\frac{1}{4}$，$\left(\frac{3}{2}，+\infty\right)$，$\left(-\infty，\frac{3}{2}\right)$　(2) $x=2$，2，8，$(-\infty，2)$，$(2，+\infty)$　(3) $(-\infty，-1)\cup\left(\frac{1}{3}，+\infty\right)$

2. (1) $\varnothing$　(2) $(-2，3)$　(3) $(-\infty，2)\cup(6，+\infty)$　(4) $\mathbf{R}$　(5) $\varnothing$　(6) $[-2，5]$

3. (1) 顶点坐标(−1, 3)　(2) 顶点坐标$\left(\frac{3}{2}, \frac{1}{2}\right)$ (图略)

4. 最大值$\frac{9}{8}$，最小值−14

5. $m<-10$ 或 $m>2$

习题 2－4

1. (1) 16　(2) $1\frac{1}{9}$　(3) −2　(4) 0.4

2. (1) b^{-3}　(2) $20\frac{1}{4}$　(3) $78\frac{1}{8}$　(4) −4　(5) 4　(6) 22　(7) 2　(8) 6

3. (1) $x=\frac{2}{5}$　(2) $x=\frac{1}{8}$

4. $x\in(0.1)\cup\left(1, \frac{3}{2}\right)$

5. 略

习题 2－5

1. 略
2. 略
3. (1) $(-\infty, 0)\cup(0, +\infty)$　(2) $[0, +\infty)$　(3) $(-\infty, 0)\cup(0, 3)\cup(3, +\infty)$
   (4) $(-\infty, 1)\cup(2, +\infty)$
4. (1) 奇　(2) 偶　(3) 非奇非偶　(4) 偶

习题 2－6

1. 略
2. 略
3. (1) $[0, +\infty)$　(2) $\left(-\infty, \frac{2}{3}\right)$
4. $x>1$ 或 $x<-1$
5. (1) $x=-2$　(2) $x=\frac{3}{5}$

习题 2－7

1. 略
2. 略

3. (1) $\left(\frac{3}{2}, +\infty\right)$ (2) $(-5, 5)$ (3) $\left(-\frac{5}{3}, +\infty\right)$ (4) $(-\infty, 1)\cup(2, +\infty)$

(5) $(-\infty, 1)\cup(1, +\infty)$ (6) $(0, 1)\cup(1, +\infty)$

自我测试题

一、选择题

1. B 2. D 3. A 4. C 5. D 6. C 7. C 8. C

二、填空题

1. $4+2\sqrt{3}$

2. $\{x \mid x>3$ 或 $x<2\}$

3. $\sqrt{3}$

4. (1) $a>1$ (2) $a>1$ (3) $0<a<1$

5. (3, 2)，小，2

6. $-\sqrt{2}$

7. 1，-12

8. $y=\frac{1+3x}{x-5}(x\neq 5)$

三、解答题

1. $y=\frac{3}{2}x^2-\frac{3}{2}x$

2. (1) $x>2$ 或 $x<-4$ (2) $x=5$ 或 $x=-1$

3. 最小值 1，最大值 26

习题 3－1

1. 略

2. (1) $S=\{\beta \mid \beta=360°\cdot k+60°, k\in \mathbf{Z}\}$，60°，420°，$-300°$，$-660°$

(2) $S=\{\beta \mid \beta=360°\cdot k-125°, k\in \mathbf{Z}\}$，235°，595°，$-125°$，$-485°$

3. (1) $S=\{\beta \mid \beta=k\pi, k\in \mathbf{Z}\}$

(2) $S=\left\{\beta \mid \beta=k\pi+\frac{\pi}{2}, k\in \mathbf{Z}\right\}$

4. (1) $\frac{\pi}{10}$ (2) $-\frac{5\pi}{12}$ (3) $\frac{3\pi}{4}$ (4) $-\frac{7\pi}{4}$

5. (1) 144° (2) 1 260° (3) $-240°$ (4) $\frac{540°}{\pi}$

6. 25

习题 3－2

1. $\sin\alpha=\frac{4}{5}$，$\cos\alpha=\frac{3}{5}$，$\tan\alpha=\frac{4}{3}$，$\cot\alpha=\frac{3}{4}$，$\sec\alpha=\frac{5}{3}$，$\csc\alpha=\frac{5}{4}$

2. (1) $\frac{\sqrt{3}}{2}$　(2) 1　(3) $\frac{1}{2}$　(4) $\frac{\sqrt{3}}{3}$

3. (1) －　(2) ＋

4. (1) 第一或第三象限　(2) 第二或第三象限

5. (1) 4　(2) $(a-b)^2$　(3) $a-b-n$

习题 3－3

1. $\cos\alpha=-\frac{1}{2}$，$\tan\alpha=-\sqrt{3}$，$\cot\alpha=-\frac{\sqrt{3}}{3}$，$\sec\alpha=-2$，$\csc\alpha=\frac{2\sqrt{3}}{3}$

2. $\sin\alpha=-\frac{\sqrt{3}}{2}$，$\cos\alpha=-\frac{1}{2}$，$\tan\alpha=\sqrt{3}$，$\sec\alpha=-2$，$\csc\alpha=-\frac{2\sqrt{3}}{3}$

3. 3

4. (1) $\sin\beta$　(2) 1　(3) $\sin\alpha\cdot\cos\alpha$

5. (1) 左边$=(\sin^2\alpha+\cos^2\alpha)(\sin^2\alpha-\cos^2\alpha)=\sin^2\alpha-\cos^2\alpha=$右边

(2) 左边$=\sin^2\alpha\cdot(\sin^2\alpha+\cos^2\alpha)+\cos^2\alpha=\sin^2\alpha+\cos^2\alpha=1=$右边

(3) 右边$=\dfrac{1}{\dfrac{1}{\cos^2\alpha}+\dfrac{1}{\sin^2\alpha}}=\dfrac{\sin^2\alpha\cdot\cos^2\alpha}{\sin^2\alpha+\cos^2\alpha}=\sin^2\alpha\cdot\cos^2\alpha=$左边

习题 3－4

1. (1) $-\frac{\sqrt{2}}{2}$　(2) -1　(3) -1　(4) -2

2. (1) $-\frac{3}{2}-2\sqrt{3}$　(2) $-2\sqrt{3}$

3. (1) $\cot\alpha$　(2) $-\cos^2\alpha$

4. 左边$=\dfrac{\sin^2\alpha(-\cos\alpha)\cot\alpha}{-\tan\alpha(-\cos^3\alpha)}=-\dfrac{\sin^2\alpha\cdot\dfrac{\cos\alpha}{\sin\alpha}}{\dfrac{\sin\alpha}{\cos\alpha}\cdot\cos^2\alpha}=-1=$右边

习题 3－5

1. (1) $\sin\frac{4\pi}{7}>\sin\frac{5\pi}{7}$　　(2) $\sin\left(-\frac{3\pi}{5}\right)<\sin\left(-\frac{4\pi}{5}\right)$

(3) $\sin\frac{\pi}{7}<\sin\frac{\pi}{5}$　　(4) $\sin\left(-\frac{2\pi}{5}\right)<\sin\left(-\frac{2\pi}{7}\right)$

(5) $\cos\frac{4\pi}{7}>\cos\frac{5\pi}{7}$　　(6) $\cos\left(-\frac{3\pi}{5}\right)>\cos\left(-\frac{4\pi}{5}\right)$

(7) $\cos\frac{\pi}{7}>\cos\frac{\pi}{5}$　　(8) $\cos\left(-\frac{2\pi}{5}\right)<\cos\left(-\frac{2\pi}{7}\right)$

(9) $\tan\left(-\frac{9\pi}{8}\right)>\tan\left(-\frac{9\pi}{7}\right)$　　(10) $\tan\left(\frac{11\pi}{5}\right)<\tan\left(\frac{12\pi}{5}\right)$

2. (1) 最大值5，最小值-1
(2) 最大值2，最小值-4
(3) 最大值1，最小值-1
(4) 最大值1，最小值-1

习题3－6

1. 向右平移
2. 略
3. (1) $\frac{2\pi}{3}$　(2) π

自我测试题

一、选择题

1. A　2. C　3. D　4. B　5. D　6. A　7. A　8. C

二、填空题

1. $\{\alpha \mid \alpha=k\cdot 360°+60°,\ k\in \mathbf{Z}\}$，$-660°$，$-300°$，$60°$，$420°$
2. $-\frac{\sqrt{15}}{4}$，$-\frac{\sqrt{15}}{15}$
3. $\frac{\pi}{5}$，$108°$
4. $\frac{12}{13}$，$-\frac{5}{13}$，$-\frac{12}{5}$，$-\frac{5}{12}$
5. Ⅳ，$-\frac{\sqrt{3}}{3}$
6. 7，1
7. $\mathbf{R}$，$T=\pi$
8. $>$，$<$

三、解答题

1. $\sin\alpha=\cos\alpha=\pm\frac{\sqrt{2}}{2}$，$\tan\alpha=\cot\alpha=1$，$\sec\alpha=\csc\alpha=\pm\sqrt{2}$

2. (1) $\frac{5\sqrt{2}}{8}$ (2) $\frac{\sqrt{3}}{2}$

3. (1) -1 (2) 18

习题 4-1

1. (1) $\frac{\sqrt{6}-\sqrt{2}}{4}$ (2) $\frac{\sqrt{2}-\sqrt{6}}{4}$ (3) $2-\sqrt{3}$

2. (1) $\frac{1}{2}$ (2) $\frac{\sqrt{3}}{2}$ (3) $\frac{\sqrt{2}}{2}$ (4) 0 (5) 1 (6) $-\sqrt{3}$

3. $\frac{3\sqrt{5}-2\sqrt{7}}{12}$

4. $-\frac{16}{65}$，$-\frac{63}{65}$

5. (1) $\cos\alpha$ (2) $\cot\alpha$ (3) 0

6. 略

习题 4-2

1. (1) $\frac{1}{4}$ (2) $\frac{\sqrt{2}}{2}$ (3) $\frac{\sqrt{2}}{2}$ (4) $\frac{\sqrt{3}}{4}$ (5) $-\frac{\sqrt{2}}{2}$ (6) $\frac{1}{2}$ (7) $-\frac{2\sqrt{3}}{3}$

2. $-\frac{24}{25}$，$-\frac{7}{25}$，$\frac{24}{7}$

3. $-\frac{3}{4}$

4. (1) $1+\sin\alpha$ (2) $\tan 2\alpha$ (3) $2\cot\alpha$ (4) $\cos 4\alpha$ (5) $-\sin 2x$ (6) $\cot\theta$

5. 略

习题 4-3

1. (1) $\frac{\pi}{6}$ (2) $-\frac{\pi}{6}$ (3) $\frac{\pi}{3}$ (4) $\frac{\pi}{3}$ (5) $\frac{2\pi}{3}$ (6) $\frac{\pi}{2}$ (7) $\frac{\pi}{3}$ (8) $-\frac{\pi}{6}$

2. (1) $-\frac{\sqrt{2}}{2}$ (2) $\frac{\pi}{6}$ (3) $-\frac{1}{2}$ (4) $\frac{\pi}{6}$ (5) $-\sqrt{3}$ (6) $-\frac{\pi}{4}$

3. (1) $\left[-\frac{1}{2}, \frac{1}{2}\right]$，$\left[-\frac{\pi}{2}, \frac{\pi}{2}\right]$ (2) $[0, 2]$，$\left[-\frac{\pi}{4}, \frac{\pi}{4}\right]$ (3) $[-4, 4]$，$[0, 2\pi]$

   (4) $\left[\frac{1}{3}, 1\right]$，$\left[0, \frac{\pi}{3}\right]$

习题 4－4

1. (1) $3\sqrt{3}$　(2) 68　(3) 2.4

2. $2\sqrt{6}$

3. $\begin{cases}A=60^\circ\\B=75^\circ\end{cases}$　$\begin{cases}A=120^\circ\\B=15^\circ\end{cases}$

4. $\sqrt{37}$

5. $2\sqrt{21}$，$\arccos\dfrac{\sqrt{21}}{7}$

6. (1) 钝角三角形，C是钝角　(2) 直角三角形，B是直角

7. 16.3 海里

自我测试题

一、选择题

1. B　2. B　3. A　4. C　5. D　6. C　7. A　8. D

二、填空题

1. $\dfrac{1}{4}$，$\dfrac{\sqrt{2}}{2}$

2. $-\dfrac{\sqrt{2}}{10}$

3. $\dfrac{120}{169}$，$\dfrac{119}{169}$

4. $\dfrac{1}{8}$

5. $-\dfrac{\sqrt{3}}{2}$

6. $\dfrac{1}{4}$，14

7. $\dfrac{\sqrt{3}}{2}$

8. $-\dfrac{59}{72}$

三、解答题

1. (1) -1　(2) $\dfrac{\sqrt{2}}{2}$

2. $-\dfrac{16}{65}$或$\dfrac{56}{65}$

四、证明题（略）

习题 5－1

1. (1) 1，4，9，16，25 (2) $\frac{3}{2}$，1，$\frac{7}{10}$，$\frac{9}{17}$，$\frac{11}{26}$ (3) $\frac{2}{5}$，$-\frac{3}{8}$，$\frac{4}{11}$，$-\frac{5}{14}$，$\frac{6}{17}$

(4) 3，$-\frac{3}{2}$，0，$\frac{3}{4}$，$-\frac{3}{5}$

2. (1) $a_n=\frac{1+(-1)^{n+1}}{2}$，$n\in\mathbf{N}^+$ (2) $a_n=(-1)^n\cdot\frac{n+1}{(n+1)^2-1}$，$n\in\mathbf{N}^+$

(3) $a_n=10^n-1$，$n\in\mathbf{N}^+$ (4) $a_n=(-1)^n(6n-5)$，$n\in\mathbf{N}^+$

3. 第 13 项

4. (1) $a_{10}=110$，$a_{31}=992$，$a_{48}=2\,352$ (2) 第 20 项

习题 5－2

1. (1) $d=2$，$a_n=2n-1$，$a_{10}=19$，$S_{10}=100$

(2) $d=-3$，$a_n=-3n+10$，$a_{10}=-20$，$S_{10}=-65$

(3) $d=-\frac{1}{2}$，$a_n=-\frac{1}{2}n+\frac{3}{2}$，$a_{10}=-\frac{7}{2}$，$S_{10}=-\frac{25}{2}$

(4) $d=2$，$a_n=2n-7$，$a_{10}=13$，$S_{10}=40$

2. 第 63 项

3. $a_{15}=-48$

4. 8，13

5. -3，4，11 或 11，4，-3

6. (1) $S_{20}=100$ (2) $a_8=6$

7. (1) $S_n=\frac{3n^2-n}{2}$ (2) $a_n=10n-2$

8. 570 万元

习题 5－3

1. (1) $a_n=\left(-\frac{1}{2}\right)^{n-1}$，$a_6=-\frac{1}{32}$ (2) $a_n=(-1)^{n-1}\frac{1}{3^{n-4}}$，$a_6=-\frac{1}{9}$

(3) $a_n=\frac{2^{n-4}}{5^{n-3}}$，$a_6=\frac{4}{125}$ (4) $a_n=(\sqrt{2}-1)^{n-2}$，$a_6=17-12\sqrt{2}$

2. (1) $a_1=48$ (2) $a_1=9\sqrt{3}$，$a_3=\frac{\sqrt{3}}{3}$ 或 $a_1=-9\sqrt{3}$，$a_3=-\frac{\sqrt{3}}{3}$

(3) $q=4$，$S_4=127.5$ (4) $q=-4$，$a_3=32$ 或 $q=3$，$a_3=18$

3. $a_4=45$，$a_7=\frac{5}{3}$

4. -6，12

5. -344

6. 2，4，8或8，4，2

7. 约6年

自我测试题

一、选择题

1. B 2. B 3. A 4. B 5. A 6. D 7. C 8. B

二、填空题

1. $2n-1$，$\frac{(n+1)^2-1}{n+1}$

2. 10

3. $\pm\sqrt{5}$

4. ±6，11

5. $60°$

6. 1，3

7. 81，121

8. -1，2

三、解答题

1. 10%

2. 23

3. 3，5，7或7，5，3

习题 6-1

1. (1) 5 (2) $2\sqrt{5}$ (3) $4\sqrt{3}$

2. $P(-9, 0)$或$P(-3, 0)$

3. (1) (4，2) (2) $\left(\frac{3}{2}, -3\right)$

4. $x=6$，$y=12$

5. 3，$3\sqrt{2}$，3

习题 6-2

1. (1) 0 (2) $\sqrt{3}$ (3) -1 (4) $-\frac{\sqrt{3}}{3}$

2. (1) 2 (2) $3\sqrt{2}$ (3) $-\frac{3}{2}$ (4) $\frac{1}{3}$

3. (1) $\sqrt{3}x-3y-8\sqrt{3}-6=0$ (2) $x+2=0$ (3) $4x+y-7=0$ (4) $2x+y-6=0$
(5) $x-y+7=0$ (6) $3x-4y-12=0$

4. (1) 在 (2) 不在

5. (1) $k=-1$，$b=\frac{1}{2}$ (2) $k=\frac{3}{2}$，$b=0$ (3) $k=0$，$b=4$(图略)

6. (1) $k_{AB}=\frac{5}{2}$，$k_{BC}=\frac{1}{5}$，$k_{AC}=-\frac{4}{3}$
(2) $5x-2y+8=0$，$x-5y-3=0$，$4x+3y-12=0$

习题 6-3

1. $2x-5y+19=0$
2. $a=4$
3. $4x+10y+1=0$
4. $10x+4y+17=0$
5. (1) $a\neq 3$ (2) $a=3$，$b\neq 2$ (3) $a=3$，$b=2$
6. (1) $\arctan\frac{1}{2}$ (2) $\arctan\frac{4}{7}$
7. $\sqrt{5}$
8. $\frac{7}{13}\sqrt{13}$

自我测试题

一、选择题

1. B 2. A 3. C 4. D 5. B 6. D 7. C

二、填空题

1. $2\sqrt{10}$
2. (2，1)
3. 1.7
4. 2
5. $2x+y=0$
6. $-\sqrt{3}$ 7. 25

三、解答题

1. (1) $x+2=0$ (2) $y-3=0$ (3) $ax-by=0$ (4) $ax+by-ab=0$

2. $x+4y-3=0$

3. 5

4. 斜率为$-\frac{3}{2}$，纵截距为3，横截距为2

习题 7－1

1. (1) $x^2+y^2=9$ (2) $(x+1)^2+(y-6)^2=25$(图略)

2. (1) $\left(\frac{1}{4}, -2\right)$，8 (2) (0，5)，$\sqrt{2}$

3. (1) $x^2+y^2+14x-2y+1=0$ (2) $x^2+y^2+3x-4y=0$

4. (1) (1，0)，$\sqrt{6}$ (2)(－1，2)，(图略)

5. 交点为(－2，1)，$\left(\frac{11}{5}, -\frac{2}{5}\right)$；直线与圆相交

6. (1) 相切 (2) 相交 (3) 相离

习题 7－2

1. (1) $\frac{x^2}{25}+\frac{y^2}{9}=1$ (2) $\frac{x^2}{49}+\frac{y^2}{24}=1$ (3) $\frac{x^2}{4}+\frac{y^2}{16}=1$

2. (1)(±5，0)，10 (2) (0，±1)，2

3. (1) 10，4，$\frac{\sqrt{21}}{5}$，($\pm\sqrt{21}$，0)，(±5，0)，(0，±2)

   (2) 8，4，$\frac{\sqrt{3}}{2}$，(0，$\pm2\sqrt{3}$)，(0，±4)，(±2，0)

4. (1) $\frac{x^2}{36}+\frac{y^2}{4}=1$ (2) $\frac{x^2}{16}+\frac{y^2}{12}=1$或$\frac{x^2}{12}+\frac{y^2}{16}=1$

5. 165.11km，158.89km

6. (0，2)和$\left(-\frac{16}{5}, -\frac{6}{5}\right)$

习题 7－3

1. (1) ($\pm\sqrt{5}$，0)，$2\sqrt{5}$ (2) (0，±4)，8

2. (1) $\frac{x^2}{9}-\frac{y^2}{7}=1$ (2) $\frac{x^2}{49}-\frac{y^2}{15}=1$ (3) $\frac{y^2}{24}-\frac{x^2}{25}=1$

3. (1) ($\pm\sqrt{2}$，0)，($\pm2\sqrt{5}$，0)，$\sqrt{10}$，$y=\pm3x$ (2) (±2，0)，($\pm2\sqrt{2}$，0)，$\sqrt{2}$，$y=\pm x$

4. (1) $\frac{x^2}{36}-\frac{y^2}{64}=1$ (2) $\frac{x^2}{7}-\frac{y^2}{9}=1$ (3) $\frac{y^2}{25}-\frac{x^2}{9}=1$

5. $\dfrac{x^2}{3}-\dfrac{y^2}{5}=1$

6. 略

习题 7－4

1. (1) (2，0)，$x=-2$　(2) $\left(0，-\dfrac{1}{3}\right)$，$y=\dfrac{1}{3}$　(3) $\left(-\dfrac{1}{16}，0\right)$，$x=\dfrac{1}{16}$

(4) $\left(0，\dfrac{1}{4}\right)$，$y=-\dfrac{1}{4}$

2. $y^2=16x$，$x^2=16y$

3. (1) $y^2=4x$ 或 $y^2=-4x$　(2) $x^2=-\dfrac{1}{2}y$

4. 设抛物线开口向下、顶点在原点，则 $x^2=-1.1y$，$x\in[-1.1，1.1]$

5. 略

6. $y^2=-20x$

自我测试题

一、选择题

1. C　2. D　3. A　4. D　5. B　6. A　7. D　8. B

二、填空题

1. $(x-2)^2+(y+1)^2=9$

2. $k>1$

3. $\dfrac{x^2}{25}+\dfrac{y^2}{16}=1$

4. 12

5. $(\pm\sqrt{5}，0)$

6. $\sqrt{2}$

7. $x^2=\dfrac{4}{3}y$

8. 4

三、解答题

1. (1) $C(5，6)$　(2) $(x-5)^2+(y-6)^2=20$

2. $\dfrac{x^2}{100}+\dfrac{y^2}{64}=1$

3. $P\left(\dfrac{5}{4}，-\dfrac{3}{4}\right)$

4. $y^2=4x$ 或 $x^2=\dfrac{1}{2}y$

习题 8－1

1. 略
2. 略
3. 略
4. 略

习题 8－2

1. 略
2. 略
3. (1) 45° (2) 60° (3) 90° (4) 1，$\sqrt{3}$

习题 8－3

1. 略
2. 略
3. 略
4. $\sqrt{\frac{a^2}{4}+b^2}$，$\sqrt{\frac{a^2}{2}+b^2}$
5. 略
6. 略

习题 8－4

1. 略
2. 略
3. 略
4. 20 cm
5. 略

习题 8－5

1. $S=52$，$V=24$
2. $S=324+77\sqrt{2}$，$V=\frac{693}{2}\sqrt{2}$
3. (1) $S=\frac{\sqrt{3}}{4}a^2+\frac{3a}{2}\sqrt{b^2-\frac{a^2}{4}}$，$V=\frac{a^2}{12}\sqrt{3b^2-a^2}$

   (2) $S=a^2+2a\sqrt{b^2-\frac{a^2}{4}}$，$V=\frac{1}{3}a^2\sqrt{b^2-\frac{a^2}{2}}$

4. $S=\frac{3\sqrt{3}}{4}a^2$，$V=\frac{\sqrt{2}}{12}a^3$

5. $S=116+28\sqrt{34}$，$V=208$

6. 8

习题 8-6

1. 略
2. 15π
3. $\frac{7\,000\pi}{3}\text{cm}^3$
4. 略
5. 38.8 cm

自我测试题

一、选择题

1. C　2. D　3. A　4. D　5. C　6. B　7. D　8. A

二、填空题

1. 5
2. 平行
3. 无数
4. 1
5. 1
6. $4(5+6\sqrt{2})$
7. 36π
8. 平行

三、解答题

1. $5\sqrt{3}$cm
2. $EA=EB=EC=\sqrt{119}$
3. $3\sqrt{7}$，45°
4. 1cm，2cm，πcm^3

习题 9-1

1. 10
2. 36

3. 100

4. 125

5. 81

习题 9－2

1. (1) 5 040 (2) 12 (3) 960

2. 40 320

3. 720

4. 60

5. 42

6. 4 536

习题 9－3

1. (1) 20 (2) 0 (3) $\frac{2}{7}$ (4) 1 313 400 (5) $\frac{n(n^2-1)}{2}$ (6) 4 950

2. 略

3. 105

4. (1) 66 (2) 220

5. (1) 10 (2) 20

6. 7

7. 15

8. (1) 36 (2) 80

习题 9－4

1. $a^6+6a^5b+15a^4b^2+20a^3b^3+15a^2b^4+6ab^5+b^6$

2. $\frac{1}{16}-\frac{1}{2}x+\frac{3}{2}x^2-2x^3+x^4$

3. $17\,792x^5$

4. -84

5. 2^7

6. 112

7. $288x^5y^5$

习题 9－5

1. 略

2. 略

3. $A\cap B$，$\overline{A}\cap\overline{B}$，$A\cap\overline{B}$，$A\cup B$

习题 9－6

1. (1) 0.3　(2) 0.8

2. 0.1

3. $\frac{44}{91}$

4. (1) $\frac{893}{990}$　(2) $\frac{1}{495}$　(3) $\frac{19}{198}$

5. 0.25

习题 9－7

1. 0.088

2. 0.931

3. (1) 0.42　(2) 0.58

4. (1) 0.081　(2) 0.243

5. (1) 0.204　(2) 0.021　(3) 0.226

自我测试题

一、选择题

1. C　2. B　3. C　4. A　5. D　6. B　7. C

二、填空题

1. 1225

2. $C_4^2=6$

3. 720

4. $x^4-4x^2+6-4x^{-2}+x^{-4}$

5. 0.02

6. 10%

7. 0.92

三、解答题

1. 64，24

2. (1) 40　(2) 30

3. $\frac{1}{56}$

4. (1) $\frac{1}{22}$ (2) $\frac{3}{11}$

习题 10－1

1. 略
2. 略
3. $\overrightarrow{AE}=\overrightarrow{EB}=\overrightarrow{FC}$，相反的量有$\overrightarrow{FD}$，共线的量有$\overrightarrow{AE}$，$\overrightarrow{EB}$，$\overrightarrow{FC}$，$\overrightarrow{AB}$

习题 10－2

1. 略
2. 略
3. (1) $\overrightarrow{DF}$ (2) $\overrightarrow{AD}$ (3) $\mathbf{0}$ (4) $\mathbf{0}$
4. $\overrightarrow{CB}=-\overrightarrow{AD}$，$\overrightarrow{AC}=\overrightarrow{AB}+\overrightarrow{AD}$，$\overrightarrow{DB}=\overrightarrow{AB}-\overrightarrow{AD}$
5. $\overrightarrow{AD}=\frac{1}{2}\overrightarrow{AB}+\frac{1}{2}\overrightarrow{AC}$

习题 10－3

1. (3,－9)，(9,－24)
2. $D(-4,1)$，$\overrightarrow{AC}(3,9)$，$\overrightarrow{BD}(-7,3)$
3. $B(7,-11)$
4. $\boldsymbol{a}$ 与 $\boldsymbol{b}$ 平行(共线)

习题 10－4

1. 10，80
2. $\frac{3\pi}{4}$
3. (1) -1 (2) $\sqrt{10}$，$\sqrt{29}$ (3) $\sqrt{41}$
4. $\frac{\pi}{3}$
5. (1) $\frac{5}{3}$ (2) $-\frac{3}{5}$

习题 10－5

1. (1) i (2) 1 (3) －1

2. (1) 2 和 1 (2) 0 和 2

3. (1) $4+3i$ (2) $-1-i$ (3) $-4i$

4. (1) $|z|=13$ (2) $|z|=1$

习题 10－6

1. (1) $-1-i$ (2) $8+2i$ (3) $2-24i$ (4) $1+4i$

2. (1) a^2+b^2 (2) $-8i$ (3) $\frac{2}{3}+\frac{2\sqrt{2}}{3}i$ (4) $\frac{11}{25}+\frac{2}{25}i$

3. 略

4. (1) $x=1\pm3i$ (2) $x=-\frac{3}{4}\pm\frac{\sqrt{23}}{4}i$

习题 10－7

1. (1) $2\left(\cos\frac{\pi}{2}+i\sin\frac{\pi}{2}\right)$ (2) $4(\cos\pi+i\sin\pi)$ (3) $2\left(\cos\frac{\pi}{3}+i\sin\frac{\pi}{3}\right)$

   (4) $\sqrt{2}\left(\cos\frac{3\pi}{4}+i\sin\frac{3\pi}{4}\right)$

2. (1) 1 (2) $10\left(\cos\frac{11\pi}{12}+i\sin\frac{11\pi}{12}\right)$ (3) $81i$ (4) -64

3. (1) $\frac{\sqrt{3}}{4}+\frac{1}{4}i$ (2) $1+\sqrt{3}i$

自我测试题

一、选择题

1. C 2. D 3. C 4. A 5. C 6. B 7. B 8. C

二、填空题

1. $3\boldsymbol{a}+4\boldsymbol{b}-5\boldsymbol{c}$

2. $(-1,-17)$

3. $x=-12$

4. $k=6$

5. 3

6. $-6+6i$

7. $32i$

8. $3-2i$，13，$\frac{5}{13}+\frac{12}{13}i$

三、解答题

1. 略
2. 2，$\sqrt{5}$，$\sqrt{34}$
3. $-2+23i$
4. $-\frac{3}{2}$
5. $2\pm i$

参 考 文 献

[1] 国家教委中等专业学校规划教材．数学．北京：高等教育出版社，1996

[2] 朱永银．数学．武汉：武汉大学出版社，1999

[3] 高安力．五年制高职数学（第一册）．苏州：苏州大学出版社，2002

[4] 顾浩．数学．苏州：苏州大学出版社，2003

[5] 黄象鼎．数学．武汉：湖北科学技术出版社，2003

[6] 丘维声．数学．北京：高等教育出版社，2004